第六版

行政程序法精要

【美】罗纳德·M. 莱文
【美】杰弗瑞·S. 拉博斯 ◎著

苏苗罕 ◎译

Administrative Law and Process in a Nutshell

Ronald M. Levin
Jeffrey S. Lubbers

中国法制出版社
CHINA LEGAL PUBLISHING HOUSE

序　言

我们要将本书第六版献给已故的 Ernest Gellhorn 教授，他是《行政法和行政程序精要》第一版的作者，还是撰写了本书第二版至第五版的合作作者，直至他于 2005 年仙逝。本书第六版中相当多的内容都可以追溯至 Gellhorn 教授对实体问题的敏锐洞察力和他惯常的清晰表述。

Gellhorn 教授在领导美国律师协会行政法和规制实践分部（ABA Section of Administrative Law and Regulatory Practice）和美国行政会议（the Administrative Conference of the United States）[1] 期间也是我们的导师。他是一名法学教授，超过三次出任法学院院长，也担任过一家大型律师事务所的管理合伙人，更是行政法律师的领袖，获得了人们广泛的尊重。他对理论与实践两个世界的驾轻就熟充实了他的写作，并使他的观点得到广泛传播。能与他共事是我们的荣幸，谨以此版作为对他的纪念。

Ronald M. Levin

Jeffrey S. Lubbers

1　有关美国行政会议的历史沿革及其在美国行政法发展中所起的作用，参见苏苗罕:《行政程序改革的顶层机构研究：以美国行政会议为例》，载《华东政法大学学报》2012 年第 3 期。——译者注

目录
Contents

导　论

行政机关的设置通常是为了处理当前存在的危机，或者解决严重的社会问题。自 19 世纪行政规制进入现代时期以来，为了回应公众所提出的采取行动的呼声，政府往往会设置新的行政机关，或者赋予旧有的行政机关以新的权力。在 19 世纪和 20 世纪之交，州际商业委员会和联邦贸易委员会等行政机关的设置，都是为了控制垄断巨头和大公司的反竞争行为。20 世纪 30 年代经济大萧条发生之后，紧接着在新政时期，政府又设置了大量新的行政机关，以便促进经济稳定，控制不受规制的市场中出现的过剩，并为个人提供某种金融保障。在战争年代，联邦政府又设置或者扩大了某些行政机关，以满足人力和生产的动员需要，并实施价格管制和定量分配制度。无线广播、航空运输、核能等新技术的发展经常促使设置新的政府机构来推动这些新兴行业的发展并对其进行监管。到了 20 世纪 60 年代，当收入不均和种族歧视等非正义现象成为亟待解决的全国性问题时，为了回应这些诉求而设置的项目也扩大了政府管理的范围。更为晚近的是，民众健康和安全遭受的风险，自然环境遭受的威胁，以及国家安全等问题，也促使政府设置新的行政机关，设立新的规制项目。

行政机关为什么会如此三番五次地被要求处理如此众多的社会问题，其主要原因是规制过程存在巨大的灵活性。与法院和立法机关或者民选的行政官员相比，行政机关拥有若干制度优势，可以让它们处理这些复杂的问题。也许最为重要的制度优势是它们配备了专业化的工作人员：行政机关获得授权，可以雇用具备各种天赋、技能和经验的人才，以便满足工作的需要。不仅如此，因为行政机关对有限领域的公共政策负责，它们可以因为长期解决一个领域的问题而逐渐获得专业能力。为了适应所面对的问题的需要，行政机关也可以对其规制技术和决策程序进行有针对性的设计。行政机关可以通过要求实施具体活动需要获得许可证而控制某一领域的准入；它们可以制定标准、裁决违法行为，并且作出处罚；它们可以处理拨款、补贴或者其他激励机制；它们可以设定最高或者最低价格；它们可以通过多种非正式方法影响相对人的行为。

但是，行政过程的这些潜在优势也被视为可能对其他重要价值构成威胁。行政“灵活性”可能只是为不受制约的权力戴上的面具，并且在美国，
2 对于不受限制的政府权力，人们往往会投以疑虑的目光。因此，行政过程中存在的根本性政策问题是如何设计制约机制，以便让行政恣意和过度扩张的风险最小化，同时为行政机关保留必要的灵活性，以便它们能够有效地采取行动。行政法关心的问题乃是用于控制和限制政府行政机关之权力的法律制约机制。

不仅如此，持续接触相同的问题可能带来的不仅是行政机关的专业能力，还可能是僵化和无效。事实上，学者和其他批评家已经指出了规制失灵的各种原因：规制项目的基本理论可能是错误的；或者知识水平不足以满足作出明智决策的需要；规制目标与规制工具之间存在不匹配的问题；行政机关可能受强大的选民集团的过度影响或者“俘获”；制定规章的过程可能是“僵化”的，行政官员可能无力或者缺乏足够激励去做好本职工作；规制项目在特定的时间和地点可能是政治上完全无法被接受的。

行政规制的实体问题是重要的，也是有趣的，但是它们在很大程度上超出了本书的范围。本书对于行政过程的解释将会集中在它是如何依据“游戏规则”进行运作的。大家普遍认为，这种进路存在人为拟制和过度
3 简化的问题。行政机关和法院所适用的行政法，不能与那些让每个行政机关具有各自特色的各种因素——例如行政机关的立法委任、其结构和传统、行政机关工作人员的价值观和人格，以及最重要的因素，即它所适用的实体法——完全脱离。即使是《行政程序法》（the Administrative Procedure Act）对行政机关提出的程序统一性要求似乎已经有所弱化，国会时常愿意在授权法中规定详细的程序规范，并且在其他适用于整个政府范围的法律中增加若干程序要求。因此，行政机关之间存在的差异是否比其相似性更为重要，这也是一个有待回答的问题。

尽管如此，我们以整体视角对行政过程进行考察，这一做法仍是有些用处的。法科学生、律师或者公民试图深入了解陌生的行政机关的运行情

况，希望有一个一般性的原则和学说框架以便更好地理解，更不必说批评或者试图改变特定行政机关的决策过程了。我们还需记住的是，各个行政机关尽管存在如此多的差异，但它们也在共同面对若干广泛的挑战。挑战之一是如何设计合理的程序，在诸多可能存在冲突的公共价值之间寻求可行的平衡。这些公共价值可能被分为以下四种类型：

（1）公平。关注政府裁决程序的公平性，是英美法系的首要特征。公 4
平的基本要素体现在正当程序概念之中。它是个人在官方的裁决机构作出可能对其利益产生实质影响的裁决之前，获得充分通告和有效听证机会的保障。

（2）准确性。行政决策程序还应当尽量减少作出错误决定的风险。但是，真正的困难在于界定和衡量准确性。因为众多规制项目的目标并不是简单或者明确说明的，行政决定的后果也不容易确定，所以对于特定的决定是否准确或者明智，以及决策程序如何影响了结果，人们常常存在意见分歧。不仅如此，审判程序一般被认为在裁决有关过去事件的具体事实争议时用处最大，而在有关未来的一般性预测或者政策判断时用处最小。

（3）效率。为了提高行政裁决的公正性，而付出的扩大参与机会，或者改进收集和评估额外信息的准确性等努力，可能是非常费时费钱的，而且会贻误时机。因为行政资源永远是有限的，往往不足以履行法定的所有
职责，所以我们有必要考虑裁决程序的效率。通常而言，额外的程序要求 5
是否可能提高决定的公平性或者准确性，以证明它们所带来的成本和迟延的必要性，需要对这一问题进行调查。

（4）可接受性。因为行政权的运用是否合法，最终取决于被统治者的同意，所以我们有必要考虑选民团体和普通公众对于规制程序的态度。也就是说，对于行政程序，我们不仅需要基于其实际效果进行评判，还需要基于受影响的利益团体看待它们的方式进行评判。在影响人们对于规制决定或者项目的基本合法性的看法方面，公众对于行政程序的态度可能很少能够起到决定性的作用。尽管如此，显然很多人都认为政府机关作出的决定如果是武断或者是不公平的，这会损害公众对于行政机关的信任，也会影响受规制产业遵守行政决定的意愿。如果我们增加行政机关运作的透明度，这种感受在很大程度上是可以避免的。

行政法制度不仅需要使用程序控制手段以保障官员履职行为达到令人

满意的地步，还需要依靠政府的立法、行政和司法分支监督行政机关工作
6 的内容。例如，总统任命官员，选择政府的总体目标，对规章在公布之前进行审查；国会组织听证会进行监督，必要时修改授权法；法院执行法定的要求，对行政机关的裁量权运用确定外部边界。

本教材的首要关注点在于联邦行政机关。就可行性的角度而言，各州法律存在的诸多差异使得我们无法以简略概述的形式对这一主题进行充分的阐述。不管怎样，本书的基本目标是帮助学习行政程序的法科学生形成一般原则、政策考量和分析方法的框架，从而有助于理解各种不同的行政
7 程序，无论它们是属于联邦政府层级，还是属于州或者地方政府层级。

第一章　对行政机关的授权

行政法研究可以被视为对行政机关之权力和行为边界的分析。我们需要记住，边界划定可以采用多种方式，法律控制手段可以辅之以或者代之以对行政决定的政治制约。我们将要详细讨论的一类法律控制手段便是复审法院要求行政机关采用的程序。另一类法律控制手段是国会在《行政程序法》和其他法律中所规定的规则。但是，就概念而言，我们需要考察的第一项问题是立法机关最初在创设行政机关时可以赋予行政机关多大的立法或者司法性质的权力。

一、授权问题

在整个行政监管的现代时期，行政机关获得了大量的权力。这些权力有的是以行业划分为依据赋予的，如联邦航空管理局、联邦通信委员会和核能监管委员会。还有一些行政机关则负责执行调整整个经济运行过程的特定行为规范。这些行政机关包括联邦贸易委员会，它自 1914 年以来即负责执行禁止“不公平的竞争方法”的规范，也包括在其之后设立的健康和安全监管机构，如环境保护局、职业安全和健康管理局。这些职权通常 9
被描述为来自立法分支的授权。

这些授权特别引人注目的是，这些行政机关通常同时具有符合政府三大分支之特征的各项权力。为众多行政机关提供运行依据的制定法，赋予各行政机关发布控制私人行为之规则的立法性权力，并且通常会对违反规则的行为设定严厉的民事或者刑事罚则；赋予各行政机关调查涉嫌违反规则或者制定法之行为，并且对违法者提起公诉的行政性权力；以及对个人或者公司是否违反相关标准的特定纠纷作出裁决的司法性权力。

例如，证券交易委员会通过制定规则明确在招股说明书（stock prospectus）中需要披露的信息，在事实上制定着法律规范；这些规则可以与国会通过的法律具有相同的效力。证券交易委员会还通过对违反规则的证券经纪人或者交易商实施惩戒或者对发行证券的公司作出停止受理程序（stop order proceedings）而强制执行它所制定的规则。最后，证券交易委员会在判断是否存在违反其规则的行为时还可以扮演法官和陪审团的角色；
10 它可以通过裁决式听证程序确定违法的过错程度和惩罚（接受司法审查）。[1]

这些授权提出了一系列根本性的问题，它们关系到美国政体中宪制意义上的权力分配问题。《联邦宪法》以及大多数的州宪法，都确立了权力分立原则。一般来说，立法权（law-making power）属于立法机关，执法权（law-enforcing power）属于行政机关，而法律判断权（law-deciding power）则属于司法机关。按照据此划分的职责，政府的各个分支理论上对另外两大分支的权力行使发挥着制衡作用。

行政机关具有的制度优势（institutional strengths）为这种混合性的授权提供了实践性的正当基础。尤其在全新或者变化迅速的社会领域，立法机关可能会无力制定详细的行为规则。行政机关则具有更灵活的决策程序，并且在有限的领域负有持续的职责，因此它们可能更适合于提出合理和连贯的各项政策。不仅如此，规制政策的有效制定和实施可能要求行使所有这三类权力。如果行政机关没有积极行使调查或者公诉的权力，或者行政裁决是由并不理解和支持规制目标的裁判机构负责的，那么规则或者政策决定就可能在实践中迅速失效。当规制项目的主题是技术性或者比较复杂的，或者深入了解受规制
11 产业对于合理的政策制定来说至关重要时，行政机关可以利用它们之前积累的经验或者专业知识。在经济性规制的诸多领域中，规制的一致性或者可预测性也是很重要的。企业需要对它们的经营活动提前规划，投资决定的作出也在一定程度上需要确保基础规则不会发生突变，或者规则的适用不会出现前后不一致——如果决定权分散在政府三大分支，这类问题就很可能会出现。

但是，还需要指出的是，还有不少议员、法官或者评论家并不信服上述理由。他们还在继续探索对广泛的授权加以限制的可能途径。

1　此外，诸如证券交易委员会等所谓的独立行政机关较少接受总统的管理或者控制。参见下文第 65 页（原书页码）。

二、禁止授权原则的发展

所谓禁止授权原则（nondelegation doctrine）[1]，是指《联邦宪法》对国会将权力授予行政机关的能力作出了限制。禁止授权原则的支持者通常会援引一般性的权力分立观念，或者援引《联邦宪法》第一条第一款的条文，即“立法权属于合众国国会”。需要明确的是，宪法条文并不必然支持他们的立场。我们可以认为行政机关在实施规制性的制定法时扮演的角色不过是行使行政权，即使行政机关与此同时也在行使某种立法性的职权。不仅如此，自
行政法出现以来，法院就遇到——时常也支持——这些观点，即至少某些 12
授权构成将国会自身可能行使的“立法权”转移给行政机关的意图。

最初的一些讨论禁止授权原则的司法判决，其中采用的表述具有宽泛、无法调和的特点。一项典型的例子是，最高法院在 Field v. Clark[2] 案中指出：“国会不能将权力授出……这是人们普遍认为对于维护联邦宪法所规定之政体的健全而言至关重要的一项原则。”不仅如此，最高法院在其早期的判决中在支持授权时也一直采取让授权的意义最小化的方式。通常，最高法院会在其受理的案件中宣称，政府的行政分支得到的授权只不过是“确认立法意图在何种情形发挥效力的权力”[3]，或者“填补细节的权力”[4]。事实上，在这些案件中，行政分支不只是在进行事实认定，或者完善细节；相当程度上，行政机关是在进行政策判断。Field 案涉及的是国会规定，在外国对农产品提高税收（duties）时，授权总统征收报复性的关税（tariffs）；Grimaud 案支持了农业部长发布规章的权力，对违反规章的行为可以适用刑事罚则条款，以调整国家森林的利用和保护。因此，这些案件的判决与
最高法院上述的绝对性表述（absolutist language）是相互矛盾的。 13

但是，随着现代产业经济的发展，对于规制的需求也在增长，上述狭义的表述显然是限制过度了，即使采用较为自由的解释可以缓解其弊端。

1　也有译为“不授权原则”。日语中则译为“非委任の法理”或“委任禁止の法理”。有关该原则的讨论，可参见高秦伟：《美国禁止授权原则的发展及其启示》，载《环球法律评论》2010 年第 5 期。——译者注

2　143 U.S. 649, 692（1892）.

3　Field 案。

4　United States v. Grimaud, 220 U.S. 506（1911）.

司法审查的焦点逐渐转为立法机关是否为限制行政裁量的范围提供了足够多的标准。在 J.W. Hampton, Jr., & Co. v. United States[1] 案中，最高法院在一段经常被引用的论述中改进了现代版本的禁止授权原则，授权如果能够被允许，它应当包含“行政机关必须……遵守的可理解原则（intelligible principle）[2]”。

在禁止授权原则的整个早期演进过程中，最高法院从未基于授权依据宣布国会向行政机关的授权无效。但是，20 世纪 30 年代的大萧条引发了新设规制行政机关的一波浪潮，这些规制机关获得了宽泛的法定授权，可以对经济进行控制。面对这一场压倒性的经济性危机，在匆忙寻求各种解决方案的过程中，某些规制性制定法的条文设计、起草和实施都存在质量低下的问题。在这些新政时期设立的规制机关中，国家工业复兴管理局（the National Recovery Administration）就是最为明显和具有争议性的一个例子，它为最高法院提供了一次机会，让它可以证明禁止授权原则可以对行政机关的权力构成非常实际的限制。

第一项重要标准出自所谓“热油”（Hot Oil）案，即 Panama Refining Co.
14 v. Ryan[3] 案。《国家工业复兴法》（the National Industrial Recovery Act）授权总统禁止跨州运输“走私”（contraband）油。这一条款的目的是减轻需求下降和新发现油田的供应增加给石油工业带来的经济冲击。最高法院发现，对于总统在何种情形下可以规定禁运措施，该法完全没有为总统提供任何指引，相应地，最高法院在其历史上首次宣布一部国会的立法违宪，因为它构成了立法权过度宽泛的授出。

在 Panama Refining 案中遭受挑战的规章也存在严重的程序缺陷。该案讼争的“规范”（code）从未正式公布。就在最高法院对这起案件进行开庭审理之前，人们发现闹了一次“乌龙”，所修改的该规范其实并不存在。该案连带产生的一项积极效果是促使国会立法要求联邦行政机关在《联邦公报》上刊登规章的正式文本。[4]

1　276 U.S. 394, 409（1928）.

2　该词也被译为“明确性原则”。有关该原则的讨论，可参见戴杕：《美国立法授权司法审查中的“可理解原则”》，载《环球法律评论》2021 年第 4 期。——译者注

3　293 U.S. 388（1935）.

4　参见 5 U.S.C.§552（a）（1）。［有关美国联邦公报制度发展，另可参见苏苗罕：《美国联邦公报法律制度研究》，载《公法研究》第 17 卷（2017·春），浙江大学出版社 2018 年版。——译者注］

几个月后，所谓的“病鸡”（Sick Chicken）案又引出了《国家工业复兴法》的其他一些合宪性问题。该案涉及的是对违反根据《国家工业复兴法》另一节条文制定的《活禽规范》（Live Poultry Code）的行为提起的刑事指控。[1] 与热油案一样，最高法院对于同时缺乏实体性标准和程序性标准的问题表示关切。该法授权国家工业复兴管理局（代表总统）针对特定行 15
业发布“公平竞争规范”，以便“落实本编规定的政策”。但是，最高法院并未在立法中找到明确的政策指引；事实上，国会的政策声明似乎提供了几种不同方向的指引（pull）。该法采纳了防止垄断的政策，同时促进不同贸易团体之间的合作，鼓励增加生产，同时提高劳工的工资和改善工作条件；它并没有说明如何对这些存在潜在冲突的价值进行权衡和妥协。最高法院也强调指出了该法的程序缺陷。与之前对州际商业委员会或者联邦贸易委员会的授权不同，《国家工业复兴法》并不要求国家工业复兴管理局举行裁决型听证，或者甚至向利害关系人提供通告以及参与相关决定之权力。《国家工业复兴法》也没有为受到不利影响的相对人提供申请司法审查的权利。因此，最高法院判定该授权过于宽泛，构成违宪。

最高法院作出的第三项判定授权违宪的判决同样发生在 20 世纪 30 年代。Carter v. Carter Coal Co.[2] 案涉及的是煤炭产业的产业“规范”体系，大致接近于 Schechter 案中讼争的“公平竞争规范”。但是，在 Carter 案中，最高法院指出还有一项因素让该授权涉嫌违宪：决策权已经被有效赋予由 16
产业代表组成的委员会，而未赋予政府官员。因为这些私人主体（private parties）“拥有的利益可能常常与同一行业的其他私人主体的利益相悖”，该法“是以最令人憎恶的形式作出的立法授权”。

现在回顾这三起判决，它们代表的是禁止授权原则的高潮线。尽管国会向行政机关大量赋予没有作出明确界定的权力，最高法院没有再以违反禁止授权原则为由宣布其他法律无效。最高法院一再判定即使是最为模糊的规制条款也能满足 J.W. Hampton 提出的“可理解原则”标准。Yakus v. United States[3] 案就体现了这一宽大处理的做法。该案中，战时价格管制制度

1　A.L.A. Schechter Poultry Corp. v. United States，295 U.S. 495（1935）.

2　298 U.S. 238（1936）.

3　321 U.S. 414（1944）.

受到挑战，理由是违反了禁止授权原则。该案中法律授权物价管理局局长颁布“大致公正衡平并且……有助于实现本法所列举的立法目的”的标准。最高法院支持了这部法律的效力，指出法律只有在如何缺乏标准，以至于“人们无法以合理的程序确定国会的意图是否得到遵守时”，才会出现合宪性问题。直到今天，最高法院仍然采取这种宽大处理的做法。[1] 最高法院在70多年里不愿意要求在立法授权中规定精确的标准，这也使得某些评论家
17 认定禁止授权原则是完全不可行的，应予抛弃。但是，正如我们在下一节中将要讨论的那样，人们也一直在建议重新激活禁止授权原则。

三、禁止授权原则的现代争议

一起涉及1970年《职业安全和健康法》(the Occupational Safety and Health Act)的判决引发了人们的广泛讨论，即有关最高法院是否应当开始重新判定宽泛授权违宪。该法 § 6（b）(5) 指示劳工部长发布规则，要求雇主“尽可能”保护其工人免受工作场所中有害物质的危害。劳工部长随后颁布了一项规章，要求采取成本高昂的各项措施以尽量降低工作场所中苯这一致癌物质的职业接触水平。最高法院在所谓的苯案，即 Industrial Union Dep't, AFL-CIO v. American Petroleum Inst.[2] 案中判定该规则无效。以 Stevens 大法官为首的四位大法官认为劳工部长并没有按照法律要求作出事实认定（findings）。第五位反对劳工部长的大法官则是 Rehnquist 大法官（后来担任首席大法官），他认为应该判定该法向劳工部长的授权条款违宪。他认为该法所使用的“尽可能”(to the extent feasible) 是种“立法幻景”(legislative mirage)，国会可以借此直接避免解决某些疑难问题，即因为保护措施的成本很高，雇主在何种情况下可
18 以让工人冒着受伤的风险去工作。Rehnquist 大法官坚持认为，解决根本性、政治上存在分歧的政策问题，正是立法权的核心，因此不能“没有必要地”留给不接受政治问责的物价局局长来解决。[3] 在该案中，Rehnquist 大法官重申了自己的观点，该观点也得到了首席大法官 Burger 的支持。但是，第二年，

1　例可参见 Mistretta v. United States, 488 U.S. 361 (1989)（支持法律授权量刑委员会制定刑事量刑指南）。

2　448 U.S. 607 (1980).

3　另可参见 American Textile Mfrs. Inst. v. Donovan, 452 U.S. 490 (1981)。

Rehnquist 大法官再也没有将这一主张延伸适用于其他情形。

《清洁空气法》（the Clean Air Act）则为复兴禁止授权原则的晚近努力提供了背景。环境保护局颁布了一项规则，其中规定了对颗粒物（例如烟尘粒子）和臭氧排放的限制。该法的相关条文要求环境保护局制定空气质量标准，所设定的空气质量水平“应当是为公众健康保护留下充分的安全边际（margin of safety）”。哥伦比亚特区巡回上诉法院判定撤销（set aside）该规则，认为环境保护局在制定规则以规范其裁量权行使时没有满足“可理解原则”的要求。在零以上的任何接触限值都可能会带来某些健康风险，环境保护局“未能以可理解的方式说明何种限值水平才构成过高的健康风险”。[1] 哥伦比亚特区巡回上诉法院在该案中是以特殊的形式适用禁止授权原则，指出环境保护局本身而非国会必须提供所需的明确的原则。法院相信，对禁止授权原则进行再解释，将与现代趋势相互协调，该趋势是法院希望行政机关在填补法定职责中的空白之处时能够扮演主导角色。[2] 但是， 19
最高法院武断地否定了这样一种观点，即行政机关自己制定的标准可以补救授权的违宪问题。最高法院认为，这一观点“具有内在的矛盾”，因为“对国会所忽略了的这一标准的规定……本身就是在行使立法权，而这是被禁止的”。最高法院接着支持了这部法律，强调了这样的要求，即空气质量标准必须设定在为了保护公众健康“所必要”的水平——也就是说，既不能高于必要水平，也不能低于必要水平。最高法院指出，尽管这一标准为行政立法活动留出了空间，但是它“完全处于我们的先例判决所允许的裁量范围之内”。[3]

尽管 American Trucking 案有助于明确与授权之合宪性相关的因素，但是与禁止授权原则的未来相关的重要问题依然悬而未决。有的评论家相信，Rehnquist 大法官在苯案中所指出的立法权放弃是一个普遍的现象，他们敦促最高法院更频繁地适用禁止授权原则来宣告规制性立法无效。他们认为，在当前的环境中，国会太习惯于利用开放的（open-ended）授权，以至于当规制决定出现争议时，它能够将公众指责的对象从自己

1　American Trucking Ass'ns, Inc. v. EPA, 175 F.3d 1027（D.C. Cir. 1999）.

2　参见下文第 78–88 页（原书页码）。

3　Whitman v. American Trucking Ass'ns, Inc., 531 U.S. 457（2001）.

身上转至官僚机构。事实上，Thomas 大法官走得更远，建议联邦政府“创
20 设普遍适用的私人行为规则只能通过宪法规定的立法程序”——而不是通过行政规则制定程序。[1]

尽管联邦法院很少说明它们没有接受 Rehnquist 大法官和其他大法官的质疑的原因，但是我们可以提出三项可能的解释。首先，有的法院很可能继续认为宽泛的授权整体而言是可欲的，因为它们最大限度地利用了行政程序所提供的灵活性。[2] 事实上，正如 Rehnquist 大法官所认为的，宽泛的授权是不民主的，而这甚至是不必要的。宽泛的授权往往可以被视为将政策制定的裁量权直接转移至总统任命的官员，而总统有着自己的选民基础。易言之，模糊的授权可以随时被视为赋予在位政府所需要的空间以便实施总统的选民授权（electoral mandate）[3]，从而得以证明授权的合理性。

其次，联邦法院可能相信它们设计不出可行的标准用于实施禁止授权原则。法官可能很难确定哪些是涉及“重要”问题的授权，哪些是国会为了避免政治问责而作出的授权。如果适用禁止授权的标准主观性过强，每
21 一部新制定的规制性法律都很有可能会被判定违宪。私人主体太容易以事后诸葛亮的方式主张国会本来应该制定更详细的法律，以至于这种观点很难令人信服。

最后，也许是最为重要的，联邦法院本来可以不再适用禁止授权原则以认定法律无效，因为它们已经找到了其他方法可以防止让宽泛的授权成为行政压迫的工具。我们将在下一节讨论其中一些方法。

四、通过法律解释为授权提供支持

尽管自 20 世纪 30 年代以来，立法权的授出必须包含实体性标准，但是这一要求已经有所放松，如果没有完全被放弃的话，联邦法院还是

---

1 Dep't of Transportation v. Ass'n of American Railroads, 135 S. Ct. 1225（2015）（该案判决的协同意见）。

2 参见上文第 9–12 页（原书页码）。

3 选民授权，是指选民向政治领袖或者胜选党派给予的授权，允许其代表选民进行统治或者行事。——译者注

高度注意行政机关权力的合法范围问题。现代案件的趋势是同时考察表面上包含“可理解原则”的行政性法律，也考察限制行政权的实体和程序两方面的控制体系，以此解决禁止授权原则的这些问题。如此一来，问题就成了法定计划（statutory scheme）[1]整体上看是否满足了禁止授权原则的根本目的——确保对行政权运用的充分控制和问责。与这一分析模式紧密相关的一项原则是法院对法律的解释应当回避宪法难题（constitutional difficulties）。与这一原则相一致，联邦法院有时对规制性 22
立法采取了相对限制性的解释，同时表明或者指出如果采用更宽松的解读可能会引发禁止授权原则之下的问题。

Amalgamated Meat Cutters v. Connally[2]案就是可以证明这种趋势的著名案例。与Yakus案类似，Meat Cutters案涉及向总统授予的宽泛的裁量权，允许总统对涉及全国经济的工资和价格设定限制。在针对尼克松总统作出的工资价格冻结令提起的诉讼中，联邦法院支持了这部法律。尽管这部法律的文本对于总统如何行使上述权力并没有提供多少指引，但是联邦法院审查了这部法律的立法史以及美国先前的价格管制项目的经验，以便为模糊的法律用语确定具体内容。联邦法院认定先前一项计划的法定标准——任何设定的价格管制必须是公正和衡平的——可以被解释为同样包含在总统采取现有的价格管制手段所依据的法律之中。联邦法院也强调指出，国会可以密切监督项目的实施，根据《行政程序法》的规定，这一项目也是可诉的。最后，联邦法院指出政府的行政分支有望随着时间的推移而制定自己的行政标准，从而提供所需的明确性和准确性。

Meat Cutters案的判决依据的是行政分支本身需要设计的标准，就这一
点而言，按上一节所讨论的American Trucking案来看，Meat Cutters案的推 23
理很可能就不再成立了。但是，Meat Cutters案传达的更宽泛的信息——授权的有效性取决于法院在其规制框架中确定的整体控制体系——仍然是可行的，并且可以在其他判例中找到类似的信息。

1 法定计划是指在制定法中规定的对于某一具体主题的详细系统的行动计划。它可以是处理某一具体主题的一部特定的法律。——译者注

2 337 F. Supp. 737（D.D.C. 1971）.

（一）隐含的实体性限制

即使法律没有受到违反禁止授权原则的挑战，联邦法院有时也会对行政权采取相对狭义的理解，表明宽泛的观点可能会违反立法权的违法授出。Kent v. Dulles[1] 案中，这一机制被用于挽救一项存在争议的授权，该案中最高法院将一部相关法律解释为禁止国务卿以申请人的政治信仰为由而拒绝其申领护照的申请。因为主管官员（administrator）[2] 的决定限制了宪法所保护的旅游自由权，而过去的行政实践并没有包含类似的限制，在国会没有明确说明自己的意图时，最高法院不能推定行政机关已经被赋予该案讼争的权力。[3]

这种限缩解释方法（narrow construction device）也在上一节讨论的两起最高法院判决的案件中发挥了作用。在苯案中，Stevens 大法官起草复数意见时，拒绝接受 Rehnquist 大法官的结论，即《职业安全和健康法》的
24 规定模糊构成违宪。相反，他坚持认为苯规则存在缺陷，因为行政机关没有经过事实调查认定这些要求可以补救工作场所存在的“明显风险”，正如他主张该法所要求的。大多数的评论家都认为对该法所作的这种解释是不得已作出的。但是 Stevens 大法官认为，他之所以采纳这种解释，部分原因是如果没有这种限制，该法可能会构成违反禁止授权原则。类似地，在 American Trucking 案中，最高法院不仅支持了《清洁空气法》，而且采用法律解释对其限制进行界定。除了将该法解读为要求环境保护局的空气质量标准必须超出“必要”限度之外，最高法院还支持了政府作出的让步（concession），即任何此类标准均需“反映最新科学知识”。这一解释，超出了法律用语的范围，对环境保护局的规则制定权施加了明显的限制。

（二）程序性保障

为了确保公正、知情的决策而设置的程序性保障，对于可能过于宽泛

---

1 357 U.S. 116（1958）.

2 主管官员是指负责监督某一特定项目实施，或者作出与该项目有关之决定的官员。如果该词以首字母大写表示（Administrator），则是指某一特定的职位，如环境保护局局长、信息与监管事务办公室主任等。——译者注

3 另可参见 Zemel v. Rusk, 381 U.S. 1（1965）。

的授权是否有效而言具有关键意义。在 Panama Refining 案和 Schechter 案中，最高法院特别强调指出这一事实，即这些法律并不要求总统利用公正和公开的行政程序，并且明确说明其决定的理由。Carter Coal 案也反映了这一主题。当政府权力已经被授予私人团体，则该产业的某些成员可能会企图利用这种授权损害或者排挤竞争对手。根据正当程序条款，由具有偏私的决策者实施的规制对授权来说可能会是致命的缺陷。[1] 相反，在 Meat 25
Cutters 案中，可以依据《行政程序法》申请司法审查，这一推定支持了该授权的有效性，因为它确保了对行政标准的审查过程可以考察其是否具备合理性，是否遵守了国会的意图，也可以检查行政机关是否在个案中前后一致地解释和适用那些行政标准。

司法审查的可得性可以帮助维持授权的有效性，这一观念至少在 Touby v. United States[2] 案中隐含地发挥了作用。根据 1984 年对《管制物质法》（the Controlled Substances Act）所作的修订，司法部长可以以简易程序发布“临时性日程安排命令”（temporary scheduling order），对新发明的“策划药”（designer drugs）[3] 设定严格的管制。在指控一家制药商违反该命令的案件中，被告认为该法构成了无效的授权，部分理由是该法规定临时性日程安排命令“不受司法审查”。最高法院支持了这种主张，判定该法表面看来对司法审查所作的绝对性禁止规定，只是禁止在强制执行之前对日常安排命令提起的诉讼；面对刑事指控的个人仍然可以质疑此种命令的有效性，以此为自己所受指控进行辩护。通过采用这种某种程度而言具有限制性的法律解释，最高法院似乎承认对该法进行更自由 26
的解读可能会在事实上引发有关司法部长之权力合宪性的严重质疑。

（三）结论

联邦法院以默示的限制以控制明显宽泛的授权，这一技术的运用必须有所约束。以司法审查替代行政立法对于促进禁止授权原则的其中一个重

1 参见下文第 239–242 页（原书页码）。

2 500 U.S. 160（1991）.

3 “策划药”一词是加利福尼亚大学戴维斯分校的药理学教授 Gary Henderson 在 20 世纪 80 年代初期最先提出的，是指那些合成的或在实验室内可制成的，与食品药品管理局规制的药物相类似的药物。——译者注

要目的——鼓励国会承担作出重大政策选择的责任——而言帮助甚微。相反，这一技术的实质是以非民选的决策者替代另一个决策者。事实上，法院作出的解释可能降低规制计划（regulatory scheme）的效能。

但是，如果需要在回避禁止授权原则问题的解释和使规制性法律实际无效之间作出选择，前者具有明显的优点。法院判定授权违宪，这会导致政府不同分支之间的直接对抗，因为这可能会要求对整个项目进行根本性的重构甚至放弃。法律解释明确对规章的限制，或者要求程序公正，这是较少颠覆性的，而且如果法院误读了国会的意图时，也更容易得到纠正。

对规制权进行解释以挽救授权，这种做法也是为了满足复杂的现代经济之需要而作出的努力。僵化地坚持要求在法律中规定详细的标准，往往
27 是不现实和不可行的。对于众多规制问题而言，立法机关既不能预见行政机关应当采取哪些行动，也不能随着形势变化而频繁修改规制要求。即使是在政策选项足够清楚时，试图让立法机关制定高度详细的标准也会拖延立法的进度，或者降低其通过的概率。禁止授权原则仍然可以作为一种警示性的威胁——并且可以用于非常极端的情形。但是，大多数的时候，更为直接的——也是更具有现实主义的——行政法任务是评价和进一步改进提高行政权问责度的原则和技术，而没有破坏行政机关认为必要的有效性（effectiveness）。

五、司法权的授予

上文讨论已经关系到立法权的授予。一项独特的问题是国会在多大程度上可以授予行政机关以司法权，也就是说裁决争讼者个人之间的争议。《联邦宪法》第三条规定“合众国的司法权”应当由享受终身任职和薪酬保障的法官行使，如果对此进行严格解读，则行政机关将无权行使裁决权。

长期以来，由行政机关行使裁决权的正当性被认为是由 Crowell v.
28 Benson[1] 案所确立，该案允许行政机关裁决海事工人提起的索赔请求。最高法院承认该案涉及“私人权利”，也就是说私人主体之间的权利，因此与传统上由《联邦宪法》第三条规定之法院所受理的案件存在高度相似性。

1 285 U.S. 22（1932）.

不仅如此，最高法院发现只要国会允许法院对行政机关作出的法律结论实施充分的司法审查，而对行政机关作出的事实认定实行尊重性的司法审查，就不会有人对行政裁决提出反对意见。最高法院认为，对于涉及“公共权利”的纠纷，也就是在私人主体与政府之间产生的纠纷，《联邦宪法》第三条更不能构成限制。

但是，在 1982 年，最高法院判定国会在 1978 年成立的破产法院体系违宪，这就使得人们开始怀疑 Crowell 案所作出的允许行政裁决的观点是否继续成立。[1] 尽管没有观点支持最高法院的判决，但是对于破产法院法官裁决众多私人权利问题，包括来源于州法规定而非国会本身的权利，多数大法官还是表达了关切。Northern Pipeline 案被广泛认为可能既适用于专门法院，也适用于行政机关。 29

但是，随后的案件排除了诸多此类理解。首先，最高法院支持了环境保护局任命一名裁决官员负责决定农药（pesticide）生产商需要向另一家生产商支付多少费用，以便在注册程序中根据《联邦杀虫剂、杀菌剂和灭鼠剂法》（Federal Insecticide，Fungicide and Rodenticide Act）的要求使用后者的研究数据。[2] 尽管该案在某种意义上也是涉及私人权利的案件，最高法院认为公共权利与私人权利的区分并无实益。相反，最高法院强调指出国会必须拥有一定的灵活空间以便在实施复杂的规制计划时采用创新的程序。不仅如此，农药生产商在支付费用时实际上就是在接受使用裁决制度；并且该法规定可以欺诈、行为不端、错误陈述或者违宪的过错（constitutional error）为由对裁决官员的决定申请司法审查。后来，最高法院判决商品期货交易委员会有权裁决商品经纪人和顾客之间的纠纷，包括基于州法提起的反请求（counterclaim）。[3] 最高法院再次强调指出，这些权利请求的私人性不能阻止最高法院在确定国会是否致命地牺牲了司法机关的独立性时对若干因素加以权衡。考虑到当事人是自愿选择了由商品期货交易委员会而非法院来裁决其权利请求，并且传统的司法审查方式依然可得，而商品期货交易委员会对私人权利案件的管辖权被严格限定于国会相信让规制计划

1 Northern Pipeline Constr. Co. v. Marathon Pipe Line Co.，458 U.S. 50（1982）.

2 Thomas v. Union Carbide Agric. Products Co.，473 U.S. 568（1985）.

3 CFTC v. Schor，478 U.S. 833（1986）.

30 有效实施所必需的限度上，我们没有理由判定《联邦宪法》第三条所规定之司法权的小幅转移无效。但是，Northern Pipeline 案确实对破产案件依然具有突出影响。[1]

因此，国会将司法权授予行政机关看来还是基本安全的。几乎所有的行政案件都涉及“公共权利”，这被普遍认为适合行政裁决。类似地，至少在“公共权利”案件中，《联邦宪法》第七修正案规定的申请陪审团审理的权利不能构成行政裁决的障碍。[2] 事实上，在破产信托人申请撤销（recover）存在欺诈的转让交易的案件中，最高法院在判决支持债权人申请陪审团审理的权利时，它郑重地重申，如果诉讼请求“与国会有权立法的一项联邦规制项目之间存在紧密关联”，行政机关有权裁决私人主体之间

31 的争议。[3]

1 参见 Stern v. Marshall, 564 U.S. 462（2011）（破产法院的法官不能审理以诽谤为由提起的反诉，因为它涉及私人权利问题，而不是诸如 Schor 案之类的行政案件）。

2 Atlas Roofing Co. v. OSHRC, 430 U.S. 442（1977）.

3 Granfinanciera, S.A. v. Nordberg, 492 U.S. 33（1989）. 不同的判决，参见 Tull v. United States, 481 U.S. 412（1987）（当政府在法院起诉要求对当事人作出处罚时，当事人依然有权申请陪审团审理）。

第二章　对行政行为的政治控制

在立宪民主国家，制定和实施公共政策的政府机构必须在政治上向选民负责。当立法机关将宽泛的立法权授予行政机关时，由直接民选产生决策者这一方式所提供的常用控制机制就不复存在了。但是，这并不意味着行政机关不必接受政治问责。在很多领域，由立法机关或者行政分支的民选官员对公共政策实施监督，与司法审查相比，是更具重要性的制约行政机关的机制。

从形式上看，行政机关的预算和职权取决于立法机关和政府行政分支。如果行政机关超越了政治上的可接受性的边界，或者社会的优先次序发生变化，行政机关的预算和职权就可能会发生剧烈的调整。例如，2002 年，为了促进政府协调应对境内恐怖主义袭击的各项工作，国会将过去由 22 家不同的行政机关行使的职权并入一家行政机关，即国土安全部。[1]后来，国会又设置了“国家情报总监”（Director of National Intelligence）一职，赋予协调收集和评估情报数据的广泛权力。[2]

尽管诸多例子表明立法机关和总统采取正式行动让规制政策符合不断变化的政治现实，但是在行政程序的日常运行中，各种不太正式也不太明显的政治“监督”机制可能扮演了更重要的角色。诸多程序和实践可以让行政机关的活动得到民选官员及其工作人员的注意，在大多数的规制领域，这种程序带来的持续对话成为公共政策的重要决定因素。在这里，法律和法律规则起到的作用是引导在限定的边界内进行互动——例如，通过限制单方接触——而非直接决定最终的结果。

行政机关问责度的另一项重要维度是行政政策在受其影响或者受其规

1　Homeland Security Act of 2002, Pub. L. No. 107–296, 116 Stat. 2135.

2　Intelligence Reform and Terrorism Prevention Act of 2004, Pub. L. No. 108–458, 118 Stat. 3638.

制的主体内部的政治可接受性。公众对行政政策的不满，不仅会引发政府的政治性分支的监督，还可能会决定整个规制项目的实际有效性。如果大多数纳税人不能诚实申报和自愿合规，国内税务局（Internal Revenue Service）所需的工作人员数量将要大幅增加，并且采取不同的执法模式。因此，如果要准确理解对行政机关的控制和问责时所用的方法，必须首先对行政机关运行所处政治环境进行评估。

34 在考察为了确保对行政政策实施政治控制所需的机制时，我们需要明白让规制机关接受问责的司法方法和政治方法之间的差别。司法审查寻求的是确保行政行为符合宪法规定或者适当制定的法律中所体现的原则；例如，新当选的总统会将新的人员和新的政策带入规制程序，即使基本的法律保持不变。不仅如此，司法审查通常也是基于这样的前提，即行政行为是经过事实认定程序之后适用大家普遍接受的原则，并且附具理由说明的决定。对于经过协商、妥协或者纯粹的政策选择而作出的决定，联邦法院无法轻易地进行审查。在相互竞争的价值之间的妥协和选择是政治程序的本质，对于这类问题，作出决定和为决定提供合法性而采取的政治方法是不可或缺的。行政程序的困难在于，各种行政决定横跨的范围从纯粹的政策选择到适用已有的原则并附具理由说明，大多数的行政决定则是介于这两端之间。因此，司法问责和政治问责的合理范围常常成为聚讼纷纭的对象。

一、正式的立法监督

尽管现代的禁止授权原则几乎没有对立法机关向行政机关授予宽泛权力的能力设定什么限制，但国会总是可以通过后续的立法撤销（revoke）
35 或者缩小授予行政机关的职权。国会可以随时迅速采取行动，明确地撤销（reverse）或者推迟存在争议的行政行为。当很多消费者向各自选区的国会议员抱怨国家公路交通安全管理局的汽车安全带“联锁”（interlock）规则时，国会对该机关的组织法进行了修订，规定国家公路交通安全管理局的安全标准不能要求在安全带没有扣好时，安全带系统阻止汽车启动或者发出持续的蜂鸣声。[1]类似地，食品药品管理局试图禁止唯一获得

---

1 15 U.S.C. § 1410b.

批准的人工合成的甜味剂——糖精（saccharin），遭到了公众的强烈反对，以至于国会叫停了该规制行为，而代之以对包含该化学品的产品加贴警示标签的要求。[1]

对行政机关的政治控制，还有一种重要形式是在法律中指令改变传统的决策方式，要么利用不同的程序，要么将新的价值和利益纳入考虑范围。《国家环境政策法》[2]就是对行政机关的职责发生明显实体性改变的最显著例子之一。类似地，《规制灵活性法》[3]要求行政机关研究规制对小企业的经济影响，并且考虑减少这些影响的不同方式。《无资金保障施令改革法》[4]规定任何行政规则，如果将会给其他政府单位或者私人部门带来高昂的合规
成本，必须附具对该规则之经济影响的全面分析。行政机关必须考虑不同 36
的规制路径，并且必须采纳满足该规则之目的同时产生负担最小的选项，如果不能采纳也需要说明原因。

在 20 世纪 70 年代，许多国会议员开始觉得通常的立法程序过于烦琐，以至于无法对行政行为实施有效控制。他们希望采取的解决方案是更多依赖一项古老的机制，即所谓的“立法否决”（legislative veto）。这些规定可以表现为多种形式，但是它们大多数要求行政机关将行政规则的最终文本在其生效之前转送国会审查。国会参众两院，有时一院（甚至一个国会委员会或者委员会主席）就足以将一项规则扼杀。

就在规制改革的这一进路将要加速推进之际，最高法院却在 INS v. Chadha[5]案中给了它致命一击。根据《移民和国籍法》（the Immigration and Nationality Act）的规定，司法部长作出的暂停驱逐一名外国人的决定可以由国会两院的任何一院投票否决。在 Chadha 案中，当众议院行使了这一权力后，Chadha 提起了诉讼。最高法院判定“一院投票否决”机制违反了《联邦宪法》第一条第七款。根据该款规定，法律只有经国会两院通过并经总统签署（如果被总统否决，则需要由国会两院均以三分之二多数通过）
才是有效的。最高法院的理由是，众议院的否决应当被推定为行使立法权， 37

1 91 Stat. 1451（1977）.

2 The National Environmental Policy Act of 1969, 42 U.S.C. §§ 4321–61.

3 The Regulatory Flexibility Act, 5 U.S.C. §§ 601–12.

4 The Unfunded Mandates Reform Act of 1995, 2 U.S.C. §§ 1501–71.

5 462 U.S. 919（1983）.

因此需要适用《联邦宪法》第一条第七款的规定。在最高法院看来，众议院否决的“立法意图和效力”都非常清楚，因为它意图具备法律效力并且可以影响 Chadha 的合法权利。Chadha 案似乎让所有法律条文中规定的将近 200 项立法否决机制归于无效。这一隐含的意义两周后得到了确认，最高法院在另外两起涉及立法否决的案件中以即决判决的形式支持了对另外两项涉及规则制定程序的立法否决条款提起的诉讼质疑。[1]

Chadha 案的判决意见被人们批评是形式性的（formalistic）。最高法院判决的前提是国会只能行使立法权，评论家对此提出了质疑。《联邦宪法》第一条第七款规定的程序性要求适用于国会只是为了约束行政机关使用其所获授权的目的而以合理通过的法律创设的机制，这一点并不是不证自明的。而且，尽管最高法院假定立法否决改变了 Chadha 的权利，但是最高法院本来可以同样符合逻辑地推导出他的权利一直取决于不发生立法否决。我们可以认为，Chadha 案本该更多地注意议员对非民选的官僚机构的政策制定活动加强控制的需要，这才是更为符合实际的分析。

但是，如果我们推定最高法院这份判决是受职能方面的关切（functional concern）的促动而作出的，它可以体现出更多的同情心（in a more sympathetic
38 light）。正如最高法院所指出的，国会的权力可以让 Chadha 遭受不利影响，但是通常可以适用于对行政机关之授权的约束机制，例如对法定职责的最初限制、司法审查、国会修改或者撤销授权，却无一能够约束国会的权力。

不仅如此，过去对于立法否决机制的研究已经表明，它往往会让国会的决策程序某些消极方面凸显出来。立法否决制下投票所实行的相对简单的程序和具备的完全消极的特征，似乎鼓励国会不假思索地推翻行政机关经过深思熟虑作出的决定——正如 Chadha 案中所体现的——或者是根据游说者的影响而不是审议的结果。不仅如此，因为行政机关发布如此多的规则，以至于立法机关无法以有意义的形式加以审查，立法否决制实际上往往强化了国会中扮演监督职能的各个委员会及其工作人员的权力，而他们常常是不能代表整个国会的。

1　United States Senate v. FTC，463 U.S. 1216（1983）; Process Gas Consumers Group v. Consumer Energy Council，463 U.S. 1216（1983）.

但是，国会创设特别的结构性装置以便扩大对政府行政分支的控制，这一冲动不能被无限地压制。在 1996 年，国会通过了《国会审查法》[1]，建立了立法机关对行政规制进行审查的宽泛计划。除了少数例外，这一计划要求行政机关在新发布的规则生效之前将其提交国会。国会接着可以选择采用加速程序，通过共同决议（joint resolution）否决该规则。在 Chadha 39
案中被证明起到决定性作用的基于宪法提出的反对意见，并没有对这一制度构成威胁，因为共同决议的作出与制定法的通过采取的是相同的宪法规定的程序。不仅如此，《国会审查法》还在某些方面使得规则制定程序更加僵化。它使得"重要规则"（对经济施加了最明显的成本）只能在提交国会之后满60日才能生效。该法也规定，如果一项规则被共同决议所否决，那么该规则"应当被视为从未生效"；这一规定可能会给信赖该规则已经生效的公民带来困难。它还要求联邦行政机关每年向国会提交数以千计的有关规则的报告，这些报告最后也往往会被束之高阁。

尽管该法带来了所有这些文书负担，但是总的来说，它的影响相当有限。迄今为止，《国会审查法》所规定的程序只被适用了一次，否决了一项规则，而且是适用于相当特殊的情形。职业安全和健康管理局为了保护雇员免受人体工程学相关的（重复动作）的损伤而制定了一项规章，国会适用该法宣布该规章无效。这一规则是在克林顿政府任期即将届满的日子里发布的，并且因为该法中规定适用于此类"午夜规则"（midnight rules）的延期条款（holdover provision），候任总统 George W. Bush 有机会也更愿意签署国会通过的否决该规则的共同决议。[2] 除了这一事件之外，国会适用该法的目的主要是传达某种政治信号，表明国会对某一特定的规则制定 40
的不满。

除了规制"改革"之外，国会对行政行为的诸多审查活动是发生在日常的立法程序之中的。事实上，因为国会拥有掌握钱袋的权力，它只要有意愿，就有充分的机会去影响规制性法律的实施。国会批准行政机关的资金来源时，分为两个阶段。首先，国会需要批准拨款，这通常是规定在向行政机关的基本授权之中。对于特定项目的批准，可以是在一定年限之后

1　The Congressional Review Act（CRA），5 U.S.C. §§801–08.

2　Pub. L. No. 107–5，115 Stat. 7（2001）.

失效的，也可以是长期有效的。类似地，国会可以设定未来各项拨款的上限，或者批准为了实现该法之立法目的所需拨款的金额。例如，当联邦贸易委员会提出一系列消费者保护的计划时，如果许多国会议员认为这些计划是不必要的或者没有经过良好筹划，国会可以行使预算权，在新制定法律对行政机关的职权加以控制之前禁止联邦贸易委员会对规则草案作出最终决定。[1]另一方面，反生物恐怖主义立法也授权食品药品管理局在18个月内起草和制定食品进口登记规则，并且在其中订入了一项“锤子条款”（hammer provisions）[2]，规定如果食品药品管理局不能在某一截止日期之前完
41 成这些规则的制定工作，食品进口商可以根据自己的意愿决定登记的方式。[3]

资金来源的控制更多是规定在年度拨款程序之中。行政机关每年必须提交预算草案，对于大多数行政机关来说，这些预算草案需要接受总统（通过管理预算局）审查，再分别送交参众两院的拨款委员会。接下来，参众两院的拨款委员会分别召开听证会，审议向不同行政机关和项目分配资金的法律草案，并由国会参众两院投票。总的来说，参众两院的拨款委员会负责行政机关开支的“财政”监督，而负责授权的委员会（authorizing committees）主要从事“立法”监督或者制定实体性政策工作。但是，实践中，这两项职能常常相互重叠，并且拨款程序可以成为立法机关对高度具体化的规制政策领域实施干预的工具。有的时候，国会可以采用拨款“条件”（riders）对行政行为设定激励。有一项拨款“条件”规定，在特定规则正式发布之前暂时扣留若干行政职位的预算。[4]而在其他案件中，实体性改变可能会受到影响。例如，在1990年，国会制定的一部拨款法，临时性地中止了对西北部环太平洋地区的13个特定森林适用若干环境法，使得内政部可以随便发放伐木许可，尽管这么做可能会对这些森林中栖息的斑点猫头鹰
42 带来伤害。最高法院支持了这一条款，驳回了环境保护主义者提出的诉讼

---

1 参见FTC Improvements Act of 1980，94 Stat. 374（1980），修改了15 U.S.C. §41 et seq。

2 “锤子条款”一词源自保险单中的一项条款，即保险公司有权强迫投保人就理赔事宜达成和解，犹如拿锤子击打钉子，也被称为“勒索条款”（blackmail clause）、“和解额度上限条款”（settlement cap provision）或“同意和解条款”（consent to settlement）。——译者注

3 Public Health Security and Bioterrorism Preparedness and Response Act of 2002，Pub. L. No 107-188，§ 305（e），116 Stat. 594，669.

4 Department of Transportation and Related Agencies Appropriations Act，1988，Pub. L. No 100-202，Title 1，101 Stat. 1329-358/359（1987）.

请求，即这一法律侵犯了联邦法院的权力，干预了有关森林未来的正在进行的诉讼。[1] 正如 Robertson 所指出的，立法机关通过修改作为依据的法律而干预正在进行的诉讼，这一权力是宽泛的。[2]

对监督行为划定边界的是权力分立相关原则，例如为 Chadha 案判决赋予活力的那些原则。最高法院在 Metropolitan Wash. Airports Auth. v. Citizens for the Abatement of Aircraft Noise[3] 案中重申将坚持这些原则。最高法院判定一项法定计划违法，根据该计划，由参众两院的交通委员会成员组成的监督委员会有权否决哥伦比亚特区的机场管理相关的行政决定。根据最高法院的判决意见，该监督委员会必须被视为国会本身的代理人。监督委员会的职能被定性为“立法性”（两院表决通过并呈送总统签署的程序是关键）或者“行政性”（国会根本不能实施这些计划）。因此，如果不考虑各种标签的问题，当国会希望作出法律上有效的决定，它就必须利用《联 43
邦宪法》第一条第七款规定的充分立法条款。

《逐项否决法》（the Line Item Veto Act）是国会围绕《联邦宪法》第一条第七款的限制所作的另一项努力，该法在 Clinton v. City of New York[4] 案中遭遇了类似的命运。该法规定，总统在签署拨款法案之后，可以通知国会他将“删除”拨款法案中的特定开支项目。这一删除决定将会生效，除非国会以“否决法案”（disapproval bill）的形式推翻（struck down）总统的决定，而这一否决法案的通过，也是适用《联邦宪法》第一条第七款所规定的立法程序。最高法院推翻了《逐项否决法》，认为这部法律实际上赋予了总统单方修改拨款立法的权力。正如 New York 案中持不同意见的大法官们所指出的，这一安排实际上与其他赋予政府行政分支以裁量性支出权（discretionary spending authority）的法律并没有太大的差别，但是，最高法院之所以作出这样的判决，可能是因为大法官们意识到《逐项否决法》是一种未经修宪将权力馈赠给总统的行为，而这种权力与许多州长根据州宪所拥有的某种权力大致相当。

---

1 Robertson v. Seattle Audubon Society, 503 U.S. 429（1992）.

2 但是，一旦一家法院结束了某一案件的审理，那么国会就不能制定法律，溯及既往地改变适用于该诉讼的法律规则。这一做法将会不合理地取代了司法权。Plaut v. Spendthrift Farm, Inc., 514 U.S. 211（1995）.

3 501 U.S. 252（1991）.

4 524 U.S. 417（1998）.

二、非正式的立法监督

除了拥有正式的立法和拨款权之外，国会还拥有其他广泛的权力，可以调查法定项目的实施，调查腐败或者无效的政府管理活动。调查行政机关的效率与效能的首要责任由众议院监督与政府改革委员会（House Oversight and Government Reform Committee）、参议院国土安全和政府事务委员会（Senate Homeland Security and Governmental Affairs Committee）所承
44 担，但是在行政机关所实施的项目的某些方面拥有管辖权的任何国会委员会，都可以启动调查。通过调动公众和政治力量对行政机关施加压力，以未来立法作为威胁，采用调查方式进行的监督活动对于行政机关的行为可以产生巨大的影响。

国会对提供信息的要求常常会与行政分支内部审议的保密利益产生冲突。以宪法为根源的行政特权（executive privilege）原则，为行政机关提供了基于这一理由阻止信息公开的有限权利。[1] 但是，行政特权的范围是难以明确界定的，因为有关行政特权的争议通常是通过妥协而非提起诉讼由法院裁决的方式得到解决的。

为了便利监督程序，国会通常会要求行政机关定期向它报告开展活动的情况。大多数的报告是一年一次，但是国会有时也会要求行政机关提供特别报告。行政机关也可以自己主动提交特别报告，尤其是在行政机关需要更多的立法权以解决特定问题时。

国会也设立了若干常设性的组织以协助国会履行立法和监督职责。
45 例如，国会研究服务处（Congressional Research Service）的研究报告，可以触发更正式的监督机制，或者促使行政机关改变其做法。在立法机关的监督程序中最具有影响力的支持性机关是由总审计长领导的政府问责局（Government Accountability Office）[过去称为政府审计局（General Accounting Office）]。[2] 政府问责局的设立初衷是对行政机关使用公共资金的情况进行财政审计，但是近年来它已经承担了大量项目审查和评估的职责。

1 参见 United States v. Nixon，418 U.S. 683（1974）。

2 政府审计局是在 2004 年更名为政府问责局。——译者注

联邦最高法院在 Bowsher v. Synar[1] 案中明确指出，如果政府审计局想要避免侵入行政分支的宪定权力，那么就会存在政府审计局无法逾越的界限。[2] 但是，这些界限的位置资金仍然没有确定。[3]

立法机关影响行政机关活动的另一种方法就是通过国会的“选民个案服务（casework）”制度，也就是议员协助其选民与官僚机构打交道的各种努力。理论上说，国会的选民个案服务让议员扮演“监察专员”的角色，就是检查行政管理的品质，帮助公民获得行政机关的公平对待。它也可以帮助众议员确定适合举行发挥监督功能的听证会或者采取法律修正行动的问题领域。但是，在实践中，选民个案服务可能会演变成议员迫使官员作 46
出不适当的决定以便取悦选民，或者回报竞选活动中的捐款人[4]，或者一场敷衍的公文旅行，在选民的投诉材料附上议员的一封“推荐信”再重新“送回”行政机关。

立法监督活动就其性质而言，基本上是政治性的，而且通常是采取施加压力或者协商的方式来运作，因此它可能会与行政机关决定程序的法律或者宪法要求产生冲突。在正式裁决的场合，行政机关通过审判式的程序对私人行为的合法性作出判断，这时发生冲突的可能性就更高了。在 Pillsbury Co. v. FTC[5] 案中，国会的一个行使监督职能的委员会对联邦贸易委员会主席进行了程序冗长而又态度敌意的质询，内容涉及联邦贸易委员会在一项未定案的裁决程序中发布的中期裁决令所包含的一项法律解释。联邦第五巡回法院判定，对行政机关裁决程序的侵犯，剥夺了该案被告获得公正裁决的权利。但是，即使是在以并不那么正式的程序作出裁决时，某些类型的国会监督活动也是不合适的。“三姐妹桥”（Three Sisters Bridge）案[6] 就是政治干预的法律限度的典型例子。因此，众议院拨款委员会很有权势的主席，向交通部长施压，要求他批准存在争议的大桥建设项目。法院 47

1 478 U.S. 714（1986）.

2 参见下文第 59–61 页（原书页码）。

3 参见 Walker v. Cheney, 230 F. Supp. 2d 51（D.D.C. 2002）（限制了政府审计局向行政分支的政府机构发出传票要求提供文件的权力，这在很大程度上是因为存在权力分立的顾虑）；亦可参见下文第 167 页（原书页码）。

4 20 世纪 90 年代初期发生的 Keating Five 政治伦理丑闻正好说明了这一点。

5 354 F.2d 952（5th Cir. 1966）.

6 D.C. Federation of Civic Ass'ns v. Volpe, 459 F.2d 1231（D.C. Cir. 1971）.

判定，交通部长在作出决定时对这一压力的考虑，是判定撤销该批准决定的依据。在给交通部长的基本授权中，国会两院已经指示交通部长对项目“权衡利弊”，对事实作出分析并附具理由。因此，政治压力与这类决定不存在技术上的相关性；一位议员或者一个委员会采取的监督活动不能推翻国会全体意见在法律规定中所表达的意志。但是，在 Sierra Club v. Costle[1] 案中，哥伦比亚特区巡回法院将该案区别于 D.C. Federation 案。在该案中，在对燃煤电厂设定排放限额的规则制定程序中，来自采煤州的一位议员对环境保护局强势地表达了他的选民们的关切。因为没有确凿的证据可以表明该参议员在这些审议过程中引入了不相关的考虑，并且规则制定程序就其性质而言本身就属于政治性程序，法院判决支持了环境保护局制定的规则。

三、对人事的控制

（一）官员的任命

与国会类似，总统也掌握了各种不同的权力和技术，可以用于监督或者影响行政机关的活动。总统所拥有的最重要的控制工具就是任命联邦政府官员（Officers of the United States）的权力。《联邦宪法》第二条第二款第二项所规定的任命条款，对于联邦行政机关的人员配备提供了
48 比较具体的指导。它规定，一般来说，通过征求参议院的意见后提名并经参议院批准的程序，总统可以任命所有“联邦政府的官员”。这些受任命者通常与总统持有相同的政策偏好，对于推进白宫确定的优先任务也有一定的使命感。

国会在 1974 年通过了一部法律，设立了联邦选举委员会，这一立法对《联邦宪法》的任命条款提出了考验。这部法律要求联邦选举委员会六名拥有投票权的委员会中有四名将由众议院议长和参议院临时议长（President pro tempore）任命。最高法院在 Buckley v. Valeo[2] 案中否决了这项法律规定。最高法院的解释是，《联邦宪法》中所使用的术语——“联邦政府官员”，明确了根据任命条款的规定需要遴选的任职对象，包括根据

1 657 F.2d 298（D.C. Cir. 1981）.

2 424 U.S. 1，118–43（1976）.

联邦法律行使重要职权的所有受任命者，这些重要职权包括规则制定、裁决，或者执法。因此，联邦选举委员会，作为掌握所有上诉权力的典型的行政机关，显然是受任命条款调整的。但是，最高法院也指出，如果联邦选举委员会被分配的权力在限制上仅限于调查或者报告信息，那么它将会作出不同的结论。[1] 49

任命条款的一项但书（proviso）对总统的任命权作出了重要的限制。“但国会认为适当时，得以法律将这类次级官员（inferior Officers）的任命权授予总统一人、法院或各部部长。”这项但书在一起有关《政府伦理法》（the Ethics in Government Act）之合宪性的著名判例中发挥了作用。该法授权一家联邦上诉法院任命一名特别公诉人，或者“独立检察官”，对涉及行政分支中高级官员的刑事犯罪指控进行调查。最高法院支持了这部法律，认定独立检察官属于“次级官员”，因此由“法院”而非总统来任命独立检察官是适当的。[2] 最高法院认定独立检察官属于这类范畴，因为他是可以由司法部长免除职务的（尽管只能基于严格的条件限制），并且因为他的职责仅限于处理单一的案件，并且案件终结之后职责也相应终止。但是，最高法院也提出了警告，认为在某些情况下，由法院任命行政官员——例如，法院被赋予任命农业部内的官员之职责时——将会导致致命的“不一致性”（incongruity）问题。但是，《政府伦理法》并不会因此而容易出现问题，因为在过去很多年里，法院已经在很多不同情况下任命了检察官。Morrison 案并没有提出任何认定“次级官员”的一般性标准，但是，后来
的一起案件阐明了该词所指的官员，其工作“在某种程度上受总统所任命 50
对象指挥或者监督”。因此，海岸警卫队刑事上诉委员会（the Coast Guard Court of Criminal Appeals）可以由交通部长而非总统来任命。[3] 在更为晚近的案例中，最高法院强调指出，容易在没有正当理由的情况下被免除职务，这一特征也可以成为认定该官员属于“次级官员”的重要因素，至少在同

---

1 所谓的“9 · 11”事件调查委员会，对那些导致“9 · 11”事件发生的安保漏洞进行了调查，就是这类性质的行政机关之代表。总统任命了“9 · 11”事件调查委员会主席，但是国会领导人们任命了其他委员。Pub. L. No. 107–306, 116 Stat. 2408（2002）.

2 Morrison v. Olson, 487 U.S. 654（1988）.

3 Edmond v. United States, 520 U.S. 651（1997）.

时存在该监督机构的其他监督职权之时。[1]

当行政机关雇用一个人，只是让他作为“雇员”时，并且该雇员也不行使联邦法规定的“重要职权”时，该任命就完全不必遵守《联邦宪法》上的任命条款。这一限制的范围在 Freytag v. Commissioner[2] 案中成为诉讼争点。该案涉及的是对税务法院首席法官的任命权提出的质疑。税务法院属于专门审理税务纠纷的依据《联邦宪法》第一条规定而设立的法院。[3] 该法允许税务法院首席法官任命“特别初审法官”，通常可以作为税务法院通常法官的副手，但是在有些类型的案件中也可以自己裁决案件。最高法院
51 认定浙西特别初审法官属于“次级官员”，不是雇员，因此需要根据《联邦宪法》第二条规定进行任命。最高法院接着支持了税务法院首席法官的任命权，理由是税务法院是任命条款所提到的“法院”之一。但是，与此同时，最高法院坚持认为税务法院的首席法官不能在分类上归入任命条款所规定的部长，因为“部”一词仅指“与内阁层级的部类似的行政机构”。20 年后，在 Free Enterprise Fund 案中，最高法院对这一表述作了修正，判定证券交易委员会的五名委员被视为“部长”也是合理的，从而可以任命公众公司会计监督委员会（Public Company Accounting Oversight Board）的委员。简言之，即使 Freytag 案和 Free Enterprise Fund 案中提出的违宪质疑没有得到支持，后面这一起案件的推理表明最高法院认为实践的顾虑在权重上要超过任命权过度扩散的风险。

还有一项“任命”问题也是值得一提的。在 Noel Canning v. NLRB[4] 案中，最高法院对《联邦宪法》第二条第二款第三项中所规定的国会休会期官员任命条款（Recess Appointment Clause）进行了解释，判定奥巴马总统在 2012 年基于休会期任命条款作出的国家劳动关系委员会几名委员的任命决

---

1 Free Enterprise Fund v. Public Co. Accounting Oversight Bd.，561 U.S. 477（2010）（Free Enterprise Fund）.

2 501 U.S. 868（1991）.

3 《联邦宪法》第一条规定设立的法院，是由国会根据该条规定所享有的权力而设置的专门裁判机构。尽管在功能上与裁决性的行政机关相似，在结构上更类似于联邦法院，但是这些法院的法官不能享受终身任职保障，在薪酬待遇上也不能像《联邦宪法》第三条规定的法官那样享受薪酬待遇方面的保障。这些法院作出的判决通常是可以接受《联邦宪法》第三条规定之法院复审的。

4 134 S. Ct. 2550（2014）.

定无效，当时参议院尚处在会期之内的暂时休会期（intra-cession break），只是每三天召开形式会议（pro forma sessions）[1]。最高法院裁定，一般来说，在会期之间的暂时休会期也允许作出休会期任命，但条件是在暂时休会期为十天或者更长时所作出的。这意味着，如果参议院由反对总统的政党所控制时，它可能会抵制休会期任命，而抵制的方法则是要求每三天召开形 52
式会议。众议院也有类似的抵制权，因为《联邦宪法》另一条款（第一条第五款第四项）规定国会两院的任何一院如果要休会超过三天，均需取得另一院的同意。

（二）官员的免职

除了弹劾条款之外，《联邦宪法》并没有规定行政机关的人员在何种情形下可以被免除职务。但是，关于这一主题存在大量的判例法，适用了一般化的权力分立理念。事实上，这些判例是产生行政机关的核心内容之一——“独立行政机关”（independent agency）[2] 这一概念的来源。独立行政机关常常是由多名成员组成的委员会，如联邦贸易委员会、联邦通信委员会和国家劳动关系委员会。这些行政机关与“一般行政机关”（executive agencies）[3] 之间的重大差别，就是独立行政机关的首长并不是“根据总统的意志”行事。例如，调整独立行政机关的法律可以规定，独立行政机关的委员获得任命之后的任期固定，并不要求与总统的任职时间相对应。法律上还可能规定一些保障条款，避免委员在任期内遭受恣意地免除职务。

这种情况下存在内在矛盾，这是显而易见的。独立行政机关履行的职能通常是与行政分支相互关联的，但是它们又不受总统的完全控制，而《联 53
邦宪法》第二条的规定又赋予总统以“行政权”。另一方面，如果它们不是行政分支的组成部分，它们似乎又完全失去了存在的宪法依据。因此，

1 pro forma 这个词来自拉丁文，意思就是形式。国会的形式会期就是形式上的议事日程，只有主持议事的议员出席，通常只持续数秒钟。这样做的目的是显示国会没有真正休会，而且每隔三天开一次会，还在议事日程当中。——译者注

2 有关承担规制职能的独立行政机关之介绍，参见宋华琳：《美国行政法上的独立规制机构》，载《清华法学》2010 年第 6 期。

3 这一类型包括我们所熟悉的作为内阁组成单位的部，以及例如环境保护局和小企业局等某些其他行政机关。

独立行政机关有时候被描述为“国会的左膀右臂”，或者“没有顶头上司的第四分支”（headless fourth branch）的组成部分。

长期以来，在讨论这些问题时有两起案件占据了支配地位。第一起案件涉及的是美国邮政还属于内阁组成部门时开除了一位邮政局长。该案指出国会如果要限制总统免职官员职务的权力，势必会违反《联邦宪法》第二条的规定。[1] 最高法院首席大法官（此前曾任总统）撰写了判决意见，判决理由是总统需要任意解除任何公共官员职务的权利，如果总统想要履行《联邦宪法》所赋予的“确保法律得到忠实履行”的宪法义务。但是，十年后，最高法院对 Myers 案作了限制。罗斯福总统试图免除一位联邦贸易委员会主席的职务，他对联邦贸易委员会需要负责实施的某些新政项目并不理解，这个问题就需要有人去解决了。法律规定联邦贸易委员会的委员任期固定，任期届满之前只能基于“低效、玩忽职守或者渎职”的理由免除其职务。总统没有声称这位不服从的主席犯有任何罪行，他只是想改变
54 联邦贸易委员会的政策方向。被免职的主席起诉质疑免职决定的合法性，最高法院判定，基于合理事由作出免职决定的法定条款是对于总统的免职权所作的宪法上适当的限制。[2] 最高法院将 Humphrey's Executor 案与 Myers 案作了区分，认为 Myers 案涉及的是“纯粹行政性”的官员。因此，Myers 案的原则并不适用于联邦贸易委员会的官员，因为联邦贸易委员会的官员“并不在内阁部门任职”，并且其“行为有的具有准立法性，有的具有准司法性”。

最高法院希望让“准司法性”官员免受总统的控制，这一点有着明显的吸引力。对个人纠纷的裁决常常被认为是需要独立、非政治化的判断。在 Wiener v. United States[3] 案中，最高法院基于这一理由，让战争赔偿委员会的委员免予在无正当事由的情况下遭受免职。Wiener 案的判决令人印象深刻，因为制定法上并没有对战争索赔委员会的委员免职问题作出任何规定。因为战争索赔委员会委员被认为需要“依法作出裁决”，最高法院认为可以从中推导出国会希望保护他们免受恣意的免职。

1　Myers v. United States，272 U.S. 52（1926）.

2　Humphrey's Executor v. United States，295 U.S. 602（1935）.

3　357 U.S. 349（1958）.

但是，Humphrey's Executor 案的判决推理在其他方面遭受了严厉批评。如果一个行政机关行使“准立法性”或者政策制定的权力，那么在此意义上，相当程度上适用对民选官员所要求的政治回应性和问责度，似乎是非常可欲的。更重要的是，我们不可能做到将各项职能按照最高法院设想的那样一一分门别类。正如禁止授权原则的案件所显示的，“准立法性”和 55
“行政性”权力相当程度上存在重叠，我们没法轻易地在这两者之间划出界限。实践中，学者们对于独立委员会和内阁组成部门的工作差别也没有找到前后一致的判断标准。

最高法院在 1988 年审理 Morrison v. Olson[1] 案时，明确地放弃了对 Humphrey's Executor 案的分析。最高法院发现，独立检察官的职能在性质上显然是“行政性”的。尽管如此，最高法院还是支持了《政府伦理法》的规定，即允许只有在存在“合理事由”时对独立检察官作出免职决定。最高法院指出，需要调查的是，免职限制是否会“妨碍总统履行宪法义务的能力”。《政府伦理法》的合理事由标准并没有构成这种妨碍，特别是考虑到独立检察官承担的职责和国会需要他独立履行职责。最高法院补充指出，合理事由标准相当于许多独立行政机关首长所享受的法定保障。这也清楚表明，对于传统的独立行政机关所适用的免职相关的保障规定也会满足基于 Morrison 标准的审查。

在 Morrison 案之前的若干年里，也有些人建议推翻（overruled）[2] Humphrey's Executor 案确立的原则，从而让所有行政机关能完全处于总统的控制之下。在 Morrison 案之后，独立行政机关的合宪性似乎更加稳固了。 56
实际上，即使在该案判决之前，总统通常在试图让独立行政机关遵守总统政策时也是小心谨慎的。Morrison 案看起来确实改变的是让独立行政机关得以确立正当性的理论基础。最高法院承认，基于《联邦宪法》规定的必要和适当条款，国会拥有作出创新的权力，只要不让总统“履行其宪法义务的能力”受到影响。但是，在政治领域，我们总是有可能对特定情境下的“独立性”价值作出重新评估。事实上，国会允许《政府伦理法》中的

1　487 U.S. 654（1988），参见下文第 50–51 页（原书页码）的讨论。

2　推翻（Overruling）针对的是先前的判决或者先例。而撤销（Reversal）则是指出由上诉审法院撤销下级法院所作的判决或者宣布其无效。——译者注

独立检察官条款在 1999 年到期失效。这一判决反映了，有的独立检察官被视为过度积极，对其缺乏有效政治控制，他们对民主党和共和党政府的官员都曾启动调查，其中最明显的是针对克林顿总统的行为提起的多项刑事调查。政治社群的成员们从这一案例中最终得到结论，尽管独立检察官们对于政府内部出现的不法行为必须实施调查，他们需要行动自由，但是他们自身也不能拥有过高的“独立性”，否则对他们的行为选择就会缺乏足够的政治问责机制。

在后来的 Free Enterprise Fund v. Public Co. Accounting Oversight Bd.[1] 案中，最高法院确实对总统的免职权限制划出了界限，判定设置双层的限制免职
57 的“合理事由”保障规定是多余了。按照制定法的规定，只有在证券交易委员会作出正式的“合理事由”决定时，才能免除公众公司审计监督委员会（PCAOB）的委员职务，对这一决定可以要求举行正式听证。证券交易委员会的委员本身也是被所有当事人认为享受无合理事由不受总统免职的保障（即使此类保障在证券交易委员会相关的制定法中并没有明确规定）。这种双层的合理事由保障被判定为过度削弱了总统对公众公司审计监督委员会的控制力度。因此，该法对证券交易委员会免除公众公司审计监督委员会委员职务的权力所作的限制规定被单独分割处理。在该判决中，多数意见没有采纳不同意见方的观察结论，即许多其他政府官员，包括行政法法官（administrative law judges）[2]，也享受合理事由保障，在他们所任职的行政机关中，首长们也享受合理事由保障。

作为一项实践性的问题，我们不能过分强调独立行政机关和一般行政机关之间的区分。即使制定法上规定了固定任期和合理事由的免职限制，它们也不会对总统通过任命程序影响规制政策的能力构成严重障碍。因为在合议制的行政机关中，规制者的任期规定通常是相互错开的，而且许多委员会在任期届满之前就离职，新当选的总统总是有机会在上台之初就作出一项关键性的任命决定。事实上，总统有时可以让处于四面楚歌之中的

1 561 U.S. 477（2010）.

2 该词也常被译为“行政法官”，但是严格而论，行政法官与行政法法官有所不同，它们之间的区别在于，行政法法官具有独立性。有关美国行政法法官制度的介绍，参见王静：《美国行政法法官制度研究》，国家行政学院出版社 2009 年版。——译者注

委员尽快离职，而其方式不过是不对该官员的辩护作出回应。例如，在2002年，一名存在争议的证券交易委员会主席因为没有妥善处理好该委员 58
会对公司审计丑闻所作的应对，白宫对此模棱两可的沉默态度直接导致该主席辞职。总统也依法有权指定由诸多独立行政机关的委员之一担任主席，而在无须提供理由的情况下将原来的主席“降级”为委员。规制机构的主席在管理机构运作方面负有首要责任，包括招募新员工，因此规制机构的领导人员变更常常会带来政策上的变化。

另一方面，总统有时需要忍受高级别的行政官员，尽管总统在法律上有权解除他们的职务，这是因为这类免职决定需要付出较高的政治成本，特别是如果该行政官员获得了强大的选民支持。最后，需要指出的是，无论是一般行政机关还是独立行政机关都需要受到行政程序法上相同的程序调整，也以相同的方式接受法院审查。因此，它们之间的区分，对于大部分的行政法原理而言是没有什么关联的。

（三）国会的作用

根据 Buckley v. Valeo[1] 案的判决，国会不能自己作出任命行政官员的决定。但是，它可以对不同职位规定任职条件。一种限制是在制定法中规定委员会的委员必须具备政治上平衡性；例如，证券交易委员会的五名委员不得有超过三名委员来自同一政党。参议院也必须决定是否对总统的任命 59
“提供咨询意见和作出同意决定”。参议院的人事任命批准争议已经变得更加激烈，特别是在意识形态分歧明显的当下。参议员个人经常要求总统作出重要的政策让步，以此作为让提名人选进入投票程序的代价。参议员们也可以让提名确认听证程序用于一些更看得见的目的：表达他们对规制事务的关切，从被提名人那里获得政策承诺。

正如 Bowsher v. Synar[2] 案中最高法院所判定的，除了弹劾程序之外，国会无权免除行政官员的职务。《葛莱姆－鲁德曼－贺林斯法》（Gramm-Rudman-Hollings Act）规定，如果国会和总统不能对将联邦财政预算赤字削减至规定的目标金额这一财政政策达成一致意见，项目金额的全面

1　参见上文第 49 页（原书页码）。
2　478 U.S. 714（1986）.

（across-the-board）削减规定将会生效。计算项目金额削减量的最终责任属于总审计长，这是由国会两院作出共同决议才能免职的职位。最高法院判定该法违宪，宣布按照权力分立原则，国会不得“在监督承担实施国会所制定法律的官员方面……扮演主动角色”。因此，国会不能免除行政官员的职务，除非通过弹劾程序。尽管总审计长通常会履行支持立法机关的职能，[1]他在实施这部法律方面必须履行的职责，在性质上是“行政性”的；
60 国会不能通过威胁免职的方式要求他履行职责。

与 Chadha 案类似，Bowsher 案也因为依赖国会在权力制衡体系中扮演过于正式的角色而遭受批评。最高法院已经难以以实用主义的方式证明国会免除“行政”官员的任何威胁会破坏政府不同分支之间的权力平衡。[2]最高法院的判决中所使用的文字显然过于宽泛：将国会排除在任何“监督”体系之外，如果从字面上理解，甚至需要谴责国会常规的监督活动。而在更具体的意义上，Bowsher 案可以被理解为反映了这样一种感觉，即总审计长依法所扮演的角色是国会试图对预算削减程序施加影响，而又无须承担制定实体性的预算削减法案可能带来的政治风险，而这种企图是不适当的。最高法院通过其判决，确保一位或者更多的民选官员（国会、总统，或者同时包括两者）最终需要就作出如何为不同项目提供资金支持这一典型的政治选择承担说明责任。但是，尽管有了 Bowsher 案的判决，国会在实践中所扮演的角色绝对不可能和宪法理论设计得那样软弱无力。每一家行政机关都需要获得立法机关最低限度上的支持，才能维持自己的项目并且为这些项目获得资金支持。当国会议员们对于某位行政官员的信任下滑
61 得过于厉害时，接下来很可能发生的就是行政官员的辞职了。

四、其他的行政控制

在行政程序的日常运行中，总统所具有的说服权力和其他程度不太激烈的监督工具，通常来说是比免职的威胁更为重要的因素。行使这些监督

---

1 参见上文第 45–46 页（原书页码）。

2 就涉及总审计长的案件而言，他所遭受的威胁只在抽象意义上存在；这一免职权从来没有被使用过。

权通常采取总统令的形式——总统对于联邦行政机关或者官员发出的一种正式的指令。例如，George H.W. Bush 总统和 Bill Clinton 总统分别发布了若干总统令，要求行政机关通过灵活运用调解和其他替代争端解决机制实现尽量减少诉讼的目的。根据所处情境的不同，特定的总统令可以是基于总统具有宪法赋予的固有性的权力，也可以是基于国会对其作出的明示或者默示的授权。

众多行政监督工作是发生在构成总统办公机构（the Executive Office of the President）的诸多组织内部，通常也被称为“白宫”。总统办公机构中既有容纳了总统私人顾问的白宫办公厅，也有类似国家安全委员会和经济顾问委员会之类的常设性组织。[1] 对于规制机构而言，这些行政组织中最为重要的当数管理预算局（OMB）。

（一）管理预算局

1. 预算和立法审查

正如其名称所显示的，管理预算局的首要职责是制定每年的行政预算，并由总统提交国会。在履行这一职责时，管理预算局需要汇总各个行政机 62
关提出的预算需求（budget requests），并且根据政府政策优先次序作出调整。[2] 类似地，管理预算局会审查各行政机关对制定实体性法律的申请，包括行政机关的官员出席国会委员会作证的证词初稿，审查是否与政府的立场保持一致。预算审查和立法审查这两项“审查”（clearance）程序通常需要管理预算局的工作人员与行政机关的官员之间进行广泛的协商。通常最后会达成妥协性的解决方案，但是重大分歧有时候会由总统来解决。[3]

2. 信息收集申请

《文书工作削减法》[4] 制定于 1980 年，该法规定行政机关试图针对私人部门适用的任何新的“信息收集要求”，需要获得管理预算局的批准。起初，联邦法院将这一职权解释为只适用于政府为了自身目的而寻求获得的

1 参见 3 U.S.C.§101。

2 31 U.S.C. § 16.

3 需要指出的是，有些独立行政机关依照法律规定不需要适用这些审查程序。

4 The Paperwork Reduction Act，44 U.S.C. § 3501 et seq.

信息。[1]但是，到了1995年，国会将该法适用范围扩张为授权管理预算局审查诸如消费品标识规定之类的规则，这些规则要求公司向公众披露信息。该法也要求管理预算局批准包含信息收集申请（例如报告要求）的规则草案。该法为在管理预算局内设立信息和监管事务办公室提供了制定法依据，
63 并且赋予其协调各项政府信息政策，包括批准行政机关收集信息。独立规制机关[2]是受该法调整的，但是可以通过多数票的方式推翻管理预算局作出的否决意见。

3. 规则审核

自1971年以来，白宫已经通过规制分析项目对重大规则制定过程实施直接监督与控制。这项技术最早是由尼克松政府使用的，并且在福特政府和卡特政府期间获得了正式地位，但是要说制度真正发展成熟，则是在里根总统发布的第12291号总统令[3]之时。这项总统令要求行政机关只有“规章对社会带来的潜在效益超过对社会带来的潜在成本”时，才能“在法律允许的限度内”制定规章。行政机关也需要制作“规章影响分析报告”，或者对任何可能产生重要经济影响的规则草案之预期成本和效益进行评估。信息和监管事务办公室扮演的角色得到了极大扩张，可以监督行政机关开展的成本效益评估程序，或者自行对行政机关的成本效益分析报告进行审查。它的权力得到了巩固，原因是行政机关如果未经信息和监管事务办公室的审查程序就不能发布规则。一项相关的指令，即第12498号总统令[4]，要求行政机关每年向信息和监管事务办公室提交规章制订计划。这一“规制计划程序”（regulatory planning process）让信息和监管事务办公室和行政机关的首长们有机会在一开始就仔细考虑行政机关工作人员们提出的
64 想法是否合理，以及是否符合政府的政策优先次序。这两项总统令只适用于一般行政机关（executive agencies）。

克林顿总统上台之后，颁布了第12866号总统令[5]，取代了里根总统颁布的两项总统令，该总统令保留了已有的规制分析项目所具有的基本特征，

1　Dole v. United Steelworkers of America，494 U.S. 26（1990）.

2　该法在44 U.S.C.§3502（5）中对此下了定义。

3　Executive Order 12，291，46 Fed. Reg. 13，193（1981）.

4　Executive Order 12，498，50 Fed. Reg. 1036（1985）.

5　Executive Order 12，866，58 Fed. Reg. 51，735（1993）.

但是又作出了一些重要的改变。它改变了过去政府采取的成本效益分析原则，软化了里根总统颁布的总统令的放松规制压力（deregulatory thrust），更明确承认了定量分析存在的局限。它也增加了透明度条款和截止日期的规定，而这些都是里根总统的总统令中所缺乏的，[1] 并且规定信息和监管事务办公室（OIRA）与规章制定机关如果无法消除围绕一项规则草案存在的分歧，可以将该分歧提交总统或者副总统解决。不仅如此，尽管这项总统令的多数内容仍然只适用于一般行政机关，但它还是明确将规制计划程序扩张适用于独立行政机关。小布什（George W. Bush）总统也坚持了这项基本的总统令，只是做了小幅调整。奥巴马总统首先重申了最初版本的第12866 号总统令的内容，然后两年后发布了自己版本的第 13563 号总统令，[2] 重申了对克林顿总统发布的总统令的支持，与此同时还增加了若干关键的内容，特别规定了要求行政机关对已有规章进行再评估的程序。

迄今为止，联邦法院还没有对第 12866 号总统令或者作为其变体的其他总统令之合法性作出直接的裁判。这些总统令的合法性是基于总统作为行政分支的首脑而固有的监督权。《联邦宪法》[3] 明确授权总统“可以要求 65
每个行政部门长官就他们各自职责有关的任何事项提出书面意见”。不仅如此，因为总统具有民选的基础，白宫参与这一过程可以被视为赋予该规则以合法性。[4] 与之相抵消的考虑因素则是，两家行政机关和总统都必须实施国会制定的法律。因此，一般认为，信息和监管事务办公室执行规制分析项目的方式不得阻止行政机关履行国会为其设定的义务。因为这项总统令明确规定的适用只是“在法律允许的限度内”，这就给我们留下了该项目可以允许的范围问题，而这需要在个案的基础上加以解决。

对于这一监督项目提出的最强烈的反对意见是政治性的而非法律性的——它有效地夺走了对于相关主题领域具有最充分专业能力的行政机关所拥有的权力。当然，这一结果是信息和监管事务办公室固有的角色，但是这一角色的支持者作出的回应是指出了这一监督项目所具有的实践性优

1　参见第 341–342 页（原书页码）。

2　Executive Order 13，563，75 Fed. Reg. 3821（2011）.

3　Art. Ⅱ，§ 2，cl. 1.

4　参见 Sierra Club v. Costle，657 F.2d 298（D.C. Cir. 1981）。

势。他们强调指出，总统作为国家领导人具有独特的优势地位，可以协调相互冲突的政府目标，抵制内阁部门所代表的特定选民团体提出的狭隘的要求。他们也提到了信息和监管事务办公室掌握了复杂的政策分析技术的专业能力。近年来，信息和监管事务办公室也在各种情况下，通常成功地
66 避免了与规则制定机关之间的公开对抗，部分是利用其规划和征求意见的能力，从而让其政策观点在规则制定程序的初期就获得了行政机关的关注。

在规制分析项目实施的初期，批评家们抱怨这一监督程序导致了工作拖延和程序不公正的问题。这些抱怨的问题有的已在后来的改革中得到解决。[1] 因此，就其现状而言，行政监督的运作是相对顺利的，公众对于这一项目的抱怨也很大程度上减少了，尽管某些评论家依然抱怨信息和监管事务办公室存在反对规制的偏见（anti-regulation bias），并且对于奥巴马政府期间审查程序过度拖延的问题重新出现表示了关切。不过，持平而论，信息和监管事务办公室的审查程序似乎得到了民主党和共和党的共同支持，并且今后还会继续构成规制图景中重要的组成部分。考虑到规制政策与政治存在如此高度的重叠，要想白宫置身事外这是不切实际的。

（二）司法部

行政监督的另一项工具，也是我们所经常忽略的，就是总统通过司法部对影响行政机关的诉讼活动进行控制的权力。[2] 尽管对于某些独立行政机关的适用问题存在一些重要的适用例外规定，大多数行政机关并不具有自
67 行参与诉讼的法定授权。相反，它们必须由司法部代理案件，而司法部拒绝对特定的行政机关的政策提供支持或者辩护，可能就意味着行政机关的决定不会产生实际效力。[3] 这一权力的集中使得司法部可以协调多家行政机关之间存在竞争关系的诉讼利益，并且坚持要求行政机关提供的法律意见书（briefs）符合总统的政策优先次序。例如，在 1986 年，司法部在里根总统办公机构的支持下，向最高法院提交了一份法律意见书，反对联邦法院在《美国法典》第七编规定的就业歧视相关的系列诉讼中作出的平权行

1　参见下文第 341–342 页（原书页码）。

2　参见 5 U.S.C. § 3106; 28 U.S.C. § 516。

3　不同的例子，参见 FEC v. NRA Political Victory Fund, 513 U.S. 88（1994）（案件被驳回，因为司法部并没有批准提起上诉）。

为令（affirmative action decrees），尽管平等就业机会委员会作为这一领域的主管机关（client agency），已经在下级联邦法院中表达了相反的立场。[1]

五、分权的未来

自20世纪80年代以来，行政法律师们见证了诉讼案件的蓬勃发展，它们提出了至关重要的权力分立争议，而联邦法院自20世纪30年代以来很少审查这些争议。但是，联邦法院对于这些争议的分析还没有达到前后一致的程度。诸如Chadha案、Bowsher案、Clinton v. New York案和Free Enterprise Fund案等案件已经审查了对于立法程序的绝对性宪法限制（absolute constitutional limitations）；它们假定，如果联邦法院能够严格执行《联邦宪法》所确立的政府框架所隐含的职责分工，那么自由将会得到最好的维护。相比之下，Morrison案似乎推定联邦法院最好是在逐案审查的 68
基础上确定特定的创新是否破坏政府不同分支之间的权力均衡：问题就在于被起诉的行为是否会让政府任何一个分支无法履行其核心职能，或者将会允许任何分支（包括该行政机关自身）获得的权力如此之多，以至于无法充分制约可能出现的权力滥用行为。学者们将这两种类型的推理分别表述为“形式主义”（formalist）和“功能主义”（functionalist）。Morrison案的功能主义假设是如此明显，以至于当最高法院裁定《政府伦理法》在整体上并没有违反权力分立原则：最高法院的理由是该法并没有明显强化国会或者联邦法院的权力而牺牲了行政分支的权力，也没有过分削弱总统的权力。

还有一些案件则采取了类似的功能主义推理。在Mistretta v. United States[2]案中，最高法院审查了美国量刑委员会的合宪性问题，该机构是由国会设立，负责制定量刑指南，以便确定大多数联邦刑事犯罪可以允许的更小的有期徒刑量刑范围。美国量刑委员会在结构上是不同以往的，因为制定法将其表述为“设在司法分支内的独立委员会”，并且其成员中有联邦法院的法官。最高法院支持了这一不同寻常的安排，理由是该法并没有过度强化司法分支：司法机关在传统上就深度介入刑事量刑行为，因此司 69

1 参见 Local 28, Sheet Metal Workers v. EEOC, 478 U.S. 421, 444 n.24（1986）。

2 488 U.S. 361（1989）.

法分支从事规则制定和法官个人行使非司法性质的政府职能都是有历史先例可循的。另一方面，该制定法也没有过度削弱司法分支：总统不能任命法官担任美国量刑委员会的委员，也不能基于合理事由免除委员的职务，这些事实对于行使正常司法权的联邦法院来说，让这些法院的公正性受到牺牲的威胁几乎是可以忽略不计的。下列功能主义的主张，也构成了与权力分立争议相关的判例法的基础：特定权力是否可以首先授予行政机关。[1]

在以后的岁月里，政治性监督的新问题还将不断涌现：总统可以如何密切监督行政机关（无论是一般行政机关还是独立行政机关），国会可以继续扮演哪些监督性角色。联邦法院无疑还会继续大量依赖宪法文本。有的时候，正如 Buckley 案所显示的，这种类型的主张几乎可以是决定性的。但是，联邦法院似乎也通常能够接受更偏向功能主义的主张。具体而言，这就意味着有关政治性监督的主张，需要与支持让某些事项“远离政治”的主张相权衡。正如批评家们所认为的，这种灵活的进路当然会导致宪法可预测性的缺乏；但是，至少在有的时候，在最高法院看来，如果它想要
70 适应行政国家中新出现的结构性安排，它就必须付出不确定性这一代价。

---

1 参见下文第 23–24 页、第 30–31 页中有关 Meat Cutters 案和 Schor 案的讨论。

第三章　司法审查的范围

联邦法院对行政作为（或者行政不作为）的审查提供了一套重要的控制手段；事实上，这些控制手段也是行政法上最经常成为争论对象的控制手段。它们与政治监督的控制不同，政治监督通常影响的是所有的项目或者基本政策，而司法审查通常是为受到特定行政行为侵害的个人提供救济。司法审查与政治控制不同之处还在于，它通过要求行政机关提供支持性的事实和合理的解释，促进有理由说明的决定方式。因此，司法监督可以适用于不同的目的，而政治分支的监督活动主要依赖于压力、协商和妥协，而非提供理由说明的分析。但是，司法审查也可以作为对行政行为的政治控制的重要补充：它的一项重要功能是确保行政机关的行为方式符合政治分支通过授权法案（enabling legislation）所表达的意愿。与此同时，司法审查可能通过对行政决定的效力（validity）进行独立的审核，促进行政规制的政治合法性。

与规制程序类似，司法审查已经经过多年的演变，形成了一个颇为复杂但是并不完全具有通贯性的体系。一系列制定法、宪法规定或者司法形成的学说已经形成，为司法监督行政划定了适当的边界。在某些领域，联 71
邦法院可能缺乏审查行政行为所需的制度能力（institutional competence），因为存在争议的决定是政治性质的，或者原告要求联邦法院提供咨询意见；而在另外一些案件中，除非在行政程序有机会自行发展之前，否则法院可能会拒绝介入。但是，总体来说，现代制定法和司法判决的趋势是让司法审查更为广泛，更容易获得。[1]

在司法审查可以获得时，问题就变成：法院可以在多大程度上对行政

1　本书第十章将会讨论这一趋势及其局限。

行为进行审查？技术性的说法就是"审查范围"，正如 K.C. Davis 教授所指出的，对于特定行政决定的司法审查在范围上可以是从 0 到 100%。这就是说，复审法院可能被完全排除对行政行为的实质问题进行审查，也可能可以自由地重新（de novo）决定讼争问题，而无须遵守行政机关的决定。但是，通常来说，复审法院的职能处于这两个极端之间。

司法审查具有许多功能上固有的局限性。在制度设计上，它只能是为了维持最低限度的标准，而无法保证作出的是最优或者完美的决定。因此，只要满足最低限度的公正和合理要求，行政机关仍然可以作出不能令
72 人满意的决定，或者采用的是糟糕的程序。即使是法院作出的撤销判决（reversal），可能对行政政策也产生不了多大影响，如果行政机关拥有强有力的官僚或者政治性质的理由以坚持己见。在重新作出行政行为时（on remand），行政机关可以直接为其行为提供更充分的理由，或者采用不同程序得出相同的结论。当然，还有很多行政机关甚至是不可诉的。司法审查可能是成本高昂而又缓慢的，而结果并不确定。所有这些因素综合在一起，使得当事人甚至不愿意提出有价值的（meritorious）诉讼请求，特别是在受到影响的个人并不富裕或者诉讼结果并不涉及太多金钱利益时。但是，尽管司法审查的"作用空间有限"，它通常还是被视为防止行政行为过度时最重要的保障手段。

一、法律、事实和裁量权

为了更好地理解司法审查相关的各种错综复杂的行政法原则，我们必须首先意识到大多数行政决定是行政机关所作一系列判断的产物。通常来说，行政机关对其要实施的法律进行解释（interprets the law）；它对自己要处理的情况相关的事实作出认定（finds fact）；然后，它会行使裁量权（uses discretion），对它认定存在的事实情况适用相关的法律。对这些类型的判断存在争议时，就需要由复审法院开展不同类型的调查。

73 这些类型的判断体现在《行政程序法》的司法审查范围条款[1]之中。《行政程序法》§706（2）列举了行政决定可以被判决撤销的各类理由。其

1　5 U.S.C. § 706.

中有两项规定是专门涉及法律问题的：是否违反了《联邦宪法》[§706（2）（B）]，以及行政机关是否超越法定权限[§706（2）（C）]。还有两项条款只涉及事实问题：§706（2）（E）规定了“实质证据”标准，常常适用于已经适用了正式、审判型听证程序的案件之中；§706（2）（F）规定了重新审理的事实审查（在行政法中相对较少适用）。§706（2）（A）规定了《行政程序法》的“武断恣意”标准，根据案情不同，可以涉及法律、事实和裁量争议。最后，§706（2）（D）允许法院基于程序错误的理由撤销行政行为。[1]

一项一般性的经验法则（rule of thumb）是，相比对事实或者裁量判断的审查，复审法院在审查行政机关的法律结论方面可以承担更多的责任。在这里，我们可以简要阐述一下作出这种区分的若干理由。法院在宣布法律规范方面具有相对独立性，这是它们在美国法律体系中扮演的传统角色的一种自然延伸（natural outgrowth）；在行政法上，与其他主题领域一样，司法机关自认是“法律解释问题的终极权威”。[2]但是，与司法机关的独立性外表并存的现实是，国会经常会将广泛的权力授予行政机关。有的时候，国会是明确这么做的；而在其他一些时候，它所采取 74
的授权方式又只是让法律术语没有确定边界（open-ended），而希望行政机关来充实法律的细节。无论是哪一种情形，司法机关对主管官员所作裁量选择给予的广泛尊重，使得行政机关能够发挥某种创造性，而这正是国会所希望的。与这种推理相一致的是，法院对于行政行为的合理性进行的审查通常需要完成两项工作，按照完成的时间次序，分别是：首先，确保行政机关没有超越国会授权的边界；其次，通过对行政机关的事实判断和裁量判断进行更高尊重程度的审查，确保国会授予的权力是以合理的方式得到实施。

在行政行为的司法审查过程中，法院采取的最为深度的调查通常是指向下列一些问题，即行政机关是否在其权限之内行事，在作出决定之前是否考虑了适当的因素，并且是否遵守了所有规定的程序。如果行政机关做到了上述要求，那么行政机关涉及事实调查和裁量权运用的其他判断，应当（至少在理论上）以更高尊重程度的方式得到审查。

---

1 本书后续章节会讨论程序性问题，本章只讨论对实体问题的司法审查。

2 Chemical Manufacturers Ass'n v. NRDC, 470 U.S. 116（1985）.

行政机关可以撰写意见书，解释其行为的理由，创造并且遵循自己的先例，通过规制和标准确定裁量的边界。因此，法院可以，通常也会要求行政机关遵循较高的“行政行为说明理由”（reasoned decisionmaking）标准。但是，这也意味着，行政机关本身可以扮演创造法律规范的角色，而这与
75 法院的角色存在竞争。有关这两大政府分支分享规范制定（norm–setting）权的方式问题，已经成为行政法现代发展史上一个聚讼纷纭的重要领域。

法院和行政机关所各自拥有的制度优势为上诉分工提供了更多的理由证明。例如，司法机关对宪法和制定法上的要求作出解释的能力，与行政机关的相应能力是相当的，法院还拥有不涉及利害关系的相对优势。例如，行政机关可能会倾向于对管辖权限制作出错误解释，目的是扩张自己的职权，并且法院只关注法律争点，可能会对建造行政帝国的趋势形成牵制。另一方面，当行政机关处理高度技术性的事实争点或者政策争点时——含铅汽油产生的大气污染物被人体吸收的量是否足以威胁健康，或者核反应堆中应急堆芯冷却系统在特定的假想事故发生时是否足以防止放射性物质的泄漏——我们可以料想由通才性质的法律人组成的法院并不具备作出这些基本决定的充分条件。即使是在诸如福利领取人是否拥有其他收入来源之类的简单问题上，行政机关的事实认定者已经听取了证言，见识了证人的行事风格，也比法院更有能力对他们的可信度作出评估，并且
76 找到真相。

对经济性和效率的考量也是相关的因素。当法院作出一项法律解释时，它就规定了行政机关在将来的相同类型案件中可以适用的标准。这种类型的一些判决消耗的司法资源并不多。但是，如果在每一起案件中，法院都需要重复行政机关的事实认定和法律适用过程，法院需要承担的负担将是如此之大，以至于产生令人无法容忍的迟延。给参与者和政府带来的成本也将是惊人的。

尽管这些理论或者实践因素表明，法院对于法律问题的审查在强度上应当超过对事实和裁量问题的审查，但是我们也不能过分夸大不同审查标准的强度差别。一方面，尽管法院自认为是法律问题的终极权威，但是它们也确实在裁决这些问题时对主管官员的观点给予明显的尊重。另一方面，对事实认定和裁量权行使的司法审查，尽管总体上是高度尊重的，但是其中仍然包含了法院承担的明显的监督职能。事实上，后一种类型的审查，

经过发展现在已经变得特别寻根究底（probing）。不仅如此，无论这些原理性的规则（doctrinal rules）内容如何，行政法上司法审查经常采用的各项标准都有高度灵活性，让法院拥有充分的空间实现它们所定义的正义利益。但是，尽管存在这些谨慎的考量因素，如果我们要理解司法审查范围的判例法，法律、事实和裁量之间的差别都是重要的出发点。 77

二、法律问题

（一）一般原则

在美国法律体系的大多数领域，联邦法院在法律问题的判断上拥有毋庸置疑的权威地位，在行政法领域，也有一项悠久的传统，那就是尊重行政机关的法律观点。调整这一领域的学理原则一直在以渐进的，同时也许是古怪的方式在演变。早期的一起标志性案件是 NLRB v. Hearst Publications, Inc.[1] 案。该案中，国家劳动关系委员会裁定，在街角售卖 Hearst 报纸的“报童”（newsboys）是《国家劳动关系法》意义上的“雇员”，因此有权依据该法参与集体协商。最高法院支持了这一裁定，但这并不是基于法院自身的职权认定这些报童属于“雇员”。相反，最高法院指出，它作为复审法院的职能是“有限的”，因为“案件涉及的问题是对宽泛的法律术语的具体适用”。我们可以将这一判决主旨理解为基于这样一项结论，即国会已经赋予国家劳动关系委员会以相应的职责，可以在各种不同情形下认定哪些类型的工人符合作为“雇员”的资格要求。但是，Hearst 案判决并没有完全剥夺司法机关创设法律规则的角色。相反，最高法院在开始案件分析时，首先考虑了国家劳动关系委员会对其职责的理解是否符合国会的要求。最高法院在自己作出的判例中对这一问题作出了回答，赞同国家劳动关系委员会的意见，即正确的探究方法是这些报童是否处于某种类型的经济处境以至于有必要获得劳动法的保障，而不是他们在普通法 78
上已经被视为“雇员”。在最高法院看来，只是因为国家劳动关系委员会适用了正确的法律标准，最高法院才继续进行其问题探究的第二步骤，即

1　322 U.S. 111（1944）.

它的职能是不是“有限的”。简而言之，Hearst 案有效地支持了一种决策模式，让主管官员可以行使重要的规范设定权，而不只是限于法院划定的边界。

在 Chevron U.S.A., Inc. v. NRDC[1] 案中，最高法院进一步提高了对行政解释的尊重程度，该案如今已经成为这一主题的最典型案例。Chevron 案涉及的是对环境保护局的“泡泡”（bubble）政策提出的质疑，该政策是一项旨在降低厂家安装污染控制工具之成本的计划。这项计划的合法性取决于环境保护局的一项规则的有效性，该规则将《清洁空气法》（the Clean Air Act）中的“固定（污染）源”定义为整个工厂，而非工厂内的单台设备。最高法院支持了这项规则，明确了复审法院在审查行政机关对其所实施法律作出的解释时，应当研究两项问题。这两项问题有时也被分别称为“Chevron 原则第一步”和“Chevron 原则第二步”。第一步是“国会在立法中是否直接涉及案件讼争的这一问题”。如果答案是肯定的，法院就需要“遵守国会明确表达的意图”。但是，如果法律“对这一具体问题没有作出规定或者文字模棱两可”，接下来的问题就是行政机关的答案是不是“可以被允许的”——或者说，如最高法院所表述的，属于“合理解释”。在
79 该案中，国会本身对于泡泡政策“并没有明确的意图”，环境保护局采用的泡泡政策是“行政机关可以作出的一项合理的政策选择”。

在某种程度上，Chevron 案的推理只是对 Hearst 案的重述，承认在法院划定的边界内，行政机关应当拥有履行其所获授权的空间，只接受法院有限的监督。但是，另一方面，Chevron 案的判决意见也有新的突破。最高法院没有在逐案审理的基础上判断是否遵循 Hearst 案的国会授权的推理，而是宽泛地提出一项法院应当在审查行政机关对其所实施的法律作出的解释时“一直”（always）适用的标准。不仅如此，Chevron 标准的逻辑表明，无论法律对于特定争议存在多大程度的模糊性，复审法院都应当推定国会已经授予行政机关以合理方式填补空白的权力。正如最高法院所指出的，法律起草者可能事实上已经决定作出这样的授权，或者他们因为粗心大意或者无法达成一致意见而在法律上留下了模糊之处，但是“从司法的角度看，发生了什么并不重要”。

---

1 467 U.S. 837（1984）.

此后的多年时间里，Chevron 案推理的这一方面内容已经引发了激烈的辩护和分歧，即使在最高法院内部也是如此。[1] 80

Chevron 原则的支持者认为，这种尊重是得到一系列政策支持的，这些政策包括：（1）行政机关往往熟悉、了解它们所实施的法律；他们理解不同规定之间的关系，采纳某一解释而非其他解释的实际后果；等等。（2）随着复杂的规制计划在实施过程中出现先前未曾预料的问题，行政机关为了让项目能够顺利运行，需要一定的弹性空间。（3）正如 Chevron 案所指出的，行政机关与在位的政府之间存在联系，因此需要在政治上以一种法院所不具备的方式对其作出的选择负责。（4）尊重促进法律的一致性，因为这使得分散在全国的复审法院不太可能对一部法律作出不同的解读；相反，由单一的集权式的行政机关所采取的观点通常会占据控制地位。Chevron 原则的怀疑论者对上述观点的回应则是重提司法审查的传统理由——例如，我们不能信任行政机关，让它们成为对自己权力的最终裁决者，法院的独立性是一种必要的制约手段，法院至少在法律解释的事务上与行政机关一样有能力。 81

也许是因为反映了这种观点上的冲突，过去几十年里法院以不同方式在适用 Chevron 原则。在一组判决中，法院支持了行政解释而没有作出多少阐释，只是宣布法律规定是模糊的，行政机关的观点不是无理的。有的时候，我们难以判断法院在得出结论之前是在多大程度上仔细考察了当事人的观点分歧。但是，其他一些案件已经充分利用了 Chevron 原则中所内含的灵活性。正如接下来的一起判决所显示的，如果仔细适用 Chevron 原则，这一公式可以为法院的积极干预留出若干可能的路径。

1. 设定国会已经“直接涉及的”争议的框架

总的来说，在适用 Chevron 标准时的第一项任务便是确定国会已经“直接涉及的”“准确的问题”（precise question）。起诉人可以提出的最为直接的主张便是法律完全禁止行政机关作出讼争的行为，但这并不是唯一的选择。许多法律规定的授权“直接涉及”某一行政机关，指示该行政机关在

1　例可参见 City of Arlington v FCC 案，该案中首席大法官 Roberts，不同意多数法官尊重联邦通信委员会对《1996 年电信法》（the Telecommunications Act of 1996）某一条款的解释，认为“在给予［具有约束力的］尊重之前，法院必须自己先判定国会是否……在事实上已经赋予该行政机关对讼争的模糊问题的立法权”。133 S. Ct. 1863，1883（2013）.

作出决定时考虑特定的因素或者利益。因此，法院在审查过程中需要解决的一项问题，便是行政机关是否已经适用了法律上可以允许的因素。法院通过这种类型的审查作出撤销判决的经典案例便是 Addison v. Holly Hill Fruit Prods.[1] 案：劳工部工资工时局局长制定了一项规章，根据规模大小对公司进行分类，最高法院判决对该规章作出重新处理（remand），因为作为该规章
82 依据的法律要求工资工时局局长只能基于地理因素对公司进行分类。

不仅如此，模糊性通常也是一个程度问题。被认为在某些方面是模糊的授权法，也可能包含了足够的明确性，可以让法院确信某一法律术语不可能指向行政机关所主张的含义。例如，在 Chevron 案之后的一起著名案例中，《移民和国籍法》（the Immigration and Nationality Act）规定，外国人有权主张获得免受驱逐出境的裁量性救济（discretionary relief），如果他能够证明自己"有充分证据证明存在回到祖国时会遭受迫害的风险"。移民上诉委员会（the Board of Immigration Appeals）将这一短语解释为外国人必须证明存在受迫害的"明确的较高可能性"（clear probability）。最高法院拒绝采纳这一解释，指出该法在其他地方也采用了"明确的较高可能性"作为不予驱逐出境的自动救济的依据。根据最高法院的观点，该法使用的文字、制定的历史及其结构都明白地证明了国会试图让裁量性救济条款在要求具备的条件上比自动救济宽松一些。[2]

最后，在特定的审查程序中并没有单一的设定"准确问题"框架的理想方式。起诉人有权主张对法定的各种理论作出自由选择，以此衡量行政
83 行为——但是起诉人有义务证明法律"明确地"支持某一理论[3]。

2. 利用"传统工具"解决问题

一旦法院认定某一争点是国会可能已经"直接涉及的"，它就必须判断法律中是否包含了这一问题的"明确"答案。有的时候，法院在法律条文中找到了这样的答案。例如，在 MCI Telecomms. Corp. v. American Tel. &

---

1 322 U.S. 607（1944）.

2 INS v. Cardoza-Fonseca，480 U.S. 421（1987）；另可参见 City of Chicago v. Environmental Defense Fund，511 U.S. 328（1994）（"环境保护局的解释……超出了该法所包含的任何模糊性的范围"）。

3 就这一点而言，与模糊性相对。

Tel. Co.[1] 案中，联邦通信委员会宣布它将对除了市场上占据最主导地位的公司（AT&T）之外的所有长途电话运营商作出豁免提交规定电信资费表的义务。联邦通信委员会依据的是《电信法》赋予的“部分调整”（modify）申报材料要求的法定权力。但是，根据字典的定义，最高法院判定“部分调整”一词所指的是小幅改变，而行政机关完全抛弃了对小型电信运营商的价格规制项目，其影响太过广泛以至于不能认为是“部分调整”。当然，正如最高法院以 5∶3 的票数作出的 MCI 案所显示的，法律规定是否明确，全在观者。用 Chevron 案的术语来讲，法院作出的立法意图“明确”的结论似乎只是指法院认为特定的解释（起诉人的解释，或者行政机关的解释）非常具有说服力，而不是这种解释必须是毋庸置疑的。

并非所有拒绝采纳行政解释的判决都与 MCI 案的判决意见一样主要依据法律条文的“平常含义”。Chevron 案本身就指出，联邦法院可以采用“传统的法律解释工具”，并且在美国的法律制度中，法院传统上就通过考察法律的整体结构、相关条文、法律史以及法律的基础性目的等手段探究 84
国会的意图。例如，在 FDA v. Brown & Williamson Tobacco Corp.[2] 案中，最高法院判定食品药品管理局制定的规章无效，这些规章本来的目的是限制对年轻人推销烟草制品。食品药品管理局的管辖权涉及“旨在影响人体结构或者任何功能的”“药品”或者“器械”，并且最高法院姑且推定这一用语含义足够宽泛，可以适用于烟草制品。但是，最高法院的理由是，该法的上下文对这一管辖权解释是不利的，因为该规制计划设想的是食品药品管理局所规制的任何产品都必须对于其目的用途而言是安全和有效的。但是，烟草并未得到证明是对于任何用途而言是安全的；因此，如果要认定食品药品管理局拥有对烟草制品的管辖权，就必须要求食品药品管理局完全禁止烟草，但是该局并不希望这么做。而且，该局多年来曾向国会保证它无权规制烟草制品。在最高法院看来，立法机关在自行通过若干有限的规制措施时，例如立法要求在香烟包装上添加警示标识时，已经采纳并且实际上同意了该局的这些说法。

但是，背景性的考量并不总是能够推翻 Chevron 案的尊重政策。例如，

1 512 U.S. 218（1994）.

2 529 U.S. 120（2000）.

《濒危物种法》禁止未经批准，“猎采”（taking）受保护物种，并且该法将“猎采”一词解释为包含“伤害”。内政部长制定的一项规章规定，改变物
85 种栖息地可以构成“伤害”。一群土地所有人起诉要求法院宣布该规章违法。他们认为“猎采”最可能的含义是直接对动物使用武力，并且该法对“猎采”的定义中所使用的其他词汇，例如“射击”（shoot）、“宰杀”（kill）和“捕获”（capture），也确认了这一解释。但是，最高法院判定，考虑到“猎采”一词所具有的模糊性，该法的制定历史和目的，以及该法的授权广度和内政部长的专业能力，该规章是足够合理的，能够通过基于 Chevron 原则进行的审查。[1]

联邦法院也在行政法案件中自由地采用了解释原则（canons of construction）。例如，他们可能会说，必须否定一项本来可以有效的行政解释，因为它提出了严重的宪法问题。[2] 但是，与制定法解释事务一样平常的是，法院在规章案件（regulatory cases）中适用的解释原则是高度裁量性的。因此，在特定的案件中，尊重行政解释的司法政策仍然可能在权重上
86 超过避免宪法争议的解释原则。[3]

3. 不合理的解释

正如上文所指出的，Chevron 案的判决意见表明，即使是在相关法律并没有“明确”阻止某项行政解释之时，复审法院并不需要支持行政机关的观点，除非该解释是“合理的”。通过附加这项条件，Chevron 原则明显是指，一旦法院判定行政机关的行为在国会的授权范围之内，它就必须接着判断行政机关是否以合理方式实施其权力。例如，在 AT&T Corp. v. Iowa Utilities Bd.[4] 案中，联邦通信委员会的一项规章要求地方电话公司不加限制地向竞争者开放其设施，最高法院判定该规章无效。最高法院指出，联邦

1　Babbitt v. Sweet Home Chapter of Communities for a Great Oregon, 515 U.S. 687（1995）.

2　参见 Solid Waste Agency of Northern Cook County v. U.S. Army Corps of Eng'rs, 531 U.S. 159（2001）[对《清洁水法》（Clean Water Act）作出了狭义解释，部分是为了避免发生与《联邦宪法》上的商业条款有关的问题]；另可参见 INS v. St. Cyr, 533 U.S. 289（2001）（将移民法律解释为只向以后发生效力，部分是因为一项反对立法溯及既往的解释原则）。

3　例可参见 Rust v. Sullivan, 500 U.S. 173（1991）[采用 Chevron 原则支持了卫生和社会服务部的“禁言令”（gag rule），即限制接受联邦政府资金支持的诊所中的医生提供堕胎咨询，尽管这种对言论的限制可能会引发违宪的担心]。

4　525 U.S. 366（1999）.

通信委员会对法律所作的解释是无理的，因为它并没有充分考虑该法规定的开放接入（granting access）的标准；联邦通信委员会没有制定“与立法目的合理相关的”接入政策。实践中，Chevron 第二步相当于法院在判断行政行为是不是武断恣意时所采用的“附加理由说明的决定程序”，或者至少与之存在重叠。[1] 联邦法院有的时候承认了这种相似性。[2]Chevron 审查的这一步骤往往是特别尊重的，因为根据定义，它与行政机关行使裁量权存在关联。事实上，法院拒绝采纳行政机关的法律解释，往往更多地发生 87
在 Chevron 审查的第一步而非第二步。

尽管如此，案例法并不是一致的。有的案例判定行政解释根据 Chevron 原则是“无理的”，与我们在涉及 Chevron 第一步的案件中经常发现的主张相互呼应：制定法在某些方面存在模糊性，但是行政解释显然与国会意图相反。[3]

4. 结语

实践中，Chevron 原则已经被证明比当初设想的情况更加复杂和微妙。在很多人看来，这种情况仍然与司法机关对主管官员的尊重存在紧密关联；但是 Chevron 案绝对没有阻止法院维持对行政行为的重要规训。不得不承认的是，Chevron 审查在任何具体案件中的展开方式经常是不可测的；考虑到美国法律制度中制定法解释原则存在的弹性，这种情况很难有所改观。但是，Chevron 原则至少为现代的联邦法院带来了一些新变化：框架或多或少变得更有秩序了，行政法案件中涉及制定法含义的争议，可以在其中找到解决的办法。

（二）例外的案例

在有的情况下，联邦法院并没有采用 Chevron 原则对行政机关的法律解释进行审查。这些例外情形中，有的相比之下得到更为广泛的接受。 88

1. 缺乏裁量权

在一起经典的早期案例中，最高法院审查了工资工时局局长

1　参见下文第 102–103 页（原书页码）。

2　例可参见 Encino Motorcars, LLC v. Navarro, 136 S. Ct. 2117（2016）; Judulang v. Holder, 132 S. Ct. 476（2011）。

3　例可参见 Utility Air Regulatory Group v. EPA, 134 S. Ct. 2427（2014）。

(Administrator)对《公平劳动基准法》(the Fair Labor Standards Act)的解释应当获得的尊重问题。[1] 因为根据该法对案件作出判决的职责是属于联邦法院，工资工时局局长对该法所作的解释不能对联邦法院产生约束力。最高法院指出，即使如此，他也确实依据该法启动了调查并且作出了初步的禁令决定(injunction actions)。相应地，他依据该法发布的解释性指南"有权获得司法机关的尊重"，如果考虑到制定这些指南所需要的知识和经验，以及对调整公共部门和私人部门的一致标准的需要。任何特定的通告具有多大权重，"取决于其考量过程体现的彻底性、推理的有效性，与之前或者之后的通告之间的一致性，以及可以赋予其说服力(如果不是控制力)的所有其他因素"。在其他一些情形，规制计划并没有授权行政机关制定具有法律效力的解释，现代的法院判决也遵循了 Skidmore 案的逻辑。此种解释并不符合获得 Chevron 尊重的条件，但是就其具有"说服力"而言，
89 还是获得了满足 Skidmore 案标准的尊重。[2]

2. 非正式格式

在更为晚近的若干案件中，最高法院已经将 Skidmore 审查标准适用于更具争议性的若干方面。根据这些案例，Chevron 审查标准的可适用性部分取决于诸如宣布解释的通告(pronouncement)的"格式"(format)或者类型。因此，在 Christensen v. Harris County[3] 案中，最高法院指出，意见函(opinion letters)和其他"包含在政策声明、行政机关手册和执法指南之中的解释——所有这些均缺乏法律效力——并不能保证获得 Chevron 式的尊重"。这些声明至多基于它们的"说服力"根据 Skidmore 原则"有权获得尊重"。最高法院于第二年在 United States v. Mead Corp.[4] 案中详细阐释了这一主题。Mead 案的争议涉及的是对关税分类的争议，美国海关认定 Mead 的日程本(day planners)采用的是三环活页夹的形式，属于日记簿(bound diaries)，因此需要交纳关税。最高法院判定这一关税分类裁定有权获得 Skidmore 尊重而非 Chevron 尊重。最高法院的理由是，关键问题

---

1 Skidmore v. Swift & Co., 323 U.S. 134(1944).

2 Gonzales v. Oregon, 546 U.S. 243(2006); EEOC v. Arabian American Oil Co., 499 U.S. 244(1991).

3 529 U.S. 576(2000).

4 533 U.S. 218(2001).

在于是否有相关情况说明“国会希望行政机关的说法具有法律效力”。国会很可能会具有这一期待，当行政机关的解释是通过“相对正式的行政程序作出，而这容易培养作为具有此种效力的宣告之基础的公正和深思熟虑（deliberation）”。但是，Mead 案判决意见指出，它不是在确立任何可以用 90
于确定 Chevron 尊重何时适用的明线规则（bright-line rule）[1]。

在 Barnhart v. Walton[2] 案中，最高法院再次表达了对灵活性的渴求，指出，考虑到“法律问题的间隙性特征（interstitial nature）、行政机关相关的专业能力，法律实施问题的重要性、行政管理的复杂性，行政机关在相当长一段时间内对这一问题的仔细考虑”，社会保障局在非正式的宣告中所表达的“残疾”定义可以满足获得 Chevron 尊重的要求。Breyer 大法官撰写了 Barnhart 案的判决意见，他比其他大法官都更倾向于支持对尊重问题采用综合考虑各种情形的方法。[3]

尽管这一系列案件传达的是一些相互混杂的信号，但是它们的结果似乎是正式的裁决和通告评议式的规则，制定程序通常可以让行政机关有权获得 Chevron 尊重，而解释性规则、政策声明和意见函通常不能获得 Chevron 尊重。Chevron 原则对于非正式裁决的可适用性尚无定论。例如，Mead 案重申了一项对货币监理官所作的信函裁定（letter ruling）给予 Chevron 尊重的判决，该裁定允许小型银行出售年金（annuities）。[4] 但是，
环境保护局的一项阻止建设污染物排放设施的决定并没有引发 Chevron 原 91
则的适用，显然是因为该决定采纳了行政机关内部指导性备忘录所包含的分析。[5] 可以证明诸如国会的期待和所涉及的正式程度等问题的因素，在此类案件中可能会具有一定的分量，但是至今尚未出现清晰的决定规则（decisional rule）。

正如这一简短的讨论所显示的，与 Mead 案类似的案件还在不断演变。

1　明线规则是指界定明确的规则或者标准，由客观的因素组成，没有留下多少或者完全没有留下作出不同解释的空间。——译者注

2　535 U.S. 212（2002）.

3　例可参见 Long Island Care at Home, Ltd. v. Coke, 551 U.S. 158, 173–74（2007）; City of Arlington v. FCC, 133 S. Ct. 1863, 1875–77（2013）（Breyer 大法官的协同意见）。

4　Nations Bank of North Carolina, Inc. v. Variable Annuity Life Ins. Co., 513 U.S. 251（1995）.

5　Alaska Dep't of Envtl. Conservation v. EPA, 540 U.S. 461（2004）.

在更实践性的层面上讲，我们想要区分 Chevron 审查标准与 Skidmore 审查标准是非常难的。考虑到这两项标准都内含了相当程度的弹性空间，最高法院对在两项标准之间进行选择的过程作出的微调努力带来的回报是否足以证明 Mead 案为司法审查的诉讼植入的复杂性是正当的，这是可以存疑的。事实上，实证研究并没有发现行政机关在根据 Chevron 原则判决案件与根据 Skidmore 原则判决案件在总体“胜诉率”上存在任何明显的差别。

一项争议相对较少的基于“格式”问题的 Chevron 原则的例外是最高法院拒绝给予一项行政解释以 Chevron 尊重，该解释是在一份辩诉状（litigation brief）中由行政机关首次提出的。[1] 这一限制的出现显然是因为裁量权只能由行政机关的决定者作出，而非上诉律师，[2] 也可能是因为政府一方的诉讼当事
92 人提出可以存疑的法律主张的愿望过于强烈，因为这可以帮助他们在正在审查的案件中占据上风。[3]

3. 不适合由行政裁决的诉讼争点

某些类型的争点超出了 Chevron 原则的适用范围，因为法院推定国会不会或者不能让他们接受行政机关的裁决。首先，当涉及的是宪法问题时，法官很少会显示出对行政观点的任何尊重。法院也不会将 Chevron 原则适用于因为《行政程序法》《信息自由法》（the Freedom of Information Act）和其他一般性的行政法而产生的解释性问题；这些法律是在一般意义上调整行为的，因为没有一家行政机关的解读可以具备主导地位。[4] 类似地，Chevron 原则并不适用于那些在性质上必须由法院裁决的事务，例如个人的刑事责任，[5] 或者是联邦法院自身的权力。[6]

在 Chevron 案发生之后的几年里，对于 Chevron 审查标准是否应当适
93 用于行政机关对自身管辖权边界的解释问题产生了辩论。最高法院最后在

---

1 Bowen v. Georgetown Univ. Hosp., 488 U.S. 204（1988）.

2 参见下文第 109–110 页（原书页码）。

3 Barnhart v. Walton，上文。

4 Collins v. NTSB, 351 F.3d 1246（D.C. Cir. 2003）.

5 Crandon v. United States, 494 U.S. 152, 177（1990）（Scalia 大法官的协同意见）。

6 参见 Adams Fruit Co. v. Barrett, 494 U.S. 638（1990）（在法院行使私人诉权的可得性）; Schweika v. DHS, 723 F.3d 710, 717–18（6th Cir. 2013）（穷尽救济的要求）。

City of Arlington v FCC[1] 案中对于这一问题给出了肯定的答案。正如 Scalia 大法官代表最高法院出具的判决意见所作的解释，行政机关的“管辖权”解释和“非管辖权”解释之间的界限是“难以捉摸的”，并且是“空洞的让人分心的问题”，因为对于宽泛的法律术语的每一次新的适用都可以重新解读为行政机关对其管辖权进行的一次可以质疑的扩张。对于认为这可能赋予行政机关过多权力的担心，Scalia 大法官的回应是，“不怀好意者综合征（fox-in-henhouse syndrome）的避免，不是通过确立武断和无法界定的不能获得尊重的行政机关决策类型，而是通过在所有案件中都认真对待，严格适用对行政权的法定限制”。

不仅如此，最高法院也指出，它可能“不愿意”认定国会会授权“行政机关作出具有重大经济和政治意义的政策决定”。[2] 最高法院在 King v. Burwell[3] 案中承认了这样的担心，它在该案中对《平价医疗法》（the Affordable Care Act）一项关键条款作出了解释。该案的争点在于是否只有在各州设立的交易所购买该法规定的保险（正如该法的一句短语在字面上似乎作出的要求）时，才能允许获得税收优惠（tax credits），或者 94
可以将该条款解读为允许在通过联邦政府设立的交易所购买医疗保险时获得税收优惠。尽管国内税务局经过通告评议程序颁布的一项规章选择了后一种观点，但是最高法院拒绝对这一问题适用 Chevron 原则的框架，因为“在特殊情形下，……在认定国会的意图是……隐含地授权［填补法律的空白］之前是有理由三思而后行的”。在 American Trucking 案中，最高法院以现在经常被引用的格言对此作出了另外一番表述：国会并没有“在老鼠洞里藏大象”（hide elephants in mouseholes）[4]。只有一些案件已经承认，“在特殊情形”例外，因此这一例外的范围将达到什么程度还有待观察。

1　但是，行政机关采纳了采用通告评议程序作出的解释，它可以满足 Chevron 尊重的条件，即使是因为诉讼的出现而为这一规章的出台提供了动力。133 S. Ct. 1863（2013）.

2　FDA v. Brown & Williamson Tobacco Corp., 529 U.S. 120（2000）（引用了这种犹豫态度，以此作为拒绝食品药品管理局主张规制烟草制品之权力的一项理由）。

3　135 S. Ct. 2480（2015）.

4　这是 Scalia 大法官首次使用的一项比喻，他将大象（elephants）比喻为重要的法律变更或者条款，而将 mouseholes（老鼠洞）比喻为一部篇幅较长的法律。——译者注

4. 遵循先例

尽管过去有案例判定，行政机关不能改变自己对模糊法律的解释，如果最高法院判决已经在之前采纳了一项不同的解释，[1]但是最高法院已经不再坚持这一立场。在 National Cable & Telecomms. Ass'n v. Brand X Internet Services[2]案里，最高法院判定，"只有在之前的法院判决认为其解释来源于该法律的明确术语，因此没有为行政裁量权留下空间时，法院之前对法律作出的司法解释才可以优先于本来有权得到 Chevron 尊重的行政解释"。因此，根据 Brand X 案，行政机关可以随意改变其解释，除非之前的法院
95 判决认为该法明确排除了行政机关的新观点[3]。

（三）对行政规章的解释

在审查行政机关对其自己制定的规章所作的解释时，联邦法院过去经常引用一项公式，该公式在其严格性上与 Chevron 标准本身是具有可比性的：除非行政机关的解读是"明显错误或者与规章不一致时"，否则它们会接受行政机关的解读。[4]这一公式现在也被称为"Auer 尊重"。尽管这一原则似乎与 Mead 原则之间存在紧张关系（因为行政机关对其规章的解释通常是在本身并不具有法律效力的文件中表述的），最高法院持续将 Auer 案作为权威案件加以引用。[5]尽管如此，Oregon 案的判决意见构成了对 Auer 尊重的一项微小的例外：如果一项规章只是引用法律用语，行政机关在解释该规章时有权得到的尊重在程度上不能高于它在解释法律本身时可以得到的尊重。该案争议之处涉及司法部长的观点，即《受管制物质法》（the Controlled Substances Act）禁止各州通过协助自杀（assisted suicide）的法律。最高法院判定，因为司法部长根据该法没有权力对合法的医疗实践作出界定，他对该法的解读无权获得 Chevron 尊重；相应地，他对一项规章的解
96 释，也因为该规章"重复了"法律条文而无权得到实质性的尊重。

---

1 例可参见 Neal v. United States，516 U.S. 284（1996）。

2 545 U.S. 967（2005）.

3 在这种情况下，行政机关无论如何也无权获得 Chevron 尊重。

4 Auer v. Robbins，519 U.S. 452（1997）；Bowles v. Seminole Rock & Sand Co.，325 U.S. 410（1945）.

5 Gonzales v. Oregon，546 U.S. 243（2006）.

Christopher v. SmithKline Beecham Corp.[1] 案承认了另一项例外，该案涉及的是一起私人诉讼，其中两名雇员寻求法院尊重劳工部对其自己根据《公平劳动基准法》制定之规章的解释。最高法院认定，“有充分的理由拒绝给予 Auer 原则通常要求的尊重”。它认定劳工部对模糊的规章所作的解释“将会对被告在该解释提出之前早已作出的行为设定可能广泛的责任”。因此，这就会相当于“不公平的突然袭击”。最高法院认为，该案倒是应当适用 Skidmore 案的分析。在该案的附带意见（dictum）[2] 中，最高法院也指出，Auer 尊重也不能适用于该案，因为这是为了对过去的行政行为提供辩护而采纳的事后的理由证明。另一方面，在 Decker v. Nw. Envtl. Def. Ctr.[3] 案中，最高法院认定这些例外无一适用，并且采纳了 Auer 原则以尊重环境保护局对其制定的有关工业雨水径流（stormwater runoff）污染的规章所作的解释。

最高法院的几名大法官对于 Auer 尊重的日渐式微感到不满，提出可以考虑完全抛弃这一原则。Scalia 大法官在 Decker 案的不同意见书中宣称：“无论从 Auer 尊重中得到的效率收益有多大，这一良性效应都不能为这样一项既没有原则基础又与权力分立的重大规则之间存在冲突的规章证明其正当性：制定法律的人不能做违法行为的裁判者。” Roberts 首席大法官和 Alito 大法官则在 Decker 案的协同意见书中指出，他们愿意在合适的案件中重新 97
考虑这一原则。后来，Thomas 大法官在 Perez v. Mortgage Bankers Ass'n[4] 案中详细地表达了对 Auer 原则的怀疑。但是，随着 Scalia 大法官的过世，Auer 原则现在看来所处的危险有所减轻了。无论如何，我们还是可以怀疑最高法院会判定审查高度技术性规章的法官（例如上述的工业雨水径流规章）无权对制定和实施该规章的行政机关之观点予以重视。

1　132 S. Ct. 2156（2012）.

2　附带意见，全称为 obiter dicta（简称为 dicta，复数为 dictum）是指法官在作出判决的过程中就某一与案件并不直接相关的法律问题所作的评论，它并非为本案判决所必要，因此不具有判例的拘束力。与之相对，则将判决书中具有判例拘束力的部分称为 Ratio Decidendi。——译者注

3　133 S. Ct. 1326（2013）.

4　135 S. Ct. 1199（2015）（协同意见）。

三、实质证据审查

当行政机关的法律依据经过司法审查认定有效时，复审法院可以接着考虑是否维持行政机关的事实认定。《行政程序法》规定的三项审查标准，是有可能调整这一探究过程的，并且法院必须在这些标准中择一适用，除非法律或者历史惯例明显要求采取另外的做法。[1]5 U.S.C. §706（2）（E）规定的实质证据（substantial evidence）标准在“接受该编 §556 和 §557 调整的案件，或者依照法律规定根据行政机关听证笔录进行审查的案件”中发挥效力。换句话说，如果行政决定是在审判型、笔录公开的（trial-type，on-the-record）听证会（正式裁决，或者基于案卷的规则制定）举行之后作出的，就可以启动实质证据标准。在其他大多数案件中，案件事实是根
98 据 §706（2）（A）规定的“武断恣意”标准进行审查的，尽管在有的案件中，法院是按照 §706（2）（F）的规定，在重新进行的审理程序中自行认定事实的。这一节规定解释了实质证据标准，这也是三项标准中得到承认的历史最为悠久，也是最为容易得到理解的。这一讨论将会为分析另外两项标准[2]奠定基础。

法院在适用实质证据标准时一般需要评估行政机关的事实认定的合理性，而不是自己去调查“正确”或者“真实的”事实。这一标准有时可以类比为对陪审团判决的上诉审查：根据这一观点，复审法院“必须决定具备理性的陪审团是否可能基于听证笔录得出行政机关的结论”。[3]另一项经常被引用的表述是，实质证据是“理性人可能会认为足以支持结论而接受的相关证据”。[4]《行政程序法》文本的文字修饰被认为在对特定案件适用实质证据标准时并无多大帮助。也许我们至多只能说，根据实质证据标准对行政行为进行审查的法院，应当确保行政机关在收集和评估可得的数据方面完成了仔细、精湛的工作——或者如 Leventhal

---

1　Dickinson v. Zurko，527 U.S. 150（1999）（证明早期在专利案件中适用了更严格的标准，但是这一证据并不足够“明显”，还不能因此允许任何在此类案件中偏离《行政程序法》之框架的行为）。

2　参见下文第 111-115 页（原书页码）。

3　Allentown Mack Sales & Serv.，Inc. v. NLRB，522 U.S. 359，366-37（1998）.

4　Consolidated Edison Co. v. NLRB，305 U.S. 197，229（1938）.

法官所言，行政机关已经对重要的事实问题进行了“严格审查”(hard look)。但是，法院现在所审查的是一项规则而非一项命令，这就出现 99
了一些障碍。[1]

在根据实质证据标准审查行政机关的事实认定时，法院有义务审查“所有案卷”(whole record)。[2] 也就是说，法院不应该只审查支持行政决定的证据；它还必须审查所有支持或者反对行政机关的事实认定的相关证据，并且判断它们是否处于合理性区间之内。在联邦法律制度，以及许多州法律制度中，未经证实的传闻可以构成实质证据。[3]

当法院根据实质证据标准对行政机关的事实认定进行审查时，还会出现另一项问题，那就是法院应当如何审查行政机关撤销（reversal）行政法法官之初始裁决的决定。《行政程序法》§557（b）赋予行政首长在审查初始裁决时重新作出事实认定的广泛权力。[4] 但是，与此同时，§557（c）规定初始裁决也是案件正式案卷的一部分，并且实质证据标准要求复审法院审查“所有案卷”。Universal Camera 案判决在解释行政法法官的裁决在司法审查过程中的作用时适用了这些规定：实质证据标准适用于行政机关的
裁决，而非行政法法官的裁决。但是，因为行政法法官的裁决构成案卷的 100
一部分，复审法院在评估行政机关的最终裁决的证据支持时必须审查行政法法官的裁决。因此，相反的初始裁决可能会削弱对于行政机关最终决定的支持。在这种情况下，行政法法官的事实认定具有的权重可能取决于在案件中所涉及的争点的类型。如果和 Universal Camera 案中一样，当案件涉及目击证人的证词时，初始裁决应当被赋予相当的权重：行政法法官有可能观察证人的品行，直接评估证人的可信度和准确性。[5] 另一方面，如果行政裁决主要取决于专家证词或者政策考虑，行政法法官的裁决可能不能获得多少尊重；行政首长可能更适合于处理此类证词，而复审法院应该不需要太多担心行政首长撤销行政法法官裁决的问题。

1　参见下文第 123–125 页（原书页码）。

2　Universal Camera Corp. v. NLRB, 340 U.S. 474(1951).

3　例可参见 Richardson v. Perales, 402 U.S. 389(1971)(检查医生的传闻报告是作出拒绝残疾认定申请的实质证据，即使这与代表申请人的现场作证观点相反)。

4　参见下文第 271–274 页。

5　例可参见 Penasquitos Village, Inc. v. NLRB, 565 F.2d 1074(9th Cir.1977)。

当然，实质证据标准只有在与评估行政机关的事实认定时所对应的实体证据（substantive standard）相互关联时才是有意义的。有的时候，行政机关对相关法律的解释可以让表面证据成立的条件非常宽松，从而在事实上减轻举证责任。如果（但也是只有）法院认定行政机关对法律所作解释是合理的并且符合立法目的时，正如 Chevron 原则所要求的那样，这一机
101 制将会有效。[1]行政机关经常出于这一目的而采用规则制定的手段。[2]

四、裁量权滥用的审查

复审法院在认定行政机关正确理解了法律，并且对事实问题进行了合理的审查之后，仍然必须考虑行政行为是否存在“武断、恣意、滥用裁量权或者其他不符合法律规定的情形”。[3]这个审查过程有时也被称为“武断性”审查（review for “arbitrariness”），或者“裁量权滥用”审查（review for “abuse of discretion”），或者直接被称为“武断性和恣意性审查”（arbitrary and capricious review）。[4]

在 Citizens to Preserve Overton Park, Inc. v. Volpe[5] 案中，最高法院将武断性审查描述为探究“行政决定是否基于对相关因素的考虑，是否存在明显的错误判断”。这一表述依然出现在判例法之中，但是在现代实践中，武断性审查的重点已经转向对行政机关的推理质量的审查。法院通常会询问
102 裁量权的行使是否基于至少从案卷来看言之成理的分析，当事人的争论，以及法律依据的限制。从理论上讲，这种审查应该是高度尊重的，并且实践中也确是如此。事实上，有的时候，裁量权滥用审查可能看起来相当敷衍了事。当法院感觉到行政机关得出的结论是可信的，而当事人也没有提

---

1 例可参见 NLRB v. Transportation Mgmt. Corp., 462 U.S. 393（1983）[在“多重动机”（mixed motive）解雇案件中，国家劳动关系委员会只能将《劳动法》（Labor Act）解释为要求雇主证伪事实上的因果关系]。

2 参见下文第 293–297 页（原书页码）。

3 5 U.S.C. § 706（2）（A）.

4 尽管 §706（2）（A）也对不受实质证据标准调整的案件提供了行政机关事实认定的司法审查标准[参见下文第 111–115 页（原书页码）]，但是以下讨论只涉及在非事实的维度上进行的武断性审查。

5 401 U.S. 402（1971）.

出令人困扰的争点，它就可能只稍作讨论便判决支持行政机关的行为。

但是，如今对裁量权滥用问题的审查，有时候会变得非常地寻根究底（probing）。对于这一进路的经典表述是由 Leventhal 法官在 Greater Boston Television Corp. v. FCC[1] 案中作出的：法院如果“意识到，特别是通过结合考虑各种危险信号，行政机关并没有对突出的问题采取‘严格审查’，也没有真正地对所作出的决定提供理由说明”，就会介入。尽管“严格审查”（hard look）最初的含义是行政机关应当对各种争点进行仔细审查，今天它却更多地被用于指代法院在审查行政裁量权的行使情形时所进行的详细和深入的探究。法院显然容易滥用此种寻根究底，它可能会轻易地对行政机关的说明理由程序加以批判，并以此为借口推翻它所不赞成的政策判断。但是，尽管存在这些危险，严格审查原则还是得到广泛适用。严格审查原则特别突出地适用于对规则制定的审查，这是我们在下节将要看到的。[2] 103

判例法已经确立了在若干特定的情形中，复审法院可以合理地判决行政机关已经滥用了裁量权，这些情形包括：

首先，即使是主管官员的裁量决定符合相关法律的规定，如果它与行政机关自己制定的规章不一致，也可能是违法的。因为根据实施某一法律的授权而制定的规则（通常被称为立法性规则）具有“法律效力”（force of law），它与制定法一样对行政机关具有约束力。该案的争点是由著名的“周六夜大屠杀”（Saturday Night Massacre）事件引发的。司法部发布了正式的规章，规定水门事件的特别检察官不会被免职，除非“特别检察官本人存在特别不合适的言行”。尽管如此，代理司法部长 Bork 还是听从尼克松总统的指示在没有理由的情况下解除了特别检察官的职务。法院判定，该解除职务的决定违反有效的行政规章，因此是违法的。[3] 联邦法院并没有实际上让特别检察官恢复原职（部分因为继任者已经获得任命），但是最高法院后来在一起存在紧密关联的案件中采纳了它的法律推理。[4]

其次，没有遵循先前的裁决中所体现的行政先例，如果行政机关没有

1　444 F.2d 841, 850–52（D.C. Cir. 1970）.

2　参见下文第 111–115 页（原书页码）。

3　Nader v. Bork, 366 F. Supp. 104（D.D.C. 1973）.

4　United States v. Nixon, 418 U.S. 683（1974）.

104 对此充分说明理由，可以构成滥用裁量权。“行政机关不得在未说明事情原委和原因的情况下改变做法。”[1] 可以说，在 FCC v. Fox Television Stations, Inc.[2] 案中，最高法院已经在一定程度上放宽了这一原则。在审查联邦通信委员会作出改变禁止广播不雅内容（broadcast indecency）之执法方法的命令时，最高法院指出，联邦通信委员会在改变其政策时，“当然……必须证明存在实行新政策的充足理由。但是，它并不需要为了让法院满意，证明新政策的理由优于旧政策的理由；新政策也是法律所允许的，有好的理由可以支持新政策，并且行政机关的态度变化当然能够充分显示出它相信新政策是更好的，这就足够了”。Fox 案的判决主旨为行政政策随着时间的推移而演变提供了便利，在以后的政府希望改变过去政府的政策时，这是尤其重要的。[3] 但是，Fox 原则所提供的灵活性也存在局限性。最高法院提出的警告是，如果新政策“依据的事实认定与过去的政策所依据的事实认定相互矛盾”，或者如果“它先前的政策已经产生了必须加以考虑的严重
105 的信赖利益”，行政机关需要承担特别的说明义务。[4]

当复审法院认定特定行政决定与行政机关自己的先例之间存在矛盾时，它通常会将该问题发回重新处理（remand），要求行政机关作出更充分的理由说明，而非直接撤销该决定。如果行政机关对其新做法提供了合理的理由说明，其行为应当会顺利通过审查。

再次，行政机关违反法官所造之法的特定原则也会构成裁量权滥用。衡平法上的禁反言就是其中一个领域，尽管最高法院已经将这一原则限定于非常狭窄的边界之内。[5] 因此，违反阻却（preclusion）原则也可能构成裁

---

1 United Automobile Workers v. NLRB, 802 F.2d 969, 975（7th Cir. 1986）.

2 556 U.S. 502, 515（2009）.

3 例可参见 Air Transport Ass'n of Am., Inc. v. National Mediation Bd., 663 F.3d 476（D.C. Cir. 2011）。

4 例可参见 Encino Motorcars, LLC v. Navarro, 136 S. Ct. 2117（2016）（考虑到行业对先前解释的信赖，仅作仓促的理由说明是不够的）。

5 参见下文第 195–197 页。一事不再审（Res judicata）和间接禁反言（collateral estoppel）则构成另一类法官所造之法。B&B Hardware v. Hargis Industries, 135 S. Ct. 1293（2015）（裁定商标初审和上诉委员会保护一件商标，排除了同一原告申请地区法院审查，如果在两起案件中，法院所要判决的因素大致相同）。

量权滥用。例如，在 United States v. Stauffer Chem. Co.[1] 案中，Stauffer 获得了一份法院的判决，其内容是否定了环境保护局对《清洁空气法》的解释。当行政机关试图在另一家法院以完全相同的争点另行起诉时，最高法院判定根据间接禁反言规则阻止该行政机关的行为。另一方面，在 United States v. Mendoza[2] 案中，最高法院判定不能对在先前的案件中并非当事人的个人，不能对联邦政府主张适用间接禁反言原则。最高法院的理由是，如果允许此种“非相互的”间接禁反言，“将会因为冻结了对特定法律问题作出的第一份最终判决，而实质性地阻止了重要法律问题的发展”。 106

最后，如果行政机关没有对它为什么没有选择作出较轻的制裁给出令人满意的解释，法院有时候会判定特定的救济决定过于严重。[3] 更为具体的是，当行政机关溯及既往地适用一项裁决时，如果法院认为对被告有理由相信是合法的行为施加制裁而存在的不公平性，在权重上已经超过了执法中的公共利益时，法院可以决定介入。[4] 不过，对行政机关的救济决定的审查往往还是比较尊重的：通常法院不愿意对行政机关就制裁措施所作选择进行事后评判，这一问题接近于行政分支的执法裁量权的核心。[5] 107

五、事实认定和理由

对法律、事实和裁量判断的审查标准，正如前面三节所讨论的，都是事先假定法院会相当仔细地审查行政机关的推理。但是，在实践中，行政机关常常是未对他们所作判断的依据作出理由说明或者充分说明理由，就直接作出行为。联邦法院没有忽视这一行为；“试图以制度性的专业能力（institutional expertise）为理由作出事实认定而不说明理由”的行政机关遭

1　464 U.S. 165（1984）.

2　464 U.S. 154（1984）.

3　例可参见 Jacob Siegel Co. v. FTC，327 U.S. 608（1946）（将案件发回重新处理，该案中联邦贸易委员会命令公司抛弃被认为具有欺骗性的商品名称，但是没有认真考虑信息标识是否已经足够）。

4　例可参见 Velasquez–Garcia v. Holder，760 F.3d 571（7th Cir. 2014）；Retail，Wholesale & Dep’t Store Union v. NLRB，466 F.2d 380（D.C. Cir. 1972）。

5　参见 Butz v. Glover Livestock Comm’n Co.，411 U.S. 182（1973）（支持了行政机关在法定幅度内对罚款金额所作的选择）。

到了严厉的批判。[1]

为了克服这一困难，联邦法院已经提出了这样一种机制，也就是将行政行为发回行政机关重作，并要求提供更充分的理由说明。[2] 联邦法院经常说它们并不需要太多的细节；基本的要求是行政机关对其推理所作的说明
108 可以为进行有意义的司法审查提供条件。[3]

事实上，对于行政机关之推理的关注是必然的，因为裁量性的行政行为只能基于行政机关自己的理由的说服力而得到支持，这是不证自明的。在一起典型案例中，最高法院将证券交易委员会否决公司重组计划的决定发回重新处理，因为证券交易委员会的理由是基于错误的法律前提得出的。[4] 但是，最高法院在作出这一判决时，指出它可能会判决支持证券交易委员会的立场，如果该委员会是以正确的法律依据证明其立场的正当性；当证券交易委员会发表了经过修正的观点后，最高法院也确实这么做了。[5] 复审法院不能以行政机关提供的之外作为依据判决支持行政机关的行为，其理由是只有行政机关有权作出裁量性的判断，而这是由国会授权的。

从 Chenery 原则中，我们可以得出若干重要推论。首先，“法院不能接受上诉律师事后提出的对行政行为的理由论证（rationalization）”，[6] 因为对于规制政策的裁量性判断应当由行政首长作出，而不是由律师在法庭上为他们的决定辩护。其次，法院如果认定行政机关宣布的行为理由是不可接
109 受的，它不可能因为行政机关实际上遵循了不同的、可以允许的理由，只是没有说出来，从而支持该行为。[7] 最后，如果行政机关作出行为时错误地以为该行为是法律要求的，法院必须将其发回行政机关再作进一步地考虑，即使行政机关本来也有作出该行为的裁量权，因为行政机关如果知道法律

1 参见 Tripoli Rocketry Ass’n v. BATFE，437 F.3d 75，83（D.C. Cir. 2006）。

2 例可参见 Northeast Md. Waste Disposal Auth. v. EPA，358 F.3d 936（D.C. Cir. 2004）；United States v. Dierckman，201 F.3d 915（7th Cir. 2000）；Armstrong v. CFTC，12 F.3d 401（3d Cir. 1993）。

3 但是，经常出现的情况是，没有什么理由说明会是充分的，因为法院是将发回行政机关“重新考虑”作为一种外交辞令，以此表达自己并不认同行政机关的实体政策。

4 SEC v. Chenery Corp.，318 U.S. 80（1943）（Chenery Ⅰ）.

5 SEC v. Chenery Corp.，332 U.S. 194（1947）（Chenery Ⅱ）.

6 Burlington Truck Lines v. United States，371 U.S. 156，168–69（1962）.

7 Allentown Mack Sales & Service，Inc. v. NLRB，522 U.S. 359（1998）.

允许自己这么做，本来可能会作出不同的选择。[1]

尽管根据 Chenery 原则，联邦法院必须仔细审查行政意见，但是它们通常不会审查在这些意见背后隐藏的动机问题。这一原则是在 Morgan v. United States 这宗漫长的诉讼中确立的，该案涉及农业部的价格制定权。起初，最高法院授权联邦地区法院调查指控，即农业部长发布决定时没有阅读法律意见书（briefs）或者考虑证据。但是，在发回重新处理之后，最高法院经过重新考虑，宣布“法院的职能不是去探究农业部长在得出其结论时的心理过程，如果农业部长已经依法举行听证的话”。[2] Morgan 案的争议在几年之后第四次诉至最高法院时，最高法院对这一点作了更有力的说明。正如法官不能因为他自己所作判决而被免职或者接受盘问，“行政程序的完整性必须得到同等尊重”。[3] 如果没有这种对合规律性（regularity）的推定，行政 110
官员就会不断地需要停下自己的分内工作而去回答有关其决定的问题。

但是，当行政机关作出决定时如果没有对其决定提供任何解释，也会出现一些特殊的问题。在这种情况下，正如最高法院在 Citizens to Preserve Overton Park，Inc. v. Volpe[4] 案中所论述的，复审法院可以对行政机关的理由进行事实性的探究，要求作出决定的官员提供宣誓证言书（affidavit），或是传唤他们到庭作证。法院也可以将行政行为发回行政机关，要求作出必要的解释——这是最高法院如今认为更“可取”的解决方案。[5] 另一方面，Overton Park 案明确了——而 Camp v. Pitts[6] 案重申了——行政机关确实为其决定同时提供了解释时，Morgan 规制仍然是良法；行政机关的观点必须被视为行政机关之推理的善意表达，除非原告“充分证明了行政机关存在恶意或者不适当的行为”（这是一项很少能够达到的标准）。这些案件的净效应便是让行政机关的决定者有很强的激励在作出行为时附具意见，即使程序法并没有强迫他们这么做。

---

1 FCC v. RCA Communications，Inc.，346 U.S. 86（1953）；Prill v. NLRB，755 F.2d 941（D.C. Cir. 1985）.

2 304 U.S. 1，18（1938）（Morgan Ⅱ）.

3 United States v. Morgan，313 U.S. 409，422（1941）（Morgan Ⅳ）.

4 401 U.S. 402（1971）.

5 PBGC v. LTV Corp.，496 U.S. 633（1990）.

6 411 U.S. 138（1973）.

六、对行政案卷的审查

在前面几节讨论的审查范围的大多数原则最初是在行政机关经过正式、
111 审判型程序后作出行为的案件中，由法院提出并加以适用。对于不涉及此类程序的案件，包括大多数规则制定的案件还需要考察其他一些原则。因为实质证据标准通常并不适用，法院可以转而将 §706 的两项法律条款之一作为审查行政机关的事实认定之依据：它可以重新审查这些事实，而无须尊重行政机关的事实认定结果[1]；或者，它可以根据武断性标准审查行政机关的事实认定[2]。

Citizens to Preserve Overton Park, Inc. v. Volpe[3] 案，决定性地确立了这两项法律条款的相对范围。最高法院判定，一项非正式行为，如交通部长作出的高速公路资金支持决定，必须接受 §706（2）（A）规定的裁量权滥用审查，审查的依据是“部长在作出决定之时所掌握的所有行政案卷”。尽管最高法院认为《行政程序法》要求采取这一方法，但是学者们一致认为，对非正式行政行为进行“行政案卷”排他性审查，并不是《行政程序法》的起草者们当初所设想的。在 Overton Park 案之前，联邦法院为了审查这类行为所需要的任何事实通常都是通过司法审理程序形成的。

与此同时，最高法院成功地大幅压缩了 §706（2）（F）的适用范围。Overton Park 案的判决意见认为，法院根据 §706（2）（F）独立进行的事实
112 认定只能适用于两种情形：当“行政行为的性质是裁决，并且行政机关的事实认定程序是不充分的”时，或者当“在强制执行非裁决性的行政行为的案件中提出了行政机关之前未曾面对的争点”时。这些术语究竟何意，学者们都很困惑，但是这些辩论对于实践并无多少助益，因为司法判决中可以适用上述两种条件任意之一的事实认定几乎并不存在。对构成行政行为之基础的事实重新进行的审查，已经在行政法中基本消失了，只有在少数一些情形中，《行政程序法》之外的制定法或者宪法保障要求法院这么做。在法定的要求中，《信息自由法》中规定的重新审理条款是最为重要的。

1 §706（2）（F）.
2 §706（2）（A）.
3 401 U.S. 402（1971）.

重新审查的宪法要求适用范围非常有限。例如，最高法院先前曾经判定一位面临驱逐出境的个人拥有要求对于他是不是美国公民的问题获得独立司法判决的宪法权利。[1] 国会后来将这一判决主旨写入法律。[2] 还有一起同一时代的案例涉及要求对价格制定的裁定（ratesetting order）是否构成没收的问题进行重新审查。[3] 该案的判决主旨至今依然有效，但是并不重要，因为如今对于价格制定的宪法限制已经变得非常宽松。[4]

Overton Park 案的判决主旨，即司法审查根据"行政案卷"进行，很快便扩展至非正式的规则制定案件。根据先前的惯例，法院愿意推定存在支持行政规则之有效性（validity）的事实，除非初审的原告能够证明该规 113
则是武断的。[5] 因为有关规则之事实依据的任何诉讼都可能在法院发生，行政机关的决策者在规则制定程序中并没有花费时间编辑整理供司法审查之用的"案卷"。但是，在 Overton Park 案之后，行政机关和相对人都开始意识到，他们需要在行政阶段提出理由证明自己的观点，因为复审法院不会考虑之后提交的任何证据。[6] 事实上，法院如今一般会拒绝，至少在强制执行之前阶段（preenforcement）的复审案件中，受理没有在规则制定程序中首先提出的争点。

在非正式的规则制定程序中，行政案卷通常包括拟议规则制定通告、最终规则和附具的制定依据和目的的说明，公众提交的评议意见，以及行政机关自己制作的不享受特权保护的工作文件。如果行政案卷包含的证据可能让理性人（考虑了反对制定规则者提交的证据之后）接受规章的事实前提，则该规则可以经得起武断恣意标准的检查。[7] 行政机关汇集此类证据 114
的义务已经将现代规则制定程序变成相比《行政程序法》起草者们当初所

1　Ng Fung Ho v. White, 259 U.S. 276（1922）.

2　8 U.S.C. § 1105a（a）（5）.

3　Ohio Valley Water Co. v. Ben Avon Borough, 253 U.S. 287（1920）.

4　另可参见上文第 29 页（原书页码）。

5　Pacific States Box & Basket Co. v. White, 296 U.S. 176（1935）.

6　参见 United States v. Nova Scotia Food Prods. Corp., 568 F.2d 240（2d Cir. 1977）（在执行食品药品管理局之规则的案件中，法院拒绝审查对制定该规则之必要性提出质疑的新证据）。

7　但是，行政机关并不需要提供完整案卷以支持科学结论和内在地难以证明的其他观点。参见下文第 119–121 页（原书页码）。同时，在相同情况下，行政机关可以适用行政认知（official notice）的原则处理证明问题。参见下文第 299–304 页（原书页码）。

设想的更为正式、对抗性的程序。但是，Overton Park 案的行政案卷概念在对规则制定的“严格审查”标准形成过程中是关键性的一步。如果行政机关没有必要通过援引在规则制定之前自己所面对的事实为自己行使裁量权的行为辩护，对行政机关的推理过程进行的深入审查几乎是没有意义的。

七、对规则的审查

在一般意义上，上述讨论的各项审查范围的原则大多数完全适用于对规则的司法审查。与根据《行政程序法》进行的所有其他形式的行政行为审查类似，规则必须符合行政机关的制定法要求[1]、《联邦宪法》[2]和程序性要求[3]。它们也不得是“武断恣意的”[4]，行政机关如果在其行政案卷中缺乏对其事实假定的支持，或者滥用了裁量权，就违反了这一标准。

但是，法院不得不努力在规则制定案件中以令人满意的方式适用这
115 些标准。在这些情形中，核心的争点中有很多涉及政策判断和“立法性事实”，这些通常不能与典型的裁决程序中的事实一样容易得到“证明”。不仅如此，在规则制定案件中所涉及的争点可以是高度技术性的，特别是在健康和安全规制的领域。最后，非正式的规则制定案卷与法官们过去审查的裁决案卷有着根本性的差别。正如 McGowan 法官所指出的，非正式的规则制定案卷“在内容上与立法委员会对拟议制定的法案进行听证的过程中［所收集的材料］——信件、电报、法案支持和反对意见的书面说明，包括有的时候不接受交叉质证的口头证言——之间是难以区别的”。在审查此类案卷时，存在的风险是法官会以“与议员们一样的方式对政策偏好进行投票”“从而可能会出现让民主制度是按照多数人的意志运行的原则归于无效的风险”。[5] 因此，法院只能提出一种审查方法，可以使得他们能够防止在规则制定程序中出现权力滥用，但是不会让他们作出本质上属于立法性或者政治性的判断。

---

1 §706（2）（C）.

2 §706（2）（B）.

3 §706（2）（D）.

4 §706（2）（A）.

5 Carl McGowan, Congress and the Courts, 62 A.B.A.J. 1588, 1589–90（1976）.

（一）严格审查

在 Automotive Parts & Accessories Ass'n v. Boyd[1] 案中，哥伦比亚特区巡回法院遇到了几项障碍。McGowan 法官认为，对规则制定的司法审查“需要做到（与正式裁决的情形相比）至少一样彻底和严格的审查，但是因为它所针对的是不同的材料，它势必要有别于裁决模式。最重要的目标是考察行政机关履行本质上立法性的任务时，所采取的方式是否可以消除武断和非理性的危险……”就这一目的而言，行政机关对规则制定依据和目的说明（规则附具的书面解释）必须“能够让我们看到在非正式程序中提出了哪些重大政策问题，并且行政机关对这些问题所作回应的原因”。换句话说，法院会审查行政机关是否实施了 Leventhal 法官后来所说的“附具理由说明的决定”，包括行政机关是否切实彻底地对其立场作了解释，并且是否对规则制定程序中的参与者所提出的重要批评作出了回应。“严格审查”（hard look）一词，也被用于描述这种类型的探究，不是独特的审查标准，而是对（至少在理论上）通常在武断性和恣意性审查中使用的审查所作的非正式描述。 116

在 Motor Vehicle Mfrs. Ass'n v. State Farm Mut. Auto. Ins. Co.[2] 案中，最高法院对于发展坚持附具理由说明的决定程序的判例法表达了最明确的赞成意见。在 1981 年，交通部撤销了它在 1977 年制定的一项规则，该规则要求在汽车上安装“被动约束装置”（passive restraints）——气囊或者汽车安全带。交通部对其行为给出的解释是，“可解脱的”（detachable）汽车安全带，作为汽车生产商青睐的满足这一要求的方法，并不必然能够促进安全，因为消费者会解脱这些安全带。在 State Farm 案中，最高法院认定这一解释中存在两点缺陷。首先，交通部对于汽车安全带之有效性的怀疑忽略了阻力因素：消费者不会愿意费力去调紧手动安全带，完全可以继续系着允许自动调紧的安全带。交通部需要对这一关键点作出说明。其次，即使这些安全带是无效的，交通部也没有说明它为什么没有退回改为要求安装气囊或者“不可解脱式的”安全带。 117

最高法院在 State Farm 案中小心翼翼地指出，在撤销（rescission）决

1　407 F.2d 330（D.C. Cir. 1968）.

2　463 U.S. 29（1983）.

定中所忽略的其他几种替代方案之前已经得到了交通部本身的支持，并且主管官员也改变了原来的行为方式。它也强调指出，规则不仅仅是因为没有直接证据可以支持行政机关的结论而成为武断的。但是，行政机关必须分析可得的证据，并且“为所认定的事实和所作出的选择之间提供合理关联”。作为总结，最高法院指出：“通常，行政规则将是武断恣意的，如果行政机关所依据的因素是国会还没有试图考虑的，完全没有考虑该问题的这一重要方面，或者对其作出与所掌握的证据相反之决定提供解释，或者是如此难以置信，以至于不能归因于观点差异或者行政
118 机关专业能力的产物。”

这一表述中所隐含的司法独断能力（judicial assertiveness）至今仍是现代严格审查的特征。自 State Farm 案以来，上诉法院在发现诸如规则制定依据和目的说明中采用了结论性的或者不符合逻辑的理由说明这类问题之后，经常判定将规则发回重新处理；[1] 没有对制定法要求的因素作出说明；[2] 没有对公众评议阶段所提交的重要主张作出回应；[3] 采纳了缺乏事实支持的观点；[4] 或者未能对拒绝采纳重要的替代规制策略作出说明。[5] 需要明确的是，绝大多数的行政规则确实通过了法院的裁量权滥用审查。不仅如此，威胁基于这一理由作出推翻判决，也构成了对行政机关的重要规训，特别是因为相关标准涉及主观判断，并且行政机关可能无法预测特定的法官合议庭会在多么严格的程度上适用这些标准。实际上，有的学者认为，如今的司法审查具有的冒犯性对规则制定程序本身构成了一项障碍。[6]

（二）科学不确定性

尽管有着严格审查的雄心壮志，复审法院还是意识到它们对高技术性领域的规章进行评估的能力有限。这一领域的问题出现在 Ethyl Corp. v.

---

1 Tripoli Rocketry Ass'n v. BATFE, 437 F.3d 75（D.C. Cir. 2006）.

2 Public Citizen v. FMCSA, 374 F.3d 1209（D.C. Cir. 2004）.

3 Appalachian Power Co. v. EPA, 249 F.3d 1032（D.C. Cir. 2001）.

4 United States Telecom Ass'n v. FBI, 276 F.3d 620（D.C. Cir. 2002）.

5 Public Citizen, Inc. v. Mineta, 340 F.3d 39（2d Cir. 2003）.

6 参见下文第 351–353 页（原书页码）。

EPA[1] 案之中，该案判决支持了环境保护部制定的减少汽油中含铅添加剂的 119
用量，理由是这些添加剂有害健康。Bazelon 法官在协同意见中认为，对事实的司法审查应当受到高度限制，因为“对技术一无所知的法官对数学和科学证据进行实体审查是非常不可靠的”。复审法院最多能够通过确保行政机关严格遵守相关的程序性要求，让事实前提接受公众监督，从而间接确保理性。但是，Leventhal 法官对司法弃权（judicial abdication）提出了警告：法院对行政规则的实体审查，即使是在技术领域，对于行政规则制定行为的合法性而言也是关键。但是，即使是 Leventhal 也加入了由 Wright 撰写的多数意见，该意见体现出在这类案件中意识到司法克制（judicial restraint）的重要性。首先，法院对《清洁空气法》进行了宽松的解释：环境保护局规制“将会危害”公共健康的排放的要求得到了满足，如果该行政机关证明存在相当程度的危害风险，而不必然是实际损害的证明。其次，法院表现了愿意尊重行政机关的事实认定，只要该事实认定不是基于“预感”（hunches）或者“随意猜测”（wild guesses）。Wright 法官的结论是：“如果一部（作出规则制定授权的）制定法在性质上是预防性的（precautionary），
证据难以获取、不确定或者存在冲突，因为这处于科技知识的前沿……并 120
且这是由具有专业能力的局长作出的决定，所以我们不会要求提供严格的步步推进的因果关系证明。”

最高法院也在这一领域呼吁实行司法自制。在 Benzene 案中，尽管复数意见将该法解读为要求在对有毒物质实施规制之前证明存在明显风险，并且认定部长不需要“采用任何接近科学确定性的材料”支持其事实认定；风险认定只需要得到“具有科学思想声誉的机构”的支持。[2] 类似地，在 Baltimore Gas & Elec. Co. v. NRDC[3] 案中，最高法院指出，如果行政机关是“在具备特别的专业能力领域，科学的前沿地带作出预测”，那么“总体来说，复审法院应当采取最高的尊重程度”。相应地，最高法院维持了核能监管委员会的一项规则，该规则允许各许可委员会（licensing boards）忽略长期

1 541 F.2d 1（D.C. Cir. 1976）（全席审判）。

2 Industrial Union Dep't，AFL–CIO v. American Petroleum Inst.，448 U.S. 607（1980）（持不同意见的大法官本来甚至可能会给部长留下更多的余地）。

3 462 U.S. 87（1983）.

储存乏燃料可能产生环境危害的可能性，尽管是否能够找到储存核废料的安全方法，这一点还存在相当大的不确定性。

（三）救济

如果法院认定某一规则无效，它总是将该规则发回行政机关要求其作进一步考虑。根据 Chenery 原则，法院不能规定行政机关应当采纳什么替
121 代规则，如果有的话。[1] 通常而言，在将一项规则发回重新处理时，法院也撤销（set aside）了该规则。但是，晚近的一些判决有的时候会在发回重新处理的案件中让规则继续有效。[2] 这种“发回重新处理而不撤销”的做法让法院能够保护信赖利益，能够在行政机关考虑如何对法院的关切作出最佳的回应时防止规制项目中断。这种做法的合法性已经遭受质疑，因为它似乎与《行政程序法》§706 存在冲突，该条款规定法院“应当……撤销”被认定违反该法所规定任何审查标准的行政行为。[3] 尽管如此，联邦法院还是继续运用可以作为行使衡平法上的救济裁量权而得到辩护的技术，而我们可以推定《行政程序法》并未废除这一裁量权。在特定案件中决定是否采用发回重新处理而不判决撤销的做法时，法院通常会考虑各种因素。[4] 其中之一是规则缺陷的严重程度：行政机关可能会通过进一步的解释或者程序重新激活规则，或者规则的问题如此严重，以至于行政机关永远无法补救？另一项因素则是因为短期的无效而导致项目中断的程度。此外，发回重新处理而不判决撤销的做法也被用于原告赞成已有的规则，但是为了迫
122 使行政机关考虑强化这一规则而让法院将该规则发回行政机关重新处理。[5]

（四）实质证据审查

在 20 世纪 70 年代初期制定的若干规制性立法，如《职业安全和健康法》中，国会规定应当根据实质证据标准对行政规则进行审查。这一趋势

1　参见上文第 109 页（原书页码）。

2　Fox TV Stations，Inc. v. FCC，280 F.3d 1027（D.C. Cir. 2002）；Central Maine Power Co. v. FERC，252 F.3d 34（1st Cir. 2001）.

3　参见 Checkosky v. SEC，23 F.3d 452（D.C. Cir. 1994）。

4　参见 Allied-Signal，Inc. v. U.S. NRC，988 F.2d 146（D.C. Cir. 1993）。

5　North Carolina v. EPA，550 F.3d 1176（D.C. Cir. 2008）.

显然是因为青睐特别严格的司法审查；从历史上看，实质证据标准已经被视为明显比通常调整规则制定的武断标准更为严格。但是，正如 McGowan 法官后来所写的，这一进路产生的是“异类”（anomaly），因为新的规则制定相关立法通常所设计的是“非正式”（通告评议式）规则制定，而实质证据标准传统上被理解为对审判型听证会后汇编的案卷中的证据进行审查时所适用的标准。[1] 他接着指出，无论审查标准是如何表述的，我们都不可能期待法院要求对预测性或者科学性事实认定提供坚实的事实支持，更不必说对于政策性判断了。国会如今似乎不再制定这种类型的法律条款——一部分原因是它更明显地意识到 McGowan 法官所解释的司法职能的内在限制，另一部分原因则是法院根据武断审查标准进行的“严格审查”（hard look），已经变得与国会试图通过实质证据标准达到的严格审查（rigorous review）一样具有侵犯性。[2] 123

有的案件继续认为对规则适用实质证据标准的法律，要求的是特别严格的审查。[3] 但是，联邦法院越来越多地看到武断审查标准与实质证据标准之间的“融合”。正如 Scalia 法官（后任大法官）在 Association of Data Processing Serv. Orgs. v. Board of Govs.[4] 案中所指出的，这两项标准之间的真正区别是，在实质证据审查中，法院从正式听证的案卷中为事实认定寻找证据，而在武断审查中则不是如此。但是，他接着指出，这并不意味着，要通过其中某项标准，比起另一项标准来说，行政机关需要提供更多的事实证据。几乎所有的巡回法院都赞成 Data Processing 案的分析。传统上说，实质证据标准被认为是一项更为严格的标准，因为这是对案卷进行的审查。但是如今，对于非正式行为的案件，法院也是对“行政案卷”进行审查，职能上的区分已经失去了效力。不仅如此，行政机关如今利用非正式规则制定程序以实施政策，而在这之前则是采用审判型听证程序，并且法院并没有理解这一程序的转换为什么会导致实体问题的审查范围的缩小。无论如何，对于哪项标准更严格的争论也是毫无成果的。这两项标准所思考的

---

1 Industrial Union Dep't, AFL-CIO v. Hodgson, 499 F.2d 467（D.C. Cir. 1974）.

2 参见 National Lime Ass'n v. EPA, 627 F.2d 416, 452（D.C. Cir. 1980）（在 1977 年对《清洁空气法》进行修订时，规则制定的实质证据标准被视为没有必要而遭到抛弃）。

3 例如，AFL-CIO v. OSHA, 965 F.2d 962（11th Cir. 1992）。

4 745 F.2d 677（D.C. Cir. 1984）.

都是“合理性”标准，这是无人能够准确界定的。最后，无论根据哪一项
124 标准，法院都可能会受到各种微妙因素的影响，如所涉争点的性质和复杂程度，错误判断的后果，行政机关在能力和公正方面的声誉，以及法官的司法审查理念。

八、行政不作为和迟延

《行政程序法》对“行政行为”的定义包括“不作为”（failure to act）。[1] 尽管如此，当法院需要审查行政不作为（administrative inaction）时，它们对行政机关的尊重程度通常要远高于涉及积极作为（affirmative acts）的案件，甚至有的时候法院完全拒绝审查。这一态度反映了对一项实践问题的理解，即行政机关拥有的资源有限，必须设定优先顺序，而这是法院无法轻易监督的。这种司法自制的例子之一便是 Heckler v. Chaney[2] 案，该案中最高法院判定行政机关拒绝启动执法程序是“可以推定不可审查的”（presumptively unreviewable）。[3] 类似地，行政机关可以对一名涉嫌违法的相对人而不是针对处于类似处境的竞争者提起执法诉讼；如果没有“明显滥用裁量权”，这种执法策略是可以经受得住司法审查的。[4]

行政机关非执法性决定（agency nonenforcement decisions）一般具有不可审查性（unreviewability），与之形成反差的是，行政机关拒绝规则制定
125 之请愿的行为则需要接受审查。[5] 这一点是由 Massachusetts v. EPA[6] 案明确的，该案中环境保护局拒绝了制定规章以限制机动车温室气体排放的请愿，最高法院对此进行审查。环境保护局同时引用了缺乏法律授权和审慎的关切（prudential concerns）这两项理由，但是最高法院认定环境保护局确实获得法律授权，并且它所提出的审慎理由是不充分的。它将这一请愿发回环境

1 5 U.S.C. § 551（13）.

2 470 U.S. 821（1985）.

3 参见下文第 371–373 页（原书页码）。

4 Moog Industries, Inc. v. FTC, 355 U.S. 411（1958）; 参见 FTC v. Universal-Rundle Corp., 387 U.S. 244（1967）（类似裁定）。

5 Chaney 案对此并未涉及。

6 549 U.S. 497（2007）.

保护局重新处理，要求“以法律为依据”作出决定。尽管最高法院作出了这样的判决，但是它还是将对拒绝颁布规则之决定的审查描述为“极其有限的”和“高度尊重的”。

《行政程序法》在 §706（1）中明确规定了对行政不作为的司法审查，规定复审法院应当“责令作出被违法拒绝或者不合理延迟的行政行为”（compel agency action unlawfully withheld or unreasonably delayed）。在 Norton v. Southern Utah Wilderness Alliance[1] 案中，最高法院大法官以一致意见作出了判决，指出了该节规定的适用范围存在两点重要限制。SUWA 案的原告是环境保护主义者，认为土地管理局（the Bureau of Land Management）没有采取足够措施防止越野车（off-road vehicles）驶入列入指定荒原地区（wilderness areas）的候选目录的联邦土地。最高法院首先判定 §706（1）只能被用于要求行政机关采取“独立”（discrete）或者具体化的（particularized）行为。因此，下级法院不能直接作出一般性裁定，要求土地管理局履行其管理土地，从而保护它们被列入荒原地区之潜力的职责。其次，法院不能利用 §706（1）责令行政机关作出行政行为，除非该行为是法律上要求的。
因此，尽管土地管理局自己制定的土地利用规划规定该行政机关“将会实 126
施”一项对具体山区的严密监督项目（intensive monitoring program），下级法院不能指令土地管理局遵守该条款。这些土地利用规划是临时性的，能否实施取决于经费是否到位，无论是国会还是行政机关都不会认为它们是具有约束力的承诺。

SUWA 案所指出的 §706（1）规定的适用范围的第二点限制直接来自该节规定使用的文字，即“违法”拒绝的行为。但是，第一项限制更令人意外。联邦法院在过去偶尔监督行政机关对宽泛的项目的管理——通常是在有证据显示行政机关完全没有达到法定义务的要求时。[2]SUWA 案似乎表明最高法院不会在将来容忍类似的冒险举动（ventures）。

在程序启动之后，如果行政机关没有在合理时间内作出决定，参与者就可以要求法院介入。联邦法院通过“理性规则”（rule of reason）裁决涉

1　542 U.S. 55（2004）（SUWA）.

2　例如 NAACP v. Secretary of HUD，817 F.2d 149（1st Cir. 1987）。

及不合理迟延的诉求，对行政机关和起诉人面对的困难进行平衡。[1]但是，联邦法院依然希望保持对行政机关的资源分配问题的敏感，因此它们的应对通常采取的形式是劝告（exhortation）而非直接的责令（compulsion）。
127 此外，最高法院在 SUWA 案的一则脚注中指出，“如果行政行为不是必需的，则迟延就不会是不合理的”。如果这句隐秘的（cryptic）评论被解读为法院不得对行政迟延提供救济，除非国会已经直接要求行政机关作出行为，如在法律中规定截止期限，那么救济的可得性甚至将比过去更为有限。

九、结　论

在最后的分析中，本章讨论的各项审查标准的范围——包括《行政程序法》规定的和判例法创设的——为法官个人留下了相当大的裁量权。类似“实质证据”和“武断恣意”的短语永远无法得到准确定义，法院也有自己的理由希望让这些审查标准保持相反模糊的状态。这种偏好的理由之一是法官们希望在回应各个事实类型（fact patterns）的公平性问题上可以拥有灵活性。另一个理由则是联邦法院内部对于不同行政决定应当获得的合理尊重程度存在分歧。这种分歧又可以归因于对司法审查在控制行政行为中的最终效用的不同评估。

对于某些人来说，司法审查对于法治的贡献应当得到高度评价：这是
128 确保行政机关的政策遵守各自的法律规定的最佳手段，并且在实施这些政策时个人可以获得公正和公平的对待。另一方面，过于激进的司法审查有时也被质疑具有不民主的特征。当法院过度行使其审查权时，它们可能会损害行政机关对于公众意愿作出合法回应的能力。正如最高法院在 Chevron 案中所指出的，“联邦法官——没有自己的选民——有义务尊重那些有选民的人所作出的合法的政策选择”。

为司法审查辩护的人也强调它可以发挥质量控制的功能，对行政层面的粗心大意或者投机取巧问题提供救济。不仅如此，联邦法院还可以提供通才的视角，而这是承担单一使命的行政机关经常欠缺的。但是，对于司

1　In re American Rivers & Idaho Rivers United，372 F.3d 413（D.C. Cir. 2004）；Telecommunications Research & Action Center v. FCC，750 F.2d 70（D.C. Cir. 1984）.

法审查之价格抱有更多怀疑态度的人则指出，行政机关掌握了复杂的技术和专业能力，这是法院所无法复制的。他们也指出，法院只拥有有限的信息源，并不总是掌握项目管理的真相，因为它们常常是隐藏在某些行政政策选择的背景之中。

司法审查的支持者还认为，法院向各种各样的诉讼当事人开放，这是它所具有的优点之一。从法院获得帮助的不同团体有时候代表的是行政机关本来应该在最早的阶段就应注意的不同利益。而且，对于缺乏接近政治监督机制之机会的个人来说，法院也常常是他们唯一的希望。批评家们认
为法院过于频繁地在利益团体导致拖延和破坏的运动中充当马前卒，破坏 129
了规范的项目管理的连贯性。许多次历史事件中，行政机关因为疲于应付司法机关设置的障碍，只能在具体项目上选择放弃。

随着法院努力维持对行政行为的有意义的控制，而不篡夺国会意图让行政机关履行的职能，今后这些针锋相对的不同主张无疑会影响审查范围
原则的继续发展。 130

第四章　信息的获取和公开

如果没有信息，行政机关就无法规制产业、保护环境、指控欺诈、征收税收，或者发放拨款。良好的决定需要有良好的数据，而且如果行政机关不能充分理解自己所面对的问题性质或者采取不同行为可能产生的后果，它的项目就很可能会要么过于繁重，要么徒劳无功。

让行政程序发挥作用所需的信息，很多从公开出版或者网络渠道，受规制的个人或者组织主动提交，公民投诉，以及行政机关工作人员或者外部主体进行的研究等渠道免费获取。但是，很多时候所需的信息只能从受规制产业或者其他私方当事人获得，而他们并不愿意将这些信息提供给政府。于是，大量的法律战就可能开始了。个人隐私与不受政府侵犯的自由长期以来被认为是自由的根本要素，这些利益也是得到《联邦宪法》第四修正案的禁止无理由搜查和第五修正案禁止强迫自我归罪的规定保护的。近年来，规制项目和福利项目的增长，特别是对国家安全关切的日益强调，
131 让政府对敏感私人信息的需求急剧增加，而文件的数字化也让民众更加担心行政机关会滥用个人数据。

但是，除了对于行政权滥用的合法关切之外，对于受规制的个人和企业而言也有强烈的激励去抵制信息披露。拒绝提供所请求的信息经常是避免不受欢迎的规制或者推迟规制的有效方式；即使行政机关最终成功地迫使他们披露信息，因为时过境迁，这些数据也会变得没有用处或者不再相关。不仅如此，规制机关所寻求的有些数据可能是在商业上有价值的材料，如商业秘密，而公司可能会担心这些信息从行政机关的文件中“泄露给”它们的竞争对手。私方当事人之所以拒绝主动提供信息，很多时间成本也是重要的考量因素。

与行政机关依赖信息而茁壮成长一样，公民也对来自行政机关的信息

有着重要的需求。司法和行政案件中的许多程序性保障，其制度设计都是为了让利害关系人有公平的机会发现、展示和质疑相关信息。不仅如此，有关政府信息的披露也可以揭示行政低效率和需要改革的领域，从而有助于公共利益和政治问责。因为20世纪60年代及此后颁布的若干信息公开立法，美国政府的大量事务是对公众开放的，存在利害关系的公民也可以 132
申请获得行政决定所依据的许多数据。

一、行政调查的具体情形

要求私人主体提交信息的权力，与其他行政权一样，必须是建立在有效的法律授权基础之上，并且行政机关必须遵守相关法律所规定的标准和程序。但是，从传统来看，国会已经赋予行政机关以调查和责令披露信息的广泛裁量权；许多制定法只对行政机关使用强制性程序的行为规定了最低限度的限制。对行政机关的数据收集设定限制的另一法律渊源是《联邦宪法》。因为政府收集信息的努力可能会威胁受到宪法保护的隐私利益，所以行政机关的活动必须对照《联邦宪法》第四修正案和第五修正案进行评价。

但是，这些宪法保障的适用业已被证明是艰难的，因为行政机关实施各种不同的活动，而且宪法保障主要是为了处理刑事执法案件而设计的，不能机械地适用于所有行政机关的活动。行政探究（inquiries）可以是指向最后的刑事指控，如国内税务局的税务欺诈调查，但是也可能是为行政罚款（civil penalty）、停止终止令（cease-and-desist order）、适用于将来的 133
价格制定，或者一般性政策的制定等提供支持。不仅如此，规制机关的工作许多是发生在正式程序之外的。公平就业机会委员会对歧视投诉进行调解（mediates），食品药品管理局对可能有害的食品制品的“自愿”召回进行协商；联邦储备委员会对银行实施持续监督，国土安全部确认和规制高风险化学设施以确保减少化学品相关风险的措施切实到位。在这些场景中，行政机关（以及公众的）责令披露信息的需要可能各有不同，因此如果权力不受制约，对于受规制者可能产生的危害也是各有不同的。

产生困难的另一来源是行政机关利用各种技术来收集数据，这些技术产生的负担和对受保护利益的侵犯程度各有不同。例如，在联邦贸易委员会的一些案件调查中，委员会可以签发要求提供文件或者作证的传票，或者可以要求在保存记录的办公室对记录进行检查，或者可以要求公司填写特别的“申报令”（report orders）；而在其他一些情形中联邦贸易委员会可以发布“行政调查需求”（civil investigative demands），这是需要受不同标准和程序调整的；在裁决程序中的主持官员可以签发证据开示令（discovery orders），这与联邦法院所签发的证据开示令非常相似。其他行政机关，特
134 别是负责健康和安全规章之执法的机关，有权检查设施和扣押可疑物品。正如人们所可能预期的，联邦法院对行政程序的宪法保障的调整已经催生了一个庞大而且并不完全一致的法律体系。

有关行政机关查询信息的争议中的先决问题（threshold question）是，当事人收到行政机关提出的提供记录或者其他数据的要求时，应当如何对该要求的合法性提出质疑。在许多行政机关中，规则或者制定法明确规定了与法庭上所使用的撤销传票动议（the motion to quash a subpoena）类似的程序。在可以适用此种程序时，当事人收到传票的，可以向行政机关提出自己的反对意见，否则根据穷尽行政救济原则的要求，他可能会被禁止在法院提出这些意见。[1]

尽管法院可以通过适用藐视法庭的惩处权执行自己签发的传票，但是行政机关却不能这么做；它们必须提起强制执行诉讼（enforcement action），获得法院签发的指令遵守传票的命令。在这一强制执行诉讼中，拒绝披露信息的当事人可以提出对传票的反对意见，法院会审查行政机关使用强制程序的合法性。如果法院支持该传票，它就会签发一份强制执行该传票的命令，而违反该命令可以构成藐视法庭的行为而遭受惩罚。因此，当事人拒绝接受行政机关传票的，通常并不会承担任何罚款的风险或者法律责任，
135 除非是在法院审查之后。另一方面，有的法律确实规定，无正当事由而拒绝遵守的当事人，在行政机关的传票签发之后需要缴纳罚款或者刑事罚金（fines or criminal penalties）。[2] 但是，这些直接的制裁很少动用，当事人通常可以申请对行政传票进行司法审查而没有实质性罚款金额增加的风险。

---

1 McClendon v. Jackson Television, 603 F.2d 1174（5th Cir. 1979）；另可参见下文第 395–400 页（原书页码）。

2 例可参见 Securities Exchange Act, 15 U.S.C. §78u（c）[没有遵守证券交易委员会的传票，构成轻罪（misdemeanor）]。

二、传票：一般原则

私方当事人质疑行政机关提出的提供记录、证言或者其他信息的要求时，复审法院会适用如今发展成用于控制强制程序之适用的一般原则来审查行政机关所提的要求的合法性。这些一般原则可以被分为四种类型。

（一）调查必须获得法律授权，并且出于合法目的实施

因为行政机关只能行使立法机关所授予的权力，所以首先需要探究的便是相关法律是否已经赋予实施该案讼争之调查的权力。[1]但是，在实践中，限制行政调查的这项管辖权通常是容易得到满足的。将实体性的规制权授予行政机关，以及调查权的授予，可能在起草法律条文时使用的都是宽泛的术语，以至于复审法院发现难以认定调查越权无效（ultra vires）。即使是 136
在行政机关的管辖权问题是可以讨论的或者不明确的时候，法院很可能也会想出某些理由为调查放行。首先，利益受到伤害的当事人在对最终决定的审查过程中通常有机会质疑行政机关的权力范围。其次，在传票执行的初期阶段由法院试图确定行政管辖权的边界，可能是时机过早的，因为推迟到最终行政决定出现时再进行审查，那时案件争议会得到更明确的界定。最后，如果行政机关最终决定不对原告行使规制权，那么这一问题可能会变成诉因消失（moot）。因此，法院通常认定法律适用范围的问题首先由行政机关判断。[2]

如果从诉状表面即可明显看出行政机关缺乏对原告的管辖权，质疑行政机关管辖权的主张就可能成功。因此，在 Major League Baseball v. Crist 案中，美国职业棒球大联盟（Major League Baseball）的俱乐部投票将两支佛罗里达州的球队除名，第十一巡回法院责令州司法部长不得对这些俱乐部实施反垄断调查，因为职业棒球事务是完全豁免联邦和州反垄断法调整的。[3]复审法院可能对行政机关提出的信息要求进行严格审查的另一种情形是，原告可以提出充分证据证明调查是基于恶意作出的，是出于诸如骚扰 137

1　参见 5 U.S.C.§555（c）（“除非得到法律的授权”，否则不得实施或者执行强制程序）。

2　例可参见 Oklahoma Press Pub. Co. v. Walling，327 U.S. 186（1946）。

3　331 F.3d 1177（11th Cir. 2003）.

或者迫害相对人的目的而实施的。[1] 但是，对存在讼争的提供信息的要求，主管官员能够提出表面正确的依据，原告就需要在行政机关动机不当问题上承担实质性的主张和证明责任。[2]

（二）所要求的信息必须与行政机关的规制职责相关，但是并不要求一定是针对特定的涉嫌违法的行为

《联邦宪法》第四修正案禁止签发搜查令（search warrants），除非有相信特定违法行为已经发生的近因（probable cause）；在行政规制的早期，一项类似的标准也适用于行政机关的传票。典型的案例便是 FTC v. American Tobacco Co.[3] 案，在该案中最高法院为了回避宪法问题而对联邦贸易委员会的调查权进行了严格解释：如果制定法并不要求“提供证明所要求文件之重要性的某些证据”，那么它就很可能违反了宪法第四修正案。

但是，若干年后，最高法院放宽了这一看似很严格的要求。在 Endicott Johnson Corp. v. Perkins[4] 案中，劳工部长要求一家政府承包商提供工资单（payroll）数据，以便确定特定工厂是否受最低工资法调整。最高法院认定这些工厂是否受最低工资法调整的问题不应是传票执行诉讼讨论的对象；
138 只要“对于劳工部长履行其法定职责而言，传票所要求提供的证据不是明显不适格或者不相关的”，地区法院就应当批准执行该传票。

Oklahoma Press Pub. Co. v. Walling[5] 案对于这一结论的宪法依据作了进一步解释。该案中，最高法院将类似刑事执法过程中通常使用的实际搜查和扣押区别于规制机关要求受规制公司提供记录时所发生的“象征性”（figurative）或者“推定性”（constructive）的搜查。Oklahoma Press 案的判决意见强调指出，尽管个人已经获得法律保护免予对其事务的“多管闲事的干涉”（officious intermeddling），但是要求公司保存记录以备公众和政府审查的法律条款由来已久。大体上而言，尽管查阅公司记录的公共利益突出，但是在规制领域对隐私权之合法期待的威胁是较少的。在规制的众多领域，

1 United States v. Powell，379 U.S. 48（1964）.

2 Id.

3 264 U.S. 298（1924）.

4 317 U.S. 501（1943）.

5 327 U.S. 186（1946）.

证明可能违法的唯一证据便是受规制企业的记录。在这种情况下，严格的近因要求可能让执法行为无法开展。在 United States v. Morton Salt Co.[1] 案中，最高法院承认了这一必要性，将行政机关的调查权类比为大陪审团的调查权：获得合理的法律授权的行政机关"可以仅仅因为怀疑出现违法行为，或者甚至只是为了确保不出现违法行为而开展调查"。不仅如此，许多行政机关的职责也超出了已有法律和规则的执行范畴。当主管官员获得授权可 139
以通过规则制定方式制定政策时，或者对可能需要立法的事务向国会报告时，它们通常就需要从不情愿的私方当事人那里获得信息。僵化地适用近因标准会损害行政机关政策制定的品质。但重要的是，我们要记住，尽管相关性的宪法标准已经变得容易达到要求，但特定的制定法可能会对行政调查设定更严格的要求。例如，平等就业机会委员会的传票只能探究"与正处于调查的指控相关的"事务。[2]

（三）调查需求必须足够明确，并且不能增加不合理的负担

第四修正案禁止不合理的搜查和扣押，这一要求在适用于行政调查时已经得到修改。最高法院在 Oklahoma Press 案中指出，这一要求意味着传票必须充分描述所要求的材料，但是，具体规定的充分性（sufficiency of the specifications）"会根据性质、目的和探究的范围而有所不同"。影响传票合理性的其他因素是收集和复制所要求之材料的成本；对数据源的业务或者活动由于遵守行政机关的要求而导致的中断；行政机关对数据的要求具有反复和过度的性质；以及如果行政机关披露商业秘密或者其他有商业价值的信息，可能造成破坏竞争的风险。尽管相对人经常会 140
主张调查构成不合理的负担，但是这些主张很少会成功。复审法院至多会调查是否可以通过保护性命令或者其他程序性机制充分保证相对人得到保护，从而避免专有信息（proprietary information）遭受损失。

（四）所要求的信息必须是不受特权保护的

行政机关采用强制性程序的权力在多大程度上会受到宪法、普通法或

1　338 U.S. 632（1950）.

2　42 U.S.C. § 2000e-8（a）; see EEOC v. Shell Oil Co.，466 U.S. 54（1984）.

者法定特权的限制，一直是聚讼纷纭的话题。这些争议有很多是涉及第五修正案反对自我归罪的特权保护（privilege against self-incrimination）。[1] 其他作证特权，如普通法上对于医生与病人、律师与客户，或者配偶之间的沟通的保护，以及更晚近的州法，如保护记者与其消息来源，或者会计师与其客户之间关系的规定，很少会在行政领域出现诉讼争议。行政机关相关的法律和规章通常对这一点都未做规定。但是，在 Upjohn Co. v. United States[2] 案中，最高法院判定纳税人可以同时主张律师—客户特权和工作成果特权，从而拒绝执行国内税务局的传唤（summons）。而在 Jaffee v. Redmond[3] 案这起 §1983 民权诉讼中，最高法院承认联邦法规定的特权适用于在提供心理治疗过程中的精神科医生、心理医生和持证社会工作者
141 （licensed social workers）。[4]

三、自证其罪

当行政机关试图强迫证人作证时，它的意图可能会与第五修正案产生冲突，该修正案确保"任何人不得在任何刑事案件中被迫自证其罪"。尽管寻求提供证言的行政机关本身无权作出刑事制裁的决定，但是证人会担心他所提供的信息以后会被用于对他提出刑事指控。当存在遭受刑事制裁的风险时，证人可以拒绝回答可能让他入罪的问题，或者促成对其不利的证据链的形成。但是，对于行政调查或者听证过程中的特权的适用，还是存在若干重要的限制。

（一）存在的惩罚威胁必须在性质上是刑事而非行政的

在众多规制领域，证人所担心的制裁可能会被打上诸如"行政罚款"（civil penalty）、"没收"（forfeiture）或者类似术语而非刑事制裁的标签。

1　这一特权的保护参见下节的讨论。

2　449 U.S. 383（1981）.

3　518 U.S. 1（1996）.

4　不同观点，参见 University of Pennsylvania v. EEOC, 493 U.S. 182（1990）（同行评审材料不受特权保护）; United States v. Arthur Young & Co., 465 U.S. 805（1984）（不存在会计师 - 客户关系的特权保护）。

在发生这种情形时，法院必须判断法定惩罚在目的和效果上具有足够的惩罚性以至于可以被认为是刑事性质。[1] 在作出这一判断时，法院必须考虑各种因素，如该惩罚的制度设计是不是促进报应（retribution）和威慑（deterrence）而非赔偿损失，以及讼争的制裁就其与所主张的目的而言是 142
否过度。[2]

Ward 案和 Mendoza-Martinez 案也体现了第五修正案的禁止双重危险条款（Double Jeopardy Clause）的适用，因为在 Hudson v. United States[3] 案中，最高法院判定，政府对违反联邦银行业法律的原告处以行政罚款和职业禁入的处罚，后来又以基本相同的行为为由对其提起刑事指控，这并没有违反双重危险条款。最高法院推翻了八年前判决的 Halper v. United States[4] 案。该案中，最高法院认定政府对一名实施了医疗保险欺诈的医生既在刑事上定罪，又处以行政罚款，这种做法违反了禁止双重危险条款。最高法院判定行政罚款的金额之高达到不成比例的程度，因此在性质上是惩罚性的。在 Hudson 案中，最高法院否定了那种推理，然后和 Ward 案与 Mendoza-Martinez 案一样，判定"'只有最明确的证明'才足以推翻（override）立法意图，并将行政救济转变为刑事罚金"。对于那些同时涉及刑事罚金和行政罚款的案件，这一判决为行政机关的执法官员扫清了障碍，可以让他 143
们自己选择执法策略而不必担心受禁止双重危险条款的束缚。

（二）在行政案件中，行政机关可以得出不利推论

在刑事案件中，事实认定不能对被告得出不利推论，如果被告行使反对自证其罪的权利，行政机关则可以得出不利推论。[5]

1　参见 Flemming v. Nestor，363 U.S. 603，613–21（1960）。

2　United States v. Ward，448 U.S. 242（1980）（对可航行水域中的原油泄漏负责的个人必须向有关政府行政机关报告原油泄漏情况，这一要求并不违反第五修正案的规定，尽管责任人需要对每宗泄漏交纳 5000 美元的行政罚款）；另可参见 Kennedy v. Mendoza-Martinez，372 U.S. 144，168–69（1963）。

3　522 U.S. 93（1997）.

4　490 U.S. 435（1989）.

5　参见 Baxter v. Palmigiano，425 U.S. 308（1976）（犯人行使该权利，在监狱惩戒程序中保持沉默，但是因为沉默，可以对他作出不利判决）。另可参见 Hoxie v. Drug Enforcement Admin.，419 F.3d 477（6th Cir. 2005）（同样可以得出不利推论，涉及撤销登记的案件）。

（三）特权保护只适用于自然人，而非公司或者协会

反对自证其罪的特权保护之目的是保护个人免受政府利用“疲劳讯问”（third degree）和类似的强制策略让嫌疑人认罪，公司并不能享受第五修正案规定的特权保护。因此，公司或者其他商业协会的官员不能拒绝提供可能让公司被定罪的证言。[1]一条相关的原则，也被认为集体实体规则（the collective entity rule），规定负责保管公司记录的公司官员在收到传票后必须提供这些记录，即使是这种应对可能会让记录的保管人自己被定罪。“保
144 管人提供记录的行为被认为不是个人行为，而是公司行为。”[2]

（四）特权保护只涉及受强迫的证言（Compelled Testimonial Utterances）而不涉及其他沟通方式

为了得到第五修正案的保护，沟通必须是遭受强迫，并且性质上属于证言。因此，在 Couch v. United States[3] 案中，传票要求纳税人的会计师提供他手上的文件并不侵犯纳税人的特权，因为它并没有强迫纳税人做任何事情。[4]相反，在 Fisher v. United States[5] 案中，最高法院判定可以要求纳税人提供会计师在准备他们的纳税申报表（tax returns）时所制作的工作文件。此类文件会包括会计师而非纳税人的证明声明（testimonial declarations）。最高法院在 United States v. Doe[6] 案拓展了 Fisher 案的原则，判定即使是相对人自己的商业记录的内容也是不受特权保护的：因为他已经（在日常商业活动中）自愿准备了这些记录，它们的内容并不构成受强迫的作证。

最高法院在 Fisher 案中的确承认，制作记录的行为本身可能会是自证

---

1 Bellis v. United States, 417 U.S. 85（1974）.

2 Braswell v. United States, 487 U.S. 99（1988）.

3 409 U.S. 322（1973）.

4 类似地，即使是在所要求提供的文件是个人持有的个人记录，包含了手写笔记，行政机关仍然可能通过采用搜查令而非传票的方式来获取这些文件。这里，个人也不需要被迫作出对其不利的证言，因此并不适用《联邦宪法》第五修正案。Andresen v. Maryland, 427 U.S. 463（1976）.

5 425 U.S. 391（1976）.

6 465 U.S. 605（1984）.

其罪的，因为这一回应事实上就是承认传票要求提供的文件存在并且是真实的。根据该案的事实，最高法院并没有相信会计师提供工作文件的行为 145
将会相当于证明了黑料（damaging information）的存在："文件的存在和位置是过去的结论；纳税人承认自己事实上拥有的文件，这并没有在政府拥有的信息总量中增加多少信息。"但是，遵守传票的要求就是事实上承认了存在政府本来并没有意识到的各种文件以及这些文件的真实性，提供文件的行为本来可能具有作证的面向，而这是受特权保护的。[1] 类似地，被告根据传票的要求收集和制作文件的行为，可以被视为"作证"，如果它为政府提供了线索，让公诉人注意到可以定罪的信息。[2]

对第五修正案规定的权利有一项单独的限制，它在行政法中具有特殊的重要性，那就是所谓的"必要记录原则"（required records doctrine）。该原则承认，根据许多规制项目，个人必须保存商业记录以备行政机关检查。某种意义上，这些个人可以被视为公共记录的保管人。因此，责令提供此类记录并不必然侵犯反对自证其罪的特权。在 Shapiro v. United States[3] 案中，最高法院适用这一推理，针对基于第五修正案提出的诉讼，判决支持了一项要求杂货商提供他根据价格管制立法保存的销售记录的命令。但是，当 146
报告要求是针对"内在地被怀疑实施了犯罪活动的特定团体"，而非适用于"本质上非刑事性质的和规制性的活动领域"时，必要记录原则并不适用。[4] 因此，在 Marchetti 案中，最高法院判决撤销了赌注登记人（bookmaker）必须向国内税务局提供有关投注（wagering）之职业税的相关活动信息的要求。因为赌注登记是州法和联邦法规定的犯罪行为，强制执行这一要求将会迫使所有的赌注登记人要么因不登记而违反法律，要么自证其罪。[5] 必要记录原则所适用的保存记录的要求也不能是如此普遍，以至于个人对于是否接受该规定的调整根本没有选择。[6] 但是，尽管存在这些限制，众多行

1　United States v. Doe，465 U.S. 605（1984）（特权保护的主张得到支持）。

2　United States v. Hubbell，530 U.S. 27（2000）.

3　335 U.S. 1（1948）.

4　Marchetti v. United States，390 U.S. 39（1968）.

5　另可参见 Haynes v. United States，390 U.S. 85（1968）（判决制定法要求个人自己报告违法持有武器之行为的规定无效）。

6　Smith v. Richert，35 F.3d 300（7th Cir. 1994）（强迫披露个人所得税记录将会违反第五修正案）。

147 政报告要求还是按照 Shapiro 案的逻辑得以维持。[1]

（五）如果给予免予公诉的豁免，则不再适用特权保护

即使行政调查的对象成功地援引适用了第五修正案，行政机关仍然可以给他免予公诉的豁免，从而强迫该个人作证。根据 18 U.S.C. §6004，行政机关必须认定作证是“对于公共利益来说是必要的”，并且它必须在给证人豁免公诉之前取得司法部长的批准。给予豁免并不能阻止政府根据独立的证据提起刑事公诉，[2] 并且它也不能保护证人免予在非刑事的行政案件中利用信息。[3]

四、搜查和检查

许多行政机关通过直接观察收集信息。行政检查（administrative inspections）涉及众多活动，包括对商业性设备和个人驾驶的汽车进行的安全检查，对餐馆和旅店的卫生检查，对工厂排放的环境监测，以及对公寓和住房的消防卫生检查。尽管它们只是偶尔用于执法目的，但是行政检查的主要功能在于预防和纠正不良状况。实物检查或者检测（physical inspections or tests）也可能发生在正式听证时。《行政程序法》对该法规定的审判型听证规定了一项例外，那就是裁决是“完全基于检查或者检测作
148 出的”。[4] 无论出于何种理由，行政检查均不能违反第四修正案禁止不合理搜查和扣押的规定，也不能违反只有证明存在近因时方可签发搜查令的要求。违反这些要求扣押的证据会在后续的刑事公诉阶段被排除。[5]

行政搜查相关的诉讼很多涉及的是对行政检查适用令状条款（warrant clause）。行政检查一度被视为豁免于宪法规定的令状要求。因此，卫生检

---

1 例可参见 Baltimore City Dept. of Social Services v. Bouknight，493 U.S. 549（1990）[根据 Shapiro 原则，判决支持少年法庭（juvenile court）命令，该命令要求一位母亲按照法院批准的保护性监护令，向法院交出该监护令所调整的被指受到虐待的儿童]。

2 参见 Kastigar v. United States，406 U.S. 441（1972）。

3 参见 Roach v. NTSB，804 F.2d 1147（10th Cir. 1986）。

4 5 U.S.C. § 554（a）（3）.

5 但是，排除规则并不能阻止在行政程序中采纳该证据。Pennsylvania Bd. of Probation v. Scott，524 U.S. 357（1998）; INS v. Lopez-Mendoza，468 U.S. 1032（1984）.

查员并不需要搜查令方可进入房屋搜查某个社区肆虐的鼠患来源，如果授权的法律规定合理的保障措施，如要求检查员充分表明身份，只在平常营业时间实施检查。[1]对于此类有限的调查，没有必要事先申请法院批准，因为此类检查涉及有关卫生的重要公共利益，长期以来也是被接受的，这超过了个人的隐私利益。但是，后来的两起检查案件拒绝了这种观点。[2]最 149
高法院的理由是，尽管相比警察搜查犯罪证据，常规的消防和健康检查在敌对性和侵犯性方面都相对更弱，“如果我们说，只有在个人被怀疑实施了犯罪行为时，个人及其私有财产才能得到宪法第四修正案的充分保护”。不仅如此，健康和消防法典通常是以刑事程序执法的。因此，个人的隐私利益有权得到宪法规定的令状要求的保护。

与此同时，最高法院在 Camara 案和 See 案中承认，检查是有效执行健康和卫生标准的关键，刑事执法中发展形成的近因原则不能机械地适用于这些行政搜查。刑事法律标准要求证明可以相信发生违法行为的近因，并且可以在特定的地点找到犯罪所得、工具或者证据，而最高法院所确立的规则则是，在“满足了实施区域检查（area inspection）的合理的法律或者行政标准”时，就可以签发行政搜查令。这些标准会根据规制项目的性质不同而有所差别，并且它们所依据的因素可能是“时间的经过长短、建筑物的性质……，或者整个区域的状况，但是它们并不必然取决于对特定建筑物状况的具体了解”。 150

See 案之后，当实施特定行业需要获得许可证，并且发放许可证的有效条件便是申请人同意接受无令状的搜查时，行政搜查不需要令状这一可能性仍然没有定论。后来的两起案例确认了对于接受严格规制并且实行许可证制度的行业，无令状搜查是可以允许的。[3]

最高法院对 Marshall v. Barlow's, Inc.[4]案所作的判决扭转了法院批准无令状行政检查的趋势。职业安全和健康管理局，在为一部明确授权其

---

1 Frank v. Maryland, 359 U.S. 360（1959）.

2 Camara v. Municipal Court, 387 U.S. 523（1967）（公寓建筑）, and See v. Seattle, 387 U.S. 541（1967）（商业性仓库）。

3 Colonnade Catering Corp. v. United States, 397 U.S. 72（1970）（持有执照的酒类零售机构）; United States v. Biswell, 406 U.S. 311（1972）（枪支经销商）。

4 436 U.S. 307（1978）.

实施无令状搜查的法律辩护时，认为对工作场所进行突击检查（surprise inspections）不仅对于有效保护工人而言是必要的，而且就第四修正案的规定而言也是合理的。但是，最高法院将 Colonnade–Biswell 案提出的令状要求的例外情形进行了狭义的描述，只适用于搜查的目标属于“受到广泛规制的”（pervasively regulated）、“长期受到严密监督的”（close supervision）行业一部分时。对所有其他的检查，令状仍然是必要的。正如 Camara 案和 See 案，令状不会要求“对已有违法行为的明确证据”；它可以是基于合理的法律或者行政标准，包括“从诸如给定区域各种不同类型的行业中的
151 雇员分布等中立渠道推导而来的一般性行政执法计划”。在最高法院看来，令状要求可以保护雇主的隐私不受武断或者骚扰性的侵犯，并且告知雇主检查的合理范围。

但是，在更晚近的一些判决中，最高法院已经积极扩展了 Colonnade–Biswell 案提出的“受到严密规制的”（closely regulated）行业的令状要求例外原则。在 Donovan v. Dewey[1] 案中，最高法院判决支持一部允许在采矿行业实施无令状检查的法律。尽管采矿行业并没有如 Colonnade 案那样存在规制的“悠久传统”，但是最高法院指出，法律所建立的“全面和明确的”规制计划，让矿山经营者意识到他们需要接受定期检查。最高法院的判决依据还有：社会问题（矿山的健康和安全危险）的严重性、立法机关认定突击检查对于发现违法来说至关重要；以及已有的法律和规章界定了可以开展检查的情形，从而检查员个人不会拥有不受制约的裁量权。最高法院后来基于相同的推理，判定警察根据纽约州的一部“受到严密规制的”汽车拆解行业从而减少盗车行为的法律，对废车场（automobile junkyard）实施的无令状搜查是有效的。[2] 但是，事实上，在 Burger 案中，州的规制范围是有
152 限的，包括最低限度的登记和记录保存义务；该法对警察裁量权的限制也是轻微的。但是，在 City of Los Angeles, Calif. v. Patel[3] 案中，最高法院拒绝将“受严密规制的”行业例外扩展至旅店行业。它判决撤销市政法典中一项要求旅店经营者根据要求向警察提供旅客特定信息的规定，因为该法典没有

1 452 U.S. 594（1981）.

2 New York v. Burger, 482 U.S. 691（1987）.

3 135 S. Ct. 2443（2015）.

向旅店经营者提供合规前审查（precompliance review）的机会。经过对酒类销售、枪支交易、采矿行业和废车场经营的区分，最高法院指出，“旅店经营中并没有什么内在的因素对于公共福利构成了明确和重大的风险”。

当然，即使是在行政机关需要遵守 Barlow's 规则时，令状要求提供的保护范围在很大程度上取决于复审法院在审查行政机关的令状申请时的审慎程度。刑事执法领域的经验表明，有的法院通常愿意对行政机关的理由例行公事地审查一番便批准令状申请。

行政检查也可能属于刑事执法领域发展形成的令状要求之例外。如果当事人同意搜查一处场所，就不需要令状。[1] 当事人的同意是有效的，即使同意搜查是领取重要福利的条件。[2] 如果检查员所收集的证据可以从马路或 153
者公共空间“一眼看清”（plain view），那么令状也不是必要的。[3]

五、行政案卷的披露

自由的披露政策一般来说涉及重要的公共利益。有效的公众监督和政治监督都需要获取行政活动的详细知识。如果不披露政府持有的记录，公民就无法确定行政机关是否在放纵违法行为。不仅如此，当行政权是以秘密方式行使时，它们通常因遭到滥用而侵犯基本权利。20 世纪 70 年代联邦调查局压制政治异议人士的做法被曝光就直观地体现了这一风险。不仅如此，披露未公布的“秘密法”也可以帮助公民了解他们的行为是否可能招致执法行为，从而有利于公共利益。但是，政府数据的披露也通常会伴随着非常实质性的风险。过早披露正在进行的案件调查，可能会提醒违法 154
者隐藏或者销毁证据，或者劝阻潜在的证人与调查人员合作，从而阻碍规制性法律的执行。公开披露还会侵犯个人隐私，损害个人或者企业的声誉，

1　Barlow's，上文。

2　Wyman v. James，400 U.S. 309（1971）要求福利领取人同意由社会工作者（caseworkers）进行家庭访问，这并不违反第四修正案。

3　Air Pollution Variance Bd. of Colorado v. Western Alfalfa Corp.，416 U.S. 861（1974）（烟囱的排放可以从厂区的公共区域观察到）；Dow Chem. Co. v. United States，476 U.S. 227（1986）（通过空中拍照对工业区进行检查）。But see Kyllo v. United States，533 U.S. 27（2001）（对只能通过特殊的热感应器监测到的热成像进行观察，需要获得令状）。

让他们没有机会证明自己的清白。它也可能会破坏有商业价值的商业秘密，或者让竞争对手取得不合理的优势。

在当代行政实践中，一系列信息公开立法对这些相互冲突的问题作出了规定。其中最为重要的是 1966 年制定并经历多次修订的《信息自由法》[the Freedom of Information Act（FOIA）][1]。《信息自由法》包含了两项重要条款，一项是要求主动披露各种行政政策和规制性要求，另一项要求向提出申请的“任何人”披露行政机关持有的可识别记录，除非讼争的材料属于该法所列举的例外情形之一。

（一）主动公开

《信息自由法》部分内容可以追溯至最初的《行政程序法》，它们要求行政机关在《联邦公报》上公布规则和一般性指南的说明（statements of general guidance）等，[2] 并将最终意见、解释、员工手册和影响个人权利的指示等开放供公众查阅。[3] 根据《2002 年电子政府法》（the E-Government
155 Act of 2002）和《信息自由法》的 2016 年修正案，这些材料也必须在行政机关的网站上公开。行政机关如果违反了这些要求，就不能依据未公开的宣告（pronouncements）或者据此对没有实际注意到该宣告的公民作出不利决定。行政机关通常会在《联邦公报》和之后的《联邦规章汇编》（the Code of Federal Regulations）上公布所有实体性和程序性规则，但是它们在实践中对于公布政策声明（policy statements）或者其他指导文件（guidance documents）就不太用心了。

§552（a）（1）规定的公布要求并不适用于“通过引用方式整合的”（incorporated by reference）外部材料，如果所整合的材料“对于受影响的这类人群而言是可以合理获取的”。事实上，行政机关依法需要尽可能地利用自愿一致性标准（voluntary consensus standards）机构所开发或者采纳的技术标准来实现行政机关的政策目标。[4] 但是，此种整合的一大难点在于这些标准有很多是受版权保护的，只能付费获取——因此，评论者和受规

1　5 U.S.C. § 552.

2　5 U.S.C. § 552（a）（1）.

3　Id. § 552（a）（2）.

4　National Technology Transfer and Advancement Act of 1996，15 U.S.C. § 272 note.

制主体出于评议和合规的目的不得不付费查阅这些文件。[1] 联邦公报办公室（the Office of Federal Register）并没有将《信息自由法》中的“合理可得”（reasonably available）解释为禁止收取此类费用。

（二）依申请的文件公开

《信息自由法》最为人所知的内容便是赋予“任何人”以申请行政机关持有之记录的权利。[2] 当政府拒绝公开申请时，公民可以向地区法院申请重新审查（de novo review），而由政府承担说明拒绝公开之理由的责任。联邦法院可以对所申请的行政记录进行“密室”（in camera）（秘密地）审查以便确定是否应当公布这些记录；并且如果法院认定文件只有一部分可以豁免公开，它可以裁定公开其余的部分。[3] 根据《信息自由法》起诉并胜诉的当事人可以要求补偿其开支和律师费。[4]2007 年通过的《信息自由法》修正案的目的便是对行政机关违反该法的行为规定更严厉的制裁。[5] 156

《信息自由法》的某些主要用户是有组织的选民团体（constituency groups），它们对于规制政策有着充分的关切，可以对行政机关的活动进行持续的监督。人们最熟悉的，通常也是数量最多和最有影响的选民团体，是受规制行业及其行业协会，但是环境保护、消费者权益保护和其他“公共利益”团体也在行政领域扮演重要的角色。通过遵循行政活动，了解拟议行政行为的依据，这些选民团体经常可以利用说服或者压力的策略在规制政策的制定初期影响其内容，这时的参与是最为有效的。在许多规制领域，在这些选民集团准备向行政机关提供自己的“理由”时，《信息自由法》辅之以行政机关内部的个人联系，起到了某种非正式的“证据开示”（discovery）制度的作用。 157

（三）豁免

《信息自由法》§552（b）列举了九种类型的信息是豁免公开的，而大

---

1 参见 ACUS Recommendation 2011-5，“Incorporation by Reference，” 77 Fed. Reg. 2257（2012）。

2 5 U.S.C. § 552（a）（3）.

3 Id. § 552（a）（4）（B）.

4 Id. § 552（a）（4）（E）.

5 Pub. Law No. 110-175，121 Stat. 2524.

多数的信息公开诉讼涉及的是这些类型之一或者更多。这些豁免规定的目的是只有在公开行政记录会损害某些重要的政府职能或者私人利益时才允许拒绝公开，并且复审法院也通常对这些规定进行限缩解释。事实上，2016 年增加的一项条款便规定行政机关应当“只有在行政机关合理地预见到公开将会损害豁免规定所保护的利益时”，或者“法律禁止公开”时，行政机关才可以拒绝公开文件。[1] 九类豁免通常是根据对应法律条款的分节编号命名的；例如，允许行政机关拒绝公开为了国家安全利益的需要必须保密的定密信息，[2] 通常被称为“豁免条款一”（Exemption 1）。[3]

《信息自由法》的豁免条款五（Exemption 5）[4] 允许行政机关拒绝公开“依法不得向正在与行政机关进行诉讼的私方当事人提供”的信息。这一条款被解释为保持政府传统上在诉讼中享有的证据特权，例如律师与客户的保密特权（attorney–client privilege）和工作成果特权（work product privilege）。特别重要的是所谓的“审议程序特权”（deliberative process privilege），它保护包含咨询意见或者建议在内的内部审议文件。这一特权
158 的理由是，最终公开的威胁可能会阻止行政机关内部坦诚讨论。[5] 但是，这一特权豁免的只是决定作出之前的文件。当行政机关作出了最终的决定，并且撰写备忘录对此作出说明时，则该文件不能被视为审议过程的一部分；它就成为法律规范本身的一部分，并且必须公开。例如，申请人有权获得国家劳动关系委员会的总法律顾问解释他为什么不能启动不公平劳动行为案件的备忘录。[6] 但是，总法律顾问撰写的解释为什么将会启动案件的备忘录则是作为工作成果得到保护，因为如果公开将会暴露自己的诉讼策略。[7] 2016 年对豁免条款五所作的修订，就规定对文件的审议过程特权在文件生成之后满 25 年即失效。

1 § 552（a）（8）.

2 5 U.S.C. § 552（b）（1）.

3 有关信息公开豁免的判例法可谓卷帙浩繁，本书只能讨论若干问题作为说明。

4 § 552（b）（5）.

5 参见 EPA v. Mink, 410 U.S. 73（1973）（政策备忘录的评估部分内容是豁免公开的，尽管可以分割的事实部分内容不能豁免公开）。

6 NLRB v. Sears, Roebuck & Co., 421 U.S. 132（1975）.

7 Id.

政府对有效执法的利益在豁免条款七[1]中得到了承认，该特权提供的保护是反对强迫公开“出于执法目的而编辑的记录或者信息”，如果该信息公开将会导致诸如泄露秘密信息源的身份或者让任何个人的人身安全陷入危险。[2]豁免条款七也允许拒绝公开调查记录，如果“可以有理由相信公开将会妨碍执法程序”。因此，在 NLRB v. Robbins Tire & Rubber Co.[3] 案中，最 159
高法院支持了国家劳动关系委员会的一项政策，即拒绝允许查阅在不公平劳动行为案件调查过程中收集的证人证言。最高法院指出，公开这些信息将会允许雇主或者工会迫使潜在的证人改变自己的证言，甚至完全不作证。不仅如此，如果他们知道自己的陈述会成为公开文件，有些人还可能会拒绝向调查官员提供信息。就这些可能性而言，国家劳动关系委员会或者联邦法院都没有必要对因为特定的证人证言的公开可能导致的损害进行烦琐的逐案探究；行政机关可以将它们作为一般性的豁免类型对待。

《信息自由法》的其他法律条款保护某些个人的隐私权，这些个人的数据被整合到行政机关的记录之中。豁免条款六，允许行政机关拒绝公开个人记录或者医疗记录，如果公开这些信息将会构成“明显无正当理由地侵犯个人隐私”，并且豁免条款七中也有一项具有可比性的法律条款，其目的是防止通过公开调查记录侵犯个人隐私。所有这两项条款都让复审法院能够对数据主体的隐私利益与查阅讼争的这些数据涉及的公共利益进行平衡。例如，在 Dep’t of the Air Force v. Rose[4] 案中，政府援引了豁免条款六，拒绝公开根据《空军学院荣誉守则》（Honor Code at the Air Force Academy）作出的惩戒行为的摘要。但是，最高法院拒绝支持这项完全拒绝的决定（blanket denial），强调指出这一豁免条款的法律用语是强迫公开，除非对 160
隐私的侵犯是“明显无正当理由的”（clearly unwarranted）。最高法院作出了发回重新处理的判决，地区法院可以通过密室审查的方式考虑军校学员（cadets）的隐私是否得到了保护，如果公开法律意见书时编辑删除了包含可识别个人信息的细节。最高法院所建议的这一解决方案将会尊重隐私利

1　§552（b）（7）.

2　《信息自由法》的一项单独的分节，即 § 552（c）强化了这些保护。

3　437 U.S. 214（1978）.

4　425 U.S. 352（1976）.

益，同时允许对空军实施《荣誉守则》的情况进行某种公众监督。[1]

另一项可能因为选择性披露政府文件而受到威胁的隐私利益是贸易秘密和其他专有的商业价值。《信息自由法》豁免条款四[2]让行政机关可以拒绝公开“贸易秘密（trade secret）和从私人处得到的、享受特权保护的或者秘密性的商业或金融信息”。在一件典型的案例中，哥伦比亚特区巡回法院判定，商业信息是该条款所规定意义上的“保密性的”，如果公开该信息将会“（1）损害政府将来获得必要信息的能力；或者（2）对提供信息的个人的竞争地
161 位产生实质性损害的”。[3]《贸易秘密法》（Trade Secrets Act）对此作了进一步的保护，规定政府官员披露贸易秘密会构成犯罪。[4]

（四）反信息公开

在《信息自由法》实施的初期，向政府提交专有信息的公司常常会感到缺乏保护。即使是根据《信息自由法》申请公开的材料是可以豁免公开的，行政机关仍然可能将其作为裁量事项而决定公开。他们经常担心《贸易秘密法》对于这种情形不具有强大的威慑力，因为司法部不太可能对向公众披露文件的官员提起公诉。某些公司事实上就会遭受利益损失，因为竞争对手通过提出信息公开申请并轻易地拿到具有价值的专有信息，这类传闻证据（anecdotal evidence）也强化了这样的感受。在 20 世纪 70 年代，商业信息的供应商开始通过提起诉讼——很快被称为反信息公开（reverse FOIA）诉讼——以便阻止政府公开此类信息。

1　对个人提供保护的一项独立的法律渊源是《隐私法》（the Privacy Act，5U.S.C. §552a）。它适用于可以根据个人的姓名或者识别码检索的所有行政记录系统。该法允许公民个人检查与他有关的政府行政文件，申请更正错误或者不完整的记录。此外，该法要求行政机关对所有“常规性利用”个人信息的情况发布公开通告，并且为记录主体提供了损害赔偿和禁令救济，如果行政机关未经授权即披露了他的文件。国会对受到政府滥用信息的行为损害的个人提供损害赔偿救济，这属于少数的情形之一。

2　§552（b）（4）.

3　National Parks & Conservation Ass'n v. Morton，498 F.2d 765（D.C. Cir. 1974）. 后来同一家法院修改了 National Parks 标准，对其适用限定于政府通过强迫方式获取的信息。由企业自愿提供给政府的信息，如果该信息属于习惯上向公众发布的，则属于豁免条款四调整的范围。Critical Mass Energy Project v. NRC，975 F.2d 871（D.C. Cir. 1992）（en banc）.

4　18 U.S.C. § 1905.

在 Chrysler Corp. v. Brown[1] 案这起反信息公开诉讼中，原告取得了部分胜利。该案中，几位克莱斯勒公司（Chrysler）的雇员申请获得几份公司向国防部后勤局提交的肯定性行为[2]合规报告；克莱斯勒公司接着起诉阻止公布这些报告，理由是根据《信息自由法》，这些报告是可以豁免公开的。最高法院拒绝了克莱斯勒公司有关《信息自由法》规定的豁免条款是强制性的主张；《信息自由法》是规定信息公开的立法，并不影响行政机关有权裁量决定公布属于法定豁免类型的材料。但是，最高法院接着指出，这种裁量权不是不受限制的。决定公布属于豁免类型的文件是最终行政行为，需要根据《行政程序法》接受司法审查，并且复审法院必须决定行政机关的判断是否"武断、恣意、滥用裁量权或者其他不符合法律规定"。[3] 因为违反《贸易秘密法》的信息公开不会"符合法律规定"，复审法院可以禁止该信息公开决定。 162

最高法院没有在 Chrysler 案中试图定义《贸易秘密法》的适用范围。但是，后来，哥伦比亚特区巡回法院判定《贸易秘密法》的适用范围与豁免条款四一样宽泛；因此，该法要求行政机关拒绝公开任何豁免条款四允许它们拒绝公开的任何商业信息。[4] 另一项保障措施，那就是里根总统发布的第 12600 号总统令[5]，规定相对人向各行政机关申请公开由第三方提交的信息，这些信息可能属于豁免条款四调整的范围，行政机关在拒绝是否同意相对人信息公开申请时，应当通知信息提交人并且允许其提出反对意见。当然，这一规定要求信息提交人指出他们所提交的信息中哪些是保密的。这些新规定无疑会让行政机关不愿接受公开商业信息的申请。但是，这一结果并不必然让人遗憾，因为《信息自由法》的基本目的是促进公开和提交政府运作的问责度，而不是帮助一家企业获得针对另一家企业的商业优势。 163

1　441 U.S. 281（1979）.

2　也有译为"平权措施"。——译者注

3　参见上文第 102–108 页（原书页码）。

4　CNA Financial Corp. v. Donovan，830 F.2d 1132（D.C. Cir. 1987）.

5　Executive Order 12，600，52 Fed. Reg. 23，781（1987）.

六、会议公开

《信息自由法》要求行政机关在处理公开书面材料的申请时遵守公开和问责的各项标准，与之类似，1976 年《阳光下的政府法》(the Government in the Sunshine Act of 1976) [1] 则要求官员在举行会议（ live proceedings ）时遵循类似的原则。根据《阳光下的政府法》，合议制规制机关的多数会议必须公开接受公众监督。会议通常必须提前至少一周公开会期；当行政机关举行关门会议时，它必须保存录音或者文字记录，如果法院之后判决会议本来应该公开举行，就可以将这些材料公开。《阳光下的政府法》并不适用于由一人，如部长领导的行政机关。《阳光下的政府法》也规定了与《信息自由法》的豁免条款类似的豁免条款。[2] 但是，与信息公开案件一样，法
164 院有时候也对行政机关保密的要求持怀疑态度。[3]

《阳光下的政府法》的效用是有争议的。“让政府在阳光下运行”的吸引力是明显的；但是批评家们认为会议公开的要求损害了行政机关审议的质量，因为在私密的会议中委员们更愿意提出尝试性的想法，探索妥协的可能性，并且以真正合议的（ collegial ）方式进行互动。迄今为止，最高法院还没有在案件中涉及该法豁免的范围。但是，已经明确的是该法只是用于行政机关计划对特定的建议或者问题作出正式决定而举行的会议——而不是探索性的背景会议，或者由外部团体组织的集会。[4]

另一部信息公开立法是 1972 年《联邦咨询委员会法》[the Federal Advisory Committee Act of 1972 (FACA)][5]，该法调整咨询委员会的活动。通常来说，这些委员会是由一些被请求向行政机关就特定问题或者项目提供咨询或者建议的公民组成的团体。某些咨询委员会是由技术专家组成的，例如建议环境保护局取消将农药作为安全或者环境危险品登记的各个科学委员会。还有一些咨询委员会是为了代表不同政治倾向的选民团体，例如为

1 5 U.S.C. § 552b.

2 Id. § 552b（c）.

3 例可参见 Common Cause v. NRC, 674 F.2d 921 (D.C. Cir. 1982)（行政机关为了决定如何向管理预算局提交预算申请的策略性会议并不总是可以豁免公开的）。

4 FCC v. ITT World Communications, Inc., 466 U.S. 463 (1984).

5 5 U.S.C. App. 2.

了调查三里岛（Three Mile Island）核电站[1]事故而任命的总统委员会：它的成员不仅包括科学家和技术人员，也包括环境保护主义者、产业成员以及来自发生事故的社区的公民。根据《联邦咨询委员会法》的规定，咨询委员会必须公开举行会议（适用于《阳光下的政府法》中对合议制行政机关所规定的相同的豁免事项）。该法的制定部分原因是国会相信咨询委员会数量过多，浪费纳税人的资金，并且让得到好处的私人利益群体在行政政策制定的早期施加了过度的影响。法案的发起者推定对委员会的活动实施更广泛的监督，将会改善这些问题——并且可能会促使行政机关将来减少此类委员会。 165

但是，《联邦咨询委员会法》的条文使用的是如此宽泛的术语，以至于法院感到不得不通过创造性的解释对其范围加以限制。从表面上看，该法适用于为行政分支提供咨询而"设立或者利用的"所有团体。但是，最高法院也提醒不能对该法的条文作过于自由的解读，以免该法被用于限制国会本来无意规制的非正式的意见征询。[2]类似地，《联邦咨询委员会法》豁免适用于完全由政府"全职官员或者雇员"构成的团体，这一规定被法院判定适用于由美国第一夫人领导的由政府官员组成的任务小组。联邦法院之所以采纳了这种具有某种程度争议性的解释，其部分原因是怀疑该法对该小组的适用是违宪的。[3] 166

十年后，当公共利益团体起诉要求由副总统领导的能源政策任务小组根据《联邦咨询委员会法》公开时，联邦法院对这一推理又作了进一步发展。最高法院提醒对此类案件的诉讼过程提出了敏感的权力分立问题，并且可能会给行政分支带来缺乏正当理由的干扰。因此，最高法院指出，下级法院必须在对批准针对政府高级官员的公开要求时表现出自制，即使是在政府没有正式提出行政特权保护的诉求时。[4]不仅如此，在发回重新处理的过程中，哥伦比亚特区巡回法院判定该任务小组是完全由联邦雇员组成

1　美国三里岛压水堆核电厂二号堆于 1979 年 3 月 28 日发生的堆芯失水熔化和放射性物质外溢的重大事故。——译者注

2　Public Citizen v. U.S. Dep't of Justice, 491 U.S. 440（1989）（《联邦咨询委员会法》并不适用于美国律师协会为司法部就最高法院大法官提名人选提供咨询的委员会）。

3　Ass'n of American Physicians & Surgeons v. Clinton, 997 F.2d 898（D.C. Cir. 1993）.

4　Cheney v. U.S. District Court, 542 U.S. 367（2004）.

的，因此不受《联邦咨询委员会法》的调整。尽管能源公司的高级管理人员也与该任务小组一起工作，但他们的参与是不相关的，因为他们“既没
167 有投票权，也没有否决权”。[1]

1 In re Cheney, 406 F.3d 723 (D.C. Cir. 2005) (全席审理)。

第五章　非正式行政程序

《行政程序法》为联邦行政机关的决定作出（decisionmaking）规定了若干程序模式，但是这些模式甚至并不适用于数量最多并且可能是最重要的一类行政行为——非正式行政程序。只有在行政机关通过立法式规则制定程序制定政策，[1] 或者法律的实施要求相关决定是以正式的审判型听证程序作出之时，[2] 才适用《行政程序法》规定的最低限度的程序要求。[3] 一般来说，其余的行政决定就构成了“非正式行为”（informal action）的法律类型。

“非正式”一词某种程度上是令人产生误解的，因为在技术上讲属于这一类型的许多活动都需要受到一些重要的法律控制。行政机关经常通过制定操作规则、员工手册，或者公众指引等约束它们自己的裁量权。这些程序性要求可能会为利害关系人创造获得倾听的机会，并且它们可能是具有法律约束力的，因此如果不遵守这些程序性要求，会导致法院作出撤销判决。不仅如此，《联邦宪法》规定的正当程序条款要求行政机关在影响个人的生命、自由或者财产时符合基本的公正标准。[4] 169

除了对裁量权的程序性制约之外，非正式行为通常需要接受司法审查。因此，联邦法院通常可以判断行政机关是否在其法定管辖权的边界之内行事，是否正确行使了裁量权，并且为其行为提供了合理的事实依据。对于裁量权来说，还可能存在各种类型的法律之外的控制手段，例如为了减少错误率而采取的“品质管理”制约手段，对高级官员的监督，对立法分支

1　5 U.S.C. § 553.

2　5 U.S.C. §§ 554, 556–57.

3　参见下文第 247–251 页、第 318–329 页（原书页码）。

4　对非正式行政行为适用程序性正当程序的情况，将在本书第六章中讨论。本章的讨论是通过考察最常见的非正式行政决定类型，为其提供分析的语境和背景。

和行政分支的监督，以及媒体的宣传。

简言之，非正式行为通常需要受一些防止滥用或者越权的保障措施的调整。不仅如此，非正式行政程序的若干特征也是值得关切的特殊事由。许多非正式项目，例如处理公民福利项目或者退伍军人福利项目，需要处理大量的案件。在这种情况下，疑难或者特别的案件可能并不能得到应有的关注，处理案件的压力也可能会压倒作出正确决定的愿望。当这些项目影响是相对弱势的群体，他们无法有效利用各种可能的程序时，就会存在发生错误或者武断的各种风险。不仅如此，某些类型的非正式行为相比正式行为来说不太为外人所知，媒体不太可能对这一领域的腐败或者无能进行宣传，有效的政治监督也是寥寥无几的。

即使是在这些问题被揭露出来时，司法机关解决这些问题的能力也是
170 有限的，因为法院并不具有设计它们相信可以提高非正式裁决之公正性的程序的固有能力。最高法院在 Pension Benefit Guaranty Corp. v. LTV Corp.[1] 案中确认了对司法能动性的限制。在该案中，PBGC 要求 LTV 继续承担支付年金的责任，LTV 在破产程序中放弃了这一责任。一家下级法院撤销了 PBGC 的决定，因为它“既没有告知 LTV 它的决定所依据的材料，赋予 LTV 提出相反证据的充分机会，根据可以确认的标准处理……，也没有向 LTV 提供适用这些标准的推理的说明”。最高法院判决恢复了 PBGC 的决定。该案中，没有哪部法律（包括《行政程序法》）要求采用该案讼争的程序，也没有指控承认任何违反正当程序的行为，复审法院也无权自行设定更多的义务。最高法院指出，它只是尊重国会的意见，后者在《行政程序法》§555 中规定了非正式裁决的程序。但是，§555 的适用范围如此有限，以至于 LTV 判决主旨的主要理由只能是最高法院不愿意在行政程序领域采取不受限制的司法能动主义。

一、和解、协商和替代纠纷解决

许多行政机关每年都需要受理大量的案件，涉及各种权利请求和听证，要处理大量的处罚决定，和解是行政程序的关键组成部分。与初审法院一

1 496 U.S. 633（1990）.

样，如果所有受理的案件都是通过完全的听证程序进行处理，大多数行政 171
机关的裁决制度就会陷入绝望的案件积压境地。认识到这一事实，行政机关已经发展出了各种不同的和解实践和程序。有几项因素是促进和解程序在行政实践中得到广泛运用的。受规制产业需要与监督其营业状况的行政机关共存，即使是行政机关犯了错，被指控违法的公司可能也不愿意因为抵制其决定而获得不配合行政机关的名声。与此同时，行政机关通过持续监督或者之前打过的交道而了解相对人的情况，可以掌握充分的信息证明相对人的违法行为。最后，诉讼成本，包括对公司在消费者群体中的声誉的损害，以及诉讼久拖不决带来的不确定性，通常也是促成对指控进行和解的强大的激励。

经过协商达成的和解经常提高了行政程序的效率，但是与此同时也可能牺牲了其他利益。与典型的私人诉讼当事人之间经过协商达成和解相比，行政机关的裁决通常涉及重大的公共利益：消费者、竞争者以及其他没有得到直接代表的主体的权利和利益会受到行政决定的重大影响。经过对事实的全面检查和对法律和政策问题进行对抗式辩论后作出的决定可能会得
出值得质疑的结论，受到间接影响的个人可能会感到这些决定对他们不如 172
经过审判型听证后作出的决定公平。认识到这些风险，许多行政机关都在其实践规则中订入了和解程序，包括让公众中的利害关系人有机会对和解方案发表意见。国会已经通过立法将这一做法推广到司法部提起的民事反垄断案件。[1]

通常经过同意的协商既可以发生在正式投诉 / 起诉（formal complaint）之前，也可以发生在正式投诉 / 起诉之后。签署了双方同意令（consent order）的相对人同意遵守该同意令的救济要求，但是它并没有正式承认违反了相关法律。其结果是，签署了同意和解文书的当事人不会因为禁反言的要求而被禁止否认法律责任，如果某一私方当事人，如竞争对手或者客户，后来基于相同的事实对相对人提起了民事损害赔偿之诉。回避对违法行为作出正式裁决的机会常常是相对人同意和解的重要激励。相对人必须在制裁压力之下遵守同意文书本身的条款，但是有关协议含义的分歧有时候就会出现。在这些情况下，因为这些协议是协商的产物，它们“基本上

1　15 U.S.C. § 16.

可以作为合同解释，而不援引政府最初试图执行但是从未通过诉讼证明可
173 以适用的法律”。[1]

《行政程序法》对行政机关设定了考虑和解请求的义务。[2] 但是，《行政程序法》对于行政机关接受或者拒绝和解请求的裁量权很少设定限制。因此，对待决案件的和解决定之司法审查将会是非常有限或者不存在的。[3] 与不指控的决定[4] 类似，和解案件往往并不适合司法监督。它们通常是建立在法院无法轻易审查的因素基础之上，这些因素包括行政机关工作人员与相对人之间的协商经历、将资源投入其他案件或者调查活动的需要，行政机关胜诉的可能性，或者作出有利决定的先例价值。

近年来，行政法上的“替代纠纷解决机制”（alternative dispute resolution）受到了越来越多的关注。这种关注有很多是涉及规制制定程序
174 中的“规制协商”，[5] 但是，行政机关在裁决案件时也尝试采用了非正式决定程序模式。这些程序模式体现为多种形式。例如，仲裁通常需要将争议自愿提交中立第三方作出裁决。双方提出证据和主张，但是程序上与审判型听证相比更非正式一些。仲裁员的裁决通常对双方都具有约束力（尽管有的时候只是咨询性的）。调解（mediation）涉及的是让中间人（neutrals）促进争议双方对解决方案自行协商。有的调解员会同时与对立双方一起见面；还有的调解员则是采用“穿梭外交”的方式分别与对立双方见面。有的行政机关还会采用另外一种方法，那就是任命监察专员（ombuds）[6]。监察专员是行政机关内部的独立人物，秘密受理投诉，通过咨询、调查和劝说而非实际的决定权协助解决纠纷。

---

1 United States v. ITT Continental Baking Co., 420 U.S. 223（1975）.

2 参见 5 U.S.C. § 554（c）（1）（对于相对人在正式案件中提出的和解请求，行政机关必须“在时间、案件性质和公共利益许可的情况下”予以考虑）; cf. id. §558（c）（在某些案件中，许可证持有人必须在吊销许可证案件启动之前获得“证明或者达到遵守所有合法要求的机会”）。

3 对比 NLRB v. United Food and Commercial Workers Local 23, 484 U.S. 112（1987）（国家劳动关系委员会的总法律顾问可以根据非正式的和解协议，裁量决定撤销不公平劳动行为诉讼，而这一决定是不可审查的），与 Arctic Slope Regional Corp. v. FERC, 832 F.2d 158（D.C. Cir. 1987）[对终止价格制定程序（rate proceedings）的决定进行裁量权滥用审查]。

4 参见下文第 371–372 页（原书页码）。

5 参见下文第 343–344 页（原书页码）。

6 该术语正在逐渐取代过去常用的一个术语“ombudsman”。

在 1990 年，为了规范和鼓励行政机关利用这些程序，国会通过了《行政纠纷解决法》（the Administrative Dispute Resolution Act）[1]，也被称为《替代纠纷解决机制法》（the ADR Act）。在这部法律之前，行政机关一般来说会怀疑自己是否有权与私方当事人达成有约束力的仲裁结果。如今，《替代纠纷解决机制法》明确授权进行行政仲裁，但条件是所有纠纷当事人以书面形式表示同意。除此以外，该法还允许当事人在一开始对可能的仲裁结
果的范围进行限制——这可能是政府特别乐意接受的条款。该法还规定了 175
选择调解员、仲裁员等“中立者”的简化方法，以及所制作文件的保密性。国会在 1996 年对该法进行了修订，让 ADR 程序更加自由，多项总统令也鼓励行政机关更充分地利用 ADR 技术。因为这些外在的压力，加上高效解决纠纷的内在魅力，这些有一定框架但是非正式的行政裁决方法可能会在今后更加普遍和重要。

二、申请和权利请求

设置行政机关的最常见理由之一便是为了快速处理大量的权利请求（claims）和申请。负责处理社会福利、征收，以及控制移民的行政机关每年都要作出数以百万计的非正式决定，而这些决定对于几乎所有的美国人都产生了明显的影响。

有的福利项目，如退伍军人福利系统，几乎完全依赖非正式、非对抗性程序。在另外一些程序中，包括社会保障局管理的大多数社会福利项目，申请人的权利请求在非正式程序作出的决定中遭到拒绝的，可以接着诉诸审判型的“公平听证”。

面对迅速作出大量决定的需要，许多处理个人权利请求的行政机关已 176
经制定了精致的非正式程序，以便尽量减少正式程序的运用。最为人熟知的例子之一便是国内税务局。尽管税法的复杂程度令人生畏，但是国内税务局还是制作了一些相对容易填写的表格，同时制作了各种信息宣传小册和简化版的纳税人指南。它还通过分散在全国各地的地区办公室提供直接援助和咨询服务。计算机化的审计规程以及与州税记录的交叉验证（cross-

1　5 U.S.C. § 571 et seq.

checks）会“标注”可疑的纳税申报单以供将来分析之用。当问题出现时，行政审查制度和简化的“小额权利请求”程序可以有助于解决大多数纠纷。因此，在每年申报的超过 1.4 亿份个人纳税申报单中，大约有 120 万份会得到检查；只有大约 11.5 起案件是超出检查阶段而进入行政上诉程序，并且这些案件中有许多是由受理行政上诉的官员处理结案的。

对于权利请求的处理机关（claims processing agencies）避免瘫痪来说，处理有效的行政纠纷解决和常规决定的品质控制体系是关键。但是，通过内部管理监督（management supervision）机制从整体上升级这一体系，也会对努力通过向权利请求人提供审判型听证公平地解决各起案件的承诺构成威胁。这种紧张关系的一个例子是在 20 世纪 80 年代初期出现的，当时社
177 会保障局为了实施改进法定残疾人福利裁决一致性的法定指令，将准许率（allowance rates）[1] 超过统计平均水平的行政法法官列为行政复查的“目标”。这种“Bellmon 审查”（Bellmon review）导致一系列诉讼，它们指控关注高准许率而牺牲了行政法法官的公正无偏私，从而让权利请求人失去了公正听证的机会。[2]

随着裁决案件积压量上升到危险的水平，社会保障局已经采取措施减少其某些行政法法官在批准率和拒绝率之间存在的巨大差异。已经公开的改革方案包括设置社会保障法院、在此类听证中重新考虑行政法法官的使用等。美国行政会议也发布了一系列逐步改进现有程序的建议，如更多地采用视频听证、改进案件管理等。类似的案件积压和裁决的巨大差异等问题也同样困扰着医疗保险、退伍军人、移民、黑肺病等领域的其他需要裁决大量案件的项目。在这些项目中如何实现公正和效率的理想平衡，仍然是行政法上最难解的挑战。

三、检测和检查

考驾照者通常必须通过笔试、视力测试和路考。所有这些程序都是由

1 准许率，即支持权利请求人的裁决在行政法法官所作裁决总数中所占的比例。——译者注

2 参见下文第 270 页（原书页码）。

经过培训的考官实施的，他们在作出是否发放驾照时并不采用正式的司法化的程序。对于这类决定常规性地使用审判型听证，不仅会进度缓慢、任务繁重，而且也是没有意义的：诸如宣誓作证和交叉质证等法庭程序对于作为许多行政决定之基础的直截了当的衡量和观察程序来说帮助甚微。 178

检测和检查被用于适用技术标准和其他客观标准的各种规制项目。非正式检查可以确定飞机、火车是否符合安全规制，农产品是否符合质量标准，或者期刊是否符合二类邮件特权保护（second class mailing privileges）。用于乘客安检的高级成像技术，构成了交通安全管理局的机场安全体系的支柱。检查也可以构成下列行政决定的基础，如确定食品和药品是否遭受污染，飞行员的身体状况是否符合驾驶飞行器的要求，或者工厂是否符合环境标准的要求。不仅如此，行政机关还可以实施检测并颁布结果以便帮助消费者作出选择，如联邦贸易委员会发布有关香烟的焦油和尼古丁含量，或者环境保护局测量机动车的燃油里程数。

尽管可以节约大量的时间和资源，并且不准确的行政决定造成的威胁一般来说也比较轻微，但是普遍采用行政检测和检查确实引发了某些程序性的关切。即使是在检测简单，结果明确的场合，官方实施检测还是可能 179
存在粗心大意或者腐败，或者存在使用缺陷的测量设备等风险。检查员在工作日可能会迫于压力实施一定数量的检查，或者维持受检查设施的生产。不仅如此，许多在检测或者检查基础上作出的决定需要大量的判断和解释。决定是否为新设计的飞机提供客运"适航"审定，需要对飞机在运行过程中可能遭遇的问题，以及飞机承受各种可以预见的压力或者故障的能力进行一系列工程学判断。检测可以提供这些行政决定据以作出的基础，但是它们并不必然能够提供明确的答案。类似适航性认证的决定也可能会涉及下列事务的隐含的价值选择，如允许相对简单的认证，让生产商和航空公司可以快速廉价地让飞机开始服役，是否最有利于公共利益的实现；或者重大的安全利益是否要求高水平的事先保证（prior assurance），即使这可能会提高价格、阻碍创新。理想情况下，这种性质的基本政策选择应当采取大家看得见的公开程序，从而允许利害关系人有充分参与机会；但是，如果已经确立的标准是模糊或者不完整的，政策决定可能实际上是由实施检测和检查的技术人人员作出的。

哥伦比亚特区巡回法院在一起解释《行政程序法》条文的案件中意

180 识到这些问题，该条文规定行政机关“完全根据观察检查（inspections）、检测（tests）或选举而作出决定”时，可以以此为由不必举行审判型听证。[1] 在 Union of Concerned Scientists v. U.S. NRC[2] 案中，核能监管委员会对其规则进行修订，规定新核电站附近社区举行应急练习（emergency preparedness exercises）的充分性不再列入许可程序的讨论范围；相反，核能监管委员会将在核电站运营前的检查阶段（pre-operation inspections）对规定的应急演习（emergency drills）进行评估。法院裁定这一规定是误用了《行政程序法》中的听证豁免规定，因为核能监管委员会的决定不会“完全”取决于检查员观察到的事实。核能监管委员会也会考虑其他利害关系人的报告，可信度、证言中的冲突，以及证据的充分性等问题很可能就会出现。因为法律已经为解决此类冲突规定了正式听证程序，法院判定核能监管委员会在听证程序之前解决这些问题是不合适的。

如果决定是建立在检测或者检查基础之上，以至于受规制主体没有真正的辩护机会，那么这对受规制主体来说也可能是不公平的。当环境检查员对公司烟囱排放的烟雾的透明度作出歧视性的解读，或者对其排放管附近的河水进行采样时，相对人除非得到事先通知，并且有充分的机会进行独立检测，或者至少观察采样程序，否则它们可能并没有实际可行或者有
181 效的方法对被指控的违法行为进行辩护。

为了尽量减少这样的风险，实践中已经发展出了几种措施或者策略。检查员的技能和严正性可以通过设置最低限度的任职资格、提供专业监督［特别是通过未事先公开的随机检查（unannounced spot checks）］加以控制。除了紧急情形——例如发现受污染的易腐食品或者牲畜患有传染性疾病，并且需要立即销毁——之外，我们通常可以通过另派一名官员对物品进行复检的方式，或者甚至规定申请审判型听证的权利，对检查员的裁量权加以制约。不仅如此，尽管《联邦宪法》第四修正案的令状条款只在有限的程度上适用于行政搜查，但是它可以在许多情形下确保行政机关必须让检查的需要接受独立审查，或者接受其他对行政武断的制约方式。[3]

---

1 5 U.S.C. § 554（a）（3）.

2 735 F.2d 1437（D.C. Cir. 1984）.

3 参见上文第 148–154 页（原书页码）。

越来越多的行政机关认定借助第三方认证承担必要的检测和检查工作是有用的或者有必要的。[1]

四、吊销、扣押和召回

许多行政机关在对涉嫌违法行为作出充分裁决之前有权决定产品下架，扣押财产，暂扣（suspend）许可证 / 执照，或者暂时冻结价格。联邦行政机关可以通过即决程序（summarily）扣押掺加杂质或者冒牌的食品和药品，停止证券的公开交易，接管财务出现危机的银行等。医生、律 182
师、驯马师和联邦或者州政府规制的难以数计的其他职业的执照通常都可以被暂扣，如果主管机构有理由相信执照持有人没有遵守最低限度的职业标准。签发命令以即决程序终止公共健康、安全或者经济福利面对的风险，这一权力可以追溯至普通法上的减轻公共妨害（public nuisances）的权力，而现代规制型国家则是普遍授权采取即决行为（summary action）[2] 已经变得很普遍。

以即决方式实施行政权的理由是很明显的。当私人行为被认为违反了规制性法律，对公众构成直接威胁时，不应该让主管的行政机关等待数月或者数年完成审判型程序之后再保护公众免受伤害。但是，即决行为也可能会对受规制者产生破坏性的影响，包括收入的损失和声誉的损害。召回缺陷或者危险产品，以腐败或者不符合能力要求而暂扣职业执照往往是有新闻价值的事件，会带来持久的耻辱印记。不仅如此，即决行为往往是基于不完全或者未经验证的信息而作出的，行政机关犯错的风险很高。

认识到这些风险，有的行政机关需要经过法院批准才能采取即决行为，
例如消费品安全委员会对于存在立即危险的电器或者其他物品作出的下架 183
决定。[3] 针对仓促或者未经授权的即决行为的另一项程序性保障要求行政机

1　参见 ACUS Recommendation 2012–7, 78 Fed. Reg. 2939（2013）（推荐了一些最佳实践）。

2　即决行为，在英文中有时也表述为紧急行为（emergency action）或者临时行为（temporary action），是指未经裁决型听证程序而立即作出决定的行为。参见 James O. Freeman, *Summary Action by Administrative Agencies*, 40 University of Chicago Law Review 1（1972）。

3　15 U.S.C § 2061.

关在作出暂扣许可证或者产品下架决定之后立即举行完全听证。即使行政规则或者相关立法没有明确规定，基于程序性正当程序原则的要求，在剥夺相对人权利后也需要立即举行听证（prompt post–deprivation hearing）。[1]

实践中，有关危险消费品的大多数争议是通过自愿召回方式解决的——尽管在许多情况下，生产商的“自愿”参与是因为受到行政机关的刺激，而且生产商自己希望避免正式行为可能利用的不利事实公布（adverse publicity）。从行政机关的角度来看，自愿召回比扣押行为更有吸引力，因为这样做通常更快，消耗的行政资源也更少。以低成本实现高效率的愿望也可以帮助解释产品安全机关可能希望采用自愿召回以替代规则制定程序的原因。规则制定策略要求行政机关投入大量资源才能满足法院
184 “严格审查”的要求。[2]

五、监 督

在许多受规制行业中，行政机关对于商业活动的持续监督（supervision）类似于对受规制产品的物理检查。对金融服务机构的规制就是一个存在通过非正式监督而非正式程序实现普遍规制的领域。主管官员决定谁可以开设银行，银行分支机构是否可以设立，以及可以设在什么地点，需要维持多少准备金，需要遵守什么样的审计程序，银行是否可以进入其他行业，等等。为了保护债权人的利益，主管官员甚至还可以获得授权在他的指挥之下未经事先听证即接管银行。[3]

银行审查官（bank examiners）通过日常监督和定期（通常是不公开的）的访问，执行遵守广泛的规制框架。当问题或者潜在的违法行为被发现之

---

1 参见 Barry v. Barchi, 443 U.S. 55（1979）（如果驯马师训练的马已经被投药，行政机关可以未经事先听证决定暂扣驯马师执照，但是驯马师拥有申请在执照暂扣之后立即举行听证的宪法权利），参见本书第 228 页以下的讨论。

2 Jerry L. Mashaw & David L. Harfst, *The Struggle for Auto Safety*（1990）.

3 Fahey v. Mallonee, 332 U.S. 245（1947）；另可参见 FDIC v. Mallen, 486 U.S. 230（1988）（即决程序暂停银行经理的职务）。2009 年经济大萧条之后制定的《2010 年多德 – 弗兰克华尔街改革和消费者保护法》（the 2010 Dodd–Frank Wall Street Reform and Consumer Protection Act）（Dodd–Frank Act），只是强化了这些权利，参见 12 U.S.C. § 5384（“对该法调整的金融公司进行有序的清算”）。

后，它们通常是通过双方同意的方式悄悄解决的。银行业领域深入但是非 185
正式的规制体系是建立在银行对于保持公众对其财务健康状况的关切基础之上的。银行当然会亏本，如果其财务稳定性被规制行政机关公开质疑的话，也许就需要关门大吉了。因此，行政机关作出启动正式程序的决定就可能产生压力制裁的效果。尽管如此，当银行、投资银行和保险公司等非银行机构“大而不倒”（too big to fail）时，就需要其他更强有力的规制工具来应对结构性问题——于是《多德 - 弗兰克法》便出现了。

持续监督制度的主要风险是行政机关可以用于执行其政策的“筹码”太多或者太少。当受规制行业被有效地排除，从而不能在正式程序或者司法审查中对行政决定提出质疑时，正如银行规制所处的情形，行政机关可能会没有什么压力去解释或者合理化自己的政策，或者前后一致地适用这些政策。与其他领域一样，“秘密法律规范”（secret law）的发展可能会导致考虑不周的政策和受规制者不公平或者武断的对待。另一方面，如果行政机关不能以可信的正式程序或者其他制裁作为其监管行为的后备，金融机构就可能在事实上从不同的州或者联邦的规制机关中选择它们自己的规制者，正如它们在 2009 年之前所做的，那么规制项目就更可能无效了。
不仅如此，当行政机关过度依赖非正式监管时，它就不会培养根据需要实 186
施正式程序所需的资源和专业工作队伍。

六、信息公开与公布

主管官员决定发布新闻稿、举行新闻发布会，批准采访，或者向新闻界“泄露”内幕，通常都是采用了非正式程序，但是这些宣传活动（publicity-generating activities）可以和正式裁决或者规则一样有效。媒体对行政机关的活动进行报道，可以被用于几种目的。行政机关经常利用公布行为（publicity）来提醒消费者有关危险产品或者欺诈性的销售行为。消费者需要知道某种牌子的罐头汤会引发肉毒杆菌中毒，或者商品货架上的新玩具是否存在伤害儿童的产品缺陷。新闻广播媒体的报告是提醒民众这些风险的有效方法。事实上，信息公开本身可以成为一种规制策略，是比命令控制式规制成本更低、侵入性更轻微的一种替代方式。

现代信息技术极大地拓展了政府利用信息作为规制工具的能力。许多联邦行政机关都在利用各自的官方网站公布有关各自管辖领域的状况报告和数据。一项突出的例子便是环境保护局制作的有毒物质排放清单（the Toxic Release Inventory）。有毒物质排放清单是根据《1986年应急规划和社区知情权法》（the Emergency Planning and Community Right-to-Know Act of
187 1986）[1]设立的，它是对各个公司申报的有毒化学品排放状况年度报告在线汇编的产物。类似地，卫生和社会服务部所实施的国家毒理学项目，一部分内容便是维护“已知或者有理由预期成为”人类致癌物的相关物质的公共数据库。[2]

但是，行政机关利用信息公布或者公开时也会产生一些麻烦。对于受规制产业的不利事实公布可能会产生破坏性的影响。产品和公司因为违法事实的公布而不得不退出市场，有的时候它的提醒也可能事后被证明是误报。企业的保密商业信息如果被泄露给竞争对象，就会在市场竞争中遭受损害。不仅如此，随着美国人民对恐怖主义和其他国家安全风险的意识日益提高，我们也需要注意如果政府不加区分地传播美国设施的敏感信息，它们就可能落入犯罪分子的手中。此外，行政机关有时会利用公布违法事实这一手段强化自己所获的授权，如果不是超越的话。当受规制行业对于不利事实公布非常敏感时，行政机关可以以此威胁促使其合规，或者利用媒体报告作为对违法者过去违法行为的制裁。

行政机关滥用信息公开的可能性，已经引发了有关行政程序这一方面的公正性的担心，特别是在此类信息公开是通过行政机关的官方网站广泛
188 传播时。有的时候，国会规定了保护措施。例如，消费品安全委员会不能披露与消费品生产商有关的信息，除非行政机关首先向生产商提供存在问题的信息的摘要内容，并且允许生产商有机会发表意见。消费品安全委员会也必须采取“合理措施”确保自己发布信息的准确性，如果信息后来证明有误，发布撤销声明（retraction）。但是，这些保护规定并不适用于行政机关相信产品会对消费者构成直接危险时。[3]消费品安全委员会根据《信息

1 42 U.S.C. § 11023.

2 42 U.S.C. § 241（b）（4）.

3 15 U.S.C. § 2055；cf.

自由法》的规定发布档案信息时，也适用同样的要求。[1] 消费者金融保护局（the CFPB）也同样建立了消费者投诉数据库，并在其官方网站上发布。该局向各个公司发送数以千计的有关金融产品和服务的消费者投诉信息以便这些公司作出回应。这些投诉在公司作出回应之后或者在向公司发送之日起 15 日后在网上公布。该局的报告显示，在近 60 万宗投诉中有 97% 得到了及时回应。不仅如此，《贸易秘密法》[2] 禁止行政机关公开特定商业敏感信息。最高法院允许私人通过所谓的“反信息公开诉讼”（reverse FOIA actions）执行该法。[3]

但是，总体来说，对于受到不利事实公布影响的公司来说，法律补救的渠道非常有限，根据《行政程序法》的规定，政府公布信息报告的行为 189
通常来说不属于可以接受司法审查的“行政行为”。[4] 过去有些判例法表明，当不利事实公布相当于正式指控刑事违法行为时，正当程序条款可能要求行政机关允许被告获得提出证据和与对方证人进行交叉质证的证据。[5] 但是，这些先例的权威性已经因为之后的判例法而蒙上了阴影，这些判例法认为仅仅是声誉损失并不足以构成主张正当程序保障的条件。[6]

近年来出现了一种确保行政信息公开一定程度规范性、在全政府范围适用的方法。所谓的《信息质量法》（Information Quality Act）[7] 要求每家行政机关在管理预算局的领导下，发布指南“确保和尽量提高行政机关所传 190
播之信息（包括统计信息）的质量、客观性、效用和完整性”。不仅如此，行政机关必须“建立行政机制，允许受影响的个人寻求和获得纠正行政机

1　CPSC v. GTE Sylvania, Inc., 447 U.S. 102（1980）.

2　18 U.S.C. § 1905.

3　参见上文第 162–164 页。

4　Trudeau v. FTC, 456 F.3d 178（D.C. Cir. 2006）（联邦贸易委员会的新闻稿不是最终行政行为）; Flue–Cured Tobacco Coop. Stabilization Corp. v. U.S. EPA, 313 F.3d 852（4th Cir. 2002）（环境保护局提醒二手烟危害的报告是不可审查的）。

5　对比 Hannah v. Larche, 363 U.S. 420（1960）[民权委员会不需要在有关种族歧视的调查听证会上指认敌对证人（adverse witness）的身份或者允许交叉质证]，与 Jenkins v. McKeithen, 395 U.S. 411（1969）[州委员会举行有关工会诈骗（labor racketeering）的听证会时，需要允许被告提出当庭证人证言，与证人对质和进行交叉质证，因为委员会的调查听证只限于所指控的刑事违法行为]。

6　参见下文第 215–216 页。

7　也被称为《数据质量法》（the Data Quality Act）。

关维护和传播的信息”。[1]各个行政机关收到了一定数量的依据该法提出的更正或者重新考虑的申请，并且许多行政机关将它们的回复公布在网站上。但是，我们并不能认为《信息质量法》创设了信息更正权，因此没有一家法院允许对拒绝申请的决定进行司法审查。尽管如此，该法也对行政行为产生了影响，并且该影响还将继续。

七、咨询与确认裁决

私方当事人与主管官员之间最频繁的接触涉及的是有关行政机关政策、程序或者法律解释的咨询请求。咨询的提供对于规制者和受规制者双方都是有利的。在许多情况下，有关行政的法律和行政机关的规章和先例可能没有清楚说明行政机关需要如何处理特定的行为或者实践。因此，私方当事人即便取得了良好的法律咨询意见，可能还是不能确定自己的义务和责任。通过学习行政机关目前适用的法律解释，以及可能的执法意图，
191 私方当事人可以作出更好的决定，避免出现意外的责任。此外，当行政机关的工作人员在特定领域具有技术专业能力时，他们能够就如何遵守行政机关的标准或者规章提出有效的建议。例如，环境保护局的工作人员因为他所处的岗位，可能适合与在受污染影响的行业的从业人员分享可得污染控制技术的详细知识。从主管官员那里获得法律或者技术的咨询意见，对小企业而言可能至关重要，因为小企业常常缺乏足够的资源，无法掌握它们所遇到的各种规制项目的要求，而且如果实施了不明智的违法行为，需要面对执法行为时，它们也会遭受更严重的损失。

从行政机关的角度来看，向公众提供咨询可以成为以最低成本促成自愿合规的有效方式。提供咨询比实施正式程序，或者甚至是重大案件的调查成本更低，效率也更高。不仅如此，事先预防违法行为的发生，通常会比事后的补救更加容易。例如，行政机关对于正在设想一件重大商业项目的私方当事人提出的咨询请求有着明确的利益，因为提出申请的当事人更可能会在将资源和精力投入拟开办的企业之前默认遵守行政机关的观点。

行政机关的咨询活动会体现为许多形式。最简单和常见的一种形式是，

1 Pub. L. No. 106-554, § 515 (2000), 44 U.S.C. § 3516 note.

行政机关的工作人员通过电话提供信息，或者对书面问询作出答复。互联网上的常见问题与答案（FAQ's）也是常见的形式。但是，在一些情况下，所涉及的交易或者法律问题足够重要，以至于行政机关和私方当事人都希望更高层级的官僚机构能够对政策作出更明确的表述。最为常见的正式类型的咨询意见是确认裁决（declaratory order）。《行政程序法》规定，行政机关"可以发布确认裁决以结束争端或者消除疑义"，并且这些裁决拥有"与其他裁决类似的效力"。[1] 尽管这一条款所处位置是在《行政程序法》的"正式裁决"一节，这意味着只有在最终的行政决定必须是建立在审判型听证的基础之上作出时，才适用该条款，但是在实践中，法院经常判决支持在更非正式的场合作出的确认裁决。但是，§554（e）也规定，确认裁决的作出属于行政机关的"健全的裁量权"范围（sound discretion）之内，显然很少有行政机关行使这一裁量权以广泛地提供确认裁决。[2] 192

但是，有些行政机关已经为提供咨询意见制定了详细的非正式程序。国内税务局的私人信函裁定（private letter ruling）项目就是一个精细的体系，每年作出数以千计的信函裁定。国内税务局对由其各分支机构作出的未公开的"私人信函裁定"与国内税务局总法律顾问、局长和复杂税收政策的助理财政部长，或者他们的代表作出公开的税务裁定（revenue rulings）[3] 进行了区分。前者的数量远远超过后者，如在 2015 年只作出了 23 份公开的税务裁定。公开的税务裁定是对行政机关立场的官方说明，公众也可以将它们作为依据。但是，根据 26 U.S.C. §6110（k）（3）的规定，私人信函裁定只适用于作为收件人的纳税人，并且不能作为先例援引。因此，其他纳税人不能以私人信函作为依据，即使他们所处的情形是完全一致的。 193

国内税务局的私人信函裁定制度说明了行政机关试图完善咨询意见实践时面对的某些两难困境。因为私人信函裁定只适用于纳税人个人，并且国内税务局或者纳税人不能将其作为先例，所以私人信函裁定项目并不鼓励一般性地信赖这些行政意见。但是，自由授权工作人员向公众提供具有约束力的咨询意见，这种政策将会产生的风险是，低级别的雇员在未经充

1　5 U.S.C. § 554（e）.

2　参见 ACUS Recommendation 2015-3，80 Fed. Reg. 78，161（2015）[敦促行政机关考虑根据 § 554（e）的授权作出确认裁决，无论是主动作出（sua sponte）还是依申请作出]。

3　由国内税务局就税法对特定交易的正确适用所作的官方解释。——译者注

分分析、调查或者接受监督者复查的情况下就可以对重要的政策议题作出决定。另一方面，如果国内税务局要求更多的私人信函裁定作出之前要对相关政策、事实、法律问题进行更彻底的分析，包括高级别官员的复查，那么其行政功能就会变得如此正式，以至于失去了大多数上述的高效率低成本的优势。发布意见所需的时间和精力也会增加，发布的意见数量会减
194 少，私方当事人获取答案的速度也可能更难满足需求。理论上，既定政策领域的常规研究可以由工作人员层级的官员处理，而悬而未决的法律或者政策问题则交给更高级别的官员进行更正式的考虑。但是，实践中，我们很难对特定的申请适用上述区分标准。

当行政机关向公众提供咨询意见时，相关的问题就出现了，那就是提出申请的当事人是否可以秘密地采信他所收到的咨询意见。换句话来说，如果受规制主体所采信的咨询意见后来发现是错误的，是否可以对行政机关适用禁反言原则，从而要求行政机关不得改变立场？最高法院对于这一问题的答案几乎完全是否定的。最高法院提出警告，衡平禁反言的自由规则（liberal rules）将把对公共资金支出的控制权从民选的立法机关转移给非民选的公务员，而公务员则可能与国会的决定之间出现意见分歧。最后，对提供错误咨询意见追究责任的威胁可能会导致政府在一开始便减少提供
195 咨询意见的数量。[1]最高法院已经不再宣称永远不能基于官员的错误咨询意见对政府适用禁反言规制，[2]但是它显然已经表明，当政府提供错误的咨询意见时，需要对禁反言的关键要素——事实的明显错误陈述，导致原告因为合理采信该陈述而遭受损害——进行严格解释。[3]

人们经常批评最高法院有关衡平禁反言的严格规则过于严苛。但是，幸运的是，行政机关在作出执法决定时一般来说还是尊重合理信赖利益的，

---

1 OPM v. Richmond，496 U.S. 414（1990）. 另有例可参见 Schweiker v. Hansen，450 U.S. 785（1981）（尽管政府的代理人错误地告知申请人她不符合资格要求，并且劝阻她提出福利申请，但是不能对政府适用禁反言规制从而禁止政府拒绝提供社会保障福利）；Federal Crop Ins. Corp. v. Merrill，332 U.S. 380（1947）（当私方当事人采信了有关粮食保单投保范围的错误说明时，不能对政府适用禁反言规制，尽管在相同情形下如果是私人保险公司，可以适用禁反言规制）。

2 参见 Richmond，上文。

3 Heckler v. Community Health Services，467 U.S. 51（1984）（政府的财务中介错误地告诉医疗服务提供者某些费用不能报销，这时不能适用禁反言规制；错误的咨询意见是口头方式作出的，并且所导致的唯一损害是医疗服务提供者“不能保留那些它本来一开始就不应该得到的资金”）。

即便法律并未要求行政机关这么做。而且，有的时候，法院确实将法律保护范围扩大到那些采信政府咨询意见的个人，即使这些案件在文字上并没有采用禁反言的表述。因此，在一起经典的判决中，当官方的咨询意见是向一名瑞士公民保证他可以主张豁免兵役义务而不受处罚时，法院判定该瑞士公民没有明知或者故意地放弃了申请加入美国国籍的权利。[1]更晚近的一些案件也是指向政府代理人提供的错误咨询意见，将其作为一项因素，判决支持了诉讼当事人的主张，即他们没有得到规章中禁止性规定的“公平提醒”，因此不能因为违反该规定而受到处罚。[2] 196

行政机关向公众提供咨询意见引发的另一个问题便是，它们的意见是否需要接受司法审查。根据《行政程序法》§554（e）作出的确认裁决肯定是可以接受审查的。[3]但是，当相对人寻求司法审查的对象是不太正式的意见时，这个问题就更为复杂了。行政机关通常并没有向公众提供咨询意见的法定义务，法院也担心如果各种声明都需要足够考虑全面并且经过充分修改才能经受得住司法审查，行政机关将会减少提供咨询意见。司法审查还可能迫使行政机关在主管官员的立场完全固化之前对可以存疑的法律解释或者政策在论坛和并非自己选择的事实场景中进行争论。另一方面，否定司法审查可能意味着私方当事人如果要让自己的权利和责任得到最终确定，只能忽略行政机关的咨询意见，冒着遭受民事制裁或者刑事制裁的风险。最终性和成熟性这两项相互重叠的原则为处理这些存在相互竞争关系的关切提供了框架，尽管不同法院对这些原则的适用也存在巨大差异。[4] 197

八、规制要求的豁免

有时候，一项普遍适用的规则适用于具体情形时可能产生严重或者意料之外的后果。正如哥伦比亚特区巡回法院在早期的一起案件中所承认的，“豁免的适用在行政机关履行其被分配的职责时具有合理的位置。行政机关

1　Moser v. United States，341 U.S. 41（1951）.

2　United States v. Pennsylvania Ind. Chem. Corp.，411 U.S. 655（1973）（刑事公诉）；General Electric Co. v. U.S. EPA，53 F.3d 1324（D.C. Cir. 1995）（行政罚款案件）。

3　参见 Weinberger v. Hynson，Westcott & Dunning，Inc.，412 U.S. 609，627（1973）。

4　参见下文第 401–404 页（原书页码）。

裁量决定通过一般性规制继续处理疑难领域的问题，与存在安全阀程序以便考虑基于特殊情形的豁免，两者之间存在紧密联系”。[1]但是，如果没有法定要求，行政机关可以裁量决定是否考虑豁免请求。[2]当行政机关确实考虑了豁免（waivers）[3]申请时，它们拒绝这些申请的决定将按照相当尊重性的裁量滥用标准接受审查。[4]当行政机关确实批准豁免适用已有规则时，反对者可以引用存在偏爱的担心或者规则的制定目的可能遭受影响等作为理由。
198 因此，行政机关应当考虑对第三方的信赖利益以及对公共利益的冲击。[5]

九、合同和拨款

联邦政府每年都需要在拨款、福利、商品和服务采购等方面花费大量的资金。拨款资金涉及的项目遍布教育、医疗研究、犯罪控制、污染控制等诸多领域。州政府和地方政府得到了这些拨款的大部分，但是大学、医院、社会行动团体也可能成为受益者。联邦政府也是众多商业企业的主要或者说唯一的客户。联邦政府开支大部分是通过非正式行为作出的。行政机关在制定有关政府“贷款、拨款、福利或者合同”的规则时甚至可以豁免适用《行政程序法》规定的通告评议式的规制制定义务，[6]尽管有些行政机关在制定这些规章时宣布它们并没有适用这项豁免规定。

联邦政府与其承包商或者受款人（grantees）之间可能产生各种各样的争端。申请者中未能如愿的，可能会认为宣布自己不符合资金支持的资格要求的决定是错误的；行政机关可能会认为拨款受款人没有对自己的开支保存充分的记录，或者承包商提供的商品质量不符合要求。有的行政机关
199 为解决这类问题制定了完备的程序。例如，卫生和社会服务部长期以来发

1 WAIT Radio v. FCC, 418 F.2d 1153（D.C. Cir. 1969）.

2 参见 Baker v. FAA, 917 F.2d 318（7th Cir. 1990）（联邦航空管理局并不需要接受豁免适用禁止年龄超过 60 岁的飞行员操作大型商用飞机之规则的申请）。

3 有时也被称为 exemptions 或者 variances。

4 例可参见 Alizoti v. Gonzales, 477 F.3d 448（6th Cir. 2007）。不同意见，参见 Dickson v. Secretary of Defense, 68 F.3d 1396（D.C. Cir. 1995）（原告提出豁免适用军事记录更正申请的截止期限的申请，行政机关作出拒绝该豁免申请的决定是因为缺乏理由说明被判定是武断的和恣意的）。

5 参见 Advocates for Highway & Auto Safety v. FHWA, 28 F.3d 1288（D.C. Cir. 1994）。

6 5 U.S.C. § 553（a）（2）.

挥了卫生和社会服务部上诉委员会（Departmental Appeals Board）的作用，并且为其审理涉及受款人的诉愿（grievances）制定了详细的程序规则（rules of practice）。[1] 其他行政机关没有为拨款争议的解决规定系统性的程序，不过美国行政会议已经为这一领域提供了一整套最低限度的程序规制。[2]

类似地，《1978 年合同争议法》（the Contract Disputes Act of 1978）[3] 设置了两个合同上诉委员会负责受理因为合同履行引发的争端——一个负责军事采购合同，另一个负责文职部门的采购合同（civilian contracts）。事实上，公共合同相关的争端解决程序已经变得相当细致，部分原因是有关军事采购的丑闻。国会通过了《1984 年采购中的竞争程序法》（the Competition in Contracting Act of 1984）[4]，通过建立“充分和公开竞争”的制度增强采购活动的严正性。未获得中标的企业现在拥有广泛的证据开示权，可以要求获得可以用于对竞争对手的合同授予决定提出质疑所需的信息，并且可以在不同场所提出自己的质疑。该法所建立的制度为反对公共采购过程中的欺诈、歧视和武断行为建立了较高水平的保护措施。但是，也有人认为，这些保护措施导致了较高的采购价格。严格控制官员的裁量权可能也会使得它们无法像私人买家通常所做的那样与商家建立非正式联系并向它们获取真实信息，从而损害行政机关的决策质量。[5] 200

十、管　理

政府也以管理者（manager）的角色制定和实施政策，特别是通过对公共土地（public land）[6] 的管理。美国的土地面积中大约有三分之一是由政府所有，诸如林业局（the Forest Service）、土地管理局（the Bureau of Land Management）和国家公园局（the National Park Service）等行政机关经常拥

1　参见 45 C.F.R. §§16.1 et seq。

2　参见 ACUS Recommendation No. 82-2，47 Fed. Reg. 30，704（1982）。

3　41 U.S.C. §§ 7101-09.

4　31 U.S.C. §§ 3551-56.

5　参见 Steven Kelman，*Procurement and Public Management：The Fear of Discretion and the Quality of Government Performance*（1990）。

6　联邦政府所有的土地。——译者注

有广泛的裁量权，可以决定如何利用这些联邦土地上的资源。发放放牧许可证、伐木许可证和采矿租约（mineral leases），乡间步行小道（backcountry hiking trails）、大型水坝和水库等公共工程的建设，以及消防和营救服务的提供等只是上述土地管理行政机关所承担的众多职能的冰山一角。[1]

与拨款和采购职能类似，管理活动也是豁免适用《行政程序法》的规制制定程序[2]，传统上也是采取非正式程序进行。调整联邦土地管理的众多法律，重复了宽泛、相互冲突的立法目的（例如荒原保护和经济发展），
201 因而对行政裁量权并无多少制约。但是，某些环境立法，特别是《国家环境政策法》（the National Environmental Policy Act）[3]，规定了若干程序性要求，为公共参与提供了机会。根据《国家环境政策法》，会明显影响环境的重要行为走出之前必须公开环境影响报告，对行政行为草案的成本和效益作出评估，并审查不同的替代方案。存在利害关系的团体和个人可以对环境影响报告提出意见，从而重大的土地利用政策决定是按照与《行政程序法》上的非正式规则制定类似的程序作出的。但是，《国家环境政策法》并没有对行政机关的实体裁量权进行限制，而且它的调整范围也不涉及那些不构成"重大联邦行为"（major federal actions）的众多决定。[4]

还有其他一些法律要求制订计划，例如对国家森林、海岸带、濒危物
202 种栖息地保护等事项的管理计划。

---

1 参见 Harold H. Bruff, *Executive Power and the Public Lands*, 76 U. Colo. L. Rev. 503（2005）。

2 5 U.S.C. § 553（a）（2）.

3 42 U.S.C. §§ 4321–61.

4 Kleppe v. Sierra Club, 427 U.S. 390（1976）.

第六章　程序性正当程序

《联邦宪法》是行政机关必须遵守的诸多程序原则的渊源。适用于联邦行政机关的第五修正案，规定无论任何，“未经正当法律程序，不得被剥夺生命、自由或财产”。第十四修正案也对州行为规定了类似的限制。程序性正当程序（procedural due process）的概念表明，官方行为必须符合最低限度的对个人的公平标准，如在决定作出之前得到充分告知和切实听证之机会的权利。这一宪法原则为联邦法院提供了强有力的工具，让它们可以在有关法律和规章允许主管官员非正式方式行事时监督联邦行政机关的决定程序。同样重要的是，该原则也为联邦法院提供了对州和地方政府行政机关的决定程序进行控制的手段，它们本来几乎完全是由州法调整的。

大致来说，对行政行为适用正当程序条款的司法判决已经形成了表述基本清楚的分析框架。因为宪法适用的文字指向的是剥夺“生命、自由或者财产”，该条款的启动要件（threshold）问题是不利决定是否会剥夺个人的这些受保护利益中的其中一种。行政决定很少会对生命构成威胁，因此通常的出发点是判断是否存在受保护的财产或者自由利益。

如果这些问题或者其他启动要件问题得到解决，接下来的问题便是在特定情形下判断哪些程序属于“正当”程序。但是，这一问题经常是难以找到答案的，因为现代行政法试图将可以接受正当程序权利请求的诸多情形都考虑在内。影响众多不同私人利益的规制决定，以及政府以即决方式作出行为的理由根据不同的场合而有所不同。不仅如此，特定的程序性权利，如与敌对证人对质和交叉质证的机会，或者由中立裁决者听证的权利，在多大程度上可以提高程序的准确性和公正性，也是视不同场合而论。其结果是，行政法上的正当程序权利可能存在巨大的差异，具体内容取决于它们是在什么情境下提出的。

一、正当程序保护的利益

传统上，对于正当程序条款所保护的利益的含义是采用限缩解释的。许多政府福利或者拨款被认为只是奖赏（gratuities）、“特权”（privileges）而非权利；与私人捐赠者类似，政府可以对其礼物设定任何它所愿意的条件，甚至是随意取消福利。Holmes 大法官曾经撰写了一份著名判决附带意见——“原告有权谈论政治，但是并不享有成为警察的宪法权利。”——支持因为参与政治活动原因而开除警察职务，它就可以用于说明这一观
204 点。[1] 联邦法院长期判定担任政府雇员并不是正当程序条款所保护的利益，因此可以在没有任何程序性保障的情况下中止政府雇员的工作，这也是上述观点的体现。[2]

但是，在 20 世纪 60 年代，随着官僚系统规模的增长，公众关于政府对公民承担的义务的关切也变得日益突出，区分权利与特权的合理性问题也受到质疑。有评论家指出，各种形式的社会财富，从电视台执照、汽车货运线路（truck routes）、职业许可到福利金（welfare benefits），都是政府惠赐（government largess）的结果，因此属于“特权”。随着政府的扩张，各种新的财富形式对个人产生越来越关键的影响；失去一份政府部门的工作，或者职业许可，或者福利金，可能会让个人失去生存机会。因此，为了维持政府和个人之间的平衡，我们有必要将正当程序的保障延伸适用于这类“新财产”。[3]

最高法院在 Goldberg v. Kelly[4] 案中抛弃了对权利与特权的区分。在该案中，纽约州的福利领受人认为政府是在未经正当程序的情况下停止向他们支付福利金的。最高法院认为，不能仅仅声称这些福利款是奖赏或者特
205 权，就驳回这些权利主张。[5] 该案讼争的福利项目建立在法定赋权（statutory

---

1 McAuliffe v. City of New Bedford, 155 Mass. 216, 29 N.E. 517（1892）.

2 参见 Bailey v. Richardson, 182 F.2d 46（D.C. Cir. 1950），最高法院以 4∶4 的票数维持了巡回法院的判决，341 U.S. 918（1951）。

3 参见 Charles A. Reich, *The New Property*, 73 Yale L.J. 733（1964）。［该文中文译本，参见［美］查尔斯·A. 赖希：《新财产权》，翟小波译，载《私法》（第 6 辑第 2 卷），北京大学出版社 2007 年版。——译者注］

4 397 U.S. 254（1970）.

5 事实上，该州的被告并没有提出这种说法，但是最高法院的判决附带意见很快被视为权威判例并得到承认。

entitlements）的制度基础之上：所有满足立法机关规定条件的申请人都有权获得公共援助。其结果是，纽约州需要提供正当程序保障——在该案中即口头听证——然后才能终止支付福利金。

在消除了权利与特权之间的区分之后，最高法院需要发展出新的判断方法，确定谁有权获得正当程序保护。最高法院在 Board of Regents of State Colleges v. Roth[1] 案中提出了这样一种方法。该案中，州立大学拒绝为一位未取得终身教职的教师续签他的一年期合同时，法院判定该教师不能享有获得听证的正当程序权利。最高法院强调了第十四修正案所使用的文字，指出程序性正当程序的要求只适用于被剥夺了“自由”或者“财产”的个人。最高法院接着作出解释，只有在个人对政府福利拥有“合理的权利主张”（legitimate claim of entitlement），而非只是对政府福利具有“单方的期待”之时，失去政府福利才构成剥夺“财产”。因为没有哪一部州法、大学规则或者合同本身赋予 Roth 以主张他“有权”要求合同续签的合法依据，所以他在合同期满时继续任职这一问题上并不具有“财产”利益。类似地，Roth 也没有被剥夺宪法意义上的“自由”，因此就案件记录显示的情况而 206
言，他“只是没有重新获得某一职位的聘任，但是仍然可以自由寻找另外的工作”。

Roth 案首先审查了原告是否被剥夺了自由或者财产，这一审查方法直至今日仍然保持它的活力。但是，自由和财产这两项关键概念在后来的判例法发展过程中已经得到了提炼改进。

（一）财产

在许多行政领域，我们可以轻易证明一项行政决定剥夺了某个个人的“财产”。例如，对商业企业的强迫式规制，几乎可以确定违反了企业的财产利益，因为它限制了企业从事可以盈利的活动之自由。因此，疑难案件通常涉及的是政府福利。在这些所谓的“新财产”案件中，Roth 原则要求法院审查原告是否对于她被剥夺了的政府福利拥有“合法的权利主张”。权利主张并不是来自《联邦宪法》本身；它必须是“根据诸如州法等独立的法律渊源发展出来的已有的规则或者理解”。因此，原告必须证明某些

1　408 U.S. 564（1972）.

权威性的法律渊源“确立了明确的标准为判决提供指导……，而非让判决遵守行政机关的裁量”。[1] 例如，Goldberg 案中的主张福利权的当事人显然
207 拥有相关的财产利益，因为所依据的联邦立法规定每位满足特定标准的个人拥有获得福利金的法定权利。类似地，最高法院在 Roth 案中指出，该案中的教师如果是在合同期内被解雇，则可以有权获得正当程序保障，因为合同本身可以保障他在这一期间的就业利益。

但是，Roth 案的姊妹案——Perry v. Sindermann[2] 案表明，雇员的权利主张并不是一定需要建立在书面合同或者赋予职位保障的法律规定基础之上。该案中一位被解雇的教师主张学院建立了事实上的终身教职制度（tenure system）：按照州教育部门发布的政策指南规定，如果与相对人一样，成功完成试用期（probationary period）的教师可以期待继续任职。最高法院将这一非正式的终身教职制度类比为隐含的合同条款，判定这足以赋予被解雇的教师得到宪法保障的财产利益。

最高法院将“赋权”（entitlement）的概念延伸适用于其他指控存在剥夺“财产”行为的众多案件。例如，当州政府赋予所有儿童在公立学校就读的权利，并且制定规则明确停学（suspension）的理由，那么它就不能对被指控违规的学生作出停学处分而没有为该学生提供至少有限的事前听证机会。[3] 类似地，被暂扣执照的驯马师也有获得正当程序保障（在作出暂扣
208 执照决定之后及时举行听证）的权利，因为在最高法院看来，纽约州的法律已经为其赋予了保持该执照的权利，除非有证据表明，“他的马匹被投喂禁药，或者他至少存在疏忽大意的过失从而未能阻止投喂禁药事件的发生”。[4] 诉讼理由甚至可以是得到宪法保障的财产权。在 Logan v. Zimmerman Brush Co.[5] 案中，伊利诺伊州的一家委员会按照法律规定需要为针对残疾人的就业歧视行为提出的所有合理的权利主张提供救济。因此，在行政机关适用了一项明显不公正的程序规则（根据州法，除非该委员会没有在 120 天内排定订正的日期，该投诉就需要被撤销，尽管原告并不具有控制行政机

1 Gilbert v. Frazier, 931 F.2d 1581（7th Cir. 1991）.

2 408 U.S. 593（1972）.

3 Goss v. Lopez, 419 U.S. 565（1975）.

4 Barry v. Barchi, 443 U.S. 55（1979）.

5 455 U.S. 422（1982）.

关日期安排的能力），拒绝向原告提供救济，这侵犯了原告的正当程序权利。

另一方面，最高法院在 Town of Castle Rock v. Gonzales[1] 案中判定，一部看起来保障家庭暴力禁制令（domestic violence restraining order）严格执行的法律并没有创设财产利益。在对这部州法进行解读时，最高法院是以美国长期以来具有的警察裁量权的传统为背景进行解读，并且考虑了可行性的限制，判定这部州法不可能意图赋予要求执法的绝对性的个人权利（categorical personal entitlement to enforcement）。Castle Rock 案悲剧的发生是因为警察未能阻止精神错乱的丈夫违反家庭暴力禁制令并杀害其孩子，这
使该案的判决显得冷酷无情，但是该判决的作出可能也受这样一种担心的 209
影响，即各州不太可能采纳要求加强家庭暴力执法的法律，因为他们的执法行为如果被证明是失败的，可能就需要在联邦民权诉讼中承担实质性侵权责任。

当然，当国会和各州创设了公共福利项目（public benefits）时，它们通常会规定公民可以寻求保障其福利的程序。法院经过一段时间厘清了这些程序与正当程序要求之间的关系。Arnett v. Kennedy[2] 案开始注意这一问题。Kennedy 是一名联邦文职雇员，因为在指控上级实施违法行为之后被解雇。他提起了诉讼，主张根据正当程序条款有权要求权利终止之前举行举证式听证（pretermination evidentiary hearing）。该案相关的法律，即《劳埃德－拉福莱特法》（the Lloyd–LaFollette Act），规定 Kennedy 所属工种的雇员"只能根据将会促进公务员队伍的效率的事由"作出解雇决定；因此，他拥有受保护的财产利益。但是，该法也规定，这一权利是通过书面异议程序（written protest procedure）而非审判型听证程序得到保护的。由 Rehnquist 大法官为首的三位大法官提供的复数意见认为，对于立法创设的除了合理事由之外不得被终止的权利，不能脱离于国会为其实施所设计的程序装置（procedural mechanism）而进行抽象的考量。Rehnquist 认定，"当实体性权利的授予与判断该权利时所适用的程序限制之间存在紧密关
联时，原告必须甘苦同受（the bitter with the sweet）"。其他六位大法官拒 210
绝接受 Rehnquist 的理论，即该法所规定的程序可以界定文职雇员的正当

1 545 U.S. 748（2005）.

2 416 U.S. 134（1974）.

程序权利。[1]

最后，最高法院直接拒绝了 Arnett 案复数意见提出的“甘苦同受”理论。在 Cleveland Bd. of Education v. Loudermill[2] 案中，最高法院坚持被解除职务的市政府保安（city security guard）应当得到正当程序的保障，根据俄亥俄州的法律规定，只有当存在合理事由时方可解除市政府保安的职务。最高法院强调了正当程序分析中实体和程序是不同的。一旦一个州通过实体性法律或者标准创设了权利（entitlements），剥夺个人拥有的这些权利时采用的程序是否充分就取决于联邦宪法，州程序不能排除正当程序的审查。另一方面，州法创设的程序也不能扩大联邦的正当程序权利。因此，州的制定法或者规章中的程序性保障并没有创设财产利益，[3] 违反这些程序性保障并不构成违反正当程序条款。[4] 处于这种情形的权利请求人必须采用州所提供的任何救济。联邦行政机关违反联邦制定法或者规章的行为，当然可
211 以根据《行政程序法》获得救济。[5]

需要注意的是，类似 Goldberg 案之类的案件发生的背景是向已经领取福利金的个人停止支付的政府决定。涉及首次申请福利金的案件可能需要采取不同的分析。如果州在一开始还没有决定申请人是否有权领取福利金，它可以在作出决定的同时推迟支付福利金，而这种推迟并不需要按照正当程序原则举行事前听证。[6] 但是，假定法律规定创设了权利（entitlement），州如果不向申请人提供听证的公平机会，很可能就不能作出拒绝申请的最终决定。

（二）自由

最高法院在“财产”的定义上实现了概念的统一性，但是与其紧密相

---

1 但是，Kenney 在该案中败诉了，因为这六位大法官中只有三位认为正当程序要求举行举证式听证。

2 470 U.S. 532（1985）.

3 Town of Castle Rock v. Gonzales，545 U.S. at 769–72（Souter 大法官持协同意见）; Bishop v. Wood，426 U.S. 341（1976）。

4 Board of Curators v. Horowitz，435 U.S. 78（1978）.

5 参见上文第 104 页（原书页码）。

6 American Mfrs. Mutual Ins. Co. v. Sullivan，526 U.S. 40（1999）[涉及雇员补偿医疗福利（compensation medical benefits）]。

关的另一个概念“自由”，最高法院却是缺位的。Roth 案的判决意见本身体现了最高法院的模糊态度。一方面，最高法院认为，“自由”的定义必须是“宽泛的”“全方位的”“不只是免予身体的强制，还应当包括个人签约，从事任何常见的职业，获得有用的知识，结婚成家生子，按照良心的召唤信仰上帝，一般性地享受作为自由人有序追求幸福之真谛的……早已得到承认的特权”。[1] 但是，Roth 案的判决主旨与这种自由精神之间是相互 212
矛盾的：至少，最高法院没有解释为什么保留州立大学的教职，或者另外一份政府工作，与Meyer案所列各种自由（freedoms）之间并不具有可比性。事实上，最高法院似乎努力让这些选项保持开放性，宣布不能仅仅因为一项利益对于个人而言是重要的，就认定它满足构成“自由”的条件：“我们必选考察的不是‘权重’，而是涉及利益的性质。”

不管如何，最高法院不愿意将正当程序保障延伸适用于所有被解雇的政府官员，这一点并不难以解释。在 Bishop v. Wood[2] 案中，最高法院表达了一项相关的担心：如果采取限制较少的进路，可能会将联邦法院卷入一项不可能实现的任务，那就是监督“公共行政机关日常作出的大量的人事决定”。这些决定很多是由州和地方行政机关作出的，因此这也会涉及对联邦制的担心。不仅如此，许多政府雇员借助于公务员制度的程序保障，享受着非宪法性的反对武断解雇的保障措施。随着政府内部集体协商制度的普及，工会和合同诉愿程序（contractual grievance procedures）经常为反对不当解雇或者暂停职务提供新的保护。但是，另一层保障措施则是来自第一修正案相关的判例法：例如，政府雇员不得因为政治信仰或者党派身份的原因而被解雇，除非“雇佣机构能够证明党派身份是有效履行相关公 213
共职务的合理要求”。[3]

在 Roth 案之后相当长一段时间内，何种类型的自由利益应当获得正当程序保障的问题仍然是悬而未决的。在 Kerry v. Din[4] 案中，政府拒绝向一名美国公民的外籍丈夫提供让其进入美国的签证，并且只对拒绝决定提供

---

1 引用 Meyer v. Nebraska，262 U.S. 390，399（1923）。

2 426 U.S. 341（1976）.

3 Branti v. Finkel，445 U.S. 507（1980）.

4 135 S. Ct. 2528（2015）.

了简单的理由说明，该美国公民于是提起诉讼。她认为自己被剥夺了自由利益，因为她无法与丈夫在美国共同生活。最高法院由 Scalia 大法官撰写的复数意见中对此表示了反对意见。Scalia 认为正当程序条款中“自由”的原意是免受政府监禁的自由。他批评了最高法院先前的判决，如 Meyer 案扩大了这一概念，但是判定在任何情况下，考虑到美国移民规制的历史，Din 女士的利益并不会上升至以前人们所承认的根本自由的水平。四名持不同意见的大法官，在 Breyer 大法官所撰写的判决意见中认定，考虑到婚姻的重要性以及政府对此给予的法律保障，Din 女士确实拥有相关的自由利益，而且接着判定 Din 女士有权要求作出更具体的理由说明。另外两名大法官（Kennedy 和 Alito）拒绝判断该案涉及自由利益；他们投票反对 Din 女士的权利主张，理由是政府引用了《美国法典》中的反恐怖主义条款，
214 以此作为拒绝的理由，足以满足程序性正当程序的要求。

最高法院确实在 Roth 案中指出，原告本来可以有更充分的理由，如果雇主在拒绝重新雇用他时，已经作出了一项针对他的指控，这可能会损害他的声誉。最高法院一直坚持了这一观念，即声誉损害往往会表现出自由的剥夺，但是也采取了几种方式对此加以限制。首先，Roth 案的判决意见指出，确保被污名化了的雇员得到听证机会，其目的仅在于“为他提供洗刷污点的机会”；雇主举行提供听证提供洗刷污点的机会，允许之后以其他理由解雇该雇员。后来的法院判决进一步补充了限定条件：解雇决定的污名化理由是不可诉的，除非雇主将这些理由公之于众，[1] 并且除非原告对于指控的准确性提出了实质性的问题。[2]

在最高法院有关污名（stigma）之作用的多份判决中，受到最严厉批评的是 Paul v. Davis[3] 案。在 Paul 案中，两家地方警察局将 Davis 的名字和照片列在一张列举了“商店扒窃惯犯”（active shoplifters）名单的传单上，分发至他所住小镇上的数百户商家手中。尽管 Davis 主张这一传单的散发，影响了他未来的求职机会，让他担心会遭拘捕而不敢进商店，最高法院判定他受宪法保护的自由利益并未受到任何损害。最高法院指出，

---

1 Bishop v. Wood，上文。

2 Codd v. Velger，429 U.S. 624（1977）.

3 424 U.S. 693（1976）.

仅有对声誉的损害并不会导致自由利益的损害，只有在同时对原告的合法身份（legal status）作出某些改变时，如 Roth 案中的失业，才构成自由利益的损害。很少有人考虑过这一分析的意义，或者最高法院很有说服力地证明了采取限制性的自由利益概念与先例是一致的。[1] 最高法院这么做，似乎是希望让联邦法院避免吸收太多属于州法院管辖的事务，而州法院过去就是通过诽谤诉讼维护声誉的。但是，后来最高法院开始认识到它可以更直接地将州救济的充分性纳入其正当程序的审查标准之中。[2] 因此，最高法院变得不太愿意将对宪法保护的利益进行人为限制作为防止《联邦宪法》和州侵权法之间出现重叠的手段。尽管如此，Paul 案中的判决主旨还没有被抛弃。[3] 215

另一项挑战则是对监狱犯人的正当程序利益的界定。监狱的管理机构和假释委员会（parole boards）每天都在作出各种决定，在某种意义上影响监狱犯人的"自由"，最高法院感到有必要防止联邦法院卷入基于正当程序理由挑战这些决定的诉讼之中。有段时间，最高法院试图通过依据类似 Roth 案中的权利（entitlement）概念，确定符合宪法保障要求的犯人案件，但是这一方法如今看来已经被打入冷宫。根据这种推理，强制性的监狱规制创设了自由利益，但是裁量性的监狱规制则并不创设自由利益。例如，撤销犯人的"表现良好时间"积分（"good time" credits）（从而增加他实际需要服刑的时间），这种惩戒程序需要符合宪法上的正当程序要求，因为按照法律的规定，"良好时间"积分的累计是一项权利，只有在发生严重不法行为（misconduct）时才可以撤销积分。[4] 相比之下，犯人的转监则不受正当程序的保障，因为州政府官员拥有决定转监的广泛裁量权，不需要 216

1　例如，在 Wisconsin v. Constantineau［400 U.S. 433（1971）］案中，最高法院威斯康星州的"张榜公告行为"（posting）——将"过度"饮酒者名单张榜公布在所有市镇的酒类商店中。最高法院认定，该州公开给原告打上"有辱人格的"标签，而没有给原告提供告知和为自己辩护的机会。但是，在 Paul 案中，多数意见将 Constantineau 案解释为污名化标记是伴随着法律地位的改变，因为酒类商店被禁止向被张榜公布的个人销售酒精。

2　参见下文第 229–230 页（原书页码）。

3　Siegert v. Gilley，500 U.S. 226（1991）（前任上司发出的包含贬损性评价的信函并没有剥夺原告的"自由"，尽管会损害他未来的工作前景）。

4　Wolff v. McDonnell，418 U.S. 539（1974）.

考虑是否发生任何不法行为。[1]

最高法院从未解释过为什么最初为了阐释“财产”这一术语的含义而设计的权利（entitlements）概念，可以成为界定“自由”的合理工具。无论如何，最高法院在 Sandin v. Conner[2] 案中已经基本抛弃了 Roth 案的适用。在这起案件中，最高法院指出，它对监狱规章中是否存在强制性文字这一因素赋予决定性的意义，会让自己不得不陷入监狱管理的众多无足轻
217 重的细节之中。它还会给监狱官员带来不良激励，让他们为了回避遵守正当程序义务的要求而避免将程序要求订入规章之中。相应地，最高法院在 Conner 案中判定州监狱规章不会创设自由利益，除非剥夺行为“对犯人的监狱生活带来与日常状况相比属于异常和明显的困难”。根据这一标准，Conner 案中犯人主张的正当程序权利请求被驳回。Conner 因为在监狱中实施的不法行为而被罚关禁闭（solitary confinement），因为这种制裁与监狱出于非惩罚性理由而对犯人作出的处理，比如保护性监管（protective custody）之间并无多大差别。但是，在 Wilkinson v. Austin[3] 案中，安排在监管严厉的安全级别最高的（supermax）监狱无限期监禁，不接受假释，确实构成了“异常和明显”的困难。

犯人不能主张法律或者规章创设之权利的，仍然可以将《联邦宪法》作为“固有的”自由利益的渊源，但是这种主张的思路并不完全成功。如果是被定罪的罪犯因为某些不法行为的指控而被重新收监，这种主张会得到采用。显然，这种重新收监行为涉及重大的人身自由的丧失，也得到了正当程序的保障。[4] 但是，最高法院拒绝认定犯人因为一开始被拒绝假释而
218 丧失的固有的自由利益。[5]

在这类案件之中，最高法院有时主张，当个人被作出定罪判决并被判监禁时，他丧失了其他公民所享有的免予身体拘束的固有权利。因此，犯

---

1 Meachum v. Fano, 427 U.S. 215（1976）.

2 515 U.S. 472（1995）.

3 545 U.S. 209（2005）.

4 See Gagnon v. Scarpelli, 411 U.S. 778（1973）（撤销缓刑）; Morrissey v. Brewer, 408 U.S. 471（1972）（撤销假释）。

5 Greenholtz v. Inmates of Nebraska Penal & Correctional Complex, 442 U.S. 1（1979）（指出了“失去已有之物与未能得到想要之物之间的人为区分”）。

人转监并不必然意味着需要正当程序保护，即使转监会让他离开本州，远离亲朋好友。[1] 此种转监在其所获徒刑的范围之内——也属于犯人可以合理预料到的监禁。另一方面，犯人从监狱转至精神病院接受强制治疗和行为矫正的，属于“在性质上有别于”他可以从其徒刑中预料到的后果，因此涉及固有的自由利益。[2]

二、其他构成启动要件的问题

即使是在原告可以证明“财产”或者“自由”利益受侵害时，他想要主张程序性正当程序保护时，还是需要面对其他启动要件的问题。首先，
对受保护利益的损害如果是出于过失而非故意时，并不能构成“剥夺”。[3] 219
最高法院在 Daniels 案中发现，“从历史上看，正当程序保障适用于政府官员剥夺个人生命、自由或财产的故意决定（deliberate decisions）”，如果将其适用范围延伸至过失行为将会让《联邦宪法》“琐碎化”（trivialize）。但是，最高法院拒绝判定是否任何类型的非故意的行为，如鲁莽或者严重疏忽的行为，都可能构成“剥夺”。[4]

其次，当遭受质疑的命令只是针对一个人时，该相对人是有权获得正当程序保障的；如果原告的生活状况可能会因为政府针对第三方作出的行为而出现恶化，这就并不构成宪法意义上的损害。因此，在 O’Bannon v. Town Court Nursing Center[5] 案中，最高法院判定居住在得到补贴的护理院（nursing home）之中的病人无权参与撤销该护理院的医疗补助（Medicaid）认证和终止补贴的程序。最高法院推定某些年长病人可能会因为搬迁而遭受身体或者心理创伤；但是，它判定这些损失只是“政府执法行为的间接
和附带性结果”，因此并不意味着涉及需要正当程序保障的权利。最高法 220

1 Olim v. Wakinekona, 461 U.S. 238（1983）.

2 Vitek v. Jones, 445 U.S. 480（1980）.

3 Daniels v. Williams, 474 U.S. 327（1986）（监狱官员疏忽大意将枕头放在台阶之上，让犯人摔了一跤，他并没有“剥夺”该犯人的自由）。

4 当然，一般来说，行政机关在作出处罚或者拒绝福利的决定时，他明知这会让个人遭受损失；因此，Daniels 案中对故意行为而非过失行为的要求在通常的行政法案件中并不会成为问题。

5 447 U.S. 773（1980）.

院不愿意对这种间接的利益（indirect benefit）提供宪法保障，这已经反映出它的担心，即一项不同的结论会极大地增加有权参与决定的人数，从而让福利或者规制项目的运作陷入崩溃。在 Town of Castle Rock v. Gonzales[1] 案中，最高法院也以政府提供的利益的“间接性”为由拒绝向一名获得向其关系疏离的丈夫签发家庭暴力禁制令的妇女提供正当程序保障。但是，该案中对 O'Bannon 原则的扩张适用似乎是有争议的，因为在 O'Bannon 案中，病人希望寻求的利益可以向护理院本身提出更直接的主张，而在 Castle Rock 案中，丈夫的利益与原告的利益是对立的，原告是唯一坚持要求执法的人。

最后一项限制在行政法上也具有突出的重要性，那就是程序性正当程序保障主要是针对行政裁决行为，很少适用于行政机关的规则制定行为。最高法院在两起早期的财产税务评定案件中为这一原则奠定了基础。一方面，在 Londoner v. Denver[2] 案中，丹佛（Denver）市试图以街道改进工程为由对不动产所有人的财产税进行评定。对每位不动产所有人的税务评定都是根据其所属地块（parcel）所受利益的多少。最高法院判定丹佛市需要
221 为每位不动产所有人举行举证式听证。另一方面，在 Bi-Metallic Inv. Co. v. State Bd. of Equalization[3] 案中，最高法院支持了一项行政规章，该规章对丹佛市所有应税财产的估值提高了 40%，尽管该委员会没有对受影响的不动产所有人发送通告或者举行任何听证。Holmes 大法官在判决意见中指出，“当行为规则适用于很多人时，要求每个人都在规则通过的过程中可以直接发表意见，这是不现实的”。Bi-Metallic 原则——对规则制定过程中的正当程序权利进行了限制——已经在现代案件中得到反复重申。[4]

Bi-Metallic 原则可以用几个方面的理由加以解释。第一种说法是强调规则制定和立法的功能相似性。因为公众在国会通过影响自己的立法之前，并不具有向国会作证或者提交证据的宪法权利，所以他们也同样不具有要求和获得国会授权行使立法权的行政官员见面的根本权利。第二种说法则

1 545 U.S. 748（2005）.

2 210 U.S. 373（1908）.

3 239 U.S. 441（1915）.

4 例可参见 United States v. Florida East Coast Ry., 410 U.S. 224（1973）[在州际商业委员会制定全国统一的铁路收费（rail charges）时，举证式听证是不必要的]。

是当一项规章适用于很多人时，不可能为每个人都举行听证。“如果政策制定活动受到必须倾听谁的声音这一宪法要求的约束的话”，政府“很可能会陷入停顿”。[1] 第三种说法是规则制定的特征依赖的是“立法性事实”而不是“裁决性事实”。这对术语是由 Davis 教授首先提出的，他将裁决性 222
事实定义为与争端当事人有关的事实，而立法性事实则是裁判机构用于提出法律规范或者政策的一般性命题（propositions）。[2] 根据这一理论，裁决的当事人应当有权获得宽泛的参与权，因为他们通常最适合提供有关他们自己以及所实施行为的信息。与之不同，对于规则制定程序中的关键性事实，在受影响的群体之中不太可能有一个人比另外一个人更容易得到这些事实，确保该群体中的每个人都有权获得单独进行的听证会是没有必要的。

对于显然可以定性为规则制定的情形，Bi-Metallic 原则当然具有权威性。但是，不太明确的是，对处于规则制定和裁决之间灰色地带的案件，Bi-Metallic 原则是否能够完全适用就不太明确了。[3] 随着受规制影响的群体减小，Bi-Metallic 案的理由容易出现效力弱化。例如，当行政机关准备制定一部规章，调整仅存在少数企业的行业，对所有这些企业举行审判型听证是完全可行的。而且，裁决性事实和立法性事实这两种类型容易在这种情形中出现融合的现象，因为受规制公司的信息很可能对任何有关规则草案是否属于正确的政策决定来说是关键性的。[4] 但是，大多数情况下， 223
Bi-Metallic 案所代表的传统仍然是稳固的；而联邦法院中坚持认为公众应当在规则制定程序中获得某种程度上听证的权利，也往往会避免将他们的判决主旨直接建立在正当程序条款的基础之上。[5]

三、何为正当程序？

一旦确定宪法保护的自由或者财产利益遭受侵害，正当程序分析的下一步便是确定《联邦宪法》要求采用的是什么程序。最高法院作出的有关

---

1 Minnesota State Bd. for Community Colleges v. Knight, 465 U.S. 271（1984）.

2 2 Kenneth Culp Davis, *Administrative Law Treatise* § 12：3（2d ed.1979）.

3 参见下文第 309–311 页（原书页码）。

4 参见 Vermont Yankee Nuclear Power Corp. v. NRDC, 435 U.S. 519, 542（1978）。

5 参见下文第 329–335 页（原书页码）。

这一主题的判例法很多可以被理解为对 Goldberg v. Kelly[1] 案判决的阐释，或者更经常发生的是对该判例的一种反动。在该案中，最高法院判定纽约州的福利金领受人应当在被停发福利金之前有权获得举证式听证。在这种听证会上，他们应当有权获得过去在诉讼程序中可以获得的诸多程序性保障，如口头陈述案情的权利、与证人对质的权利、由律师代理的权利，以及要求裁决完全基于听证笔录作出的权利。

Goldberg 案的判决意见引发的担心是，最高法院可能很快会在许多其他项目中要求举行审判型听证，包括那些采纳司法化程序可能会是无效或
224 者过于昂贵的情形。但是，在 Mathews v. Eldridge[2] 案中，最高法院表明它决意要保持正当程序分析中的灵活性。最高法院宣布，为了确定在给定的情形下正当程序要求的内容，它会考察三项因素："首先，行政行为所影响的私人利益；其次，通过所采用的程序会错误剥夺此类利益的风险，以及增加或者替换程序保障时风险的概率值；最后，政府利益，包括所涉及的职能，以及增加或者替换程序保障时所需要的财政负担和行政负担。"根据这一权衡标准，最高法院判定，在作出停止向个人支付社会保障残疾福利金的决定之前，并不需要先举行举证式听证。

Mathews 标准受到了批评，因为它太过于开放而没有确定答案，以至于不能为法院提供说明指导：法官所处的位置与议员一样，也需要作出政策选择。另一方面，这一标准也被批评为限制过多：它意味着对程序的评价只能基于是否提高或者降低准确性，而不用考虑程序是否会被认为是公平的。但是，最高法院接着在各种不同的事实背景中适用三项因素的标准。[3] 事实上，尽管最高法院一开始将 Mathews 标准主要用于涉及政府福
225 利争议的"新财产"案例，但是它也将这一标准适用于更传统的行政法领域——强迫式的（coercive）商业规制。[4]

在适用 Mathews 标准时，法院不是只能在完全的审判型听证和行政机

1 397 U.S. 254（1970）.

2 424 U.S. 319（1976）.

3 例可参见 Hamdi v. Rumsfeld，542 U.S. 507（2004）（适用 Mathews 标准来判断因为被怀疑是敌方战斗人员而被拘押者的听证权利）。

4 Brock v. Roadway Express，Inc.，481 U.S. 252（1987）（利用 Mathews 标准来判断，当雇员指控雇主报复性解雇决定案件尚未结案时，被政府责令恢复某雇员工作的雇主享有的权利）。

关已经采用的非正式程序之间作出非此即彼的选择。相反，对于每项程序性权利都必须分别进行分析，并且考虑替代程序模式或者中间程序模式。出于解释的目的，在正当程序诉讼中最为频繁地受到审查的程序性权利可以分为以下几大类型。

（一）事前的通告和听证

"在任何将被赋予最终性（to be accorded finality）的案件中，正当程序的初级和根本要求是经过合理计算提供的通知，在任何情况下，让利害关系人了解行政行为的待决状态，并为他们提供提出反对意见的机会。"[1] 对于可能会受到政府决定影响的人，如果没有向其提供合适的事前通知，所有其他的程序性权利将会被判定无效。正当程序所要求的通知，其具体的内容当然也会根据情况不同而发生变化。Goldberg 案判决指出，福利领受人 226
有权得到"详细说明拟作出停发福利金决定之理由"的通知。在另一起案件中，一家市公用事业公司的通知威胁将停止向一名顾客提供服务，法院判定这一通知是不充分的，因为它并没有说明顾客对拟作出的停止服务决定提出质疑可以采取的程序方法。[2] 另一方面，最高法院维持了马萨诸塞州（Massachusetts）官员的行为，该行为的内容是向食品券领取人发送套用信函（form letter），通知他们将会降低或者取消福利的法律变更。[3] 尽管这一通知并没有向食品券领取人告知他们新的福利水平，但是它确实让他们大致了解了新法律的内容，从而可以作进一步调查，并且如果他们愿意的话，可以根据自己的情况对计算结果提出质疑。

尽管威胁作出不利行为的事先通知一般来说是需要的，但是这一原则还是存在一些例外的。大多数事先通知涉及的是得到证明的、采取直接行动保护公众免受严重伤害的需要。因此，对可能是危险或者错误标识的消费品在举行听证前先行扣押，已经得到法院判决支持。[4] 影响公众或者政府

1 Mullane v. Central Hanover Bank & Trust Co., 339 U.S. 306, 314（1950）.

2 Memphis Light, Gas & Water Div. v. Craft, 436 U.S. 1（1978）.

3 Atkins v. Parker, 472 U.S. 115（1985）.

4 Ewing v. Mytinger & Casselberry, Inc., 339 U.S. 594（1950）; North American Cold Storage Co. v. Chicago, 211 U.S. 306（1908）.

227 收入的严重金融风险，也可以为采取即决行为提供正当理由。[1]甚至对州同意的赛马下注行为的公平性可能构成的危险，也被判定足以证明对涉及对马投喂禁药的驯马师的执照采取即决暂扣行为是有必要的。[2]在Barchi案中，最高法院补充了一项重要限定条件：正当程序要求暂扣执照之后尽快举行听证，因此驯马师将有合理的机会证明自己的清白，并且权利的剥夺持续时间也不会过于漫长。但是，该案中州政府没有试图为其没有尽快举行听证说明理由；在后来的案件中，当政府利益已经得到更明确的表述时，最高法院不愿意延伸适用Barchi案提出的提醒。例如，在Mallen案中，最高法院判定银行官员申请听证与最终决定之间相隔90日，并不必然违反了正当程序，因为公众对于让行政机关经过深思熟虑后作出是否让其恢复原职的决定具有浓厚的兴趣。因此，在即决行为作出之后，行政机关应当以多快的速度处理裁决的法律问题便取决于对相互竞争的不同利益之间进行仔细的权衡。[3]即使是让其自然发展而经历9个月等待裁决的时间也不一定
228 是过于漫长的。[4]

另一项考虑因素可能妨碍在剥夺决定之前获得通知和听证的权利成立，它是这样一项原则，即“根据正当程序条款主张听证权的原告必须证明他寻求在该听证过程中证明的事实与法定计划之间存在关联”。[5]根据这一原则，Doe案中被州政府在公开网站上列为已定罪的性罪犯的原告并不具有基于程序性正当程序原则的获得听证以证明自己现在不具有危险性的权利。根据相关法律，仅仅是原告先前被定罪的事实就足以让他被列入这一名单，而无论他现在是否具有危险性。

---

1 例可参见FDIC v. Mallen，486 U.S. 230（1988）（支持法律规定以即决程序暂停银行官员的职务，因为该官员已经被指控犯有涉及欺骗的重罪）；Phillips v. Commissioner，283 U.S. 589（1931）（以即决程序扣押纳税人的财产以保证税收征缴，这一行为受到基于正当理由提出的质疑，但是法院判决支持该扣押行为）。

2 Barry v. Barchi，443 U.S. 55（1979）.

3 参见City of Los Angeles v. David，538 U.S. 715（2003）（根据权衡标准，判决支持了原告可以就要求州政府退还因为违法停车而收取的拖车费这一问题举行听证之前经历的27天等待时间）。

4 Cleveland Bd. of Education v. Loudermill，470 U.S. 532（1985）（在决定是否恢复已被停职的政府雇员的职务时，并不存在违法的迟延）。

5 Connecticut Bd. of Public Safety v. Doe，538 U.S. 1（2003）.

某些案件中还会出现另外一项限制，那就是是否存在制定法或者普通法上规定的赔偿个人自由或者财产损失的救济方式。在适当的情况下，联邦法院会判定此种救济本身提供了“正当的程序”。例如，在 Ingraham v. Wright[1] 案中，最高法院判决支持了一部州法和地方学区委员会的规章，它们授权教师对出现违规行为的学生进行体罚（paddle），即使该学生没有在遭受惩罚之前获得通知或者听证的权利。州法规定，如果教师过度使用暴力，受伤的学生可以提起赔偿诉讼。这一规定被认为是充分的保障，可以 229
满足正当程序的要求。类似地，在 Parratt v. Taylor[2] 案中，一名犯人声称州监狱官员因为过失弄丢了一个邮寄给他的兴趣套件（hobby kit）（价值 23.5 美元）。最高法院判定这一“财产的剥夺”的发生并不违反正当程序，因为州已经提供了小额赔偿诉讼，该犯人可以就其损失寻求赔偿。在 Hudson v. Palmer[3] 案中，最高法院将 Parratt 案的判决主旨延伸至适用于故意剥夺财产的行为。Hudson 案中的原告是一名犯人，狱警故意破坏了他的个人财物。最高法院再次认定不构成违反正当程序，因为犯人本来可以通过侵权诉讼寻求救济。更晚近的案件中，最高法院判定州在发生劳资争端期间拒绝向分承包商支付公共工程的费用，没有必要按照正当程序的要求举行听证。分承包商的利益可以通过普遍的违约诉讼得到充分保护。[4]

但是，存在损害赔偿救济途径可以说明“程序是正当的”，这一原则基本上被限定于州有充分理由不在剥夺决定作出之前提供听证的情形。在 Ingraham 案中，最高法院担心事前听证的要求会让教师不敢对学生进行体 230
罚，从而损害了他们纪律管理的权威。在 Parratt 案和 Hudson 案中，最高法院发现监狱不可能在程序上作出改进以预防其工作人员犯错误或者实施未经授权的不法行为；因此，赔偿制度在效果上与州所能提供的解决方案一样。相比之下，当剥夺决定作出之前的程序是可行的时候，最高法院经常会坚持要求采用该程序。例如，Memphis Light 案中的市公用事业公司可以很容易地在停止为顾客服务之前就该公司质疑程序（protest procedure）

1　430 U.S. 651（1977）.

2　451 U.S. 527（1981）.

3　468 U.S. 517（1984）.

4　Lujan v. G & G Fire Sprinklers, Inc., 532 U.S. 189（2001）.

向顾客作出说明。相应地，最高法院认定顾客的正当程序权利受到侵犯，尽管她理论上本来可以聘请律师，向法院起诉申请禁令或者要求退款。最高法院指出，要求消费者在此类涉及金额很少的案件中聘请律师是不现实的。类似地，在 Zinermon v. Burch[1] 案中，精神病人起诉医院官员，因为在他不能作出有效同意表示的时候，通过“自愿”承诺程序（“voluntary” commitment procedures）将他入院收治。尽管存在州损害赔偿救济的途径，最高法院还是接受了原告根据正当程序条款提出的诉讼请求，因为让州政
231 府设计额外的保障措施以减少错误承诺的风险，这是实际可行的。[2]

（二）审判型听证

声称正当程序权利被否定的诉讼当事人经常会要求法院判定行政机关必须向他提供类似于司法审判或者正式审判型听证的程序性权利——包括口头作证，与敌对证人对质和交叉质证的权利。在 Goldberg 案中，最高法院判定福利领受人在面临终止支付福利金时，有权获得所有这些权利的保障。但是，在后来的一些案件中，最高法院表明，审判型程序并不是对于每项可能影响个人的政府决定来说都是关键的。在 Goss v. Lopez[3] 案中，被停学的学生只有权要求口头说明针对他们提出的指控，以及学生自己对事情原委加以说明的机会。在 Cleveland Bd. of Education v. Loudermill[4] 案中，被解雇的政府雇员获得了稍微详细一些的非正式口头听证权利：他会有权“得到口头或者书面形式作出的有关针对他的指控的告知，对雇主证据的解释，以及自己陈述事情原委的机会”。在 Brock v. Roadway Express, Inc.[5] 案中，需要遵守临时性恢复原职令的雇主也获得了类似的权利，包括以书面回复和证人宣誓书支持其理由。正如这些例子所表明的，如果相对负担较轻的口头程序也很可能做到充分保护个人利益时，最高法院就不愿意要求

1　494 U.S. 113（1990）.

2　另可参见 Logan v. Zimmerman Brush Co., 455 U.S. 422（1982）（州利用一项不公正的程序性规则来否定原告的就业歧视诉求，这一行为违反了正当程序，尽管原告也可以通过侵权诉讼寻求救济）。

3　419 U.S. 565（1975）.

4　470 U.S. 532（1985）.

5　481 U.S. 252（1987）.

适用所有各种类型的审判型听证程序。 232

在判断特定情形下需要什么保障措施时，法院受到将会引发的问题之性质的深刻影响。在 Goldberg 案中，最高法院认为口头作证和交叉质证对于停止福利案件来说至关重要，因为在“可信度（credibility）和准确度（veracity）”存在争议时，“书面提交的材料是完全不能满足作为决定依据之需要的”。另一方面，当平常的问题可以通过相对直接或者客观的方式解决时，口头听证可能是不必要的。最高法院采纳了 Mathews 案中的这一命题，以此为依据判定，社会保障局采用书面提交材料作为停止支付个人残疾福利金的依据，只允许在福利金停止支付之后才举行举证式听证，这一做法符合正当程序的要求。[1] 最高法院的理由是，在此类程序中作出决定很可能会依赖医生出具的医学报告，或者诸如有关国家经济中的岗位数量（availability of jobs in the national economy）等数据的统计证据。这些问题可能会通过交换文件而有效传播。Mathews 案的判决意见也指出，提交书面材料（file written submissions）的机会在 Goldberg 案中被认为对于大多数抚养未成年儿童家庭援助（AFDC）的领受人来说是“不切实际的选择”，因为他们“受教育程度不够，没有办法有效地填写材料”，并且“不能获得 233
专业的协助”。另一方面，在 Mathews 案中，残疾福利金申请人在填写来自地方社会保障机构的必要的表格时，可以得到协助，并且大多数医学证据都是由主治医师直接提供的，而且医生被认为有能力在书面报告中作有效沟通。[2]

另一类案件涉及的是被认为如此内在地具有非法律性，以至于采用审判程序是不合适的。例如，最高法院判定，考虑到学生临床诊断能力的不足，一家医学院不需要在开除学生之前举行正式听证。[3] 该案涉及的基本上是学术能力判断，因此不适合采用审判的方法。Horowitz 案中最高法院也

1　Mathews 公式的第一项因素——存在利害关系的私人利益——也有助于将该案区别于 Goldberg 案。Goldberg 案中法院观察到，如果福利金被错误终止，福利权利请求人将被剥夺“他赖以生存的基础”。相比之下，Mathews 案指出，领取残疾补助金的人并不一定是贫穷的，而其中的穷人则可以依靠其他公共援助项目，例如福利项目和食品券项目。

2　需要指出的是，尽管存在 Mathews 原则，但是社会保障残疾人权利请求人现在在对终止支付补助决定的争讼期间，依法有权要求继续提供补助。

3　Board of Curators v. Horowitz, 435 U.S. 78（1978）.

指出，如果学术（而非纪律）事务的决定程序变得对抗性太强，教师和学生之间的关系将会受到不利影响。类似地，最高法院拒绝要求采用审判型听证来检验一对父母作出将小孩留在州精神病院的决定是否正确。[1] 最高法院认为，由独立的医学专业人士进行审查，即使不是更可靠，也是足够的。
234 而且，正式听证可能会加剧父母和小孩之间的紧张关系。[2]

即使在审判型听证一般来说可以适用的行政案件中，如需要采用《行政程序法》规定的正式裁决程序的案件中，行政机关也可以拒绝对某些问题举行听证而不违反正当程序。例如，在有的时候，行政机关可以颁布一项立法性规则，然后拒绝在之后的裁决案件中对于已经在规则制定程序中作出决定的问题再举行听证；或者它可以让对私方当事人承担推进责任（burden of going forward）[3]，然后作出对未能满足这一责任要求的当事人不利的即决判决。[4] 而且，行政认知（official notice）的原则也允许行政机关采纳没有经过对抗性程序检验的某些事实推定。[5]

Davis 教授则更希望采纳一种更广的观点，那就是正当程序通常并不要求对裁决案件出现的“立法性事实”问题采用审判程序。[6]“立法性”事实是对法律或者政策问题产生影响的一般性事实；与之相对的“裁决性”事实，则是有关案件特定当事人的事实。Davis 教授提出的理论在多大的范围内可能存在夸张的问题，在判例法中从未得到明确的解决。但是，这
235 一争议的重要性日渐式微，因为行政机关越来越多地通过规则制定程序解决立法性事实的争议，而在规则制定程序中，对正当程序权利的克减是得到更明确接受的。[7]

---

1 Parham v. J.R., 442 U.S. 584（1979）.

2 但是，在一个紧密相关的，但是不涉及对家庭关系可能存在危险的案件中，最高法院坚持要求提供交叉质证权利的正式听证。Vitek v. Jones, 445 U.S. 480（1980）（将一名犯人强制由精神病院收治）。

3 该词全称为“利用证据推进责任”（burden of going forward with evidence），也被称为“举证责任”（burden of producing evidence）。——译者注

4 参见下文第 293–299 页（原书页码）。

5 参见下文第 299–303 页（原书页码）。

6 2 Kenneth Culp Davis, *Administrative Law Treatise* § 12.5（2d ed.1979）.

7 参见上文第 221–224 页（原书页码）。

（三）获得律师代理的权利

《行政程序法》§555（b）规定，“被行政机关或其代表传唤出席的人，有权由律师陪同、代理、作顾问”。但是，这一权利保障只适用于被迫出席，而非主动出席。不仅如此，《行政程序法》并不适用于州和地方的行政机关，也不适用于获得法律豁免不受《行政程序法》调整的联邦行政机关；该法也只字未提因为无力聘请律师而事实上无法由律师代理的人。因此，在某些行政案件中，通过律师出席的正当程序权利就可能会成为问题。

最高法院在 Goldberg 案中承认了这样一项权利，判定将被停止支付福利金的福利领受人只要愿意，就必须获准聘用律师。但是，正当程序显然并不能保证在每起行政案件中都拥有获得律师代理的权利。在 Walters v. National Ass'n of Radiation Survivors[1] 案中，最高法院驳回了以正当程序为由对一部联邦制定法提出的质疑，该法将可以对代理退伍军人福利申请人的律师支付的费用限制为最高 10 美元。尽管这一收费限制让这些申请人几 236
乎无法聘请到私人律师，但是最高法院认定该案并不存在可以推翻一部联邦制定法具有的合宪性推定的依据。国会的家长主义目标，即保持程序的非对抗性和非正式性，让退伍军人不必与律师分享胜诉果实，这被认为是有效而且重要的政府利益。如果让律师能够像通常案件那样介入，这一重要的政府利益就会遭受不利影响。而且，律师的参与是否能够实质性地提高决定的准确性也没有定论：关键的问题是医学的而非法律方面的，而且申请人也可以找到胜诉率较高的法律外行来提供代理服务。考虑到这些保障，以及一项规章要求行政机关对所有疑问提供更有利于申请人的解决方案，最高法院判定获得律师代理的权利是没有必要的。

从实践层面上看，Walters 案的裁决可能不是非常重要。退伍军人案件的费用限制在 1988 年被放宽，国会也很少在其他行政计划中明确持有反对律师参与的态度。事实上，许多州和联邦的行政机关通常都允许任何当事人由律师代理，尽管法律偶尔会授权它们审查律师费是否合理。[2] 237

对于经济困难无力聘请律师的人指定一名律师提供代理，则是另外一

1 473 U.S. 305（1985）.

2 参见 U.S. Dep't of Labor v. Triplett, 494 U.S. 715（1990）（驳回以正当程序为由对这样一部法律提出的挑战，因为没有充分证据表明律师代理受到了不利影响）。

种情形了。尽管指定代理在刑事诉讼中普遍存在，但是它们在行政法上则是不多见的。事实上，最高法院甚至还没有发现一个行政案件是必须让经济困难的当事人由律师代理的。在 Gagnon v. Scarpelli[1] 案中，最高法院在撤销假释和缓刑的听证案件中对于拒绝此种权利作了几点理由说明。在所有案件中由律师代理不仅成本高昂，而且也会让假释委员会的职能“更接近于初审法官，并且不太能够理解每个缓刑或者假释犯人复归社会的需要”。事实上，律师出席和由此带来的程序更加正式的变化，会让行政机关“对轻微的越轨行为（marginal deviant behavior）[2] 的容忍度降低”。因此，尽管最高法院可以看到在某些案件中存在指定律师代理的需要，但是它判定这些判断“必须是由州行政机关在逐案审查的基础上通过行使健全的裁量权”，考虑诸如案件的复杂程度和个人自己发言表达诉求的能力而定。

Gagnon 案中所提到的担心有的时候让最高法院要求为有需要的犯人提供“援助”，而让州政府自由决定指派一名非律师承担这一工作。例如，在决定是否将犯人转移至精神病院的听证会上，犯人享有获得合格、独立的援助的正当程序权利，但提供咨询意见者可以是精神健康专业人士或者
238 能力符合要求的法律外行而非律师。[3]

（四）公正的裁决者

“当然，公正的裁决者”是裁决程序符合正当程序要求的“必要条件”。[4] 有几种偏见的存在会让裁决者不能满足公正性的要求。例如，行政官员应当被取消参与裁决程序的资格，如果他曾经在该争议的前期阶段扮演过支持者的角色，或者曾经发表的公开评论表明他对于案件中将会存在争议的事实存有预先判断（prejudgment）。[5] 但是，即使是在没有直接证据证明某位官员的经历或者观点时，如果裁决者受到很强的激励去根据某些理由而

---

1 411 U.S. 778（1973）.

2 所谓越轨行为，是指偏离或违反一定社会行为规范的行为。——译者注

3 Vitek v. Jones, 445 U.S. 480（1980）. 另可参见 Wolff v. McDonnell, 418 U.S. 539（1974）（在监狱的惩戒案件中，犯人并不享有保持或者指定律师的宪法权利，但是在特定案件中应当得到援助）。

4 Goldberg v. Kelly, 上文。

5 参见下文第 284–289 页（原书页码）。

非案件的是非曲直作出裁决，那么法院有时也会认定存在不可接受的偏见风险。

例如，一项人们普遍接受的取消资格的理由便是主管官员与案件结果之间存在个人金钱方面的利害关系。因此，在 Tumey v. Ohio[1] 案中，最高法院判定，市长可以从被镇法庭定罪的个人所缴罚款中分成，他如果主持对这些个人的审判活动将是违宪的。当某些行政机关或者政府单位可以获得金钱利益，而裁决者与该行政机关的运行存在密切的联系，这时也可以得 239
出相同的结论。[2] 但是，行使公诉权的行政机关，可以从它提起公诉的案件中获得罚款分成，如果这些案件是由与结果没有利害关系的独立官员作出裁决的，则并不必然取消资格。[3] 私人保险公司（private insurance carriers）（根据与政府订立的合同）参与医疗保险（Medicare）福利的确定时，也不违反正当程序，因为这些保险公司是使用联邦资金而非自有资金支付福利。[4]

可能要求取消裁决者资格的另一类间接的金钱利害关系则是出现在主管官员与一家企业存在关联，并且有权通过他的公务行为取消或者限制竞争之时。这种情形经常发生在州职业许可制度中，各职业许可委员会一般来说由在受规制行业中执业的个人组成。在 Gibson v. Berryhill[5] 案中，一家完全由自己独立执业的验光师（optometrists）组成的州职业许可委员会，对作为公司雇员执业的验光师启动纪律处分程序，指控与公司业务存在的联系是不符合职业伦理的执业行为。最高法院判定该委员会委员可能在排除竞争者问题上具有金钱利益，这足以让委员会的公正性存在违宪的嫌疑。
但是，在 Friedman v. Rogers[6] 案中，法院驳回了一项类似的权利请求，因为 240
并不存在针对原告的纪律处分决定。Friedman 案的判决主旨是难以解释的，但是它可能是基于这样一个信念，即州如果不注意相关职业团体中的执业人员，就无法为这些职业找到懂行的规制者。因此，最高法院愿意接受在

1　273 U.S. 510（1927）.

2　例可参见 Ward v. Village of Monroeville，409 U.S. 57（1972）（当由村长主持的交通法庭征收罚款用于提高村财政收入时，违反了正当程序）。

3　Marshall v. Jerrico，Inc.，446 U.S. 238（1980）.

4　Schweiker v. McClure，456 U.S. 188（1982）.

5　411 U.S. 564（1973）.

6　440 U.S. 1（1979）.

许可计划的日常管理中存在一定程度的职业偏见的风险。与此同时，最高法院认定在诸如 Gibson 案之类的案件中，这一风险是不可容忍的，该案中某一个人被正式指控实施了违法行为，也许是因为程序公正中的私人利益在指控式诉讼（accusatory proceedings）中达到了最高点。

在许多对违反规制性法律或者规章的行为进行裁决的行政机关中，将要作出最终裁决的行政首长们也通过投票决定发布指控书（complaint），作出启动案件的初步判断。在这么做时，他们可以审查工作人员收集的证据，以便确定他们是否有“理由相信”已经发生了违法行为。这一做法长期以来被认为是合宪的。[1]正当程序并不要求在公诉和裁决的官员之间进行严格的“职能分离”，并且“仅仅接触到在非对抗式调查程序中提交的证据本
241 身并不足以”克服机关将会公正裁决的推定。[2]但是，这一正当程序原则也同样受到一些人的批评。[3]

（五）事实认定和结论

行政法相信行政决定相关的附理由说明的事实认定是非常重要的，并且这种态度也反映在正当程序原则之中。在《行政程序法》调整的正式裁决中，行政机关的裁决必须包括“事实认定和结论，以及案卷上所出现的所有重要的事实、法律或者裁量权问题的理由或者依据。”[4]正当程序要求行政机关在作出最终裁决时考虑听证会上所提出的证据。[5]理由说明对于程序的公正性和裁决的质量来说都具有重要意义。提供书面理由说明的需要可能会对行政机关设定某些纪律，迫使裁决者更仔细地考虑证据，更认真地审查行为的法律和政策理由。当裁决的理由体现为书面形式时，高级别的主管官员就更容易对其进行审查，从而提供了对低级别官员之裁量权的制约手段。最后，合理详细程度的理由说明也让复审法院审查行政裁决的事

---

1 例可参见 FTC v. Cement Inst., 333 U.S. 683（1948）。

2 Withrow v. Larkin, 421 U.S. 35（1975）[允许各州医学考试委员会（state board of medical examiners）的委员行使多种职能]。

3 参见下文第 279–284 页（原书页码）。

4 5 U.S.C. § 557（c）（A）.

5 Cinderella Career & Finishing Schools, Inc. v. FTC, 425 F.2d 583（D.C. Cir. 1970）.

实依据而非行政机关事后提供的文过饰非成为可能。[1] 242

最高法院在 Goldberg 案中承认了行政机关的理由说明的重要性，判定正当程序要求福利行政机关向受其行为影响的个人提供理由说明。但是，最高法院补充指出，理由说明“并不需要相当于全面的观点，或者甚至正式的事实认定和法律结论”。与之具有可比性的要求，即主管官员告知被指控者所依据的信息和证据，已经被适用于监狱惩戒听证会[2]和假释撤销案件[3]中。但是，当规定的正当程序听证非常非正式时，就不要求提供书面的理由说明，例如受指控的学生和惩戒决定人员（disciplinarian）之间在作出停学决定之前进行的讨论，[4]或者是在实体决定权已经留给行政机关根据“不受限制的裁量权”来决定：“州不需要根据所规定的理由行事时，它就不需要说明其行为的理由。”[5]

与这些说明理由的要求相关的是这样一种观念，即宪法上充分的决定必须得到某种最低限度数量的证据的支持。例如，在 Superintendent，Mass. 243
Correctional Inst. v. Hill[6] 案中，最高法院裁定，撤销犯人的良好时间积分而没有在案卷中提供任何证据支持，将会违反正当程序。但是，该案的判决意见强调指出只要求非常有限的事实审查。复审法院没有审查全部案卷（正如根据《行政程序法》的规定对裁决进行审查时那样），而只是审查“在案卷中是否存在任何证据可以支持所得出的结论”。

四、“正当程序革命”的未来

最高法院的正当程序相关判决无疑也存在看起来前后不一致的问题。

1　参见上文第 108–111 页（原书页码）。

2　Wolff v. McDonnell，上文。

3　Morrissey v. Brewer，408 U.S. 471（1972）.

4　Goss v. Lopez，上文。

5　Connecticut Board of Pardons v. Dumschat，452 U.S. 458（1981）（拒绝了减刑申请）。另可参见 Kerry v. Din，135 S. Ct. 2128（2015）（相关讨论见上文第 214 页），该案中两位大法官的投票对于案件结果具有至关重要的作用，他们认为，出于正当程序的目的，政府仅仅引用了《美国法典》中的一项反恐怖主义条款，这可以充分说明它拒绝向一位美国公民的丈夫签发签证的理由。

6　472 U.S. 445（1985）.

例如，我们很难理解，为什么事前告知和听证的权利可以适用于某些相对最小限度的损害，如中学停学十天（Goss 案），但是不适用于相对严重的权利剥夺，如受到某人的教师的严厉体罚（Ingraham 案）或者撤销某人所在护理院医疗补助的认证（O'Bannon 案）。不过，总的趋势是明确的：在 Goldberg 案迎来的程序权利的初步扩张之后，最高法院已经变得明显不愿意认定行政行为违反宪法保护的利益，并且也对于审判型程序的价值持有更多的怀疑态度。

随着最高法院努力应对日益增长的程序性正当程序案件带来的工作
244 量，它已经引发了对其分析方法和目标的批评。Goldberg 案和 Mathews 案判决中功利主义的利益权衡，如今仍然是对正当程序采取的主导性方法，它具有适用上灵活性和方法上功能性的优势。它提出了一些重要问题，如特定程序机制的利用会带来哪些准确性和公正性的改进，提供所要求的权利会给行政机关和公众带来多少成本。但是，最高法院的正当程序分析也同样具有一些明显的缺陷。通过考察作为正当程序保护的权利（entitlements）之主要法律渊源的实证法——主要是制定法和行政规章，最高法院采用的方法不仅使得议员和主管官员容易剥夺申请人的程序性保障，而且也为他们这么做提供了正面的激励。通过保持他们的裁决标准的模糊性和裁量性，主管官员可以避免遵守采用各种最低限度的公正程序的正当程序义务，同时也可以将他们的问责度最小化。

不仅如此，即使是在申请人可以证明存在实体性权利时，利益平衡的分析也让政府有可能，甚至太容易取消个人的利益。除非对于个人的价值和尊严以合理的敏感度适用功利主义的计算公式，否则政府的效率主张可能会变成轻微的压迫和骚扰的掩护。

但是，反对利益平衡方法的另一项主张则是法院可能缺乏让其正确运
245 行的能力和数据。对于给定的程序在真实世界中的影响有关的全部信息，常常是缺乏的，或者是不明确的，以至于通才型的法官们无法正确地对其解释。其结果是，程序性的成本效益计算可能会变成在缺乏充分知情条件下的猜测。

因为最高法院是宪法解释问题的最后裁决者，它判定行政机关违反正当程序时所宣布的程序性指南是非常不容易变更的。过早地将行政程序问题宪法化可能会阻碍有希望的试验。而且，我们不清楚法院设定程序是否

改进了司法的质量，甚至是在短期之内。例如，各项研究发现，Goldberg案中赢得的程序性权利对于福利领受人来说是相当空洞的胜利，因为绝大多数的申请人不能有效地利用审判型听证的机会。直到我们已经对于非正式裁决的实际运行有更充分的理解之前，明智的做法是集中关注制定法、行政和管理方面改进非正式裁决之基本公正性的努力，同时将正当程序条款专门用于最明显的剥夺个人权利的行为。 246

第七章　正式裁决

行政机关在裁决个人权利请求或者案件时所采用的程序是非常多样的。争议的事项（subject matter of the controversy）、行政机关的传统和政策、可以适用的制定法和规章，以及复审法院所施加的要求等都会对听证程序产生影响。因此，对于行政裁决的任何一般性描述都必须存在各种例外和限制。

一、《行政程序法》规定的裁决结构

在联邦体系中，《行政程序法》§554、§556 和 §557 对行政裁决确立了某些最低限度的程序要求。根据这一系列标准所进行的程序一般被称为“正式裁决”。正式裁决也被称为“举证式听证”“完全听证”“基于笔录的听证”或者“审判型听证”。其中，“审判型听证”可能是最准确和形象的。通常来说，此类案件涉及由行政法法官（administrative law judge）主持的、与民事诉讼的初审（trial）阶段类似的方式进行的程序，后续是向行政首长或者另一个复议机构（reviewing authority）提起的行政上诉程序。与此同时，正如下文所见，行政机关的审判型听证与法院的初审程序之间也存
247 在明显的差别。

但是，需要记住的是，《行政程序法》规定的程序性要求只适用于一小部分的行政裁决——只是那些“制定法要求在提供行政听证的机会后基于笔录作出判断的”行政裁决。[1]（参见相关图表）[2]这意味着只有在《行政

1　5 U.S.C. § 554（a）.

2　《行政程序法》§554（a）包含了若干对于该法的正式听证程序的具体豁免。例如，在“完全根据检查（inspections）、检测（tests）或选举而作决定的程序”，或者“执行军事或外交事务的职能”时，审判型听证不是必需的。5 U.S.C. §§ 554（a）（3），4）.

程序法》之外的某些制定法——通常是行政机关的授权法——指示行政机关举行举证式听证并根据听证笔录对案件作出裁决时，才涉及《行政程序法》规定的裁决程序。[1] 规制性立法经常并不明确它是否要求采用《行政程序法》规定的裁决程序。在这种情形下，早期的案件有时推定任何制定法规定了在裁决文书作出之前的“听证”的，其目的是启动《行政程序法》
规定的正式裁决程序。[2] 但是，这一推定日益遭到抛弃，因为它与通常的尊 248
重行政机关对其自身的授权法之解释采取尊重态度的政策存在矛盾之处。[3]

《行政程序法》规定的程序模式概览

	裁决程序	规则制定程序
非正式程序	§555 中的若干“附属”条款	§553［通告评议程序］
正式程序	根据 §554（a）规定启动的程序： §554［告知当事人、职能分离］ §556［行政法法官主持的审判型听证、听证笔录排他性原则］ §557［正式事实认定、禁止单方接触］	根据 §553（c）规定启动的程序： §556［行政法法官主持的审判型听证、听证笔录排他性原则］ §557［正式事实认定、禁止单方接触］

249

在《行政程序法》规定框架外进行的行政裁决通常被称为“非正式”裁决。这些程序体现为从极端的非正式性（例如，行政机关对信息公开申请作出的决定）到与 §554、§556 和 §557 规定相当的正式性（例如，移民法官听证或者功绩制保障委员会处理的人事上诉）之间的一段谱系。因此，将它们称为“非正式”裁决，在某些案件中可能是用词不当。此类裁决可以受特别的法定程序或者行政机关自己的规章调整，当然必须总是需要遵

1　根据 Wong Yang Sung v. McGrath 案［339 U.S. 33（1950）］，在《联邦宪法》而非制定法要求举行举证式听证时，《行政程序法》规定的裁决程序也会发挥作用。但是，这一判决尽管从未被推翻，但是似乎已经失去了权威性，因为 Mathews v. Eldridge 案［424 U.S. 319（1976）］已经鼓励在确定正当程序要求的内容时保持灵活性。参见上文第 224–226 页（原书页码）。

2　Seacoast Anti-Pollution League v. Costle，572 F.2d 872（1st Cir. 1978）；Marathon Oil Co. v. EPA，564 F.2d 1253（9th Cir. 1977）.

3　Dominion Energy Brayton Point，LLC v. Johnson，443 F.3d 12（1st Cir. 2006）（推翻了 Seacoast 案）；Chemical Waste Mgmt.，Inc. v. U.S. EPA，873 F.2d 1477（D.C. Cir. 1989）。

守程序性正当程序的要求。[1] 但是，在这些边界之内，非正式行政裁决中所采用的程序基本上是裁量性的，不受法院的事后评判。[2] 不过它们的程序可以与正式裁决类似，甚至是在此类案件中它们经常是由主持官员或者行政法官（administrative judges）[3] 实施的。

尽管作为一项程序性标准仍是重要的，但是行政法中正式裁决的相对重要性在近几十年里已经有所下降。行政机关曾经习惯于是在正式裁决的案件中作出最重要的政策决定。今天，它们却倾向于将规则制定程序用于这一目的。不仅如此，越来越多的行政机关获得制定法授权，可以通过与《行政程序法》规定的程序模式类似但又不尽相同的非正式裁决制度对独立个案作出裁决。但是，尽管存在这些趋势，正式裁决仍然是突出的模式，
250 行政机关可以借此在个性化的水平上作出它们最重要的决定。它还提供了一项标杆，可以借此对更简单的裁决制度进行评价。因此，非正式裁决值得我们在这里予以详细的关注。

二、当事人

（一）告知

正式裁决与民事诉讼的初审程序一样，是对抗式的裁决程序。它依靠争议当事人收集和展示相关证据，对其他当事人提出的证据进行质疑。因此，充分告知另一方的观点是裁决公正和有效的必要前提。[4]《行政程序法》规定，“有权得到行政听证通知的个人应当及时被告知”听证的时间和地点，行政机关所依据的法律职权，以及“所宣称的事实和法律问题”。[5] 因此，如果行政机关变更或者隐瞒其理论，从而让相对人被剥夺了提出质疑的合

1　参见上文第五章和第六章。

2　参见 Pension Benefit Guaranty Corp. v. LTV Corp., 496 U.S. 633（1990），参见上文第 70–171 页之论述。

3　也就是说，不是独立的行政法法官。

4　另可参见上文第 226–227 页（原书页码）。

5　5 U.S.C. § 554（b）.

理机会，复审法院可以以告知不充分为由撤销该裁决。[1]

尽管如此，《行政程序法》通常被解释为采纳了“告知诉答”（notice pleading）[2]的理念：相关事实和争点的实际告知是充分的，只要相对人有合理的机会知晓和质疑对方当事人的立场。因此，证据可以区别于诉答，而 251
诉答也可以经过修订以便与证据保持一致。[3]诉答中的技术缺陷，如果有的话，在行政实践中的重要性要低于民事诉讼。许多受规制的行业一直在与监督他们运营的行政机关的工作人员打交道，在这一过程中他们经常会非正式地了解到行政机关认为在待决的裁决案件中哪些事实和争点是关键性的。

（二）介入

当行政裁决影响非具名当事人（named parties）的个人或者组织时，他们经常会寻求参与听证。利害关系人参与听证的方法一般来说类似于民事诉讼中可以采用的参与方法。它们包括应行政机关工作人员或者某一具名当事人的要求出席作证；向他们提供书面证据（documentary evidence）；申请获准提交法庭之友意见书，或者参加口头辩论；寻求作为当事人介入（intervene）裁决[4]。环境保护、消费者权益保护和其他“公共利益”团体已经变得更加积极参与行政程序，要求介入行政裁决的申请数量也增加了。相对于更有限的参与形式而言，介入人（Intervenor）地位通常具有若干优势，包括有权决定是否提交支持介入人立场的证据，与其他当事人的证据进行交叉质证，对不利的初步裁决提起上诉。但是，介入也让行政机关 252

1 例可参见 Morgan v. United States, 304 U.S. 1, 18–19（1938）（Morgan Ⅱ）; NLRB v. I.W.G., Inc., 144 F.3d 685（10th Cir. 1998）。

2 告知诉答，是指只需作简洁、清楚的陈述，足以使对方当事人知晓自己的诉讼请求或答辩理由，而非对与诉讼请求或答辩理由相关的任何事实都作专门性描述（technical account）的诉答。美国《联邦民事诉讼规则》（Federal Rules of Civil Procedure）及在绝大多数州的民事诉讼中都采用此种诉答程序，但在一些复杂案件中也经常会要求当事人在诉答中对某些实质性的细节加以陈述。薛波主编：《元照英美法词典》，法律出版社 2003 年版，第 983 页。——译者注

3 Tasty Baking Co. v. NLRB, 254 F.3d 114（D.C. Cir. 2001）.

4 介入，也有译为参加，是指经申请加入某一裁决程序中来，并成为该裁决程序的一方当事人，以维护自己的权利或者利益。——译者注

需要付出更多的听证时间和其他资源，并且案件中的具名当事人（named parties）可能担心介入人的参与会对他们的利益有害。其结果便是出现了存在利害关系的个人或者团体是否应当获准介入行政裁决的问题。

《行政程序法》并未直接规定正式裁决的介入权问题，行政机关相关的制定法或者程序规则（rules of practice）规定的介入标准通常是模糊不清的。例如，《联邦贸易委员会法》的一项条款只是规定，“在表明存在合理事由时”，应当允许介入正式裁决程序。[1] 在很多年里，缺乏制定法的指导，复审法院通常通过与行政行为司法审查中的原告资格规范[2] 相类比来解决介入权争议。它们经常主张，在行政裁决机关中，与法院一样，“公共利益”团体的参与对于促进实现本身负有推进公共利益之责的行政机关的使命来说是特别有益的手段。[3] 但是，今天的法院很可能会赋予行政机关以至少某些裁量权，让其决定是否允许介入。因此，在 Envirocare of Utah, Inc. v. NRC[4] 案中，核能监管委员会拒绝允许一位持证的核废物处置公司介入某
253 一案件，其中核能监管委员会在考虑向该公司的两位竞争对手发放许可证。最高法院支持了这一拒绝决定，依据的是司法机关尊重行政机关对其实施法律所作解释的一般性原则，以及该委员会避免案件程序中断的合法愿望。

但是，无论它们的法定义务如何，行政机关现在都倾向于愿意接受介入。它们越来越意识到介入者可以为它们的裁决带来积极贡献，并且对因为拒绝允许公众参与而导致的实际成本（例如法院撤销判决和国会的批评）更加敏感。美国行政会议（the Administrative Conference）已经支持了这种自由精神（spirit of liberality），建议主管官员和复审法院在决定是否允许一个人介入行政裁决时考虑若干功能因素（functional factors）。根据美国行政会议的观点，裁决者不仅应当考虑介入者对于争议事务和案件结果的利益，还应当考虑其他当事人可以在多大程度上充分代表介入者的利益，未来的介入者提出相关证据和主张的能力，以及介入行为对于行政机关实施法定

---

1 15 U.S.C. § 45（b）; 参见 Firestone Tire & Rubber Co., 77 F.T.C. 1666（1970）。

2 参见下文第 374–390 页。

3 例可参见 National Welfare Rights Org. v. Finch, 429 F.2d 725（D.C. Cir. 1970）; Office of Communication of United Church of Christ v. FCC, 359 F.2d 994（D.C. Cir. 1966）。

4 194 F.3d 72（D.C. Cir. 1999）.

要求的影响。[1]

随着参与的权利得到广泛接受，注意力已经转移至寻找可以确保让参 254
与发挥实效的方式。对于许多公共利益团体来说，有效参与的主要障碍是成本和律师费。在 20 世纪 70 年代，某些行政机关尝试对因缺乏资源而无法在特定案件中表达自己观点的团体或者个人提供直接补贴，但是这一机制引发了政治上的反对意见，在 20 世纪 80 年代初期已经基本上停止了。现在更可行的替代方案是根据《司法平等法》（the Equal Access to Justice Act）[2] 提出支付律师费和费用的请求。但是，只有胜诉的当事人，也就是说通过判决或者双方同意的判决（consent decree）在他们的权利请求上赢得救济的当事人才能获得《司法平等法》规定的费用支付。如果诉讼只是作为"催化剂"，让被告主动停止受到质疑的行为，原告就不能被认为是"胜诉"。[3] 不仅如此，只有在政府的诉讼立场没有"被实质性地证明是合法的"，也就是说"可以让理性人相信被证明是合理的"时，才可以根据《司法平等法》规定获得费用支付。[4]《司法平等法》的另一项限制是，只有在《行政程序法》规定的对抗式裁决程序中发生的费用才能获得赔偿。[5] 因此对于
大多数情况，希望参与行政程序的组织仍然需要依靠其成员的捐款或者偶 255
尔得到私人基金会的资助才能为他们的倡议声援（advocacy）活动提供资金支持。

三、证据开示

在联邦法院或者州法院受理的大多数民事案件中，诉讼当事人通常获准通过多种机制进行广泛的证据开示，如口头取证（oral depositions）、书

1　ACUS Recommendation 71-6, 38 Fed. Reg. 19，782（1973）.

2　5 U.S.C. § 504.［该法中文译本可以参见［美］Richard J. Pierce, Jr.:《行政法（第五版）》，苏苗罕译，中国人民大学出版社 2016 年版，附录部分。——译者注］

3　Buckhannon Board & Care Home, Inc. v. West Va. Dep't of Health & Human Resources, 532 U.S. 598（2001）.

4　Pierce v. Underwood, 487 U.S. 552（1988）. 该法采用相同的标准作为为诉讼当事人补偿在法院对政府行为提起挑战所付出的开支。28 U.S.C. 2412（d）（1）（A）.

5　Ardestani v. INS, 502 U.S. 129（1991）［在完全根据《移民和国籍法》（Immigration and Nationality Act）处理的驱逐出境案件中产生的费用不能得到补偿］。

面质询（written interrogatories）、索赔清单（bills of particulars）以及要求自认和自认确认书（requests for admissions and stipulations）等。自由的审前证据开示程序的优势获得了广泛承认：它保证了对诉讼当事人的公正，防止“突然袭击的审判”（trial by surprise），鼓励和解（settlements）；可以改进审理的效率和判决的质量。尽管它为法院普遍接受，但是审前证据开示并不总是适用于行政裁决。除了《信息自由法》之外，《行政程序法》并没有包含有关行政机关的证据开示的任何条款[1]。许多行政机关的授权法中也没有明确涉及证据开示的主题。行政机关的实践差异似乎非常大。有些行政机关，如联邦贸易委员会，已经借鉴联邦法院的做法制定了广泛的证据开示规定。[2]其他行政机关，如国家劳动关系委员会，只对相对人提供了有限的机会，让他们可以在听证前对不利于他的证据要求开示。后一类行政机
256 关之所以不愿意扩大证据开示权利，其可能部分归因于这样的理解，即此类程序导致成本高昂而且费时的“证据开示之战”（discovery wars），正如在复杂的法庭诉讼中所发生的那样。例如，在 2004 年，核能监管委员会（the Nuclear Regulatory Commission）修改了核反应堆的注册程序，取消了准司法的证据开示程序，代之以有限的强制披露制度。法院判定这一修改符合《行政程序法》，也是核能监管委员会针对前一制度下遇到的不良经历作出的合理应对。[3]

许多行政机关之所以限制证据开示权利的另一个重要原因是还存在其他披露信息的替代方法可以确保公正听证和根据最佳可得证据作出裁决。大多数正式的行政裁决之前需要先经历工作人员的调查，这通常是以传唤权（subpoena power）作为背后的支撑。私人当事人主要关心的是收集和展示信息以支持他们自己的“案件理由”，而行政机关的工作人员则有所不同，通常有更广泛的义务，需要收集对裁决者来说可能有用的所有相关信息。如果工作人员尽职尽责地履行了行政机关的职责，它可能会在民事诉讼中被归入证据开示的多数领域。不仅如此，《信息自由法》[4]也是一项强大

---

1 尽管它确实让当事人拥有获得针对第三方的传票的有限权利，5 U.S.C. § 555（d）。

2 16 C.F.R. § 3.31 et seq.

3 Citizens Awareness Network v. United States，391 F.3d 338（1st Cir. 2004）.

4 5 U.S.C. § 552.

的“证据开示”工具，私方当事人可以利用它来学习在行政机关的文件中得到的信息。[1]因为官僚机构通常会将大多数重要信息以书面形式记录下 257
来，经过认真起草的信息公开申请常常可以提供行政机关的“案件”的全面图景。证据开示的另一项渠道是“Jencks 规则”（Jencks rule）。这一规则是在刑事公诉领域率先提出的，[2]后来被订入《Jencks 法》[3]之中。该法规则要求行使公诉权的政府律师（government attorneys）在公诉证人作证之后，披露公诉证人先前作出的说明。这一规则已经被适用于行政执法行为。[4]在这些情形下，它们经常在功能上相当于正式的证据开示制度为行政裁决的相对人所提供的保护。

四、证　据

（一）案情的陈述

大体上说，许多行政裁决的形式与法院审判的形式类似。在庭前诉答阶段（prehearing stage of pleadings）、动议（motions）和庭前会议（prehearing conferences）结束之后，在被称为法官的一名官员面前举行口头听证会。行政机关和相对人由律师代理，律师则负责提出证言和展示（exhibits）。证人可以接受交叉质证，当事人可以提出反对意见，最后是裁定（ruling）的作出。在作证阶段结束后，当事人向主持官员提交事实认定、结论和法律意见书（legal briefs）的草案。行政法法官接着提出他的裁定草案，若当 258
事人对裁定不服，可以上诉至行政首长。但是，在这些表面的类似性背后，法院裁判与行政裁决之间存在明显的差异。

《行政程序法》采纳了普通法规则，即“规则或者命令的支持者承担证明责任”。[5]在最高法院看来，这意味着提出请求的一方当事人承担说服责任。因此，按照《行政程序法》的规定，劳工部不得执行这样一项规则，

1　参见上文第 154–164 页（原书页码）。

2　参见 Jencks v. United States，353 U.S. 657（1957）。

3　18 U.S.C. § 3500.

4　例可参见 Blackfoot Livestock Comm’n Co. v. Dep’t of Agriculture，810 F.2d 916（9th Cir. 1987）。

5　5 U.S.C. § 556（d）.

该规则规定，如果存在的证据对于支持和反对他的残疾权利请求来说证明力相同，矿工可以向雇主要求获得黑肺病福利金。[1] 但是，最高法院将该案与 NLRB v. Transportation Mgmt. Corp.[2] 案进行了区分，后者判定，当解雇的雇员证明反工会目的（anti-union animus）导致雇主作出了解雇她的决定时，国家劳动关系委员会可以将证明责任转移给雇主，由雇主证明即使该雇员的工会活动不是动机因素（motivating factor），它本来也会作出解雇她的决定。因此，§556（d）并不能阻止该行政机关运用自己的实体权力，将某一问题定义为肯定性答辩（affirmative defense）[3]；这只是意味着，无论哪些要素属于初步证明的案件（prima facie case）的一部分，提出者都必须对其承担说服责任。最高法院对 §556（d）作出的另一项解释证明了按照“证据优势”（preponderance of the evidence）标准满足了行政裁决程序中的说服
259 责任。[4] 但是，当《行政程序法》并不适用，国会也没有另外规定证明的程度时，法院为了保护重要的私人利益，可以自由地设定更严格的标准。因此，在豁免适用《行政程序法》的驱逐出境案件中，最高法院考虑到此种案件对于个人自由和安全的影响，适用了“明确和令人信服的证据”（clear and convincing evidence）标准。[5]

也许许多行政裁决具有的最独有的特征是以书面证据取代直接的口头证言。《行政程序法》明确允许在“判断金钱、福利或者初次申请许可证的请求”的行政裁决中采用这种做法，规定“在当事人不会受到预先判断时，行政机关可以采纳以书面形式提交全部或者部分证据的程序”。[6] 书面直接证言的使用可以体现为几种形式。其中最为简单也是效率最低的是采用“封装对话”（canned dialogue）[7]——以前是用于取代当庭证言（live testimony）的书面问答记录。更有效和高效的形式最初是由州际商业委员

1 Director，OWCP v. Greenwich Collieries，512 U.S. 267（1994）.

2 462 U.S. 393（1983）.

3 肯定性答辩，是指被告并不否认原告所主张之事实的真实性，而是提出其他的理由来说明为什么自己不应承担责任的答辩。——译者注

4 Steadman v. SEC，450 U.S. 91（1981）.

5 Woodby v. INS，385 U.S. 276（1966）. But see Vance v. Terrazas，444 U.S. 252（1980）（支持了国会在取消国籍案件中以证据优势标准取代 Woodby 标准）。

6 5 U.S.C. § 556（d）.

7 封装对话，是指对常见问题预先设定回复的机械问答。——译者注

会发展形成的一种做法，即由证人提供的并提交给对方当事人供反驳的经过证实的书面陈述。

书面证据在行政实践中扮演如此重要的角色，其原因在于许多行政裁决中涉及的争议的性质。在法院程序中，关键的证据常常是与特定交易或 260
者事件相关的目击证人的证言。但是，在行政裁决中，关键证据很可能是与残疾福利申请人所受伤害有关的医疗诊断提供的专家意见证言、两家受规制公司合并方案的经济性理由，计划建设的公用事业电力线路对野生栖息地的影响，或者对调查问卷表作出回应的随机采样的消费者对特定销售陈述之理解的感受。证人的品行通常对于此类证据的评价没有什么帮助；更重要的是专家的资历和背景、他的数据库和方法论的充分性，以及从可得信息得出之推论的正确性。交叉质证有时可能会有助于查清这些事务，但是利用法庭的问答形式提供的直接口头证言并没有多少价值，特别是当主管官员对专家证言的话题拥有某些专业能力时。

（二）交叉质证

行政法中很少有问题是和正式程序中交叉质证的合理角色那样具有争议性。《行政程序法》表面看似简单，实则不然。它只是规定举证式听证的当
事人有权"为了充分和真实披露事实的需要而进行质证"。[1]《行政程序法》的 261
立法史表明，国会试图在不受限制的质证权，包括无限制的质询可能导致的所有成本、延迟和浪费，与检验反对证据的合理机会之间划出一条界限。

《行政程序法》之所以对交叉质证采取谨慎的进路，其原因之一在于这一机制的效用可能会根据交叉质证的目的、正受质疑的证言的性质和重要性，以及听证参加人的技术和背景而有所不同。当直接证言是根据目击证人的观察记录作出时，以证人的可信度、准确性和感受为目标的交叉质证可能是检验特定事实说法的真实性的有效手段。但是，大多数观察家似乎都同意，如果证人是一位专家，那么可信度的质疑很少能够取得成功。为了澄清专家证言或者揭示实体限制而设计的质询程序有时候是有用的，特别是在裁决者不熟悉证言的主题时。但是，更多的时候，质询程序是在浪费时间。交叉质证者很少在自己领域具有足够的专业能力，并且很少对

1　5 U.S.C. § 556（d）.

他的方法论或者分析方法提出令人信服的质疑。

《行政程序法》对交叉质证采取了灵活进路，核能监管委员会在修改核反应堆的许可程序时探索了交叉质证的边界。它制定的规则提出了一项
262 推定，即对证人的质询应当是由主持官员而非当事人实施的。当事人要进行交叉质证时需要获得特别许可，必须根据事先向主持官员提交的具体计划实施。在 Citizens Awareness Network, Inc. v. United States[1] 案中，法院根据核能监管委员会作出的 §556（d）实施这些规则的保证，判决支持了这些规则。

很少有行政机关试图像核能监管委员会那样强力地限制交叉质证的运用。作为一项一般规则，试图在正式裁决的听证会上进行交叉质证的当事人对此需要承担证明责任。[2] 但是，在实践中，明确标准的缺乏让行政法法官承受了巨大的压力，迫使其不得不允许相对没有限制的质询程序。任何切断调查线索（a line of inquiry）的企图都可能导致行政机关的上级或者法院决定撤销或者发回重新处理，而且在可允许交叉质证范围之争议上花费的听证时间很可能会超过审查本身所要消耗的时间。因此，行政机关的实际情形似乎经常接近于《行政程序法》起草者试图避免出现的无限制的交叉质证。

（三）证据的可采性和评价

263 与法院审判相比，行政裁决通常受自由的证据规则调整，这些规则规定了倾向于采信可疑证据（questionable evidence）或者受质疑的证据的推定。法院和行政机关之间的差别体现在这两类裁判机构对待传闻证据（亦即在听证程序之外作出并且之后在证据中提供用于证明所称事务的真实性的陈述）的方式上。调整联邦法院和联邦治安法官（magistrates）之听证过程的《联邦证据规则》（the Federal Rules of Evidence）采纳的规制是传闻是不可采证据，接着规定了对这项一般性标准罗列了超过 20 项技术性例外。[3] 有些行政机关依法必须遵守《联邦证据规则》[4]，或者已经在它们自己的案件中自

1 391 F.3d 338（1st Cir. 2004）.

2 Cellular Mobile Systems of Pa., Inc. v. FCC, 782 F.2d 182（D.C. Cir. 1985）.

3 Rules 802–03.

4 以国家劳动关系委员会为例，29 U.S.C. § 160（b）。

愿采用《联邦证据规则》。但是，大多数行政机关需要适用《行政程序法》，该法为行政机关的审判型听证规定了简单得多的标准。§556（d）规定，“任何口头的或书面的证据都可接受，但作为一种政策，行政机关应规定不接受和案件无关联性的、不重要的或过于重复的证据”。这一条款让主持官员可以采纳任何证据，只是建议应当拒绝不重要或者多余的证据。而且，《行政程序法》在不可采信的证据目录中直接忽略了“不合格”（incompetent）证据，如传闻证据。其结果是，对于法院来说不可采信的许多材料，在正式行政裁决中经常被接受。证据的排除甚至可能成为可撤销的错误。 264

《行政程序法》之所以规定了自由的可采性规则，可以归因于法院和行政机关的性质差别。司法证据规则是在对相当一部分将由陪审团审理的案件的理解基础之上制定的。一般认为法律外行的陪审员容易高估传闻证言的概率值（probative value），特别是在诉讼当事人被剥夺了对不属于证人的陈述人（declarant）进行交叉质证的机会时。因此，在缺乏值得信任的可靠的情境性保证（circumstantial guarantees）时，采信此类证据可能会不利于该证据所针对的当事人。但是，当事实认定是由专业的主管官员进行时，发生不公正或者错误的风险就会小得多。在行政领域，节约本来会消耗在可采性问题裁定上的时间和精力，并且让裁决者在作出事实认定时考虑传闻或者其他可疑证据较低的概率值，是有意义的。

因此，在行政听证中，关键问题是，在收到传闻或者其他“有瑕疵的”（tainted）证据之后，行政法官或者行政首长是否应当在作出他们的裁决时采信这些证据。严格来说，根据传闻证据作出的行政裁决并不是不可允许的。[1]但是，已经得到长期承认的是，传闻在可靠性方面可以存在巨大差异，从“纯粹谣言”到“负责任的个人在严肃事务上习惯于依据的这类 265
证据”。[2]当行政机关确定推定的一项传闻是否足够值得信任，从而可以支持一项事实认定时，相当程度上取决于案卷中双方证据的数量和质量，所裁决问题的类型，不利决定对诉讼当事人的影响，以及与案件相关的其他情况。

1　参见上文第 100 页（原书页码）。

2　NLRB v. Remington Rand, Inc., 94 F.2d 862, 873（2d Cir. 1938）.

五、机构性裁决

在法院诉讼中，判决基本上是个人性的（personal）：作出事实认定和结论的初审法官倾听了证据的提交过程，亲自或者在一两位法官助理的帮助下审查了相关的法律问题。即使是在上诉审阶段，作出判决的法官和协助法官的法官助理也会亲自倾听法庭辩论、审查案卷和法律意见书。但是，行政机关的设置目的则不是像法院那样运作，即使是在正式裁决中，作出裁决的程序也与司法模式有着很大不同。行政机关的裁决程序（decisionmaking process）经常被描述为“机构性裁决”（institutional decision），以反映该裁决是官僚机构而非个人或者可以识别的少数个人的产物这一事实。

大多数规制行政机关是层级制的，由政务官（political appointees）领导，
266 他们的职责是制定一般性的政策。技术专业能力则主要存在于下级，在受保障的公务雇员中间，而裁决特定案件所需的专业能力可能是分布在行政机关内部的若干司（divisions）局（bureaus）。因此，机构性裁决的核心问题是负责裁决的官员何时以及如何利用这些专业能力的储备而不违反公正对待争议当事人的要求。

最高法院在 Morgan 第一案中明显倾向于“公正性”关切，判定根据赋予私方当事人以“充分听证”权的制定法，行政首长应当亲自作出裁决。首席大法官 Hughes 在代表多数方撰写的判决意见中指出，裁决的职责“不能交给没有考虑过证据或者当事人主张的人来履行……裁决者必须倾听”。[1] 但是，这一原则太过宽泛以至于无法按字面意思去理解，最高法院很快开始从 Morgan 第一案判决上后退。该案在经历了对行政机关裁决程序的细节基础上的初审之后，又回到最高法院接受第二轮审查，最高法院明确指出主管官员不需要亲自出场接受证言。相反，主管官员能够“偶尔翻阅案卷以了解其大意”，阅读当事人的法律意见书，与其助理讨论案情，这就足够了。[2] 最高法院进一步宣布，复审法院应当很少会仔细审查行

1　Morgan v. United States，298 U.S. 468，481（1936）.
2　Morgan v. United States，304 U.S. 1，18（1938）（Morgan Ⅱ）.

政裁决案卷以发现行政机关在作出决定的过程中存在的缺陷。[1] 合规律性（regularity）推定的实际效果在于让提出质疑的当事人几乎不可能表明主管官员没有对一项裁决给予充分的注意。 267

一项相关的挑战是界定在哪些情况下，行政首长可以适当地将裁决特定争议或者特定类型案件的权力授予下级官员，而不必亲自听证和裁决。一般来说，这项问题[2]的解决方案是承认上层的主管官员拥有向下级分配职责的广泛权力。这一观点并不总占据优势。在一些早期的案件中，法院严格解释了法定授权，认定这些权力必须由行政首长亲自行使。[3] 如今，这些有关转授权的早期约束已经过时。当代的制定法通常包含宽泛的授权，允许将裁决转授权。Amalgamated Meat Cutters v. Connally[4] 案就是典型的例子，该案中价格管制立法被质疑违反了禁止授权原则，而法院判决支持了这部法律：它规定“总统可以授权他认为合适的联邦政府官员、内阁组成部门和行政机关履行任何本编所规定的职能”。[5] 法院的判决也不再倾向于对转 268
授权进行人为的狭义解读。[6]

同时有效抛弃 Morgan 第一案和对机构性裁决的转授权限制这两者是可以理解的。许多行政机关受理的正式裁决的数量，以及在重大争议案件中整理的案卷的数量，使得行政首长最多只能对工作人员提供的建议进行选择性的政策审查。无论情况如何，他们是否应当做得更多一些，这是不清楚的。行政首长和上层的项目主管官员通常都是政务官，主要根据他们制定与政府目标相一致的政策的能力而获得遴选任命。通常来说，他们并不擅长主持审判型听证或者对卷帙浩繁的详细的证据进行审查。在当代的行政机关中，这些职能在很大程度上已经交给行政法法官所承担。

1　参见上文第 110–111 页。

2　在技术性上也可以称之为“转授权”（subdelegation）问题，因为它涉及的是行政首长将最初由国会授予他们的权力再次授出。

3　例可参见 Cudahy Packing Co. v. Holland，315 U.S. 357（1942）（必须由行政首长签署传票）。

4　337 F. Supp. 737（D.D.C. 1971），参见上文第 23–24 页（原书页码）的论述。

5　84 Stat. 800，§ 203（1970）.

6　例可参见 Touby v. United States，500 U.S. 160（1991）。

（一）主持官员

伴随 1946 年《行政程序法》的通过，一项重要的变化是听证官员的地位和独立性得到增强。这些官员，以前被称为“初审审查官”（trial examiners）或者“听证审查官”（hearing examiners），如今则被称为“行政法法官”（administrative law judges），享受若干法定保障。至少拥有七年合
269 格经历的律师才可以通过职业功绩遴选体系而被任命为行政法法官，这一过程要求在竞争性考试中取得优良的成绩；他们不得被指派行使与他们的司法职能不符的职责；并且他们是享受职位保障的政府雇员，只能基于合理事由被免职或者受到惩戒。[1]

行政法法官的独立性边界在 20 世纪 80 年代社会保障局实施的“Bellmon 审查项目”（Bellmon review program）中受到了检验。社会保障局对行政法法官们在残疾福利案件中存在广泛的矛盾和不准确性感到忧虑，开始积极利用职权对行政法法官的裁决进行内部审查。根据该项目的安排，所作裁决中支持残疾福利申请人的比例最高的那些行政法法官被挑选出来受到特别关注。联邦法院对于这一项目的反应不一。一家法院认定以行政法法官个人为“目标”的行为已经影响了行政法法官获得制定法保障的独立性，通过施加微妙的压力让他们更经常地作出不利于权利请求人的裁决。[2] 另一家法院则认定并不存在要求维持固定比例的撤销裁决的直接强制，认为这一项目是合法的管理工具而判决支持。[3] 这一项目最具侵犯性的（intrusive）一些特征在几年后遭到抛弃，但它给行政机关及其行政法法官
270 的关系留下的印痕却更为持久。

在更为正式的审判型听证中，行政法法官拥有两项主要职能：举行听证；作出初步决定或者建议性决定（recommended decision）。《行政程序法》对所有这两项职责都作出了详细规定。《行政程序法》§556（b）要求行政法法官在正式裁决程序中主持接收证据，除非行政首长亲自举行听证。该法另一节赋予行政法法官以宽泛地控制案件程序的权力。当获得制定法或者行政机关的实践规制的授权时，行政法法官可以签发传票，

---

1 5 U.S.C. §§ 3105，5372，7521.

2 Ass'n of Administrative Law Judges v. Heckler，594 F. Supp. 1132（D.D.C. 1984）.

3 Nash v. Bowen，869 F.2d 675（2d Cir.1989）.

主持证人宣誓（administer oaths），对提出证据的请求作出裁决，对程序性请求作出处理，以及“对听证的过程进行规范”。[1] 在实践中，相比初审法官，行政法法官负有更大的肯定性责任（affirmative responsibility）去确保听证程序中制作全面而准确的案卷。大多数行政机关都负有需要完成的法定使命，为了完成这些要求也有形成事实（develop the facts）的义务。因此，听证并不需要设置成纯粹对抗性的竞争结构，让主持官员作为消极裁判者。在有些项目中，特别是与福利或者残疾福利请求权相关的项目中，听证可能在很大程度上是“纠问式”的，行政法法官则是积极参与对证人的询问以引出相关的事实。

在听证程序结束之后，当事人通常需要提交所建议的事实认定和法律结论，[2] 然后再由行政法法官准备作出裁决。[3] 根据《行政程序法》§557（b） 271
的规定，这可能要么是初步的裁决，要么是建议的裁决。行政法法官的决定效力的区别在于：初步裁决只有在经过上诉委员会或者行政首长的审查之后才能成为最终行政行为，而建议性裁决必须经过行政首长考虑后作出才能生效。行政法法官的裁决存在的这两种形式，可以被视为承认了各种行政裁决的政策成分也存在广泛差异的事实。如果案件程序涉及的是特定事实情境常规性地适用既定的原则，那么让行政法法官的初步裁决未经行政首长的审查就变成最终行政行为，这也是充分的。另一方面，当案件的提出是作为“测试案件”，试图在现在尚未确定的领域内确定政策，建议性裁决的运用确保行政机关的上层领导会考虑案件的政策意涵。最后，《行政程序法》承认，某些行政行为几乎纯粹属于政策选择，即使它们可能是经过审判型听证之后作出的。在这些情况下，拥有职位保障的行政法法官可能对最终裁决作出的贡献，相比领导行政机关的政务官来说要少得多。因此，《行政程序法》§557（b）规定，在初步许可案件和正式规则制定程
序中，主持官员可以只是就向行政首长提交的案卷进行认证，行政首长接 272
着可以发布试验性的裁决供当事人发表意见。

1　5 U.S.C. § 556（c）.

2　参见 5 U.S.C. § 557（c）。

3　无论是正式裁决，还是非正式裁决，向当事人披露主持官员作出的决定，这都是标准做法，从而可以让当事人对决定发表意见。§ 557（c）; Ballard v. Commissioner, 544 U.S. 40（2005）（认定税务法院的实践规则中隐含了此种披露的要求）。

无论是否采取初步裁决或者建议性裁决，行政法法官在正式裁决程序中作出的决定对于行政机关的最终决定者而言都可能具有相当的权重。行政法法官当面聆听了证人作证，他通常会比审查其决定的行政机关的高层官员付出更多的时间和努力。但是,《行政程序法》清楚表明，行政首长对行政法法官事实认定的尊重程度不需要与上诉法院对初审法官的事实判断的尊重程度保持一致。《行政程序法》§557（b）指出，“行政机关在受理对初步裁决提起的行政上诉或对初步裁决进行审查时，具有作出初步裁决的所有权力，但是行政机关在通知或在规则中限制可受理的争议问题时例外”。这一宽泛的权力显然适用于法律问题。[1] 但是，考虑到事实问题在行政政策的制定过程中具有重要性，它也适用于事实问题。当行政机关通过裁决程序制定政策时，关键的政策问题可能具有实质性的事实内容。在这种情况下，负有制定政策之首要职责的行政首长不应被享受职位
273 保障的行政法法官的事实结论所束缚，特别是在存在争议的一般性事实或者“立法性”事实的情况下。政策制定者应当在一定程度上对政治程序接受问责，赋予政策制定者以事实认定之全权的法律条款为这种职责的分配提供支撑。但是，当行政首长和行政法法官作出不同结论时，行政机关重新作出事实认定的权力可能会给复审法院带来概念性问题（conceptual problems）。[2]

（二）单方接触

与法官受理的案件类似，正式的行政裁决一般也是只根据案卷证据作出裁决。这一原则体现在《行政程序法》§556（e），其中规定“证言的记录、物证以及程序进行中提出的一切文书和申请书，构成按照本编 §557 规定作出裁决的唯一案卷”。这一规定又被称为“案卷排他性”要求，作出这一要求的首要理由是公正对待争讼双方。如果要让召开审判型听证的权利真正发挥意义，参与者必须了解用于反对他的证据，并且通过交叉质证和相反证据（rebuttal evidence）提出质疑。如果裁决者可以自由考虑案卷之

1 参见 Iran Air v. Kugelman, 996 F.2d 1253（D.C. Cir. 1993）（认为行政首长是有关项目的法律问题之最终行政裁决者，因而必须有权纠正行政法法官的法律错误）。

2 参见上文第 100–101 页（原书页码）。

外的事实，而不必提供告知或者作出回应的机会，那么这些权利会很容易归于无效。

案卷外证据存在的最常见问题是单方接触（ex parte contacts），即利害关系人与作出决定的官员之间在听证程序之外发生，不记录在案卷之中的沟通。行政程序比法院初审更频繁发生单方接触，有几项理由提供解释。 274
司法判决几乎总是在对抗式程序之后基于案卷作出的；少数例外情形，如临时性限制令（temporary restraining order）的适用，都有明确规定，相对来说也得到了充分理解。在这种场合，诉讼当事人及其律师通常会推定，在正式程序之外与法官讨论代决案件的是非曲直是不合适的。但是，对于大多数行政机关来说，基于案卷的行政程序只构成其工作量的一小部分。

大量的行政裁决都是通过非正式行为，或者类似通告评议式的规则制定程序作出的，在这些程序中单方沟通不仅是可以允许的，而且也是可取的。受规制的企业或者利益团体代表常常会参与行政机关处理的若干待决程序，也许会涉及相关的争议。在这个持续的处理过程中，即使是最为细心的个人也很容易发生口误，提及正式裁决程序中正在考虑的争议。这并不是说规制者和受规制者之间发生的所有不当单方接触都是无心之失，但是规制官员显然是在复杂的环境中履行职责，“回应性的政府”与“幕后交易”之间的界限常常并不明显。 275

《行政程序法》在最初的条文中并没有明确涉及单方接触，其结果是对不当单方接触的指控通常是根据《联邦宪法》的正当程序条款进行评估的。[1] 但是，国会在 1976 年对《行政程序法》进行了修订，对正式裁决程序中的单方接触问题作出了详细规定。《行政程序法》§557（d）（1）禁止“行政机关之外的任何利害关系人”对任何参与行政裁决程序的官员“单独沟通，或者故意促成这种沟通”。它也禁止任何行政裁决官员（包括“行政机关的任何成员、任何行政法官，或其他参与或可以合理预期参与案件决定程序的雇员”）与处于类似情形的当事人进行沟通。在行政程序发出听证通知后，禁止单方接触的规定开始生效，除非行政机关另外指定了更早的生效时间。[2]

1　例可参见 WKAT v. FCC，296 F.2d 375，383（D.C. Cir. 1961）。

2　5 U.S.C. § 557（d）（1）（E）.

在不当单方接触确实发生时，《行政程序法》要求在案件的公开记录中记载；如果是口头沟通，必须提交摘要记录接触情况的备忘录。[1]实施或者促成不当接触的相对人也可能需要说明理由，“为何他在本案件中的要求或利益，不应由于此类违反禁止单方接触的行为[2]而被驳回、否认、忽视
276 或其他方式的不利的影响”。[3]但是，最终是否决定实施此类制裁，这是属于司法裁量的事务。[4]PATCO 案发生的背景是联邦劳动关系局撤销了“职业空中交通管制员组织”（PATCO）这家工会的证书，因为该工会领导会员参与了反对政府的非法罢工。该案证据显示，一位工会领导人与联邦劳动关系局的官员私下会晤，敦促该官员不要撤销工会的证书（certification）。尽管法院也确信这一接触是非法的，但是它并没有推翻联邦劳动关系局的命令，因为对 PATCO 的情形所作的讨论是简短的，工会领导人没有提出威胁，也没有作出任何承诺，而且谈话的内容对于案件结果也没有影响。法院还认定交通部长的沟通行为可能存在不当，但是无论如何，因为部长后来在公开案卷中记录了他的意见，这一瑕疵已经得到补正。

在《行政程序法》修订之前发生的一起案件说明了单方接触相关的问题是如何束缚了对行政机关决定行为的政治监督。在 Pillsbury Co. v. FTC[5]案中，联邦贸易委员会就一起兼并案件中的反垄断法问题作出了一项中间裁决（interlocutory decision），并将案件发回行政法法官重新处理，要求举行进一步的听证。不久之后，在国会的一场监督性听证会上，几位参议院对联邦贸易委员会的裁决提出了严厉的批评。他们对联邦贸易委员会的主席和某些行政机关工作人员进行了事无巨细、充满敌意的质询。尽管联邦贸
277 易委员会在对该案重新进行审查时，主席已经主动回避参与该案，但是法院还是判定联邦贸易委员会整体都应该回避。在法院看来，国会施加的压力是如此明显地干预联邦贸易委员会的裁决程序，以至于相对人无法得到公正听证的机会。但是，考虑到时间的推移和联邦贸易委员会后来发生的人事变动已经降低了预先判断的风险，因此法院判决将该案发回联邦贸易

1　Id. § 557（d）（1）（C）.

2　这里是指违反禁止单方接触规定的行为。

3　Id. § 557（d）（1）（D）.

4　Professional Air Traffic Controllers Org. v. FLRA，685 F.2d 547（D.C. Cir. 1982）.

5　354 F.2d 952（5th Cir. 1966）.

委员会重新处理。

如果具体分析，法院的判决在某种程度上是值得质疑的，因为联邦贸易委员会在最后的意见中坚持了它当初所持的法律观点，这一事实表明它并没有受到国会压力的影响。而且，听证会上的谈话所涉及的是纯粹的法律问题，而非事实问题，国会议员当然拥有可以要求行政首长按照他们的解释遵循立法意图的法律利益（legal interest）。不仅如此，正如《行政程序法》§557（d）所反映的，Pillsbury 原则已经得到广泛接受，可以明显约束对正式裁决的政治干预——不仅是立法分支实施的政治干预，也包括行政分支实施的干预。[1]

但是，Pillsbury 原则的适用范围是有限的。它并不适用于行政调查的早期阶段，这时行政裁决只是初露端倪而非迫在眉睫。[2] 它也不适用于并不 278
涉及对抗式诉讼的非正式程序。[3]

（三）职能分离

当行政机关在进行正式裁决时，行政机关内部也经常会出现单方接触问题的某种变型。通常来说，行政机关的工作人员会被指派在审判型听证程序中担任辩护律师。例如，在纪律处分案件中指定政府律师（staff attorney）"向申诉方提供法律顾问服务"，而在针对相对人的案件中则要求政府律师作为公诉人出席。当行政案件的框架安排采取了这样的形式时，接下来的问题可能便是政府律师是否可以私下与作出决定者协商。

从受指控的相对人角度来看，这种协商行为可能看起来和对方当事人（adverse party）在任何其他单方沟通一样不公正。另一方面，也有一些有效的政策理由可以支持在行政机关内部的自由沟通。许多行政决定，包括在正式裁决程序中作出的决定，涉及的是高度技术性的问题。为了理解这些问题所需要的专业能力，通常存在于行政机关的工作人员而不是行政法

1　参见 Portland Audubon Soc'y v. Endangered Species Comm., 984 F.2d 1534（9th Cir. 1993）[白宫助理的单方接触被指控导致行政机关允许木材公司在俄勒冈州森林进行伐木作业，尽管这可能会对斑点猫头鹰（spotted owl）物种构成威胁，该案被发回重新处理]。

2　DCP Farms v. Yeutter, 957 F.2d 1183（5th Cir. 1992）.

3　D.C. Fed'n of Civic Ass'ns v. Volpe, 459 F.2d 1231（D.C. Cir. 1971），参见上文第 47–48 页的论述。

279 法官和行政首长；因此，将裁决官员和具备专业能力的工作人员相互隔离，可能会损害裁决的质量。

《行政程序法》试图通过禁止内部沟通，即通常所谓的“职能分离”，消除这种紧张关系。它禁止行政法法官私下与任何人或者当事人就讼争的事实进行协商。[1]它也规定了有些类型的行政机关工作人员被特别禁止在正式裁决程序中与任何裁决官员进行协商。《行政程序法》§554（d）规定，任何“履行调查或者公诉职能”的政府雇员都不得参与裁决或者在该案或者任何存在事实关联的案件中向该案的裁决官员提供咨询意见。行政机关中履行公诉权的工作人员提供的任何意见都必须是“在公开程序中作为证人或者法律顾问角色”提供的。[2]因此，《行政程序法》承认作为辩护律师的行政机关工作人员很可能会对案件的实质问题持有强烈的观点，让这些人可以更优先地接触裁决官员，对于相对人来说是不公正的。但是，行政机关的雇员如果没有在特定的听证程序中承担对抗性角色，他们就可能会更为客观，而行政首长在需要有人协助解释案卷证据时，也可以自由地向这些雇员求助。最后，《行政程序法》承认，如果行政程序并不具有指控或者对抗的特征，不公正的风险很可能是微乎其微的。《行政程序法》§554（d）规定，职能分离要求并不适用于初步许可或者价格制定案件——这些
280 案件的程序设计是为了确定技术性或者政策性问题而非对过去的行为作出制裁。

尽管行政机关的裁决官员在评估正式程序的案卷时，可以与不承担公诉职能的工作人员协商，但是这并不意味着裁决官员可以随意从工作人员那里获取额外的、案卷之外的证据。《行政程序法》§556（e）规定的原则，即开庭记录（transcript）、证物（exhibits）和其他正式提交的材料构成“裁决依据的排他性案卷”，这一原则仍然适用，考虑案卷外证据可能构成可撤销的错误（reversible error）。环境保护局局长作出的一项批准建设核电站的决定，就是基于这一理由被撤销的。[3]该局长组建了由环境保护局的科学家

---

1 5 U.S.C. § 554（d）（1）.

2 Id.

3 Seacoast Anti-Pollution League v. Costle，572 F.2d 872（1st Cir. 1978）[该案已经基于其他理由而被推翻，参见上文第 248-249 页（原书页码）]。

组成的“技术审评小组”（technical review panel），协助他审查拟建核电站可能产生的热污染问题。法院判定该审评小组不只是审查了案卷，还审查了其他一些科学材料，而这些材料是本来应该作为证据提出的。因为环境保护局局长在作出决定时采纳了该小组的评估意见，所以需要撤销该决定。

除了《行政程序法》§554（d）对内部协商行为所设定的限制之外，人们有时候还主张行政机关应当建立结构性的职能分离制度。也就是说，某些评论者认为，如果由某一个人或者一群人包揽调查、决定提起争讼组织听证、审查初步裁决，施加制裁和检查是否遵守裁决，这样的行政裁决 281
制度具有内在的不公正性。最稳健的一种批评意见认为，应当建立独立的“行政法院”体系专门受理和裁判行政机关。

但是，在 Withrow v. Larkin[1] 案中，最高法院却一致拒绝了这样一项观点，即由一家行政机关同时行使公诉权和裁决权，将是如此内在地具有不公正性以至于构成违反法律上的正当程序原则。[2] 最高法院指出，即使是在刑事初审程序，法官所作出的各种初步判断，也是与行政机关起诉的决定相似的：签发逮捕令和搜查令的法官可能后来也在主持初审程序，并且“法官也主持初步听证程序，这时法官必须判断证据是否足够充分，从而要求被告接受审判”。不仅如此，对于在民事上诉程序中判决被撤销的初审法官，与所作裁决被法院发回重新处理并要求进一步考虑的主管官员，我们也不能认为他们无法对案件实质问题作出公正和无偏私的考虑。因此，基于正当程序原则提出的主张就不能成立，除非提出质疑的当事人可以证明存在某些特定的偏见，而不只是由一家行政机关同时行使公诉和裁决的职能。 282

《行政程序法》制定时，立法者心照不宣地采纳了与 Withrow 案相同的原则。它规定“行政机关或者行政机关的组成人员”——也就是说行政首长——获得法律豁免，不必遵守职能分离的要求。[3] 因为这一豁免规定，大多数行政机关的领导成员可以协调在行政机关内部发生的所有各类活动，并对其负责。不仅如此，国会有的时候也对职能混合行使的问题作出回应，制定法律要求特定行政机关内部对公诉职能和裁决职能进行严格分离。国

1　421 U.S. 35（1975）.

2　参见上文第 241 页（原书页码）。

3　§554（d）（C）.

家劳动关系委员会就是一个绝佳的范例。国会在 1947 年将调查违法行为和提起诉讼的职责从国家劳动关系委员会中剥离出来，交给具有独立地位的总法律顾问。负责案件的最终听证和裁决的国家劳动关系委员会委员既对总法律顾问没有控制权，也不能控制他们提起公诉的决定。类似地，当国会在 1970 年制定《职业安全和健康法》时，它将裁决职能分配给了一家审查委员会，后者并不负责决定提出哪些案件。类似的“分散执法”（split enforcement）模式也被《矿山安全和健康法》所采用。

对于由一家行政机关共同行使多种权力可能产生不公正性的担心，并不是完全无足轻重的。这种担心可能是真实存在的，至少在某些情形中，审查了调查材料并且认定有充分证据可以支持起诉的行政首长，如果在之
283 后负责审查初步裁决时会更有可能认定相对人违法。不仅如此，行政首长自己已经将大量人力资源投入执法案件时，可能会不愿意裁定这种投入是徒劳的。[1] 但是，将裁决官员进行完全隔离的成本常常也是非常高昂的，特别是在讼争问题具有技术复杂性，或者在特定领域有必要实行具有通贯性的全国性的规制政策时。在两个相互独立的机构中培养同等的专业能力，其成本将是高昂的甚至是无法承受的。同样麻烦的还有相互独立的官僚机构，其工作目标可能存在分歧；政策僵持或者混淆的可能性也会明显增加。

六、偏见和预先判断

如果裁决官员与某一讼争当事人之间有私仇，或者在接收证据之前就已经对案件事实形成意见，那么获得审判型行政听证的权利对于当事人来说就并没有多少意义。因此，在行政裁决程序中，与法院审理程序一样，
284 正当程序原则和法律条款都要求裁决官员必须是无偏私的。[2]

但是，主管官员是否已经违反了公正性（impartiality）的要求问题作出的决定，某种程度上比法官是否应当回避某一案件审理的决定更加复杂。法院通常只履行一项职能，即在对抗性程序中裁决纠纷，而行政机关通常

1 Cf. Williams v. Pennsylvania，136 S. Ct. 1899（2016）（在刑事诉讼中，正当程序要求之前参与案件公诉工作的法官回避审理案件）。

2 参见上文第 239–242 页（原书页码）；5 U.S.C. § 556（b）（对于主张裁决官员怀有偏见或者其他需要在正式裁决程序中回避的情形，规定了对此作出裁定的程序）。

除了行使裁决特定案件的权力之外，还被赋予各种管理性、政策制定的职责。在履行非裁决性职责的过程中，主管官员作出的行为和陈述可能会产生一种外表，如果不是事实，即他对特定案件已经形成了预先判断。但是，严格禁止正式裁决中预先判断的外表可能会让主管官员难以充分履行其非司法性职能。而且，大多数行政机关都有需要履行的法定职责，而不只是解决它们所面对的争议，行政机关需要实施重要的社会政策，如保护消费者免受危险食品和药品的危害，或者防止证券交易中采取鲁莽的做法。至少在这一意义上，大多数行政机关具有所谓的“内在偏见”（built-in bias）。

面对这些相互冲突的压力，法律整体上已经表明了一种敏锐的意识，即行政机关的裁决官员应当保持开放的心态，而不是茫然无知。领导行政机关工作的政务官的遴选，在很大程度上是因为他们公开的政策观点，如果要求交通部长不了解汽车安全的主题，或者环境保护局局长漠然对待污染问题，都是荒谬的。因此，主管官员对于具有争议性的法律或者政策事 285
务持有公开立场，通常并不需要回避裁决提出这些问题的案件。[1]同样的规则一般适用于对待决案件的讼争问题公开发表意见的法官。在 Laird v. Tatum[2] 案中，Rehnquist 大法官拒绝回避参与涉及政府对政治活动实施监控的行为之合宪性案件的审查，尽管他在被任命为大法官之前曾在处理相同行为的国会听证会上代表政府作证，并且发表了其他公开意见支持政府的立场。由于几乎所有的大法官都在到最高法院任职之前对宪法问题发表过公开意见，基于法律或者政策问题的先前陈述而要求回避，这样的规则将会让最高法院无法正常运作。[3]

FTC v. Cement Institute[4] 案也将类似推理适用于行政裁决。该案中，联邦贸易委员会发布了一些公开报告，在国会作证，结论是在水泥行业广泛 286
采用的某种定价制度违反了反垄断法。联邦贸易委员会后来对采用这一定价制度的一家公司提起诉讼，该相对人主张联邦贸易委员会之前的报告表明它对这些问题存在不被允许的预先判断。最高法院不同意这一主张，指

1 United States v. Morgan, 313 U.S. 409, 421（1941）（Morgan Ⅳ）.

2 409 U.S. 824（1972）.

3 参见 Republican Party v. White, 536 U.S. 765（2002）（支持了 Rehnquist 的观点）。

4 FTC v. Cement Institute, 333 U.S. 683（1948）.

出国会的确切目的是让联邦贸易委员会成为一个具有专业能力，既可以行使报告职能，也可以行使裁决职能的行政机关；如果采纳相对人的理论，国会的计划将不具有可行性。最高法院也担心对回避制度采取僵化的方法，将会意味着没有一家行政性质的裁判机构有能力裁决该案件。后面这一考量有时也被称为“必要性规制”：裁决官员不应该被要求回避，如果案件无法以其他方式得到审理。这一原则让法院能够受理涉及法官薪酬问题的案件。[1] 类似地，在 Cement Institute 案中，法律上并没有规定替换委员的条款，如果法院判定联邦贸易委员会无权采取行动，也没有其他行政机关可以对相对人提起停止终止令诉讼（cease-and-desist proceeding）。

对于规制性委员会的委员在发表演讲或者接受采访时讨论了待决案件讼争事实的情况，联邦法院已经采取了更严格的立场。在这一情形中所适用的标准同时强调了事实上的公正性和公正外表：复审法院将研究不涉及利害关系的观察者是否会认定主管官员在一定程度上对该案的事实产生了预先判断。在涉及同一位联邦贸易委员会主席的两起著名案件中，哥伦比
287 亚特区巡回法院裁定要求回避，因为该主席的演讲曾经明确提及这些公司的名称，这表明他已经认为这些公司是违法者。[2] 法院明显推定该主席并不需要对待决案件首先发表意见，这种观点是值得存疑的，因为演讲、文章或者采访都是有益的工具，可以帮助行政官员让公众了解行政机关的政策和活动。但是，主管官员可以只是以更戒备的心态对这些问题进行讨论来避免产生不公正的外表。[3] 同样，发布事实性的、内容只是描述了提交指控书（complaint）的新闻稿，并不侵犯相对人要求由公正的裁决官员处理的权利。[4]

在有的时候，构成回避事由的偏见可以是由情境性的证据而非官员的公开言论来证明的。例如，一位裁决官员因为已经在对抗性程序中承担调

1　United States v. Will, 449 U.S. 200（1980）.

2　Texaco, Inc. v. FTC, 336 F.2d 754（D.C. Cir. 1964），基于其他理由被撤销和发回重新处理，381 U.S. 739（1965）; Cinderella Career & Finishing Schools, Inc. v. FTC, 425 F.2d 583（D.C. Cir. 1970）（Cinderella Ⅱ）。

3　参见 Kennecott Copper Corp. v. FTC, 467 F.2d 67（10th Cir. 1972）（对指控书中的指控进行中立性的描述，是可以允许的）。

4　FTC v. Cinderella Career & Finishing Schools, Inc., 404 F.2d 1308（D.C. Cir. 1968）（Cinderella I）.

查或者辩护职能而熟悉了案件的证据，被要求回避裁决程序。因此，在American Cyanamid Co. v. FTC[1] 案中，联邦贸易委员会的一名委员在之前担任国会委员会的法律顾问（staff counsel）时，已经调查了相对人的各种行 288
为，因此被判定不具备参与指控相同行为违反反垄断法的案件裁决的资格。

最后，尽管意识形态式的承诺通常并不足以构成要求裁决官员回避的事由，但与之相对的是，如果主管官员与裁决存在金钱或者其他个人利害关系，则可以成为回避事由。对于这类情形，不仅依据正当程序原则需要回避，[2] 而且制定法、总统令和行政机关制定的禁止利益冲突的规章也都要求回避。这些规定大多数都沿袭了有关法官回避的联邦制定法中所采取的一般性进路：法官“在诉讼标的上存在金钱利益……或者可能受到案件结果实质性影响的任何其他利益”，都必须主动回避。[3] 有关这些标准的可适用性问题的疑难问题可能会产生，特别是如果行政机关的裁决官员是从私人律师转任政府公职的，并且他所在的律师事务所已经在该行政机关的裁决程序中积极为客户提供代理服务。但是，人们已经普遍接受了这样一项一般性原则：与案件结果存在的个人利害关系，无论多么微小，都构成要求回避的理由。 289

七、事实认定、结论和理由

正式裁决程序的结果是发布书面的裁决，《行政程序法》对行政机关的这一“最终作品”的内容作出了详细的规定。《行政程序法》§557（c）要求行政机关在作出建议的、初步的或者最终裁决之前，当事人有权提供拟议事实认定和结论，或者拟议裁决的“适用例外”（通常采取的是法律意见书（briefs）的形式）。《行政程序法》接着指示正式裁决程序中的“所有裁决”，无论是初步裁决，还是最终裁决，“对案卷中所记载的事实、法

1　363 F.2d 757（6th Cir. 1966）.

2　参见上文第 239–242 页（原书页码）。

3　28 U.S.C. § 455（b）（4）. See Caperton v. A.T. Massey Coal Co., 556 U.S. 868（2009）（正当程序条款要求一位州最高法院法官回避，因为他是在一起待决案件中的当事人花费大量资金支持其竞选活动后获选担任法官职务的）。

律或裁量权的实质性争议所作的事实认定、结论及其理由或根据”。[1]

要求行政机关详细说明重要裁决的事实、法律和政策依据，还可能出于以下原因。有的时候，这是出于正当程序的要求。[2] 公开行政机关的推理，可以有助于确保主管官员对其裁决向公众负责，而存在利害关系的个人在行政机关的现行政策方面可以获得更好的指引。对证据和主张进行详细分析的需要，也会对决定作出的程序施加一些约束，迫使负责官员仔细和系统性地处理每一位当事人的问题。最后，事实认定、结论和理由的陈述会让司法审查变得更有意义：如果没有它们，复审法院很可能会发现难以确
290 定行政机关是否已经超越了立法机关所赋予权力的边界，或者已经因为考虑了与其决定不存在合理关联的因素，或者在没有充分证据依据的情况下作出事实认定，从而构成裁量权的滥用。

这些原则也影响了法院对《行政程序法》所规定之外的理由要求的解释。在 T-Mobile South，LLC v. Roswell[3] 案中，T-Mobile South，LLC 这家公司希望在一个居民区内建设手机基站（cell tower）。经过激烈的公开听证，民选产生的 Roswell 市议会（Roswell City Council）经过投票驳回了这项申请。国会制定的《电信法》（the Telecommunications Act）规定，任何驳回基站建设申请的“决定”都“应当是以书面形式作出，并且应当得到书面案卷中所包含的实质证据的支持”。最高法院指出，这一要求意味着该市议会必须提供可以让司法审查成为可能的理由说明。而且，最高法院接着指出，“因为一家实体机构在不了解自己的申请为何遭到拒绝，它也就无法对是否申请司法审查作出经过考虑的决定，并且因为法院在了解地方政府的理由时也就无法对驳回申请的决定进行审查，所以地方政府必须在表示驳回申请决定的几乎同时提供或者允许查阅其书面理由”。在该案件中，最高法院指出，该市议会并没有满足这一义务，因为直到作出书面驳回申请决定之后的 26 日内，它都没有就驳回申请的决定提供其理由（以详细的会议纪要的
291 形式），而再过四天，原告申请司法审查的时间期限就要届满了。

不幸的是，负责的裁决官员如果没有准备提出观点，或者至少详细考

---

1 《行政程序法》§557（c）。

2 参见上文第 242–244 页（原书页码）。

3 135 S. Ct. 808（2015）.

虑各种观点,《行政程序法》所规定的调整事实认定和理由说明的要求,其价值相当部分也失去了。传统上看，在需要作出大量行政裁决的某些行政机关中，上层主管官员已经将为其裁决进行材料记录的大多数职责授予专门化的裁决意见撰写工作人员。这些工作人员准备的裁决意见可能高度依赖于标准的“通行用语”（boilerplate）[1] 段落，并且之所以撰写这些段落，其目的可能是尽量减少对可能导致在司法审查中出现麻烦的问题进行讨论。在这些情形中，撰写意见的过程并不是对裁决设定任何约束，复审法院无法确定它是否在考虑支持行政行为的事实依据：裁决意见更多地成为裁决合理化的一部分而非理由解释。 292

1　适用于各种文件的现成的或者通用的语言。——译者注

第八章　程序性捷径

许多行政相关的制定法都规定了赋予宽泛地获得审判型听证权利的条款。但是，行政听证可能需要消耗大量的时间、人力和其他资源，有时候对于可获得信息的质量提高以及最终决定的可接受性来说帮助也不大。因此，行政机关经常会有诱因去发展一些程序性技术，以便回避不必要的听证，或者缩小正式听证时所考虑议题的范围。本章将会讨论一些程序性技术。

一、通过规则制定避免听证

对于如今的大多数行政机关来说，相关的法律规定会允许它们颁布立法性规则。一旦行政机关颁布了立法性规则，私方当事人对该规则已作规定的问题就不再具有要求行政机关继续听证的权利；除非法院撤销或者判决立法性规则无效，否则这些规则已经作规定的问题将会保持固定不变的状态。[1]有的时候，我们并不清楚行政机关的规则制定权是否适用于特定
293 的行政职能；私方当事人可能会认为行政机关不能动用规则制定权来剥夺他们自己的接受审判型的行政听证的法定权利。但是，总体来说，最高法院反驳了这些观点，它倾向于对行政机关的规则制定权做扩张性的解释。

早期一些行使许可权的行政机关尝试采用规则制定来减少行政裁决。例如，联邦通信委员会在驳回广播许可证申请时，需要举行一种“完全

1 “实体性规则”（substantive rules）一词有时候也被用作“立法性规则”的同义词，但是该词稍微有点误导性，因为程序性规则解决了所规定的问题，也可以是“立法性”的。它们也被普遍称为“规章”（regulations），尽管这并不是《行政程序法》所使用的术语。

听证”（full hearing）——一种《行政程序法》要求的正式裁决程序。在 United States v. Storer Broadcasting Co.[1] 案中，联邦通信委员会发布了多项涉及所有权的规则（ownership rules），减少了每位被许可人可以控制的电视台（television outlets）数量。Storer 控制的电视台数量超过了新的数量上限规定，他在该规则最终出台之前向联邦通信委员会申请，希望再获得一张许可证，但是联邦通信委员会认为该申请不符合新出台的规则而予以驳回。Storer 认为这一程序剥夺了他获得完全听证的法定权利，但是最高法院判定该规则有效，从而拒绝举行审判型听证也是合适的。后来的一些判决表明，Storer 原则的适用不仅限于通信领域。[2] 简言之，即使是在法律要求进 294
行个别化判断（individualized determinations）时，行政机关也可以利用规则制定程序解决某些相关的问题，“除非国会明确表达了拒绝给予这一权力的意图”。[3]

Storer 案和 Texaco 案中遭受质疑的规则，事实上已经变得相对灵活，因为它们已经规定了公司可以根据各自的情形申请放弃获得完全听证的权利。但是，一项规则即使没有规定放弃权利的条款，也可以是有效的。例如，最高法院允许联邦通信委员会采纳了一项简单的规则，即在许可证续期程序中永远不会去考虑广播站改变类型化广播（format）[4] 的问题。[5]

最高法院在判决支持卫生和社会服务部在社会保障残疾项目（Social

---

1 351 U.S. 192（1956）.

2 参见 Mobil Oil Exploration & Prod. Southeast Inc. v. United Distrib. Cos.，498 U.S. 211（1991）［支持了联邦能源监管委员会（FERC）的规则，该规则规定了放弃供应合同债务需要经过的事先批准程序］；FPC v. Texaco，Inc.，377 U.S. 33（1964）［支持了联邦动力委员会（FPC）制定的规则，该规则规定了批准天然气管道经营许可证（gas pipeline certificates）的条件］；American Airlines，Inc. v. CAB，359 F.2d 624（D.C. Cir. 1966）（全席审理）［支持了民用航空委员会（CAB）的一项规则，该规则因为禁止航空运输企业通过“隔断空间”（blocked space）管理进行货物运输，从而事实上修改了某些航空运输企业的经营许可证］。

3 American Hosp. Ass'n v. NLRB，499 U.S. 606（1991）［支持了一项规则，该规则界定了医院的合适协商单位（appropriate bargaining units）］。

4 类型化广播的概念，原意是格式化的广播，即频道不再分拆时段去打造不同栏目，也就是说任何时候，听众打开这个频道，听到的内容都是基本相同的，不再需要固定时间锁定自己喜欢的内容。——译者注

5 FCC v. WNCN Listeners Guild，450 U.S. 582（1981）. 另可参见 Baker v. FAA，参见上文第 198 页之讨论。

Security disability program）中所使用的“病假指南”（medical–vocational guidelines）时，遵循了类似的原则。[1]根据《社会保障法》的规定，福利款的支付对象是存在严重残疾，以至于无法从事任何工作的个人。福利款请求权人的工作资格需要根据四项变量进行判断：年龄、教育水平、工作经
295 历和身体条件。病假指南，也被称为“网格化规章”（grid regulations），它列举了四项作为启动条件的变量的不同组合方式，并且对于每种组合说明具有相应条件的工人是否具备工作能力（employable）。因此，行政法法官在听取残疾福利款申请时，不再依赖证人证言来判断申请人是否具备工作能力；相反，他们会只要作出有关这四项变量的事实认定，参考相关指南就可以自动判断申请人是否有权获得福利款。最高法院判定，尽管《社会保障法》规定残疾状况的判断是根据听证会上所提交证据作出的，但是这一条款“并没有阻止卫生和社会服务部长采用规则制定的方法解决某些类型的问题”。

Campbell 案所支持的这些规则是有争议性的，因为它们容易限制行政法法官对于举证式听证没有涉及的个别情形作出回应的能力。但是，正如最高法院所指出的，这些指南的运用，提高了福利项目的效率，有助于促进全国范围内法律适用的一致性。不仅如此，这些程序并不完全是非个人的（impersonal），因为行政法法官在评估申请人的特定能力时仍然需要采用个别化的判断。

无论如何，Campbell 案只是在涉及“不需要逐案考虑的问题”时支持采取规则制定的方式，后来的案件也表明部长拥有的规则制定权也是有限
296 制的。在 Bowen v. Yuckert[2] 案中，卫生和社会服务部的另一项规则规定，如果申请人遭受的损伤没有达到足够“严重”的程度以至于明显限制了他从事大多数工作的能力，申请人可以被自动视为不符合福利申请资格。最高法院支持了这项规则，但是两位持协同意见的大法官提醒部长适用该规则时要有所约束，因为激进性地适用该规则可能会（在规则生效之后的最初几个月里也确实如此）剥夺了申请人依法享有的福利权。后来，在 Sullivan

1 Heckler v. Campbell, 461 U.S. 458（1983）.
2 482 U.S. 137（1987）.

v. Zebley[1]案中，最高法院撤销了一项规则，根据该规则，儿童被视为没有获得福利的资格，除非他具备了该规则所列举的182项医学条件（medical conditions）中的其中一项。国会的立法让福利惠及所有遭受损伤与大人享受福利所需损伤“严重程度相当”的儿童，并且最高法院相信卫生和社会服务部的规则不可避免地剥夺了部分满足法定标准的某些儿童的福利权。因此，尽管最高法院强烈支持采用规则制定方式，但是它也承认行政机关的规则制定权是受到实体条款所界定行政机关之规制权的限制的。

二、简易裁决

行政机关可以避免不必要听证的另一种方式是采纳简易裁决程序（summary judgment procedure）。对于大多数情况而言，行政性的简易裁决则类似于《联邦民事诉讼规则》（the Federal Rules of Civil Procedure）第56项规则：如果不存在需要审判的重要事实争议，可以不经听审对案件实体 297
问题作出判决。[2]但是，行政机关通常拥有比法院更广泛的实体性政策制定权。它有的时候可以利用这一职权重新界定所依据的法律标准，然后对于未能依据新标准提出可以审判的争议的当事人作出简易裁决。

在 Weinberger v. Hynson, Westcott & Dunning, Inc.[3]案中，最高法院讨论的就是这样一个例子。在1962年，国会指示食品药品管理局对生产商无法证明疗效的治疗药作出下架处理。需要审查的疗效证明主张超过16000项，但是法律要求食品药品管理局在撤销任何药品批准文书之前要向生产商提供“正当的告知和听证机会”。为了应对这一巨大的工作量，食品药品管理局颁布了规则，规定它对特定药品的疗效评估只是依据充分和具有良好对照的临床研究，而不是诸如执业医师之类渠道提供的传闻报告（anecdotal reports）。食品药品管理局也通过了一项简易裁决程序，根据该程序，生产商面对药品审批被拒时，将被拒绝提供听证，除非生产商可以根据新规则事先证明其有能力提出“真实的、实质性的事实问题”。在

1 493 U.S. 521（1990）.

2 Kourouma v. FERC, 723 F.3d 274（D.C. Cir. 2013）.

3 412 U.S. 609（1973）.

Hynson 案中，一家作为简易裁决对象的公司提出司法审查申请，主张食品药品管理局的程序侵犯了它获得完全听证的法定权利。最高法院总体上
298 来说支持了食品药品管理局的简易裁决做法。最高法院推理中的一项主要因素是常识观念，即如果原告在实体问题上没有胜诉机会，举行听证将是没有意义的。如果食品药品管理局对每项申请，无论多么无足轻重，都不得不提供审判型听证，它将显然无法完成让无效药品停止在市场上销售的任务。

自 Hynson 案以来，最高法院一直在支持简易裁决，[1] 行政机关对简易裁决程序的利用似乎也在增加。不仅如此，法院已经在民事诉讼中利用它们的经验阻止行政机关滥用这一机制。因此，当法院发现案件当事人已经各自对存在争议的观点提交了证据，以至于产生了真实的重要事实争议时，它们就会判决行政机关的简易裁决无效，而要求行政机关采用完全的举证式程序，正如它们在民事案件中所做的那样。[2]

三、行政认知

法院可以通过对事实的司法认知来绕过正常的证明程序，同样行政机关有时可以通过对重要事实的“行政认知”（official notice），克服正式程序中案卷存在的不足。事实上，行政机关拥有的权力比法院大得多，可以处
299 理正式证明的问题。例如，在联邦法院中，证据规则将裁决性事实的司法认知限定于“排除合理争议的观点，要么是（1）一般人都知道属于初审法院管辖权，要么是（2）借助准确性不受合理质疑的渠道，可以作出准确和现成的判断”。[3] 这些严格限制对行政机关来说是不合适的，行政机关的设置常常经过精心设计以便聚集各种知识和专业能力。因为它们在各自专业领域一直都很活跃，行政官员经常会意识到自己所处理的待决案件中存在的案卷外事实。实行自由式的行政认知，可以避免重复、耗时地证明已经彻底调查过的事项，从而提高裁决程序的便利性和效率。

1　参见 Costle v. Pacific Legal Found., 445 U.S. 198（1980）。

2　例可参见 Crestview Parke Care Center v. Thompson, 373 F.3d 743（6th Cir. 2004）; Rogers Corp. v. EPA, 275 F.3d 1096（D.C. Cir. 2002）。

3　Fed. R. Evid. 201（b）.

人们有时认为行政机关应当对“立法性”事实（对法律或者政策有影响的一般性事实）而非“裁决性”事实（与具体个案的直接当事人有关的事实）享有特别广泛的行政认知自由。这一观点隐含在上述的证据规则之中，该证据规则只适用于裁决性事实，因此对立法性事实的司法认知不构成任何限制。[1] 之所以作出这样的区分，其原因是人们普遍认为，相对来说审判型程序对于立法性事实的证明并无裨益，[2] 因此行政机关希望采用这类事实时更容易随时放弃审判型程序。事实上，在裁决程序中采用本节下文 300
将要描述的行政认知，与行政机关在规则制定程序中通常采用的程序非常相似，都是为了解决立法性事实问题而明确设计的。

但是，我们不能推定，除了 Rule 201（b）所规定的情形之外，行政机关永远不会对裁决性事实进行行政认知。例如，在 Market Street Ry. v. Railroad Comm'n[3] 案中，铁路委员会（Railroad Comm'n）在为一家有轨电车（street car）公司制定价格时，需要知道该公司 1943 年的运营收入。它对该公司每月运营报告中的数字进行了认知，这些报告是该公司在案卷完成之后提交的。最高法院支持了这一程序，指出该公司从未认为自己报告中的数字是错误的，或者对这些数字的引用是引人误解的。那么，现代的趋势便是适用“便利规则”（rule of convenience），根据该规则，许多事实，包括立法性事实和裁决性事实，都可能容易成为行政认知的对象。[4]

但是，行政认知常常会与证据评估过程中专业能力的运用发生混淆。正如法官可以自由地在解读法律时运用他们的法律技能，在起草判决意见时适用已经判决的案件一样，从案卷推导结论的过程中，行政法法官和行政机关可能会采用他们在工程、经济、药品等领域的特殊技能。他们也求助于各种理论、预测和直觉，这些都内在地具有难以提供确切证明的特点。[5] 但是，确切地说，这些评估和观点（insights）都不属于行政认知的概 301
念。相反，行政机关本来应当在案卷中记录某一项事实前提，却因为效率相关的理由而选择回避这一程序，这时行政认知就可以发挥作用。

1　Fed. R. Evid. 201（a）.

2　参见上文第 235–236 页。

3　324 U.S. 548（1945）.

4　Castillo–Villagra v. INS, 972 F.2d 1017（9th Cir. 1992）.

5　参见上文第 119–121 页。

行政认知因为其具有的广度，可能会妨碍获得公平之行政听证的正当程序权利。法律应对这一问题的主要方法便是规定程序性保障措施。首先，行政认知所针对的材料必须是确定的。行政机关不能根据它是专家这一模糊的说法；它必须具体地解释其信息的来源。[1] 其次，它必须赋予对方当事人机会，让他能够反驳信息或者提出让作为认知对象的事实得到更合理说明的额外主张。[2] 后面这项要求被纳入《行政程序法》之中："当行政决定采纳了对重要事实的行政认知时，当事人有权通过及时申请，获得证明相反事实的机会。"[3] 实践中，《行政程序法》规定的义务并不一定是繁重的。许多法院判定行政机关甚至可以在其最终的裁决意见中引用首次经过行政认知的事实，只要它允许对方当事人通过提出重新听证的申请，对这些事
302 实进行反驳。[4]

反驳（rebuttal）的权利也被认为是包含了让一个人"提出相反事实"的努力被接受或者被合理驳斥（refuted）的权利。因此，在 Union Electric Co. v. FERC[5] 案中，联邦能源监管委员会对财政部所发行债券的回报率近期变化进行了行政认知，将这一数据作为确定公用事业自有资本（equity capital）成本减少情况的大致标准。尽管联邦能源监管委员会允许公司在重新听证的申请书中对这一推论提出质疑，但是它没有对拒绝采纳公司的主张给出有说服力的理由。法院判定这一敷衍了事的回应违反了《行政程序法》§556（e）。行政认知程序的这一方面似乎与行政机关对其决定说明理由的总体义务之间存在重叠，并且对行政决定说明理由的义务的范围有些不确定。事实上，对于类似的事实，另一家法院判决支持了联邦能源监管委员会，因为它认定联邦能源监管委员会的推理是合理的。[6]

从案例汇编中所收录的少量案例来看，许多行政机关显然还没有广泛

---

1 Ohio Bell Tel. Co. v. Public Util. Comm'n，301 U.S. 292（1937）；Air Prods. & Chems.，Inc. v. FERC，650 F.2d 687（5th Cir. 1981）.

2 United States v. Abilene & Southern Ry.，265 U.S. 274（1924）.

3 5 U.S.C. § 556（e）.

4 Market Street Ry.，上文。不同案件，参见 Castillo-Villagra，上文（要求在裁决作出之前的阶段提示当事人，行政机关将进行行政认知；法院认为重新听证的申请所提供的保护并不充分，因为在等待行政机关根据该申请采取行动之前，外国人就可能会被驱逐出境）。

5 890 F.2d 1193（D.C. Cir. 1989）.

6 Boston Edison Co. v. FERC，885 F.2d 962（1st Cir. 1989）.

或者创造性地适用行政认知的原则。行政机关之所以不愿意适用行政认知的原则，部分原因可能是可以适用的法律标准存在不确定性；没有明确的标准说明什么时候适合进行行政认知，行政机关可能不愿意冒着行政裁决被判决撤销的风险而对案卷外的事实进行认知。对于简化或者加速听证程序来说，行政认知依然是可能有用的机制。303

第九章　规则和规则制定

20 世纪后期行政法上最重要的一项发展是行政机关日益将规则制定作为制定政策的工具。支持这一发展趋势的理由不少。正如评论家们所指出的，规则制定程序比逐案进行的裁决更有效率，因为它可以在一次程序中解决多项问题。一项明确的普遍适用的规则可以让受影响的企业或者个人迅速和一致性地遵守法律规定；行政裁决先例的范围很可能是难以界定的，因为其范围通常在某种程度上取决于特定案件的事实。与此同时，规则制定可以为个人提供重要的保护。“当政府官员被赋予权力，允许根据宽泛的法定标准作出裁量性决定时，逐案进行的决定程序可能不是确保公正的最佳方式。……规则制定的利用可以为受规制的个人提供更精确的告知，即什么行为将会受到制裁，还可以促进公平对待处于类似情形的个人。”[1] 与此同时，规则制定程序可以告知所有受影响的当事人有关规制政策即将发生的变化，并且在行政机关的观点固定下来之前，让受影响的当事人获得
305 听证的机会。

一、规制制定的数量增长

行政规则制定并不是最近发明的事物；联邦政府的内阁组成部门自国家建立初期便发布了具有法律约束力的规则，最初在 1946 年通过的《行政程序法》中也有若干条款涉及规则制定程序。但是，到了 20 世纪 70 年代和 80 年代，在行政规则制定程序中作出的决定的数量和重要性都有了明显增长。尽管规则对于单独的裁量来说具有优势，但是如果没有某些外

1　Dixon v. Love, 431 U.S. 105 (1977).

部压力，行政机关很可能不会如此明显地转向规则制定。从行政机关的角度来看，制定普遍适用的规则通常要比裁决特定的案件更为困难，相应地，产生不受人欢迎或者意外的结果的概率也更高。不仅如此，一般性规则更可能会引发将受规则调整的个人一致性的反对。一起个案裁决“分离出”一位相对人，通常选择确定相对人的标准是涉及的可质疑行为，可能面对的制裁；而一般性规则可以激发整个行业（不管其成员是否实施了类似行为）的斗志——不仅是在行政机关面前斗争，也包括在法院、国会中或者媒体上的斗争。简言之，颁布一项规章，相比裁决一系列案件来说需要耗费行政机关更多的时间、精力和善意。

促使行政机关更充分利用规则制定权的主要动力来自国会。20 世纪 70 年代的规制性制定法常常明确赋予规则制定权，并且这些规制性制定法 306
有的明确要求行政机关制定一般性规则。不仅如此，行政机关需要履行的任务所具有的不断变化的特征，也对行政机关的程序性选择产生了影响。在 20 世纪 70 年代掀起的健康、安全、环境和消费者保护立法热潮中，国会设置了各种项目，让行政官员负责规制数以十万计的工作场所或者污染源，或者数以百万计的消费交易量。行政机关除非已经准备自由动用规则制定权，否则将无望完成这些任务。

联邦法院也鼓励更广泛地利用规则制定权。联邦法院系统内主流的观点是规则制定调控应当进行宽松解读，[1] 也就是说，规则制定条款应当被视为“一项必要和适当条款，可以授权联邦通信委员会处理事先未预见的事项——即使这意味着有一点超出了该法的表面边界——扩展至有效规制已经属于该法边界之内事务所需的范围”。[2] 但是，有的时候，法院判定行政机关走得过远。例如，在 Chamber of Commerce v. NLRB[3] 案中，国家劳动关系委员会（NLRB）通过了一项规则，要求雇主在工作场所张贴告示，让雇员知晓《国家劳动关系法》（the National Labor Relations Act）所规定的权利。国家劳动关系委员会采用了该法 §6 的规定，该条款授权国家劳动 307
关系委员会“为了实施该法条款的需要而颁布相关的规则和规章”。但是，

1　参见 Mourning v. Family Pubs. Serv., Inc., 411 U.S. 356（1973）。

2　North Am. Telecomms. Ass'n v. FCC, 772 F.2d 1282（7th Cir. 1985）.

3　721 F.3d 152（4th Cir. 2013）.

法院判定，张贴告示的规则并不是实施国家劳动关系委员会依据该法行使具体职能所“必要的”。[1]

法院也不赞同对行政机关的规则制定权进行限缩解释以便在规则可能适用的裁决案件中保存受规制当事人获得完全听证的权利。[2]有的法院甚至试图强迫行政机关采用规则制定程序，即使从规则制定权的权重来看，采取此种努力也是非常不合适的。[3]

规则制定数量的增长也引发了人们对行政机关在制定规则时所遵循程序的充分性进行彻底的再次审查。法院和立法机关变得更加愿意尝试《行政程序法》的程序模式的新变型，以便让传统的规则制定实践适应行政机关所作新型决定的需要。这一程序性改革的浪潮已经明显退去，至少在法院内部。与此同时，出现了其他创新方式，如电子化规则制定
308 （e-rulemaking）、协商式规则制定（negotiated rulemaking），并且强化了行政监督。如今，规则制定程序依然是行政法中最具争议性的领域之一。

二、行政规则的类型

《行政程序法》将行政行为大致分为裁决和规则制定两大类，并且分别为其规定了不同的程序模式。因此，为了明确行政机关在颁布特定的规则或者标准时，按照《行政程序法》的规定需要采用哪种程序，我们必须首先确定所涉及的决定是一项规则并且确定属于哪种类型的规则。

（一）规则的定义

根据《行政程序法》的规定，规则是“行政机关发布的具有普遍适用性或特殊适用性，并对将来生效的文件的全部或一部分，目的在于实施、解释、规定法律或政策”或者确立实践规则。[4]其他行政行为则是裁决性“命

---

1 另可参见 Contender Farms, LLP v. USDA, 779 F.3d 258（5th Cir. 2015），该案中法院拒绝将一条宽泛的规则制定条款解读为赋予实体性职权，而另一项法定条款所授予的规则制定权则是具体对应它手头处理的争议。

2 参见上文第 293–297 页（原书页码）。

3 参见下文第 345–350 页（原书页码）。

4 5 U.S.C. § 551（4）.

令”。[1] 但是，这些定义在实践中并没有得到那么认真的对待，因为它们与对这两项术语的通常理解之间存在明显的差别。

《行政程序法》提到的“具有特定可适用性”的规则，似乎与规则的理念本身完全相反，在某种程度上就是历史性的不规则产物（historical anomaly）。具有特定可适用性的规则，其制度设计是为了保持对价格制定程序的传统理解［也就是说，涉及批准公用事业企业和公共承运人提交的价格（tariff）或者价目表（rate schedules）］的行为应当被视为规则制定程序而非裁决程序。但是，在大多数情况下，如果可以适用于一般 309
类型的个人或者情形，就可以被认定为规则。事实上，规则往往是具有普遍适用性的，这一前提是对行政程序区分规则制定和裁决的政策理由的核心。[2]

产生难题的另一根源是 §551（4）所使用的文字表明，规则必须具有“对将来适用的效力”（future effect）。尽管大多数的行政规则确实涉及将来的行为标准，但是行政机关偶尔也会发布一些意图具有追溯性的规则。在 Bowen v. Georgetown Univ. Hosp.[3] 案中，最高法院判定一部法律不能被解释为允许行政机关发布追溯性的立法性规则，“除非这一权力是以明确的词汇进行表述的”。这一判决主旨的依据是，如果一项行为在作出之时是合法的，而官员后来对该行为追究责任，这将是不公平的。但是，最高法院没有指出，当国会授权制定追溯性规章时，[4] 行政机关发布的宣告（pronouncement）不是《行政程序法》目的意义上的“规则”。为了明确这一点，Georgetown 案的一份协同意见的确声称 §551（4）禁止制定追溯性规则。但是，这一推理是有缺陷的，因为《行政程序法》的条文只是一项定义而非授权性条款。因此，判定追溯性规则不属于《行政程序法》目的意义上的“规则”，这样的判决并不能阻止行政机关发布此类规则，相反会让行政机关发布此类规则而缺乏《行政程序法》规则制定程序的保障——考虑到追溯性立法内在地具有权 310
力滥用的明显潜力，这显然是不合常规的结果。

1 Id. § 551（6）.

2 参见上文第 221–224 页。

3 488 U.S. 204（1988）.

4 例可参见 26 U.S.C. § 7805（b）［税务裁定（tax rulings）］。

因此，在实践中，将一项规则区别于裁决的首要因素是规则具有“可普遍适用性”。这一区别也对应于行政律师通常采用的做法（usage）：对具名的（named）当事人作出的行政行为是裁决（除了价格制定案件之外）；对某一类的个人或者情形作出的行为是规则。

（二）拘束性规则和非拘束性规则

最重要同时也是人们最熟悉的一类规则是立法性规则（有时候也被称作规章或者实体性规则）。它具有若干明显特征。它具有“法律拘束力和效力”（the force and effect of law），总是“来源于国会赋予的［准立法性］权力”。[1] 有效的立法性规则可以一锤定音，至少在行政层面，可以解决它所针对的事项。当然，此类规则具有“法律拘束力和效力”，并不意味着它可以不受司法审查；法院根据不同理由受理对该规则提出的诉讼。[2] 但是，它确实意味着，除非被法院所推翻（或者被行政机关所撤销），否则该规则将同时对私方当事人和政府本身具有拘束力。拘束力是立法性规则的首要
311 识别特征：规则的性质和目的是以决定性的方式改变公民的法定权利的。

当然，并非所有的行政机关文告都符合《行政程序法》对“规则”的宽泛定义，就属于立法性规则。法院在适用《行政程序法》规则制定条款的过程中也探索了更狭义术语的边界。《行政程序法》总体上要求在发布规则之前经过公开程序，通常是通告评议程序，但是它也对“解释性规则、一般政策声明，关于行政机关的组织、程序或手续的规则”豁免适用这一要求。[3] 国会之所以对立法性规则和政策声明［二者有时也被合称为“指导文件”（guidance documents）］豁免适用《行政程序法》的程序性义务，是因为它们都不属于立法性规则。因此，为了确定某一特定规则的发布是否符合《行政程序法》的规定，法院通常必须将立法性规则区别于更为非正式性的文件。这从来都不是一项容易完成的任务。在 20 世纪 70 年代期间，有些法院坚持认为行政机关在发布任何对公众具有“实质性影响”的规则之前必须遵循通告评议程序。[4] 这一标准后来不再受欢迎，因为它与《行政

1 Chrysler Corp. v. Brown, 441 U.S. 281, 302（1979）.

2 参见上文第 115–125 页。

3 5 U.S.C. § 553（b）（A）.

4 例可参见 Pickus v. U.S. Bd. of Parole, 507 F.2d 1107, 1112（D.C. Cir. 1974）。

程序法》的条文存在太多龃龉之处：几乎任何重要的规则都可能具有实质性影响。[1] 即使是在现在的受到更多约束的法律环境中，对于指导文件豁免通告评议程序要求，仍然可以引发混淆和广泛诉讼。 312

一般性政策声明的内容是说明行政机关试图在将来运用其立法权，但是并没有试图立即对任何人产生拘束力。《行政程序法》对这些文件豁免公开程序的要求，因为它们本身并没有改变任何人的法定权利。在政策声明发布之后发生的案件中，行政机关不能引用政策声明来解决任何争议；如同声明从未发布过一样，持反对意见的当事人有获得听证的权利。在Pacific Gas & Elec. Co. v. FPC[2] 案中，哥伦比亚特区巡回法院判定可以适用该豁免规定。该案中联邦动力委员会在天然气供应出现短缺时对天然气分配尝试采纳特定的一组优先次序，但是在后来的案件中指出它会根据愿意采取其他方法的公司所提交的不同意见，对上述建议的方法作进一步考虑。因此，这一豁免规定所适用的文件只是为行使裁量权提供了一个起点。[3]

但是，法院并不总是会对行政机关有关其意图的陈述信以为真。如果声明的文字，或者行政实施该声明的方式，表明行政机关不会赋予持反对意见的当事人申请重新开始处理这些争议的真正机会，法院可能就会认定行政机关正在努力让该声明具有法律效力，从而让通告评议程序变得不可或缺。法院经常会问，对声明的使用方式是否让它“在实际上”产生拘束力。[4] 表现方式可以是指出声明中的强制性文字，[5] 或者指出行政机关实施该 313
声明时的实际行为过程。[6] 对政策声明豁免公开程序之规定限缩适用的案件，在促进公众参与行政机关的决定过程方面可以发挥作用，但是它们也具有令人忧心的一面。公众在了解行政机关的裁量性政策内容方面具有重要利益。如果披露这些政策的声明过于轻易地判定引发通告评议程序义务，行政机关可能会直接决定减少发布咨询性质的声明。

1　Friedrich v. Secretary of HHS，894 F.2d 829（6th Cir. 1990）.

2　506 F.2d 33（D.C. Cir. 1974）.

3　Interstate Natural Gas Ass'n of Am. v. FERC，285 F.3d 18，58–60（D.C. Cir. 2002）；American Hosp. Ass'n v. Bowen，834 F.2d 1037（D.C. Cir. 1987）.

4　General Electric Co. v. EPA，290 F.3d 377（D.C. Cir. 2002）.

5　CropLife America v. EPA，329 F.3d 876（D.C. Cir. 2003）.

6　United Tel. Ass'n v. FCC，28 F.3d 1232（D.C. Cir. 1994）；McLouth v. Steel Prods. Corp. v. Thomas，838 F.2d 1317（D.C. Cir. 1988）.

在相关的系列案件中，法院认定一份文件不属于政策声明豁免规定的范围，因为它对行政机关的工作人员具有拘束力。一个著名的例子是国土安全部的一份备忘录规定某一项目允许特定的非法移民可以被暂时性撤销驱逐出境的威胁。第五巡回法院支持了反对该项目的临时性禁令，理由是它的发布没有经过通告评议程序。法院驳回了认为备忘录只是一项政策声明的辩护理由。尽管这一备忘录在表面上允许国土安全部的工作人员根据逐案裁量的方式实施这一项目，但是法院相信，在实践中，工作人员将会
314 常规性地允许向非法移民提供救济。[1] 此类判决已经遭到批评，理由是它们可能会损害行政首长确保工作人员以前后一致、有序的方式实施其政策的能力。正如同一法院在先前的判决中所提出的问题，"如果行政机关的雇员不以政策声明为指南，那么这些政策声明可以实现什么目的？"[2]

与立法性规则不同，解释性规则的目的不是改变相对人的法定权利，而是阐述行政机关对于现行法律已经作出哪些要求这一问题时所持有的观点。在有的情况下，相对容易对解释性规则适用豁免通告评议程序的规定。例如，如果行政机关没有获得国会授权的立法权，那么它所制定的规则势必是解释性的。[3] 另一方面，如果一部法律在负责实施机关发布实施规则之前无法发挥作用，那么这些实施规则就不可能是解释性规则，从而必须通过《行政程序法》规定的程序发布。[4]

但是，许多适用了解释性规则豁免规定的案件，不能基于如此绝对的（categorical）依据进行裁判。它们让联邦法院陷入了疑难的逐案判决的境地。有的时候，这些判决取决于行政机关在多大程度上意图以拘束性的方
315 式适用政策声明，或者确实以拘束性的方式适用政策声明。[5] 在这方面，行

---

1 Texas v. United States, 809 F.3d 134（5th Cir. 2015）, aff'd by equally divided Court, 136 S. Ct. 2271（2016）; 另可参见 Community Nutrition Inst. v. Young, 818 F.2d 943（D.C. Cir. 1987）。

2 Prof'ls & Patients for Customized Care v. Shalala, 56 F.3d 592（5th Cir. 1995）.

3 参见 General Electric Co. v. Gilbert, 429 U.S. 125（1976）（讨论平等就业机会委员会制定的指南）。

4 American Mining Cong. v. MSHA, 995 F.2d 1106（D.C. Cir. 1993）.

5 New York City Employees' Retirement Sys. v. SEC, 45 F.3d 7（2d Cir. 1995）[证券交易委员会（SEC）的不起诉决定（no-action letters）是非拘束性的，因此是解释性的]; Alaska v. U.S. Dep't of Transp., 868 F.2d 441（D.C. Cir. 1989）（某一规章明显是为了具有拘束力，因此不属于解释性规则）。

政机关所采取的方法类似于对一般性政策声明所适用的标准。但是，除此以外，法院经常根据行政机关所作的解释与其所要解释的条款（可以是一部法律或者是先前颁布的一项立法性规则）之间的关系，对该解释的实体内容进行审查。总的来说，行政机关的声明如果大体上沿袭了其依据的条款中的文字，或者看起来在这些文字“基本含义范围之内”，它就很有可能会被认定满足豁免适用通告评议程序的要求。[1] 与之相反，如果声明所表达的观点是它似乎并不是直接来自相应法律条款的文字或者制定目的，法院就更有可能得出推论，认为行政机关在试图确立新的法律义务，那么遵守《行政程序法》规定的程序就会变得不可或缺。[2] 但是，并非所有的法院都会积极地适用 Sprint 案和 Hoctor 案的推理，甚至完全不适用上述两案的推理；在某些案件中，法院认定，从制定法或者规章中高度模糊的或者开放性的条文中推导出的行政机关的声明，属于解释性规则豁免规定的范围。[3] 目前来看，这些不同的方法都不具有主导地位，判例法依然是混乱的， 316
在很大程度上是因为最高法院还没有对这一问题发表意见。

随着时间的推移，行政机关解释发生的变化也可能对于豁免条款的适用来说具有重要意义。最高法院在 Guernsey 案中指出，行政机关的声明会失去豁免适用的地位，如果它与已有的立法性规则之间存在矛盾。异言之，事实上对立法性规则进行修订的文件本身必然是立法性的。[4] 这些案件背后的逻辑是明确的。因为先前的立法性规则具有法律效力，它对行政机关具有拘束力，除非行政机关撤销或者修改了该立法性规则，而这一工作当然需要适用规则制定程序。有一段时间里，哥伦比亚特区巡回法院，以及若干其他巡回法院，通过判定行政机关如果意图制定一项与先前对立法性规则所作解释不一致的新解释，则需要采用通告评议程序，从而扩张了这些案件原则的适用范围，[5] 但是，在 Perez v. Mortgage Bankers Ass'n[6] 案中，最高

1 Air Transport Ass'n of America, Inc. v. FAA, 291 F.3d 49（D.C. Cir. 2002）.

2 Sprint Corp. v. FCC, 315 F.3d 369（D.C. Cir. 2003）; Hoctor v. USDA, 82 F.3d 165（7th Cir. 1996）.

3 Shalala v. Guernsey Memorial Hosp., 514 U.S. 87（1995）; American Mining, 上文。

4 例可参见 Hemp Industries Ass'n v. DEA, 333 F.3d 1082（9th Cir. 2003）; National Family Planning & Reprod. Health Ass'n v. Sullivan, 979 F.2d 227（D.C. Cir. 1992）。

5 参见 Alaska Prof. Hunters Ass'n v. FAA, 177 F.3d 1030（D.C. Cir. 1999）。

6 135 S. Ct. 1199（2015）.

法院中止了这一趋势，判定对某些解释性规则设定额外的程序性要求，这
317 种做法没有得到《行政程序法》的授权。

三、规则制定的程序

根据《行政程序法》的规定，行政机关的规则制定程序可以体现为三种不同的程序行使：它们可以是正式的、非正式的，或者完全豁免适用《行政程序法》的程序要求。此外，国会在特定地赋予规则制定权过程中有时也补充或者修改了《行政程序法》所规定的基本程序模式，而且复审法院，至少在过去，偶尔也会要求行政机关采用《行政程序法》所规定之外的其他程序。但是，在讨论这些之后出现的"混合型"规则制定方法之前，我们有必要回顾一下《行政程序法》所设计的三种规则制定程序。

（一）《行政程序法》规定的程序模式

1. 获得豁免的规则制定

《行政程序法》有关规则制定的一般性条款，即 §553，包含了若干豁免规定，授权行政机关未经任何公众参与即发布最终规则。我们在上文已经讨论了对解释性规则和政策声明的豁免规定。此外，§553（a）规定任何与"军事或者外交事务职能"，或者"行政机关内部管理或者工作人员或者公共财产、贷款、拨款、福利或者合同"相关的规则制定豁免适用公开通告和评议机会的规定。评论家们也强烈批评了这些适用范围广泛的豁
318 免规定，美国行政会议也建议废除这些豁免规定或者缩小其适用范围。[1] 对金钱有关的事务（proprietary matters）（例如拨款或者福利）适用的豁免规定，是特别难以证明其正当性的。国会最初制定这些豁免规定时，存在一项一般性推定，即在政府行为影响的是"特权"或者"单纯的赏赐"（mere gratuity）而非私人财产时，私方当事人并不拥有任何程序性权利。如今人们已经抛弃了这一区分，认为它在当代的正当程序分析中是不合理和不可

1 ACUS Recommendation No. 73-5，39 Fed. Reg. 4847（1974）（军事或者外交事务）；ACUS Recommendation No. 69-8，38 Fed. Reg. 19，782（1973）（拨款或者福利）。

行的。[1]政府可以利用开支权追求各种社会目标，§553包含的豁免规定所产生的效果是让许多重要的政策决定可以不受公众参与的影响——尽管有的行政许可已经制定规章放弃对这些豁免规定的适用，从而缓解了这些豁免规定的影响，国会也在调整这类事务的某些特定行政机关相关制定法中要求遵守通告评议程序。[2]

《行政程序法》也允许行政机关未经事先通告即发布程序性规则。[3]这一豁免规定反映了“国会的判断，即此类规定不直接引导公众行为，所以并不值得承担公众参与程序的行政负担”。[4]这些豁免规定一般来说调整的事项是诸如调整其程序（proceedings）的实践规则，以及涉及行政机关内部职权和职责授予的规则。例如，美国农业部一项规则删除了批准商业性食品标签的加速的“面对面的”会见程序，哥伦比亚特区巡回法院判定该 319
规则属于豁免规定适用的范围，因为该规则在性质上显然是程序性的（“表面具有程序性”），尽管这种删除规定可能会对商业性食品加工者产生“实质性的影响”。[5]

更为晚近的，哥伦比亚特区巡回法院指出，“实体性规则和程序性规则之间的区别是一个程序问题，它取决于实体效力是否足以重大以至于需要通过通告评议程序保护构成《行政程序法》之基础的政策”。[6]在该案中，法院认定交通安全管理局（TSA）决定利用先进成像技术而非磁力检测装置对航空乘客进行安全检查，这构成了实体性规则；该技术是一项“程序”，但是它也侵入了个人隐私领域。[7]

显然，法院在这一领域的标准并不是非常容易适用的。无论如何，美国行政会议已经敦促各行政机关对明显属于豁免规定适用范围的规则自愿适用通告评议程序，“除非此类程序的成本将会超过公众参与带来的收益……”[8]

---

1 参见上文第204–207页（原书页码）。

2 例可参见38 U.S.C. § 501（退伍军人福利规则）。

3 §553（b）（A）.

4 U.S. Dep't of Labor v. Kast Metals Corp.，744 F.2d 1145（5th Cir. 1984）.

5 James V. Hurson Assoc. v. Glickman，229 F.3d 277，281（D.C. Cir. 2000）.

6 Elec. Privacy Info. Ctr. v. U.S. Dep't of Homeland Sec.，653 F.3d 1，5–6（D.C. Cir. 2011）.

7 另可参见Mendoza v. Perez，754 F.3d 1002（D.C. Cir 2014）。

8 ACUS Recommendation 92–1，57 Fed. Reg. 30，102（1992）.

最后，《行政程序法》还有一项规章制定的豁免规定，适用于“通告
320 和公开程序……不切实际，不必要，或者与公共利益相悖之时”。[1] 在规则
是迫切需要的，或者规则发布的迟延将会让规则的目的落空时，就符合了这一豁免规定涉及的“不切实际”“与公共利益相悖”两项分支条件。[2]“不必要”这一分支条件的适用则是在标的物如此常规或者琐碎时，以至于公众参与的价值可以忽略不计。当行政机关适用这一豁免规定的任何一项分支条件时，《行政程序法》要求行政机关认定存在“合理事由”，并在最终的规则中对回避公众参与的理由作出简短说明。“合理事由”的认定需要接受司法审查，并且经常会在法院受到怀疑。[3]

尽管这些公众参与的豁免规定是非常宽泛的但是行政机关通常可以自由地给予受影响的相对人以比法律所要求的更多的参与机会。因此，它可以就技术上豁免适用《行政程序法》规定的重要规则采用通告评议程序，或者与受影响的利益团体进行非正式会谈，或者举行公开听证。美国行政会议建议，如果解释性规则或者一般性政策声明“很可能会对公众产生实
321 质性影响”，那么各行政机关就提供此类公众参与的机会。[4] 美国行政会议
也建议，在所发布的规则符合豁免规定之“合理事由”不具有可操作性，或者与公共利益相悖等分支条件时，行政机关应当向公众提供对已发布规则发表评议的机会。[5] 根据这一依据发布的规则经常被称为临时性最终规则（interim final rules），因为它们既是临时性的（它们将会被重新审查甚至根据所受到的评议情况加以替换），同时也是最终规则（它们是立即生效的）。在所发布规则符合豁免规定之“合理事由”的“不必要”这一分支条件时，美国行政会议建议行政机关直接采用最终规则制定程序（direct final

1 5 U.S.C. § 553（b）（3）（B）.

2 例可参见 Jifry v. FAA，370 F.3d 1174（D.C. Cir. 2004）（支持了联邦航空管理局在九一一事件之后通过简易程序制定的一项规则，该规则规定当交通安全管理局认定外国籍飞行员构成安全威胁时，可以立即撤销该飞行员的飞行特权）。

3 例可参见 Utility Solid Waste Activities Group v. EPA，236 F.3d 749（D.C. Cir. 2001）（否定了环境保护局认定存在适用豁免规定的合理事由，该案中环境保护局试图纠正一项规章中存在的印刷错误，该规章修订后大幅扩大了受规制的对象范围）。

4 ACUS Recommendation No. 76-5，41 Fed. Reg. 56，769（1976）.

5 ACUS Recommendation 95-4，60 Fed. Reg. 43，108（1995）.

rulemaking）。[1]在采用这种规则制定技术时，行政机关未经事先通告评议程序即发布规则，但是宣布，如果任何人在发布之后的一个较短的规定期限内提交负面评价，它将会撤回该规则。对于行政机关的推定，即该规则可以证明是不具有争议性的，这种承诺提供了“现实检验”（reality check），但是行政机关仍然可以自由地通过通告评议式的规则制定程序再次提出规则草案。

2. 非正式规则制定

《行政程序法》§553 规定的规则制定基本程序，一般被称为“非正式”规则制定程序或者“通告评议”规则制定程序。如果行政机关的授权法中没有作出相反的指示，行政机关只要是发布实体性规则，都可以适用《行政程序法》规定的非正式规则制定程序。因此，如果法律只是授权行政机关制定规章，而这些规章影响私方当事人的权利，行政机关就需要遵循《行 322
政程序法》§553 所规定的通告评议程序。

《行政程序法》规定的非正式规则制定程序简单而有弹性空间，它是由三项程序性要求构成的，但是总统、国会和法院又设定了额外的程序性要求和分析性要求，这些都使该程序变得更为复杂。根据《行政程序法》的规定，行政机关必须发布事先通告，通常在《联邦公报》上刊登一则信息就可以满足这一要求。这一通告必须包含“拟制定规则中的术语和实体内容或者对所涉及主题和争议问题的描述”以及援引发布规则的法律依据和有关公众参与机会的信息。[2]在刊登规则制定通告后，行政机关必须“让利害关系人有机会参与”，方式可以是提交评议意见，包括数据、观点或者主张。[3]行政机关不是必须根据本节规定举行任何口头听证；它可以裁量决定是否允许利害关系人向作出决定者提交证言或者口头提出主张。最后，行政机关对公众评议意见进行考虑之后，必须在发布最终规则的同时附具“对规则制定依据和目的的……简要的一般性说明”。[4]这一说明经常被称为“序言”。复审法院希望行政机关详细说明发布规则的理由，并且“考虑和

1 Id.

2 5 U.S.C. § 553（b）.

3 5 U.S.C. § 553（c）.

4 Id.

323 回应在公开评议期内收到的重要评议意见”。[1] 因此，依据和目的的说明现在篇幅越来越长。[2]

电子技术的发展让这一程序变成了所谓的“电子化规则制定”，几乎所有的行政机关都将互联网的运用引入通告评议程序之中。在大多数的行政机关网站上，公众可以看到正在进行的规则制定程序的通告，访问背景材料，在线提交评议意见，并且阅读和回应其他人提交的评议意见。国会在《2002 年电子政府法》§206 中鼓励这种“电子化文档管理”（electronic docketing）的做法。[3] 这些努力发展到后来促成了建立单一门户网站，即 www.regulations.gov，公众可以在该网站上对所有重要的规制机关正在进行的规则制定提供评议意见。这一程序的主要好处是便利了遍布全世界的利害关系人进行评议，以及查询他人已经提交的评议意见。但是，查询的便利也带来了新的挑战。纸面的评议意见需要扫描后上传，对于受版权保护的评议意见、保密的商业信息，以及个人私密信息而言，行政机关在处理
324 时就需要加倍小心。

无论是在线上还是线下进行，《行政程序法》所规定的通告评议式规则制定程序都提供了一种高效的工具，让主管官员可以获取信息，从而迅速作出决定。但是，从反对某一特定规则的当事人来看，这些程序的公正性不如审判型听证，后者可以让当事人享有了解和质疑反对证据的广泛权利。《行政程序法》中的非正式规则制定条款并没有明确要求行政机关公开其事实、法律和政策的支持材料接受公众批评。除非提出质疑的当事人能够根据《信息自由法》获得内部的行政文件，[4] 否则他只能在规则发布之后去法院起诉对该规则的效力提出质疑，才能通过证据开示程序得到行政机关的支持性证据和分析。其结果是，如果行政机关没有足够积极或者自律地收集和分析信息，非正式规则制定程序可能会导致出现不精确的或者受到误导的决定。出于这些理由，受规制的行业和其他选民团体经常在行

---

1 Perez v. Mortgage Bankers Ass’n, 135 S. Ct. 1199（2015）.

2 参见 Automotive Parts & Accessories Ass’n v. Boyd, 407 F.2d 330, 338（D.C. Cir. 1968）（依据和目的的说明应当足够完整，从而让复审法院“明白非正式程序中讨论了哪些重大政策问题，以及行政机关所作回应的理由”）。

3 The E-Government Act of 2002, Pub. L. No. 107-347, 44 U.S.C. § 3501 note.

4 参见上文第 155-164 页。

政机关的规则制定程序中寻求额外的程序性保障。他们所使用的一项策略便是寻求启动《行政程序法》所规定的正式规则制定程序。

3. 自然延伸标准

考虑到通告评议程序的目的，行政机关的最终规则当然可能会不同于它们提出的规则草案。但是，如果最终规则存在明显差别，“利害关系人不能从规则草案合理预期最终的规则内容”，这就产生了合理通告的 325
问题。[1] 为了回应这些质疑，联邦法院已经形成了一项标准：最终规则是不是对用于征求评议意见的规则草案的“自然延伸”（logical outgrowth）。在 Chocolate Mfrs. Ass’n v. Block[2] 案中，美国农业部提议对一项食品捐赠项目进行修订，删除含糖量较高的某些食品。通告中提到的果汁就是这样的一类食品。农业部收到一些意见建议后进一步删除风味奶。农业部据此在最终规则中补充了这一修订内容。巧克力生产商协会（the Chocolate Manufactures Association）抗议称它没有收到行政机关的通告，不知道行政机关正在考虑此类计划，并且这一修订并不是农业部规则草案的自然延伸。法院支持了这一观点并将规则发回作重新处理。最高法院在 Long Island Care at Home, Ltd. v. Coke[3] 案中采纳了自然延伸标准，但是以相当宽松的方式作出的。劳工部提出了一项规章草案，试图将限制加班的保护措施延伸适用于特定雇员，后来在最终规则中排除了这些雇员，最高法院判定劳工部的行为没有违反《行政程序法》的规定。尽管如此，当行政机关采纳的最终规则与最初的规则草案刚好完全相反时，行政机关的规则仍然可能有被撤销的风险。[4]

4. 正式规则制定

行政机关的规则制定一般要求适用通告评议程序，但是《行政程序法》§553（c）对这项一般性原则作出了一项例外规定。它规定，“当规则依法需要在提供行政机关听证的机会之后基于笔录制定时”，行政机关必须遵 326
循《行政程序法》§556 和 §557 的规定，也就是说，它必须提供正式裁决中所需要的大多数程序。因此，当某些其他法律（通常是授予行政机关以

1　American Water Works Ass’n v. EPA, 40 F.3d 1266, 1275（D.C. Cir. 1994）.

2　755 F.2d 1098（4th Cir. 1985）.

3　551 U.S. 158（2007）.

4　例可参见 Allina Health Services v. Sebelius, 746 F.3d 1102（D.C. Cir. 2014）。

规则制定权的法律）要求行政机关这么做时，它就必须举行审判型听证，为利害关系人提供作证和与对方证人进行交叉质证的机会之后方可发布规则。[1] 传统上，这一程序被称为“基于听证笔录的规则制定”或者“正式的规则制定”。[2]

由于法律起草者经常未能完全适应《行政程序法》的细微差别，相关的法律对于国会是否希望行政机关采用正式规则制定或者非正式规则制定程序的问题可能是模糊不清的。在 United States v. Florida East Coast Ry.[3] 案中，最高法院所遭遇的就是这样的情形。相关法律只是规定，州际商业委员会“可以在听证之后”发布规则规定运货车厢使用的激励性每日收费标准。持反对意见的铁路公司认为，这一条文是要求州际商业委员会遵循《行政程序法》规定的正式规则制定程序，立法史也的确倾向于支持这一结论。但是，最高法院判定通告评议式的规则制定程序就足够了；尽管法律不是需要逐字
327 照搬“在提供行政听证之机会后根据笔录”这些短语才能引发适用正式规则制定程序之要求，但是，国会明确表达意图是必要的。实际上，Florida East Coast 案的判决创设了一项更青睐于非正式规则制定程序的强推定。

尽管 Florida East Coast 案的判决意见并没有公开讨论这一问题，但是该案判决的作出可能是基于这样一种确信，即一般来说在规则制定程序中，审判型听证是不可欲的。评论家们批评正式规则制定程序支出高、冗长而对决定的质量裨益甚微。食品药品管理局需要在某些规制项目中采用正式规则制定程序，它的经历就经常用来作为例子证明。例如，在臭名昭著的花生酱规则的制定程序中，当事人花费了几个星期时间进行听证，完成了数千页的笔录，从而可以在花生酱应当包含 87% 还是 90% 的花生之类的问题上对专家们进行交叉质证。[4] 食品药品管理局就维生素补充剂问题进行的正式规则制定程序则是耗时更久而徒劳无功的一次经历。在进行了长达 18 个月的听证之后，食品药品管理局在上诉阶段败诉，因为它不当地限制

---

1 参见第 249 页（原书页码）的图表。

2 需要指出的是，非正式（通告评议式）规则制定已经变得更加复杂。媒体上也有许多流行的说法将其称为“正式规则制定”，通常是在与具有拘束力的指南相对的意义上使用这一名称，这是容易令人混淆的。

3 410 U.S. 224（1973）.

4 参见 Corn Products Co. v. FDA，427 F.2d 511（3d Cir. 1970）。

了对一位政府专家的交叉质证。[1] 在其他行政机关，与正式规则制定程序相关的支出和迟延问题已经导致几乎取消了规制项目。[2] 考虑到这一经历的背景，最高法院不愿意判定模糊的制定法要求采用正式规则制定，这也是可以理解的。今天，正式规则制定几乎已经被联邦行政机关抛弃了。 328

即使是在法律明确要求采用正式规则制定程序时，《行政程序法》也是允许某些方面不遵循正式裁决中采用的程序[3]。最明显的差别在于《行政程序法》§554（d）规定的严格的职能分离要求并不适用。正式规则制定程序中的决定者可以自由征询行政机关中的专家工作人员（staff expert），包括以前在听证程序中负责陈述行政机关立场的工作人员的意见。与行政裁决不同，规则制定程序通常不是指控性的；相应地，也就不太需要为了确保被指控者得到公平对待，而将决定者与具有对抗性可能的工作人员相互分离了。同样，在正式规则制定中，行政机关可以提交书面材料替换口头直接的证言，并且可以摒弃行政法法官提供的初步裁决或者建议的裁决。[4] 但是，《行政程序法》§557（d）规定的禁止与外部当事人进行单方接触，仍然是适用的。

（二）法院设定的参与权

在20世纪60年代末，规则制定成为行政机关日益重要的决定形式，对于《行政程序法》所规定的规则制定程序存在的不满情绪也开始蔓延。 329
非正式规则制定程序是简单和高效的，但是它并没有赋予利害关系人了解拟议规则的依据并提出不同意见的权利。另一方面，正式规则制定提供了充分的参与和对行政机关拟议规则提出质疑的机会，但是其成本几乎让规则制定程序陷入瘫痪。随着这些缺陷越来越为明显，法院、评论家和议员试图发展中间类型的程序模式，以允许规则制定中实现有效的公众参与，同时避免采用审判型程序存在的过度问题。这些折中处理的程序一般被称为"混合式规则制定"。

1　National Nutritional Foods Ass'n v. FDA，504 F.2d 761（2d Cir. 1974）.

2　Robert W. Hamilton，*Procedures for the Adoption of Rules of General Applicability：The Need for Procedural Innovation in Administrative Rulemaking*，60 Cal. L. Rev. 1276（1972）.

3　参见本书第七章的讨论。

4　Id. §§ 556（d），557（b）.

复审法院在混合式规则制定程序的最积极支持者行列。尽管基于宪法的根本性公平观念似乎是这些发展的基础，法院通常并不是直接将它们的判决主旨建立在《联邦宪法》的基础之上，这无疑是因为根据传统的理解，正当程序条款很少适用于规则制定的情形。不仅如此，它们也很容易为设定混合式规则制定程序找到其他法律依据。法律起草得粗糙或者模棱两可，有的时候也为创造性的司法解释提供了机会。例如，在 Mobil Oil Corp. v. FPC[1] 案中，法院判定联邦动力委员会（FPC）必须适用混合式程序，包括在制定特定类型的石油天然气产品的管道运输价格时对某些存在争议的问
330 题举行举证式听证。这一判决主旨依据的是一部法律，其中规定法院必须采用实质证据标准[2]审查这些规则。

在另外一些案件中，联邦法院对《行政程序法》调整非正式规则制定的条款进行了重新解释，以便强化实现有意义的公众参与的机会。《行政程序法》的一项重要注释，不论是明显来自 §553 的条文，还是对于拟议规则所依据的任何重要的研究或者数据，行政机关都必须向公众披露。这一要求最初是出现在 Portland Cement Ass'n v. Ruckelshaus[3] 案，在该案中，法院宣布，“一项规则的颁布所依据的是不充分的数据，或者所依据的数据在关键程度上是仅为行政机关所知的，这与规则制定程序的目的是不相符的”。基于这一理由，这一要求经常被称为 Portland Cement 规则。该规则适用的一项成功范例便是 United States v. Nova Scotia Food Prods. Corp.[4] 案，在该案中法院认定食品药品管理局未能让潜在的评论家获得一项关键性的科学研究，这种做法违反了《行政程序法》的规定。法院的推理是，“通过不披露所依据的数据，压制有意义的评议，这与完全拒绝评议是相近的”。事实上，联邦法院创造了一项司法性质的规则制定程序的普通法规则。

某些混合式规则制定案件的判决主旨并没有以法律条文或者宪法规定
331 作为直接的依据。Mobil Oil 案是一系列判例的典型，该案中法院有时候将规则发回作重新处理，并指示行政机关允许对特定问题进行交叉质证，即

1 483 F.2d 1238（D.C. Cir. 1973）.

2 这是一项通常与正式程序相互关联的审查标准。

3 486 F.2d 375，393（D.C. Cir 1973）.

4 568 F.2d 240（2d Cir. 1977）.

使这一案件总体而言是受《行政程序法》的非正式规则制定条款调整的。在后面这类案件中，最高法院最终介入，撰写了一份非常强烈的判决意见，事实上停止了法院发展混合式规则制定程序的进程。

Vermont Yankee Nuclear Power Corp. v. Natural Resources Defense Council, Inc.[1] 案的起因是原子能委员会（核能监管委员会的前身）在规则制定程序中试图为核电站的各个许可程序确定放射性废物的环境影响应有的权重。原子能委员会获得授权利用非正式规则制定程序发布这类规则，但是它自愿举行了一次口头听证，由行政机关的代表对证人进行询问。在司法审查阶段，哥伦比亚特区巡回法院判定，原子能委员会没有允许充分探索有关核废物处置计划的关键性证言：在发回重新处理的过程中，环境保护主义的介入者有权获得更充分的程序机会，如证据开示或交叉质证。

最高法院一致判决撤销了该判决，指责哥伦比亚特区巡回法院的判决意见是“放马后炮”（Monday morning quarterbacking）。一方面，最高法院指出，除了“极端少数的”情形之外，法院不能强迫行政机关采用超出《行 332
政程序法》或者其他法律规定或者宪法条文之外的规则制定程序。在最高法院看来，《行政程序法》制定了“让各种反对的社会势力和政治势力可以寻求寄托的一项公式”，[2] 并且改变立法性判断已经超出司法机关的管辖范围。最高法院也反驳了这样一项主张，即诸如交叉质证的额外程序可以为行政机关的决定和司法审查提供更充分的记录。另一方面，最高法院也相信法院施加的混合式规则制定要求会带来真实的成本。如果法院可以根据个案情况临时自由设计程序性要求，“司法审查将是完全不可预测的”；行政机关如果试图避免规则被法院判决撤销，势必会在每起案件中都倾向于采用高度对抗性的程序。

总的来说，联邦法院都在切实遵循 Vermont Yankee 案提出的警告，即反对在法律要求之外设定规则制定程序。但是，这并不意味着对规则制定程序的司法监督已经无足轻重。首先，法院依然可以强制执行《行政程序法》的要求，并且它们经常还是很积极地这么做。上文所讨论的自然延伸标准就是这样的一个例子。法院也在继续遵循 Portland Cement 原则，即作

1　435 U.S. 519（1978）.

2　引用了 Wong Yang Sung v. McGrath，339 U.S. 33，40（1950）。

为拟议规则之基础的基本事实推定必须允许由利害关系人进行评议；这一
333 原则如今被视为属于 §553（b）或者 §553（c）所隐含的内容。[1]

不仅如此，Vermont Yankee 案没有被解读为减损了法院对行政机关的规则制定活动之实体内容进行积极审查的能力。现代的“严格审查”（hard look）标准，正如 State Farm 案判决所展示的，要求行政机关制作为规则提供支持的案卷，对规则制定程序中参与者提出的重要评议意见作出回应。[2]事实上，Vermont Yankee 案的判决意见明确重申了一项原则，即行政规则的合理性必须是根据行政机关在发布规则之前所拥有的案卷而作出判断。在某种意义上，这一原则与最高法院强调尊重国会之间存在矛盾，因为规则制定案卷的概念本身就是法院创造的产物，是《行政程序法》的起草者从来未曾设想过的。[3]如果按照这一原则去做，最高法院的立场可以按实用主义的方式来理解：行政机关有义务制作案卷，证明自己已经认真负责地行使了裁量权，但是它可以有广泛的空间来决定整理案卷的最佳方式。

但是，有的行政机关依然遵循混合式规则制定程序，因为法律上的要求迫使它们这么做。在 20 世纪 70 年代通过的某些规制性法律中，国会表
334 现出非常愿意尝试《行政程序法》规定的规则制定模式的各种变型，经常借鉴混合式规则制定案例中首先提出的一些机制。[4]到了 20 世纪 80 年代，这一立法趋势已经式微：国会也似乎认识到起草规则与审理案件之间存在巨大差别。事实上，法律所施加的混合式程序，其实践并不令人鼓舞。美国行政会议认定，为联邦贸易委员会采用混合式规则制定程序情况的详细研究报告提供了“强有力的证据”，可以证明“在国会授予行政机关广泛的立法权，但是在法律中并未赋予具体含义时”，审判型听证程序“并不是控制行政机关裁量权”的有效工具。[5]实际上，联邦贸易委员会已经几乎放弃了根据混合式规则制定立法进行规则制定的活动，相反，偶尔根据国

1 例可参见 American Radio Relay League，Inc. v. FCC，524 F.3d 227，237（D.C. Cir 2008）（坚持 Portland Cement 原则，尽管 Kavanaugh 法官撰写的协同意见批评这么做违反了 Vermont Yankee 原则）。

2 参见下文第 116–119 页（原书页码）。

3 参见下文第 111–115 页（原书页码）。

4 例可参见 42 U.S.C. §7607（d）（EPA rulemaking under Clean Air Act）；15 U.S.C. § 57a（FTC consumer protection rulemaking）。

5 ACUS Recommendation No. 80–1，45 Fed. Reg. 46，772（1980）.

会的授权在特定情形下采用《行政程序法》中的规则制定程序。不仅如此，国会没有废除 20 世纪 70 年代立法上规定的许多要求；它们依然是纸面上的法律，也是混合式规则制定时代的一项遗产。

（三）单方接触与预先判断

对于程序形式的信仰存在的起伏变化，在参与权的辩论过程中表现得非常突出，这一现象也在有关规则制定程序的其他争议中重演。例如，《行 335
政程序法》§553 对于单方接触和行政偏见问题只字未提。但是，随着 20 世纪 70 年代规则制定的重要性日渐突出，人们经常主张法院应当借鉴正式裁决程序中所执行的原则，在这些领域设计保障措施。[1] 这场辩论非常激烈，因为这一问题的双方都涉及重要的程序价值。但是，最终似乎在规则制定情境中的行政灵活性方面决定性地实现了平衡。

即使是在混合式规则制定判决的时代之前，就已经出现了一起案件，法院在其中推翻了一项根据通告评议程序制定的规则，因为决定者与一位利害关系人进行了多次讨论而没有将其记录在案卷之中。在 Sangamon Valley Television Corp. v. United States[2] 案中，哥伦比亚给特区巡回法院撤销了一项将某一电视频道从一个市重新分配至另一个市的规则，因为一位存在利害关系的许可证申请人的公司官员与联邦通信委员会的委员进行了非正式会面，讨论了这一规则制定的实体内容。法院指出，这次规则制定涉及"对存在价值的特权提出相互冲突的私人请求权"：尽管这一规则看起来只是对于在两个城市中可以设置的电视台数量作出的一般性决定，但它实际上确定了在几个相互竞争的许可证申请人中的哪一位将最终如愿。在这一方面，这一规则制定在功能上类似于比较许可裁决（comparative licensing adjudication）。因为这种特殊情形， Sangamon 案在很多年里都被视为不适 336
用于大多数规则制定程序。

Home Box Office, Inc. v. FCC[3] 案中的情形与裁决的类似程度更少一些，该案中哥伦比亚特区巡回法院基于单方接触的原因撤销了联邦通信委员会

1 总体上可以参见上文第 274–289 页（原书页码）。

2 269 F.2d 221（D.C. Cir. 1959）.

3 567 F.2d 9（D.C. Cir. 1977）.

的另一项规则。在制定规制收费有线电视的规则时，联邦通信委员会与存在利害关系的参与者进行了几次私下会面。法院认为，如果有一份面向内部人的规则制定案卷，一份面向普通公众的规则制定案卷，这样的做法就是“不可容忍的”。除了程序公正性的担忧之外，法院的推理是，未记录在案的沟通将会损害司法审查的有效性，因为负责审查的法官不能通过规则制定案卷获取行政机关考虑过的全部材料。

到了 Sierra Club v. Costle[1] 案的判决时，哥伦比亚特区巡回法院似乎从 HBO 案的推理兜了一大圈又回到原点，相信在非正式规则制定中的单方接触不仅是可以允许的，而且是正面可欲的。环境保护主义者主张撤销环境保护局调整燃煤火电厂空气污染的规则，理由是环境保护局与产业界代表和其他人进行了单方接触。法院驳回了这一主张，指出，“根据我们的政体，由非民选产生的主管官员从事一般性政策制定，其合法性很大程度上取决于开放、可接近性，以及这些官员能够接受公众的需要和观点，而公众是
337 官员的权力终极来源，也是官员命令的对象”。法院排除了行政机关可能受未公开信息影响的风险，因为相关的法律要求环境保护局制定的规则必须是基于公开可得的行政案卷。[2] 但是，法律并没有要求行政机关将与规则“存在中心相关性”的书面沟通记录记载在公开案卷之中，从而让参与者有机会作出反应，并且法院的推理是应当以相同方式对待具有相同相关性的口头沟通。在判决附带意见中，法院似乎重申了 Sangamon 案与重要特权的相互冲突的请求权有关的少数规则制定的判决主旨；但是，除此之外，Sierra Club 案已经让 HBO 案裁决事实上归于无效。

允许行政首长在规则制定过程中向自己的工作人员自由征询意见，各联邦法院在这方面至少是同样开明的。在 United Steelworkers of America v. Marshall[3] 案中，职业安全和健康管理局与该局所聘请的某些顾问之间为了确定工人作业环境中空气含铅量的可允许水平而进行的接触受到了质疑。法院认为“《行政程序法》并没有规定阻止工作人员在制定最终规则的过

---

1 657 F.2d 298（D.C. Cir. 1981）.

2 法院的推理似乎同样适用于其他规则制定的情形，因为根据行政案卷对规则进行审查，如今已经成为法院的标准做法。参见上文第 111–115 页（原书页码）。

3 647 F.2d 1189（D.C. Cir. 1980）.

程中向决定者提供咨询意见”，并且 Vermont Yankee 原则也妨碍了任何法院 338
试图对规则制定过程增加额外程序性要求所作的努力。法院接着判定，尽管这些顾问先前在规则制定过程中曾经作为证人出庭，但是他们“承担的职能相当于行政机关的工作人员”。考虑到没有其他有力证据可以证明行政机关采纳了这些顾问提供的其他未公开事实或者法律主张，作为行政机关审议过程的一部分，这些顾问承担的概括和分析案卷的工作是合法的。

法律对规则制定程序中预先判断问题的应对，也明显反映了法律并不愿意将规则制定强制纳入裁决程序的模式。在 Ass’n of Nat’l Advertisers, Inc. v. FTC[1] 案中，哥伦比亚特区巡回法院认定联邦贸易委员会主席不应被要求回避参与禁止针对幼年儿童的广告的规则制定程序，即使他的声明和书面信函表明他强制支持针对这些广告主采取某些规制行动。法院的推理是主管官员应当被鼓励说出自己对正在进行的规则制定程序中所涉及议题的看法，从而让他们可以与利害关系人进行直接和坦诚的对话，对不同政策选择的政治可接受性进行评估。因此，规则制定程序的回避标准不应当是
决定者是否对任何事实问题有预先判断，[2] 而是是否有“明显和令人信服的 339
证据”表明它对待决定的事项具有“不可变更的封闭的想法”（unalterably closed mind）。[3] 人们可能会怀疑法院的标准事实上几乎让行政官员不会在规则制定程序中因为存在偏见而遭受要求回避的风险，即使他们对自己的工作是高度党派性的支持者。这一案件突出说明了法院如今可以在多大程度上将规则制定视为政治程序，在这类程序中，价值判断和不可证明的推定比中立性、超然性地位的裁决官员可以认定的事实类型更加重要。

四、行政监督

尽管从 Vermont Yankee 案之后，法院已经缩减了为监督规则制定程序所作的努力，但是政府行政分支内部的管理活动却增加了。目前，正式的

1　627 F.2d 1151（D.C. Cir. 1979）.

2　这是裁决程序适用的回避标准。

3　在 National Advertisers 案中更为复杂的一项内容是，国会已经指示联邦贸易委员会通过与裁决程序类似的、相对正式的程序行使其规则制定的权力；但是，该程序显然是为了制定规则而非作出裁决的目的而设计的，因此对规则制定者的回避标准是适用的。

监督职能主要是由信息与监管事务办公室（OIRA）[1] 承担，该机关对拟以“重要”规则进行系统性审查以判断它们造成的成本是否合理，以及是否与行政政策保持一致。[2]

对于某些观察家来说，白宫官员广泛参与规则制定构成，可能隐含着
340 出现以特定明显的方式进行的单方接触的危险：信息与监管事务办公室和规制制定的行政机关官员进行的私下会面被认为颠覆了规则制定过程中不可或缺的程序规范性及公开性。但是，在 Sierra Club v. Costle[3] 案中，哥伦比亚特区巡回法院维护了白宫对规则制定程序的参与：“如果重要的行政决策者之间相互隔离，也与政府首脑相互隔离，那么我们的政府形式完全不能有效或者合理运行。承担单一使命的行政机关对于复杂的规制问题并不总是能够提供答案。”法院接着拒绝判定一项规则制定程序无效，在该程序中环境保护局的官员与卡特总统和他的经济顾问会面，但是没有在行政案卷中披露这一会面信息。[4] 尽管如此，法院认为，披露与总统接触的信息可能是必要的，如果讨论的过程让行政机关注意到一些重要的新的事实信息。相应地，信息与监管事务办公室很快采纳了这一项程序，要求行政机关将此类事实收录在行政案卷之中。

联邦法院对行政监督（executive supervision）的支持促进了里根政府监督项目（oversight program）的增长。但是，在监督项目开始的几年里，一直有各种报告认为信息与监管事务办公室向各行政机关施加压力，迫使后
341 者弱化规制，其方式与这些行政机关正在实施的法律之精神是相悖的。1986 年，在国会干预的威胁之下，信息与监管事务办公室进行了一系列程序性改革，包括承诺在最终规则发布之后对外公开与各行政机关之间的书面沟通。对“管道式沟通”（conduit communications）[5] 的控制也得到了强化。克林顿通过发布第 12866 号总统令，对监督项目进行了全面改革，引

---

1 也被译为“信息与规制事务办公室”。有关该机构的详细介绍，参见苏苗罕：《监管型国家的顶层机构研究：以美国信息与监管事务办公室为例》，载《行政法论丛》（第 18 卷），法律出版社 2016 年版，第 185–220 页。

2 参见上文第 64–67 页（原书页码）。

3 657 F.2d 298（D.C. Cir. 1981）[参见上文第 337–338 页（原书页码）之论述]。

4 法院对源自立法分支的压力也持开明的态度。

5 信息与监管事务办公室通过这一方式将存在利害关系的外部当事人的观点传递给行政机关。

入了一些新的保障措施：信息与监管事务办公室如今需要保存一份公开日志，披露它们正在审查的规则所处的状态；行政机关必须在公布的规则中附具一份通告，披露根据信息与监管事务办公室建议所作的任何修订。在George W. Bush政府期间，信息与监管事务办公室更进一步将它与各行政之间的联络记录常规性地发布在网站上。这些改革有助于提高信息与监管事务办公室的问责度，事实上它的运作通常独立于总统本人。但是，在规则制定过程中，总统政策顾问的私人幕僚的非正式接触依然是基本上不受程序性制约机制的规范，尽管他们在规则制定过程中起到了日益重要的作用。

总统令规定的成本效益分析要求，以及《规制灵活度法》(the Regulatory Flexibility Act)、《文书工作削减法》(Paperwork Reduction Act ）和《国家环境政策法》等法律规定要求的影响报告（impact statements)，都要求行政机关将大量资源投入通常所称的“规制分析”工作之中。 342

复审法院并不审查行政机关是否合理遵守了总统令的问题，但是成本效益分析确实进入了规制制定案卷，并且在规则实体问题的司法审查过程中得到了考虑。特别立法规定可能会禁止行政机关采纳成本研究，[1] 允许成本研究，[2] 甚至必须进行成本研究，[3] 这时可能会让法院起到更重要的作用。

五、协商式规则制定程序

规则制定作为政治过程的形象，是构成Sierra Club案和National Advertisers案判决的基础，它也激励一些行政机关采用相互竞争的利益团体之间的结构化协商（structured bargaining)，以此作为制定特定规则的手段。这些寻求共识的做法一般被称为“规制协商”(“regulatory negotiation” or “reg-neg”)，它最初是由美国行政会议率先提出的。后来，国会将其基本程序规定在《1990年协商式规则制定法》(the Negotiated Rulemaking Act of 1990)[4] 之中。在通常的规制协商中，相关的利益团体和行政机关本身派

1 Am. Textile Mfrs. Inst. v. Donovan, 452 U.S. 490(1981); Whitman v. Am. Trucking Ass’ns, Inc., 531 U.S. 457(2001).

2 Entergy Corp. v. Riverkeeper, Inc., 556 U.S. 208(2009).

3 Business Roundtable v. SEC, 647 F.3d 1144(D.C. Cir. 2011).

4 5 U.S.C. § 561 et seq.

遣代表参加由协调员（mediator）领导的协商会议。协商委员会的委员在可能受最终规则影响的不同利益团体之间进行平衡。将协商会议完成的协
343 议再抄送行政机关，正常情况下行政机关会将其作为拟议规则公布，接着进入《行政程序法》所规定的标准规则制定程序。但是，行政机关不是必须将参与者的妥协结果作为最终规则接受。[1]

规制协商至多提供了一种高级形式，可以鼓励合作而非对抗。如果所有受影响的利益群体，包括行政机关，都可以参与讨论找到一个共识性的解决方案，其结果很可能会比行政机关或者外部审查者寻求施加的政策更容易为参与者所接受，导致更快的终末期程序（end-stage process）和避免诉讼的可能性。但是，即使是规制协商的支持者也承认，在有些情形下，如需要代表的利益群体的数量太多，导致管理难度很大，或者只有在某些参与者对根本性的原则问题作出妥协才有可能达成协议时，规制协商这种技术是不值得一试的。迄今为止，通过规制协商处理的规则制定程序所占
344 百分比仍然很低。[2]

六、必需的规则制定

行政机关经常选择在个别的裁决而非规则制定程序中制定政策，在很大程度上法律也尊重这种偏好。《行政程序法》同时为规则制定和裁决规定了程序模式，但是它并没有特别指示主管官员采用其中某一种程序。大多数规制性实体法限制了行政机关对程序性装置的选择；通常而言，它们只是授权主管官员发布规则或者裁决特定案件。至于司法限制，一般性规则是得到充分证明成立的："通过一般性规则还是单独的、临时性的诉讼，这些程序之间的选择，主要属于行政机关在了解信息的情况下作出裁量权的范围。"[3]

正如 Chenery 案所承认的，行政机关经常拥有通过裁决制定政策的正当性理由。行政机关可能意识到有必要首先在具体的事实情境中考虑政策，

1 参见 USA Group Loan Services, Inc. v. Riley, 82 F.3d 708（7th Cir. 1996）（在拟议规则制定通告中拒绝接受规制协商达成的共识协议的行政机关，不需要对"恶意"协商负责）。

2 参见 Jeffrey S. Lubbers, Achieving Policymaking Consensus: The（Unfortunate）Waning of Negotiated Rulemaking, 49. S. Tex. L. Rev. 987（2008）。

3 SEC v. Chenery Corp., 332 U.S. 194, 203（1947）（Chenery Ⅱ）.

只是按照普通法法院（common law courts）[1] 的方式逐步地丰富规则。它可能意识到讼争问题过于复杂，或者不够成熟，不适合作出全面处理。视角上存在的根本差别可能会阻止委员会制行政机关在共同政策背后协调一致。不过，行政机关甚至可能在裁决的最后阶段，即开始新程序的成本和迟延问题已经凸显之前，不会想到需要制定新的政策。行政机关也可能会规避 345
规则制定，尽管其动机相对而言不太受人欢迎：例如，它可能会经过计算认为，如果新政策被淹没在具体事实的裁决过程之中而不是通过规则明确表达，它就可以避免公众或者国会的批评，但是，通常来说，法院并不愿意质疑行政机关的动机，或者事后评价与行政机关制定政策相关的判断。

不仅如此，Chenery 原则已经长期困扰学者和法官，他们都相信规则制定在效率和公正两方面都具有明显的优势，[2] 并且有的行政机关过度依靠裁决手段来制定政策。这种批评有的时候会促使法院试图强迫行政机关更广泛地利用规则制定程序来制定政策。但是，迄今为止，Chenery 原则的例外是很少见的，而且界定也不明确。

提出这一问题的若干案件涉及国家劳动关系委员会，该机关特别不愿意通过规则制定采取行动。在 NLRB v. Wyman-Gordon Co.[3] 案中，国家劳动关系委员会（NLRB）责令 Wyman-Gordon 向工会组织者提供一份有权参与选举集体协商代表的雇员姓名和地址名单。国家劳动关系委员会的指令建立在 Excelsior Underwear, Inc.[4] 案基础之上，在之前的一件行政裁决案件中，国家劳动关系委员会已经明确了这一名单要求，但是规定它只适用于将来的案件。Wyman-Gordon 主张，Excelsior 案的要求相当于一项“规则”，并且它是无效的，因为采纳该要求没有经过《行政程序法》所规定 346
的规则制定程序。在最高法院中，（四位大法官出具的）复数意见强烈批评了 Excelsior 案提出的名单要求。尽管如此，复数意见还是支持了国家劳动关系委员会的行动，因为行政机关是在有效的裁决程序中责令 Wyman-Gordon 提供该名单。尽管国家劳动关系委员会无权将 Excelsior 案判决视为

1　指依普通法审理案件的法院。——译者注

2　参见上文第 305 页（原书页码）。

3　394 U.S. 759（1969）.

4　156 N.L.R.B. 1236（1966）.

决定性地解决了名单要求的合理性问题，[1] 在之后针对雇主的诉讼中，它可以自由将该判决作为先例适用。这正是 Wyman–Gordon 案所做的。因此，事实上，最高法院判定，只要对于国家劳动关系委员会是否应当修订或者抛弃其以判例法形式形成的“规则”这一问题，政策适用的对象个人都能享有获得听证的权利，行政机关可以通过裁决制定新的政策。

在 NLRB v. Bell Aerospace Co.[2] 案中，最高法院再次面对裁决与规则制定的选择问题。国家劳动关系委员会证明 Bell 公司买家的一个协商小组，根据先前的该委员会之政策，本来应该被视为“承担管理职能的雇员”（managerial employees），他们是不能获得此类权利的。与 Wyman–Gordon 案一样，Bell 公司主张这种性质和政策上的明显变更，需要在规则制定程序而非单独的裁决程序中完成。最高法院再次表示反对，重申了 Chenery 原则，
347 指出国家劳动关系委员会在本案中对于裁决的偏好值得“高度重视”。[3]

尽管存在这一系列案件，最高法院还是指出有一种情形是要求行政机关实施规则制定程序的。在 Morton v. Ruiz[4] 案中，最高法院撤销了印第安事务管理局（the Bureau of Indian Affairs）拒绝根据联邦援助项目向印第安人提供福利的决定。印第安事务管理局制定了拒绝向居住在保留地之外的申请人提供援助的内部政策，但是它从未向公众通报这一政策。最高法院判定，尽管这一政策可能是对项目资金支持的限制所作出的合理反应，但是不能通过临时性的裁决来实施这一政策；印第安事务管理局需要发布有效的立法性规则，在以此种方式剥夺申请人的福利资格之前需要刊登在《联邦公报》上。需要对于处理公共援助支付款，采取相对系统性的方法，“从而确保［行政机关的政策］得到一致性适用，并且从而避免武断拒绝向潜在的福利领受人提供福利的现实和外表”。许多评论家认为 Ruiz 案与
348 Chenery 系列案不能兼容，并且最高法院并没有解释 Ruiz 案为什么不同于

---

1 正如规则所能做到的，参见上文第 293–297 页（原书页码）。

2 416 U.S. 267（1974）.

3 最高法院确实指出，如果公司因为采信了国家劳动关系委员会之前的政策而遭受了损失，就可能需要有“不同结果”。但是，这一“不同结果”不太可能成为规则制定的一项要求。通常而言，当法院意识到行政命令中存在不公正的溯及既往，它们的应对措施就是直接判定任何试图对相对人适用这一新政策的行为都将构成滥用裁量权，从而是无效的。参见上文第 107 页（原书页码）。

4 415 U.S. 199（1974）.

许多其他法定福利领受人的案件，其他法定福利领受人可能会感到行政机关没有充分表述清楚它处理福利时所遵循的标准。

尽管 Ruiz 案是最高法院审理的一起独特案件，但是它在行政法历史上并非没有前身。有的案件是根据正当程序条款作出的判决，判定行政机关必须根据“可以确认的标准”（ascertainable standards），在稀缺的政府福利的申请人之中作出选择。[1] 与 Ruiz 案一样，这些案件在最近几年里并没有获得太多支持。

简言之，在没有法定限制的情况下，行政机关有着几乎完全自由地选择以规则还是裁决作为政策制定的工具。为了确定法定福利的申请将以一致和合理的方式得到处理，有的决定是要求采用规则制定方式。但是，当受规制主体提出了强制性规则制定问题时，最高法院变得完全不具有接受性（unreceptive）。[2] 当然，正如上文所述，尽管不存在司法强迫，大多数行政机关在过去 20 年里大量扩张了规则制定活动。因此，在很大程度上将自 349
身的工作局限于裁决的行政机关，如国家劳动关系委员会，在联邦行政体系中属于异类。事实上，自 20 世纪 80 年代以来，即使是国家劳动关系委员会也尝试采用规则制定简化某些职能。国家劳动关系委员会曾经在 American Hosp. Ass'n v. NLRB[3] 案中赢得了法院对采取这种做法之权力的承认，但是该委员会最近发布的一项规则要求雇主发布通告，告知雇员根据《国家劳动关系法》（the National Labor Relations Act）拥有的权利，法院却判定这一规则超越了该委员会的规则制定权。[4]

七、制定规则的请愿

《行政程序法》§553（e）规定，“各行政机关必须给予利害关系人申

1　参见 Holmes v. New York City Housing Auth.，398 F.2d 262（2d Cir. 1968）（公共住房的申请）；Hornsby v. Allen，326 F.2d 605（5th Cir. 1964）（酒类零售许可证申请）。

2　受规制主体偶尔在下级法院受理的案件中胜诉，但是这些案件并没有试图认真将其与 Bell Aerospace 案区分，很可能无法与该案进行协调。See，e.g.，Ford Motor Co. v. FTC，673 F.2d 1008（9th Cir. 1981）.

3　499 U.S. 606（1991）.

4　Chamber of Commerce of U.S. v. NLRB，721 F.3d 152（4th Cir. 2013）.

请发布、修改或废除规则的权利”。§555（e）要求行政机关“迅速地通知”利害关系人“在任何行政程序中提出的”请求遭到拒绝的情况，并且要求“简单地说明拒绝的根据”。

规则制定和司法审查的某些重大案件也引发了规则制定的请愿（petitions for rulemaking）。[1] 与修订或者废除规制之请愿存在某种程度关联的是对现有规则的重新审查，有时候也被称为“后评估”（lookback）。根据诸如《规制灵活度法》（the Regulatory Flexibility Act）之类跨领域的（cross-cutting）
350 制定法[2]、特定行政机关相关的制定法[3]，或者总统令[4]的规定，行政机关需要对其规则进行定期审查。

八、结论：转型中的规则制定

本章的主要主题之一是法院的观点，即联邦行政机关的规则制定相对来说应当保持不受程序复杂性的影响。由于诸如 Florida East Coast 案、Vermont Yankee 案和 Sierra Club v. Costle 案之类的判决影响，如今的行政机关几乎可以总是制定规则而不必遵守与审判型听证相关的程序要求。尽管判例法中存在这一趋势，但有些杰出的学者坚持通告评议程序事实上变得日益烦琐和费时。[5] 这种发展趋势，有时候也被学者们称为规则制定程序的“僵化”，被归因于若干因素。国会和白宫如今要求行政机关对重要拟议规则的可能影响进行深入分析，成本效益分析成为重大规则制定的主导性问题。政府的立法和行政两大分支也都非常积极地对各个拟议规则的实质问题进行审查。[6] 除此之外，司法分支在上诉阶段对行政规则实施的侵犯性审查，让规则制定程序变得更加困难。联邦法院采取“严格审查”标准的
351 积极性对行政机关施加了压力，让它们撰写长篇大论的解释性说明，制作

---

1 例如，Massachusetts v. EPA，549 U.S. 497（2007）。

2 参见上文第 36 页（原书页码）。

3 例如 12 U.S.C. § 5512（d）[《多德－弗兰克法》（Dodd–Frank Act）要求消费金融保护局（CFPB）对其重要规则的有效性在五年内进行评估]。

4 例如 E.O. 13，565，75 Fed. Reg. 3821（2011）。

5 例可参见 Thomas O. McGarity, Some Thoughts on “Deossifying” the Rulemaking Process, 41 Duke L.J. 1385（1992）。

6 参见本书第二章。

全面的案卷以便为这些新规章提供支持。[1]

这些学者主张，因为这些外部性因素，行政机关变得越来越不愿意主动实施规则制定程序。"僵化"可能会导致行政机关更频繁地采用解释性规则或者政策声明；[2] 或者是通过逐案裁决的方式制定新的政策；或者直接轻视只能通过规则制定实现的项目。

诚然，现在还有许多观察家支持政府的立法、行政和司法三大分支所要求行政机关在重要规则制定程序中需要准备的广泛分析。他们将这些要求视为对于行政机关政策制定中的彻底性和智慧方面的不足作出的必要应对措施。因此，根本性的问题是要确定社会如何才能维持对规制制定程序的充分控制而不过度妨碍行政机关履行所分担的使命。行政法律师们在这一问题上缺乏共识是不足为奇的。作为社会某些最为重要的集体决定的熔炉，行政规则制定程序很自然地成为有关规制型国家未来的重大辩论的焦点。随着我们国家的政治变得更为两极分化，规制制定程序已经成为国会
对于"规制改革"需要之辩论的焦点，共和党人支持的法案会要求在规则 352
制定程序中设置更多的程序性步骤和分析性要求，而民主党人则抵制这些
做法。 353

1　参见上文第 116–119 页（原书页码）。

2　它们的制定不需要遵守《行政程序法》规定的程序。

第十章　获得司法审查

寻求法院撤销行政决定的当事人首先会遇到可以阻止法院对当事人主张进行实体审查的一系列技术性抗辩理由。这些复杂和经常出现重叠的一系列原则，其主要目的是确定法院和行政机关之间的合理边界——也就是说，防止法院超越其机构能力的边界，过度侵入政府其他分支的工作。例如，主管官员经常作出政治性决定或者经过协商后作出决定，这些决定并不是让他们随时接受司法审查。当事人有时与他们寻求司法审查所针对的行政决定之间并不存在真实的利害关系。或者他们过早地寻求司法审查，导致法院过早干预的风险，这可能会让行政程序目的落空或者出现迟延，并且浪费行政资源。为了处理这类问题，联邦法院提出了诸如不可审查性、原告资格、最终性、穷尽行政救济和审查的成熟性等一系列原则。大约30年前，判例法的发展趋势是打破这些壁垒，允许自由地获得司法审查，但是在后来的判例中，发展形态变得更加错综复杂了。

一、管辖权：通向审查之路

任何试图获得联邦法院对行政行为进行司法审查的努力，初步的任务
355 都是确定可以向哪一家合适的法院寻求救济。《行政程序法》包含了一项一般性的指南性规定：如果国会设定了“与审查对象相关的特别规定的法定审查程序”，当事人可以在法律明确规定的法院提起诉讼请求；如果法律规定的审查程序或者法律规定的审查程序不充分时，当事人可以“在有权管辖的法院”利用“任何可以适用的法律诉讼形式”。[1]这些形式的程序

1　5 U.S.C. § 703.

被分别称为“法定审查”（statutory review）和“非法定审查”（nonstatutory review）。在给定的情形中，我们可能难以了解应该选择哪一家法院。但是，如果当事人错误地在缺乏管辖权的法院提出诉讼，法院不一定会驳回起诉：法院可以将案件直接移送至有管辖权的法院。[1]

（一）法定审查

因为它们属于规定行政机关权力的立法中的一部分，特殊法定审查程序可以采取多种不同形式。但是，最为常见的是，它们遵循的是由《1914年联邦贸易委员会法》所确定的样式：在行政决定成为最终决定之后，存在利害关系的个人可以在联邦上诉法院起诉。法院根据主管官员所整理的案卷对行政决定进行审查，如果行政行为是无效的，复审法院可以撤销该决定或者将其发回行政机关作进一步处理。根据某些行政性法律，如《社会保障法》（the Social Security Act），审查最初是发生在联邦地区法院。但是，现代的发展趋势是允许直接向联邦上诉法院起诉。因为即使是非正式行为如今一般也是根据行政案卷进行审查的，初审法院的事实认定能力已经不 356
再需要；因此，上诉法院的直接审查（immediate review）促进了司法经济，而很少有与之相互抵消的不利条件。[2]

有的时候两个或者两个以上的当事人会对同一家行政机关的行为在不同的上诉法院起诉。在1988年之前，第一家收到起诉状的法院会自动获得对上诉案件的管辖权。有的时候，这一规则会促使相对敌对的起诉人进入狂热的“立案竞争”（races to the courthouse），每个人都希望案件是由他认为会支持其利益的上诉法院受理。如今，根据1988年法律规定的诉讼程序，在决定哪一家法院来受理案件的问题上采取了随机抽选的方法。[3]

（二）非法定审查

当国会没有对司法审查规定特殊法定程序，或者所存在的程序并不足以提供充分救济时，对行政行为不满的当事人必须求诸“非法定审查”。这

1　28 U.S.C. § 1631.

2　参见 Florida Power & Light Co. v. Lorion，470 U.S. 729（1985）。

3　同时可能会遇到变更管辖法院的动议。28 U.S.C. § 2112（a）.

一术语其实是一个误称，因为司法审查总是基于某些法律赋予的事务管辖权（subject matter jurisdiction）[1]。因此，希望启动非法定审查的当事人会依靠对联邦法院适用的初始管辖权的一般性授予。在某些案件中，原告直接根据一般性的联邦问题管辖权立法[2]起诉，该法律条文授权联邦地区法院受理“根据”《联
357 邦宪法》或者联邦法律“提出”的任何案件。根据 §1331 寻求禁令救济或者确认救济的诉讼，总体上来说是对行政行为寻求非法定审查的最直接路径。

管辖权的另一项依据是《强制执行令和审判地点法》（the Mandamus and Venue Act）[3]，该法允许联邦地区法院受理“性质上属于强制联邦政府官员或者雇员，或者行政机关履行对原告应尽义务的强制执行令”的诉讼。该法是古老的普通法令状制度［例如强制执行令、调卷令（certiorari）或者禁止令（prohibition）］的直接延伸产物，在现代民事诉讼形成之前作为行政行为的司法审查之基础。但是，§1361 只有在行政决定是“执行性质的”（ministerial）或者非裁量性的时候才适用，并且因此其效用也是有限的。[4]需要指出的是，《行政程序法》本身不能为非法定审查提供管辖权依据；最高法院判定《行政程序法》只是让复审法院知道在根据其他法律获得管辖权之后应当做什么。[5]

还有另外两类非法定审查也是值得一提的。首先，受规制主体可以选择不去遵守行政规则，然后如果行政机关提起强制执行之诉时，可以在强制执行之诉中反对该规则的效力，而不是直接向法院起诉质疑该行政规则。
358 但是，这种策略可能是有风险的：如果规则获得法院支持，原告就可能会因为违反该规则而遭受严厉的处罚。[6]其次，所有上述审查形式只是对以强

---

1 事务管辖权，也被译为诉讼标的管辖权，是指法院审理和裁决某一类案件的权限范围。——译者注

2 28 U.S.C. § 1331.

3 28 U.S.C. § 1361.

4 In re Cheney, 406 F.3d 723（D.C. Cir. 2005）.

5 Califano v. Sanders, 430 U.S. 99（1977）.

6 另一项限制该策略之价值的因素是，许多现代的规制性立法规定只能在新规则颁布之后的一段较短的时期，如 60 天内，对其提起挑战。但是，法院已经对这些限制规定提出了若干例外。参见 Am. Rd. & Transp. Builders Ass'n v. EPA，588 F.3d 1109（D.C. Cir. 2009）；NLRB Union v. FLRA，834 F.2d 191（D.C. Cir. 1987）。对于错过了对规则提起挑战的截止日期的公民来说，另一个可得的选项则是向行政机关提出请愿，要求撤回该规则，并且必要时，就行政机关拒绝该请愿的决定提起上诉。

制执行、禁止或者撤销行政行为作为目标的诉讼当事人提供救济。而诉讼当事人寻求行政机关或者官员对其造成的损害提供赔偿金的，则必须依靠独立的一套救济制度。[1]

（三）例外

《行政程序法》规定的获得司法审查的权利适用于任何“行政行为”。该法对这一术语的定义非常宽泛，几乎包含了每项规则和每件裁决文书，也包括“不作为”（failure to act）。[2] 尽管如此，某些类型的行政活动并不属于“行政行为”的范畴，因而根据《行政程序法》是不可审查的。首先，只有“规定的、独立的”决定或者一系列决定可以被视为行政决定。[3] 例如，在 Lujan v. National Wildlife Fed'n[4] 案中，环境保护主义者对内政部出售联邦土地（withdrawing federal lands from public ownership）的项目存在的不良行政问题申请司法审查。该项目由超过 1000 项行政决定构成，最高法 359
院裁定原告不能通过将其定性为行政行为而对整个项目发起“批发性”的诉讼。[5] 其次，总统不是《行政程序法》意义上的“行政机关”，不能根据该法对总统起诉。[6] 最后，“行政行为”的定义排除了并不影响公民权利义务的各种行政行为，如向国会提交的报告，[7] 教育性质的出版物。[8]

二、不可审查的行政行为

在当代的行政国家中，司法审查发挥了重要的社会功能：司法审查向

1　参见下文第 409–415 页（原书页码）。

2　5 U.S.C. § 551（13）.

3　Norton v. Southern Utah Wilderness Alliance，542 U.S. 55（2004）.

4　497 U.S. 871（1990）.

5　尽管对整个项目适用的单项规章可以是具有可审查性的行政行为。

6　尽管对于少量争议，如总统行为的合宪性问题，可以寻求普通法救济。Dalton v. Specter，511 U.S. 462（1994）；Franklin v. Massachusetts，505 U.S. 788（1992）.

7　Guerrero v. Clinton，157 F.3d 1190（9th Cir. 1998）.

8　Flue-Cured Tobacco Coop. Stabilization Corp. v. U.S. EPA，313 F.3d 852（4th Cir. 2002）（对二手烟的健康危害进行的科学研究）；Industrial Safety Equip. Ass'n v. EPA，837 F.2d 1115（D.C. Cir. 1988）（对不同款式的人工呼吸装置之效能进行比较的消费指南）。

因为武断或者违法的政府行为而遭受损害的个人提供救济，并且可以让行政机关忠实服务于立法机关所确立的政策目标和程序性保障措施。为了促
360 进实现这些目的，《行政程序法》授权法院审查几乎所有的行政行为。但是，有的时候，还是存在一些充分的理由可以排除法院审查特定行政行为，或者至少作为这些行政行为之基础的某些事实认定。《行政程序法》§701中规定了司法审查制一般可得性的两项例外。这一法律条文对不能提供司法审查的情形作出了规定："在以下范围内（to the extent that），（1）法律排除了司法审查；或者（2）法律赋予行政机关裁量权的行政行为。"[1] 前者例外情形主要涉及正式表达的立法意图，而后者则主要涉及出于职能上的原因，司法审查将会是困难的或者有害的情形。

§701 中的"在以下范围内"这一短语的目的是提示一项行政行为可以是部分而非完全不可审查的。在作出任何决定时，行政机关通常会作出一系列判断——有的是法律性的，有的是事实性的，还有的则是裁量性的。如果说一项行政行为是部分不可审查的，也就是说法院会审查某些判断，而不去审查其他判断。这一限定是重要的，因为部分不可审查性要远比完全不可审查性更为普遍。法院很少宣称一项行政行为是"不可审查的"，而不补充指出，尽管如此，法院也会在有限的情形中受理一项质疑——例
361 如，如果行政行为被指控违宪。

（一）排除审查的法律规定

因为国会控制着联邦法院的管辖权，它可以自由地将司法审查的一般可得性的特定例外写入制定法之中——易言之，通过制定法"排除"司法审查。法院必须遵循这些国会的指令，除非这些指令是违宪的，但是法定排除是与朝向司法审查自由可得这一明显的现代趋势相悖的。在 Abbott Laboratories v. Gardner[2] 案中，最高法院正式承认了可审查性的推定。它判定最终行政行为的司法审查"不会被隔断，除非有充分的理由可以让人相信这是国会的意图"。排除司法审查的国会意图必须通过"明确和有说服力的证据"加以证明。

---

1 5 U.S.C. § 701.

2 387 U.S. 136（1967）.

可审查性的推定之强度反映在法院为了避免得出特定的法律排除了司法审查的结论，而采取的法律解释的特殊技艺上。例如，在 Johnson v. Robison[1] 案中，一部法律规定“退伍军人事务管理局（the Veterans Administration）的局长根据该局所实施的为退伍军人及其受抚养者和遗属提供福利的法律而对任何法律或者事实问题作出的决定，应当是最终的和结论性的，……法院无权审查任何此类决定的权力或者管辖权”。尽管该法对国会意图已作特别明确的表述，最高法院还是找到了对司法审查加以限制的方法。权利申请人 Robison，是名基于良心拒服兵役者（conscientious 362
objector），根据征兵法的要求履行了替代役。退伍军人事务管理局认定他不能享有获得援助的资格，该判决所依据的是向“已服现役的”退伍军人提供教育援助的法律。Robison 声称这一解释否定了他获得法律平等保护和自由奉行宗教（free exercise of religion）的宪法权利。最高法院判断 Robison 可以不受法定排除规定的调整，因为他没有根据该法对行政决定寻求司法审查，而是对该法本身的合宪性提出了质疑。

Robison 案的判决意见反映了一种当代趋势，即复审法院寻求基于职能或者机构相关的理由禁止审查，并且只是在存在有效的政策性理由时阻止诉讼当事人。对于退伍军人事务管理局之决定的法定排除的立法史表明，它是为了服务于两项政策目标而设计的：防止对法院和行政机关施加负担，确保退伍军人事务管理局的标准和政策在全国得到一致适用。最高法院认为，这两项理由不能适用于类似 Robison 案所提出的宪法性诉讼请求：合宪性质疑的数量很可能是较少的，并且退伍军人事务管理局也承认自身没有特别的能力去判断宪法权利。后来，最高法院将 Robison 原则进行了扩展，承认在权利请求人主张退伍军人事务管理局错误解释了组织法之外的其他制定法时也允许司法审查。[2] 最后，在 1988 年，面对宽泛的退伍军人 363
事务管理局排除司法审查的立法受到的批评，国会以范围有所缩小的法律取代了过去的立法，根据新法，退伍军人事务管理局的法律裁定（但是不

1　415 U.S. 361（1974）.

2　Traynor v. Turnage, 485 U.S. 535（1988）［退伍军人事务管理局因被指控拒绝将酗酒视为一种疾病而违反了《康复法》（Rehabilitation Act）］。

是对事实问题或者法律适用问题作出的裁定）将是可以自由接受审查的。[1]

最高法院有的时候表明，可审查性推定是可以被推翻的。在 Block v. Community Nutrition Inst.[2]（CNI）案中，最高法院指出，Abbott Laboratories 案中提出的"明确和有说服力的证据"标准不应在"严格证据性的意义上"（strict evidentiary sense）适用；相反，排除审查的国会意图不一定只能是在法定计划中"可以基本上能察觉的"（fairly discernible）。事实上，对于 CNI 案本身，最高法院愿意认定存在此种国会意图，尽管讼争的制定法中并没有任何明确排除性的条文。在该案中，农业部长在该销售令中对乳业农场主可以对其牛奶制品的加工者收取的费用规定了最低价格，一群消费者对此销售令提出了质疑。正如最高法院所指出的，国会在该案涉及的相关法律中设计了一套复杂的框架，让加工者可以在行政层面参与牛奶销售令的制定，但是它并没有规定消费者可以参与这一程序。因此，最高法院认为，国会的意图一定是排除消费者参与整个规章制定过程，包括司法审查机制的利用。

正如退伍军人事务案件一样，最高法院经常试图确保一个项目的基
364 本特征接受司法审查，即使行政机关的逐案判断在细节上是不可审查的。例如，在 United States v. Erika, Inc.[3] 案中，最高法院将《医疗保险法》（the Medicare Act）的一项条款解释为隐含地禁止联邦法院审查根据该法 B 部（选择险）由该项目向医疗服务提供者支付的报销金额。最高法院指出，该法的立法史表明国会希望让联邦法院不要管辖"相当次要的事务"。但是，在 Bowen v. Michigan Academy of Family Physicians[4] 案中，一个家庭医生团体寻求对调整他们的 B 部报销金额（Part B reimbursements）的规章提出质疑，最高法院对《医疗保险法》的同一法律条款作了更为允许性的解释，允许该诉讼得以继续。最高法院并不认为该法应当被解释为禁止而对报销金额的确定方法提出违法或者违宪的质疑。

另一方面，当其影响基本上是推迟而非完全禁止司法审查时，最高

1 38 U.S.C. § 101.
2 467 U.S. 340（1984）.
3 456 U.S. 201（1982）.
4 476 U.S. 667（1986）.

法院比过去更愿意认定存在排除审查的规定。因此，在 Shalala v. Illinois Council on Long Term Care, Inc.[1] 案中，一家护理机构协会对卫生部长根据《医疗保险法》实施处罚的程序性规定提起诉讼。最高法院将该案区别于 Michigan Academy 案，并且判定这一诉讼是被禁止的，因为该法的法律条文通过一项特别的行政程序，让这些原告诉讼请求“指向”（channeling）之后可得的司法审查。最高法院认为，对于为了维持一个复杂项目之通贯 365
性的政府利益而言，这种“指向”是正当的。最高法院在 Elgin v. Dep't of Treasury[2] 案中对这一推理进行扩展。一位联邦政府公务员因为排除审查条款而不得在联邦地区法院提起与雇佣相关的诉讼请求，因为公务员立法已经明确将这类诉讼请求指向功绩制保障委员会，如果对委员会的裁决不服，再由联邦巡回法院进行司法审查。最高法院要求雇员遵循该法规定的步骤，因为“如果该法所调整的雇员可以首先在地区法院对所调整的雇佣行为起诉，接着再次向上诉法院上诉，而该雇员只需对雇佣行为的法律授权之合宪性提出质疑，并在联邦法院获得裁决”，该法的“立法目的，即建立综合性的审查体系，以替代相互矛盾的裁决和重复的司法审查，就会遭到严重影响”。尽管雇员所提出的违宪审查请求是功绩制保障委员会所不能解决的，但是他可以将其上诉至联邦巡回法院，而这是充分的。

类似地，在 Thunder Basin Coal Co. v. Reich[3] 案中，最高法院判定一部联邦矿山安全法隐含地排除了一家煤炭公司在联邦地区法院起诉以便要求阻止矿山安全和健康管理局根据该法作出处罚。因此，矿山安全和健康管理局的一项指令要求该公司允许工会代表参与对其矿山的检查，这只能在矿山安全和健康管理局提起的执行之诉中作为争讼对象。最高法院认定该矿山安全法为行政机关和法院对雇主的主张进行的评估已经规定了全面的法定计划，并且国会已经意图让这一法定计划排除司法审查，因为它担心遭 366
受雇主的抵制和阻碍。尽管这一判决意味着该公司在审查程序仍在进行时不得不忍受工会代表的检查，否则就有受到罚款的风险，但是最高法院并没有被说服相信这一选择会导致任何难以忍受的困难。

1　529 U.S. 1（2000）.

2　132 S. Ct. 2126（2012）.

3　510 U.S. 200（1994）.

正如这些案件所显示的，我们难以对法定排除审查事项进行概括，因为每起案件最终都依赖于对特定制定法之含义的考察。尽管可审查性推定是根深蒂固的，反映了主流的司法态度，但是我们不能期待由它来控制每起案件的结果。

公法领域的一项重大的未决问题是，《联邦宪法》是否以及多大程度上要求诉讼当事人被允许在法院对行政行为提起诉讼。例如，评论家经常认为，如果法院要履行对政府政治性分支的权力滥用行为进行制约的重要职能，它们必须至少能够受理主张特定行政行为违宪的诉讼请求。事实上，在少数情形下，最高法院判定正当程序原则要求某种程度的司法审
367 查。[1]在另一起案件中，最高法院裁定，根据《联邦宪法》“中止条款”（the Suspension Clause），搁置人身保护令救济是违宪的。[2]但是，有关国会排除司法审查之权力的更宽泛的宪法问题，仍然是悬而未决的——并且考虑到最高法院一直以来习惯于采纳的制定法解释（即使是在必要时，采取的有所约束的制定法解释）会允许它回避涉及这些问题，未来很可能还会继续保持悬而未决的状态。例如，即使是在判定中央情报局作出的人事决定很大程度上是不可审查的时候，最高法院也将《国家安全法》（the National Security Act）解释为允许对这一决定的合宪性进行审查，部分原因是如果排除司法审查将会引发“严重的宪制问题”。[3]

（二）诉诸行政裁量的行为

当法定排除审查条款主要涉及的是立法机关阻止审查的意图，对于“诉诸行政裁量权”（committed to agency discretion）的行为更直接地涉及限制或者否定审查的职能性理由。联邦法院的设立目的是作出或者审查附具理由说明的决定——这些决定来自认定事实，从中得出推论，并对其适用法律援助。各行政机关在裁决和规则制定过程中都行使着类似的职能，但是它

---

1 United States v. Mendoza-Lopez，481 U.S. 828（1987）（当一起刑事诉讼是基于先前的驱逐出境决定时，外国人必须拥有或者被赋予对驱逐出境决定之有效性提出挑战的有意义的机会）。

2 Boumediene v. Bush，553 U.S. 723（2008）.

3 Webster v. Doe，486 U.S. 592（1988）. 另可参见 Demore v. Kim，538 U.S. 510（2003），该案中一部法律排除了对司法部长就特定外国人拘押有关的裁量性判断进行审查，法院判定该法律并未排除对该法提起宪法诉讼。

们也作出其他类型的决定——包括政治性判断、经过协商后作出的决定，法院可能并不适格去审查这些决定。此外，某些行政领域还对决定过程的速度、灵活性或者秘密性有着突出的需要，而这与司法审查的开放和审议程序是相互矛盾的。当联邦法院认定存在避免司法审查的突出的实践正当性要求时，它可以认定该行为是完全或者部分诉诸行政机关不可审查的裁量权。当然，行政机关已经由法律赋予一定裁量权，这一事实并不足以要求排除司法审查。“诉诸行政裁量权”这一短语是技术性术语，可以适用这一短语的情形事实上是相当有限的。 368

最高法院试图对行政行为应当被视为“诉诸行政裁量权”的情形进行界定，但是这些努力并不能完全让人满意。在 Citizens to Preserve Overton Park, Inc. v. Volpe[1] 案中，最高法院在没有怎么讨论的情况下，一开始便提出，在行政决定“无法可用”（no law to apply）时，可以适用司法审查的这项豁免规定。正如最高法院在 Heckler v. Chaney[2] 案中所作的解释，这一标准意味着，“如果制定法的条文让法院缺乏有意义的标准可以用于判断行政机关行使裁量权的行为，则不能进行司法审查”。“无法可用”标准在后来的判决中也经常得到引用和遵循，但是这一标准多少是有点误导性的，因为它表明法院只需分析行政机关的行为所依据的制定法之宽泛程度，便可以确定不可审查性问题。实践中，尽管通常制定法的开放性（openendedness）对于认定一项行为属于“诉诸行政裁量权”来说具有重要意义，但是法院也会考虑其他各种因素。 369

事实上，最高法院从未将“无法可用”标准作为判定任何行政行为不可审查的唯一依据。最高法院在判定一名被解雇的中央情报局雇员不能在联邦法院对其职务被终止的决定提出质疑（除非基于宪法理由）时，它所依据的不只是制定法的宽泛程度，还依据了实践性的问题，即“在中央情报局任职所需要的高度信任，也许是其他政府公职无可比拟的”。[3] 基于类似的原理，最高法院在 Lincoln v. Vigil[4] 案中判定一家行政机关对来自一次总

1 401 U.S. 402（1971）.

2 470 U.S. 821（1985）.

3 Webster v. Doe, 486 U.S. 592（1988）.

4 508 U.S. 182（1993）.

付的拨款资金进行分配的行为是不可审查的——不仅是因为国会没有束缚行政机关的手脚，还因为传统上是让主管官员自由平衡相互竞争的开支优先次序，适应不断变化的状况。同时，在 ICC v. Brotherhood of Locomotive Eng'rs[1] 案中，最高法院判定当一位当事人主张所作出的行政决定存在错误时，应当对行政行为进行重新考虑，行政机关拒绝重新考虑的决定是不可审查的。最高法院的解释是传统上不能对此种拒绝行为提供审查，而且也难以实施；最高法院甚至都没有提及“无法可用”标准。

最高法院未能将不存在“可用之法”（law to apply）作为判定不可审查
370 性的唯一标准，这是有道理的——不仅是因为正如上文所述，有多种正当理由可以支持认定不可审查性，而且此种限制也是不合逻辑的。当联邦法院对行政行为的实质问题进行评估时，它可能不仅考虑行政机关是否超越或者错误适用了法定的义务，而且还会考虑行政机关所作的行为是否与过去的决定存在矛盾，是否存在事实性错误，或者未能遵循必需的程序。因此，缺乏法定约束，会如 Chaney 案所推定的那样，并不必然会让复审法院失去司法上可操作的标准（judicially manageable standards）。

如果从整体上进行解读，Chaney 案判决很好地体现了最高法院在适用不可审查性原则时的灵活性。该案中，8 名死刑犯向食品药品管理局写信，认为各州采用致命药物注射方法执行死刑违反了《食品、药品和化妆品法》（the Food, Drug, and Cosmetic Act）。他们敦促食品药品管理局起诉以叫停这种做法，但是食品药品管理局拒绝了。最高法院拒绝介入，宽泛地声称行政机关拒绝提起执法之诉，这一决定“推定不可审查”。尽管这一判决部分理由是不存在法定标准，以及类比为刑事司法制度中的公诉裁量权传统，但是最高法院更多强调的是对不执法决定进行司法审查可能带来某些实践上的困难。拥有执法权的行政机关通常并没有充足的人员或者资金对所有可能违反它们所实施法律的行为采取措施。在分
371 配调查和诉讼资源时，它们必须对诸如违法严重程度、可得证据的性质和质量、获得同意和解（consent settlement）或者有利判决的可能性、公诉的阻吓效应，以及资源用于本案后，需要放弃起诉的其他案件的“机会成本”等因素作出判断。联邦法院没有多少能力对诸如此类的裁量性

1 482 U.S. 270（1987）.

选择的合理性作出评估。

但是，Chaney 案判决意见补充指出，在国会规定了具体的指南对行政机关的执法裁量权加以约束时，法院可以要求行政机关尊重其法定要求。在这一问题上，最高法院以赞成的态度引用了 Dunlop v. Bachowski[1] 案的判决。该案中，最高法院支持了对劳工部长拒绝根据《劳资报告和披露法》（the Labor–Management Reporting and Disclosure Act）对工会选举结果提起质疑的决定进行司法审查。在 Dunlop 案中，《劳资报告和披露法》本身已经指示劳工部长如果认定存在让他相信已经发生违法行为的近因，应当提起诉讼。

Chaney 案判决意见指出了可能不会排除对非执法的行政行为进行审查的若干情形，包括当事人提出了言之成理的合宪性异议（constitutional challenges），或者行政机关"只因相信自己缺乏管辖权而拒绝立案"，或者行政机关的政策"如此极端以至于达到放弃法定职责的地步"。总的来说，联邦法院已经接受了这些指点。例如，当原告主张行政机关的不执法决定是因为对实体法的误解，而不是行使管理方面的判断的产物时，联邦法院 372
通常会愿意审理这些法律问题。[2] 类似地，联邦法院坚持 Chaney 案之前的观点，即行政机关拒绝启动规则制定程序的决定可以接受司法审查。[3]

总的来说，行政决定是否诉诸行政裁量，在很大程度上取决于是否存在"可用之法"，但是法院也会考虑职能事务。这一领域法律规范的相对不发达的性质，无疑与法院坚守 Abbott Laboratories 案提出的可审查性推定是相关的。注意到行政权不受制约的风险，法官们通常不愿意接受政府律师所提出的特定行政决定或者事实认定不应受到司法审查之类的主张。因此，一般而言，联邦法院倾向于采纳尊重性的审查范围原则，而非适用不可审查性原则，作为区分行政和司法职责领域的工具。 373

1　421 U.S. 560（1975）.

2　例可参见 Montana Air Chapter No. 29 v. FLRA，898 F.2d 753（9th Cir. 1990）。不同意见，参见 Crowley Caribbean Transp.，Inc. v. Pena，37 F.3d 671（D.C. Cir. 1994）（只有在行政机关的法律解释是以书面政策而非临时性的执法决定的形式体现的时候，才允许司法审查）。

3　Massachusetts v. EPA，549 U.S. 497（2007）；参见下文第 125–126 页（原书页码）。

三、原告资格

在法院对某一行政行为提起诉讼的个人必须拥有寻求司法审查的原告资格（standing）。原告资格原则是一个复杂而且频繁变动的法律领域，同时拥有宪法和普通法相关的依据。原告资格原则的宪法渊源是《联邦宪法》第三条第二款[1]，该条款将联邦司法权限定于“案件”（cases）和“争议”（controversies）。美国的司法程序实行对抗性制度，需要诉讼当事人聚到一起展示合理判断所需的信息。“案件或者争议”的限制，正如原告资格原则所体现的，寻求的是确保当事人之间存在充分的对抗，以便让这一制度合理运作。不仅如此，原告资格的法律规范目的是帮助司法机关不超越其合理权限，从而让政府的政治分支不会被“反多数的”司法机关所统治。

但是，难度在于制度性能力（institutional competence）和合法性的各项考虑与其他普遍接受的价值之间存在冲突。原告个人对违法政府行为提出的救济要求，可能对法院的正义感提出强有力的制衡性要求（countervailing claim）。不仅如此，司法审查还可以作为一种方法，确保官僚机构的行为符合《联邦宪法》以及民选的政治主体所确立的要求。考虑到这些相互冲
374 突的政策影响力（policy pulls），原告资格的法律规范有着不规则的发展形态，这并不令人惊奇。

（一）早期的判例法

早期的观点是对行政行为寻求司法审查的个人需要证明他拥有得到法律保护的利益——也就是说，得到《联邦宪法》、制定法或者普通法承认的利益——受到行政行为的不利影响。个人利益或者经济利益是不充分的。[2] 但是，最后“得到法律保护的利益”标准不再受欢迎。批评家们主张，这项标准容易让原告资格问题与案件实质问题相互混淆，因为为了确定原告是否拥有赋予原告资格所需的充分的法定利益，法院需要考虑原告主张行政违法的诉讼请求的实质问题。不仅如此，这一标准过于僵化，因为相比诸如由司法机关对日益增长的联邦官僚机构加以制约的需要等政策

1 Article III, § 2 of the Constitution.

2 例如，Alabama Power Co. v. Ickes, 302 U.S. 464（1938）。

考虑，该标准更多取决于古老的普通法概念。这些缺陷导致了 20 世纪 40 年代的学理性壁垒（doctrinal barriers）的崩溃。

最先实现的重大突破是在 FCC v. Sanders Bros. Radio Station[1] 案。最高法院在该案中判定，允许受到联邦通信委员会之许可决定"不利影响的个人"获得司法审查的制定法条文足够宽泛，可以包括申请获得成功者的竞争对手，即使《通信法》（the Communications Act）的实体规定之目的是保护公共利益，而不是诸如包括原告在内的竞争对手的经济利益。易言之，"受 375
到不利影响的个人"标准，并不仅限于声称涉及个人的法律错误。最高法院的理由是其"可能已经认为，可能会因为许可证之签发而遭受经济损失的个人将是唯一拥有充分利益的个人，可以提请上诉法院注意联邦通信委员会的行为中存在的法律错误"。Sanders 引发了一系列案件，其中私方当事人被各种法定审查条款赋予原告资格，所依据的是将其视为执行法定要求之"私人司法部长"（private attorneys general）的推定。[2] 一旦权利请求人证明他的权利请求是在法律条文规定的范围之内，他便可以自由地基于各种可得的理由对行政行为的合法性提出质疑，即使某些理由与他的个人利益并不相关。

1946 年《行政程序法》在 §702 中规定，"任何人由于行政行为而受到不法的侵害，或者在某一有关法律意义内的不利影响或侵害时，有权对该行为请求司法审查"，最终促成了一种自由化的趋势。诉讼当事人开始主张该法并不是仅仅将已有的"法定利益"标准写入法律，而是只要原告能够证明他在事实上受到了不利损害即允许司法审查，从而扩大了原告资格的可得性。这一理论在下级法院产生了各种不同的结果。25 年后，最高法院
终于讨论了 §702 的含义，它并没有完全支持上述理论，但是它确实提出了 376
一种相对来说具有允许性的分析框架。在 Ass'n of Data Processing Serv. Orgs. v. Camp[3] 案中，最高法院将对行政行为寻求司法审查的原告资格的法律规则简化为两个问题：（1）诉讼是否涉及《联邦宪法》第三条所述的"案件或者

1　309 U.S. 470（1940）.

2　例可参见 Associated Indus. of New York v. Ickes，134 F.2d 694，704（2d Cir.），原判决因诉因消失而被撤销（vacated as moot），320 U.S. 707（1943）。

3　397 U.S. 150（1970）.

争议”，最高法院将其等同于询问“原告是否指控被诉行政行为事实上导致他受到了经济损害或者其他损害”；（2）原告的利益是否“可以说（arguably）处于讼争的制定法或者宪法规定所保护或者规制的利益区间之内”。适用这种两项分支构成的标准，最高法院认定数据处理服务的提供者可以起诉阻止货币监理官（the Comptroller of the Currency）授权银行与他们进行竞争，因为（a）货币监理官的裁定可以给他们带来经济损害；（b）联邦银行业立法表明，至少“可以说”，国会希望保护公司，让它们不必与银行在非存贷款业务领域进行竞争。Data Processing 案提出的框架至今仍然适用，但是它也经历了明显的演变。

（二）宪法规定的原告资格

Data Processing 标准最初的构成性要件让联邦法院陷入了各种激烈的争
377 论中。当 Sierra Club 起诉试图阻止在荒原区域开发滑雪度假村时，这一问题的重要性已经变得非常明显。[1] 最高法院承认对于美学、休闲和环境利益的威胁可以构成足以满足原告资格要求的充分的事实上的损害。尽管如此，Sierra Club 的诉求是不充分的，因为它们没有主张任何该组织的会员使用这一将受到度假村开发影响的荒原区域；相反，该组织只是依据它作为负责人的环境保护组织的地位。这是不足以成立原告资格的。为了满足《行政程序法》的要求，最高法院认为一家组织必须证明政府的行为对该组织或者其成员造成了具体的损害。[2]“仅有‘诉争的利益’”并不能让它具有起诉的权利。Sierra Club 案很快引发联邦法院在其他案件中拒绝向只声称
378 遭受“抽象损害”的诉讼当事人赋予原告资格。[3]

---

1 Sierra Club v. Morton，405 U.S. 727（1972）.

2 协会拥有代表其成员起诉的权利，如果：“（1）一名或者多名成员拥有基于自己的权利而起诉的原告资格；（2）协会所寻求保护的利益与其组织设立的目的是相关的；（3）无论所宣称的请求权，还是所寻求的救济，都不要求成员个人参与诉讼。”Hunt v. Washington State Apple Advertising Comm'n，423 U.S. 333（1977）. 对于这一标准的第 2 项和第 3 项内容，法院往往会作出非常宽松的解释。因此，通常而言，诉讼中唯一重要的问题是是否满足第一项标准。但是，一家组织只是对其成员提供一般性描述，声称从统计概率上讲，它的某些成员将遭受事实上的损害，这么做是不够的。Summers v. Earth Island Institute，555 U.S. 488（2009）.

3 例如 Schlesinger v. Reservists Comm. to Stop the War，418 U.S. 208（1974）（对于国会议员是否保留在预备役部队中的成员身份，原告没有个人化的利害关系）。

在之后的几年里，最高法院将原告资格的构成要件标准进行了完善，修改为多因素的调查。在 Allen v. Wright[1] 案中，最高法院对主流的分析方法进行了总结："原告必须主张遭受了个人性的损害，它是可以大致归因于被告被指控的违法行为，并且很可能将由所要求的救济加以补救。"因此，一般来说，原告资格的调查可以说涉及三项变量：损害、可归因性（traceability）和可补救性（redressability）。实践中，后两项要件是紧密相关的；下文将对此进行讨论。因为原告资格隐含着标的管辖权，法院必须在其自身的动议中提出这一问题（如果原告资格是有争议的），即使当事人并没有对此发生争议。不仅如此，法院必须首先对原告资格问题作出决定；它不能直接"推定存在"原告资格，然后继续审理案件的实质问题（merits），即使这些实质问题更容易解决，并且会导致驳回该诉讼。[2]

1. 必要的调查

至少在案件进入简易判决阶段之前，原告未能提供具体的事实证据证明存在所主张的事实上的损害，这会让诉讼容易被判决驳回。例如，在 Lujan v. National Wildlife Fed'n[3] 案中，一家环境保护组织指控土地管理局（the Bureau of Land Management）的"土地收回项目"（land withdrawal program）让太多的公共土地用于采矿。原告提交了宣誓证言书（affidavits），其中该组织的两名会员声称他们是出于休闲和审美目的而使用的土地"邻近"土地管理局行为影响的区域。最高法院判定这份提交的材料过于宽泛。宣誓 379
证言书中所提到的区域面积超过 200 万英亩。而这些区域只有一小部分受土地管理局决定影响，并且宣誓证言提供者并没有具体地声称他们利用了这些地块。

纳税人的原告资格通常来说也是不能成立的。[4] 在 Flast v. Cohen[5] 案中，最高法院确实对指控制定法违反《联邦宪法》政教分离条款而提起的纳税

1　468 U.S. 737（1984）.

2　Steel Co. v. Citizens for a Better Environment，523 U.S. 83（1998）.

3　497 U.S. 871（1990）.

4　参见 Daimler Chrysler Corp. v. Cuno，547 U.S. 332（2006）（此类纳税人通常并不具有反对具体政府开支项目的原告资格，因为这些开支对于他们的纳税义务的影响是"细微和不确定的"）。

5　392 U.S. 83（1968）.

人诉讼创设了一项例外，但是最高法院一直对这一例外加以限制。[1]

另一起可以作为例证的案件涉及的是《濒危物种法》（the Endangered Species Act）的要求，即联邦行政机关必须在资助或者实施可能危害濒危物种的活动之前征求内政部长的意见。Defenders of Wildlife 向法院起诉，主张这一征求意见的要求延伸适用于联邦政府在外国资助的项目。该组织的两
380 名会员提交了宣誓证言书，声称为了研究受到美国国际开发署（the Agency for International Development）资助的开发项目威胁的特定濒危物种，他们已经亲自出差到外国项目所在地。但是，最高法院在 Scalia 大法官撰写的判决意见中认定这并不足以让原告资格成立：宣誓证言提供者并没有提到任何回到争议项目所在地的具体计划，因此并没有证明他们面对现实或者即将发生的损害。[2] 原告也不能通过主张他们要求部长“遵守法律所要求的程序”的一般化利益方式证明原告资格的成立。考虑到《濒危物种法》中规定的“任何人”可以起诉要求执行该法，这些判决主旨是特别引人注目的。最高法院认为“公民诉讼”条款在该案中是不相关的，因为这些法律的实施主要是政府行政分支的职能，国会不能通过允许法院在不存在《联邦宪法》第三条所规定的案件或者争议时介入，而授权法院接管这一职能。

但是，Defenders 案的一份协同意见表明，如果国会赋予原告一种新的法定权利，而不只是起诉的权利，该案的结果可能会存在不同。后来的案件也证明了回避适用 Defenders 判决主旨的这一方法的效用。在 FEC v. Akins[3] 案中，一群选民起诉联邦选举委员会（FEC），认为后者没有根据《联邦竞选法》（the Federal Election Campaign Act）要求 AIPAC 这家亲以色列的游说组织提交有关其成员和财务状况的报告。最高法院认定该法已经赋予
381 原告（以及其他任何一个人）向“政治委员会”（political committees）获取信息的权利，该案中原告主张 AIPAC 属于政治委员会。剥夺这一权利，就是构成可以支持原告资格成立的一种损害。在众多其他选民也可以主张这

1　参见 Hein v. Freedom From Religion Foundation, Inc., 551 U.S. 587（2007）（将 Flast 原则限定于对具体的国会拨款决定提供资金支持的开支所提起的诉讼）; Arizona Christian School Tuition Org. v. Winn, 563 U.S. 125（2011）（纳税人对于一部州法不具有原告资格，该法规定其他纳税人因为向宗教学校捐款而享受税收抵免）。

2　Lujan v. Defenders of Wildlife, 504 U.S. 555（1992）.

3　524 U.S. 11（1998）.

一权利的意义上，该案所涉及的这种损害是“一般化的”，但是这一点并不重要，因为“信息性损害”是具体而非抽象的。最高法院也认定《反欺骗政府法》（the False Claims Act）[1]中的代位诉讼条款（qui tam provision）中存在原告资格的法定依据。这一条款让私人个人能够代表联邦政府，对欺骗了联邦政府的个人提起诉讼。如果原告获得胜诉，政府可以对其损失获得补偿，而原告或者代位诉讼人（relator）可以分享一定收益。在 Vermont Agency of Natural Resources v. United States ex rel. Stevens[2]案中，一位公民对 Vermont Agency of Natural Resources 提起代位诉讼，理由是该机关在联邦拨款项目中向联邦环境保护局多收了经费。最高法院的理由是，该法事实上让代位诉讼人成为联邦政府损害赔偿请求权的委托代理人；因此，他可以将联邦政府遭受的资金损失视为他自己受到的“损害”，从而满足原告资格成立的目的。[3]

2. 因果关系调查

当对于原告利益构成损害的威胁只是遥远地或者间接地可以归因于行政行为时，原告资格构成要件标准的可归因性和可补救性要素会是难以适用的。当政府项目采用补贴、税收抵免或者其他类似激励机制以实现某种期待的结果，而非规定直接规制或者向权利请求人支付福利款时，这一问题特别容易出现。首先，最高法院似乎没有因为此类因果关系问题而受到 382
困扰。在 United States v. Students Challenging Regulatory Agency Procedures[4]案中，原告是试图质疑州际商业委员会（ICC）的货运价格（freight rate）批文的一些法学院学生，他们认为这会阻碍回收材料的利用，从而加重环境污染。为了证明自己的原告资格，他们声称价格上涨将会导致他们在进行休闲活动的森林或者公园中，丢弃杂物和消耗矿产与其他自然资源的活动增加。最高法院认为这是一种“微弱的因果联系”（attenuated line of causation），但是这并没有阻止这些学生维持他们的诉讼。相反，它指出这些原告必须准备在他们的起诉书中证明这些损害的主张，并且将该案发回

---

1 31 U.S.C. § 3730.

2 529 U.S. 765（2000）.

3 但是，该代位诉讼人还是败诉了，因为最高法院判定该州行政机关不能成为《反欺骗政府法》规定之代位诉讼的被告。

4 412 U.S. 669（1973）（SCRAP）.

联邦地区法院重新审理。

但是，SCRAP 案中的开明判决后来（liberality）证明是短暂的。最高法院后来作出的判决坚持原告必须证明政府已经导致他遭受损害，并且胜诉判决可以为损害提供补救。例如，Simon v. Eastern Ky. Welfare Rights Org.[1] 案涉及的是向穷人提供医疗服务的私立医院享受的免税待遇（tax exemptions）。当国内税务局（IRS）对于有关私立医院为了满足免税条件必须向穷人提供的医疗服务的数量问题作出了一项税务裁定（revenue
383 ruling）时，一家福利组织和若干穷人申请司法审查。尽管几名原告声称他们因为国内税务局的裁定而失去了治疗机会，但是最高法院还是以缺乏原告资格为由驳回该诉讼。在最高法院看来，原告是否会在没有该裁定的情况下接受任何服务，这完全是猜测性的；而且，基于案件实质问题作出的有利判决是否能够补救原告所主张的损害，也是不清楚的，因为即使没有这些税收激励，这些医院也可能会继续拒绝向穷人提供医疗服务。类似地，在 Allen v. Wright[2] 案中，在公立学校就读的黑人儿童的家长起诉国内税务局，要求后者拒绝给予存在种族歧视行为的私立学校以免税待遇。这些家长（他们的小孩没有向讼争的学校提出入学申请）主张，国内税务局的行为导致这些学校蓬勃发展，因而损害了他们的小孩入读取消种族隔离的学区（integrated school district）的权利。但是最高法院认为没有理由相信取消这些免税待遇就可以在公立学校的取消种族隔离方面取得积极的变化，因而否定了这些家长的原告资格。

更为晚近的一些案件继续进行这些因果关系调查，但是得出的结论各有不同。在一起重要的全球变暖案件，即 Massachusetts v. EPA[3] 案中，最高法院允许马萨诸塞州以联邦环境保护局没有对机动车温室气体排放设定排放限值为由而对其提起诉讼。最高法院以 5 比 4 的多数票认定马萨诸塞州，代表该州所有公民，宣称存在因为全球变暖导致沿海岸线的财产的损失，构成了足够急迫和具体的损害。关于因果关系和可补救性，多数意见
384 认定美国汽车的尾气排放“促成”（contribute）马萨诸塞州海岸线的损失，

1 426 U.S. 26（1976）.
2 468 U.S. 737（1984）.
3 549 U.S. 497（2007）.

而对汽车尾气进行规制至少可以逐步补救这一损害。另一项允许性的判决是 Monsanto Co. v. Geertson Seed Farms[1] 案。该案中，最高法院认定作为原告的农民已经充分证明了一项“实质性风险”，即如果转基因种子得到美国农业部批准，一旦种植这些种子，就很可能会通过异花授粉而污染他们的粮食。但是，在 Clapper v. Amnesty Int’l[2] 案中，最高法院却认定原告资格不能成立。该案中涉及的一部制定法允许政府出于情报目的而监控美国和外国人之间的通信，原告对此提出了挑战。原告仅仅表明他们与外国人之间的电子邮件和电话通信将会遭到监控监听这一问题上存在客观的合理可能性，并不能证明原告资格的成立。相反，他们需要表明此种监控是“确定即将发生的”（certainly impending）。可以推定的是，Clapper 案的国家安全面向促成了最高法院不愿意允许该诉讼得以继续进行。

当焦点为可补救性时，晚近的案件中得出的结论也是各有不同的。在上文所述的 Defenders of Wildlife 案中，四位大法官坚持对可补救性标准采取相对严格的进路。他们主张，即使是 Defenders 案导致内政部长必须就他们的外国项目对濒危物种的影响问题征求其他行政机关的意见，其他行政机关（不是该诉讼的当事人）也可能因不同意该判决而拒绝遵守这一要求。因此，这一诉讼不太“可能”给原告带来任何好处。[3] 但是，在另一 385
起涉及《濒危物种保护法》的案件，即 Bennett v. Spear[4] 案中，农场主们对鱼类和野生生物管理局作出的“生物学意见”（biological opinion）提出质疑，最高法院判定农场主们具备原告资格。这份生物学意见建议复垦管理局（the Bureau of Reclamation）对其灌溉工程计划进行修改。最高法院的理由是，这一诉讼满足可补救性挑战，因为行政机关通常都会遵守这些生物学意见，而复垦局如果不这么做，将使其雇员处于法律上的危险境地。

1　561 U.S. 139（2010）.

2　133 S. Ct. 1138（2013）.

3　但是，最高法院在 Defenders 案中指出，可补救性要求在涉及程序性权利的案件中的适用不如其他案件严格。认为行政机关在作出决定时存在程序性错误的私方当事人并不需要证明纠正这一错误很可能导致行政机关修改其行为。尽管如此，当事人确实需要证明行政机关经过修改后的行为，将很可能补救对他的具体利益所造成的某些损害。

4　520 U.S. 154（1997）.

通常而言，原告资格标准的可归因性要件[1]和可补救性要件[2]在实践中是功能相当的。但是，在被告已经中止实施受到质疑的行为时，两者可能会出现差别。在这种情况下，即使行政机关已经承认其行为过去对原告造成了损害，法院的命令（decree）也并不必然会使原告将来的状况有所改善。因此，在 Steel Co. v. Citizens for a Better Environment[3] 案中，一家环境保护组织起诉一家生产商没有按照法律规定按时提交有关有毒化学品排放情
386 况的报告。但是，该生产商已经提供了最新的报告，原告也声称没有继续或者即将发生的违法行为，可能对该生产商作出的任何行政罚款都将付给美国政府而不是原告。在这些情况下，最高法院认为没有依据可以预测任何此类救济能保护原告免受将来的信息性损害（informational injuries）。但是，最高法院将其与 Steel Co. 案进行了严格的区分，并且在 Friends of the Earth，Inc. v. Laidlaw Envtl. Services[4] 案中得出了截然不同的结论。在该案中，一些本地居民认为，Laidlaw Envtl. Services 这家垃圾处理服务公司将水银排放到溪流之中，超过了根据《清洁水法》所申请的许可证所允许的排放量，影响了他们对周边地区享受其美学和休闲价值。尽管这些违法行为现在不在进行，但是这些违法行为在提交指控书（complaint）之后还在发生，并且以后很可能会继续。这些事实——加上国会本身在制定《清洁水法》时已经断定行政罚款将会吓阻未来的违法行为这一证据——说服最高法院认定，该诉讼有可能防止原告将来遭受损害，这足以满足《联邦宪法》第三条的要求。

人们经常批评《联邦宪法》第三条的相关判例法是前后矛盾和结果导向的。但是，最高法院态度摇摆的部分原因很可能是原告资格标准的特有性质，它要求法官对种种独特的事实情况适用诸如“即将发生的损害”和“补救的可能性”等模糊的术语。考虑到这些调查内在具有的难以捉摸的
387 性质，很可能难免经常出现的内在不一致问题，以及根据个人的意识形态倾向解决疑惑的诱惑。

---

1 行政行为是否已经或者将会导致原告的损害。

2 司法救济是否将会改善其遭受损害的情况。

3 523 U.S. 83（1998）.

4 528 U.S. 167（2000）.

（三）利益区间

在 Data Processing 标准的两大分支中，已经表明“利益区间（zone of interests）”问题是较少有争议的一个分支。[1] 最高法院在 Clarke v. Securities Industry Ass’n[2] 案中阐述了利益区间标准。该案的事实与 Data Processing 案的事实非常相似：一些证券经纪人挑战了货币监理官的一项裁定，它允许银行提供折扣经纪（discount brokerage）服务，而不用遵守联邦政府对分支银行业务的限制。最高法院再次认定原告资格成立，指出利益区间标准“并不打算特别苛刻”，只有在“原告的利益与制定法隐含的目的存在如此微弱相关的联系，或者与之存在矛盾，以至于我们不能合理推定国会是希望允许这一诉讼”，才阻止原告资格的成立。在 National Credit Union Admin. v. First Nat’l Bank & Trust Co.[3] 案中，最高法院再度作出了自由开明（liberality）的判决。该案中，一些银行起诉挑战国家信用社管理局（NCUA）的一项规则，它允许信用社为多家公司的雇员服务。最高法院认定原告资格成立，即使对信用社扩张的法律限制主要目的是保持信用社的金融稳定性，而不是保护竞争对手。事实上，最高法院最近重申利益区间标准“并不打算特别苛刻”，其适用需要“符合国会在制定《行政程序法》以便让行政行为可以推定为可审查的时候所体现的明显意图”。[4] 388

当然，正如 Air Courier Conf. v. American Postal Workers Union[5] 案中所表明的，利益区间标准并不完全是“无牙的”（toothless）。该案中，美国邮政发布的一项规章部分放弃了它对邮政服务的法定专营权，让私人快递企业可以自由从事向外国邮政系统提供隔夜递送邮件的服务。因为担心这一决定将会对其成员的就业机会造成不利影响，两家邮政工会起诉美国邮政，

1　上文第 377 页。

2　479 U.S. 388（1987）.

3　522 U.S. 479（1998）.

4　Match-E-B-Nash She-Wish Band of Pottawatomi Indians v. Patchak, 132 S. Ct. 2199（2012）（政府为了在印第安部落开设赌场而购买的土地，法院允许该土地邻近土地所有人起诉）。另可参见 Lexmark Int’l v. Static Control Components, 134 S. Ct. 1377（2014）（指出在《行政程序法》的相关案例中，“对利益区间标准采取的宽松标准，是保持《行政程序法》综合性司法审查条款之灵活度的合理工具”）。

5　498 U.S. 517（1991）.

指控该规章违法。最高法院判定这两家工会不处于相关的利益区间，因为建立邮政专营制度的制定法“存在的目的是确保向所有公民提供邮政服务，而不是确保所有邮政工人的工作”。尽管国会也制定了调整邮政行业劳资关系的法律，但是那些法律与邮政专营立法之间并不存在明显的关联，因此并不足以让原告资格成立。但是，Air Courier 案是最高法院唯一以利益
389 区间标准排除起诉人的原告资格的案件。利益区间标准只在很少的时候才构成行政行为司法审查的明显障碍。

还有另外三项原则进一步淡化了利益区间标准的效力。第一，这一标准并不要求原告是国会试图在相关法律中让其受益的一类群体中的一员。[1] 第二，诉讼当事人可以通过采纳作为其诉讼之基础的具体法律条款之制定目的来满足这一标准，这一目的可能不同于整个规制性计划（regulatory scheme）的目的。最高法院 Bennett v. Spear[2] 案中作了这样的判决。该案中，大农场主们和灌溉区机构（irrigation districts）起诉要求推翻鱼类和野生生物管理局根据《濒危物种法》出具的生物学意见。该生物学意见建议为了保护两种鱼类而对一项水务工程作出修改。原告认为鱼类和野生生物管理局没有遵守法律规定的考虑最佳可得科学数据的指示。按照《濒危物种法》的规定，这一条款大致目的是防止过度狂热的行为，因此可以支持原告资格的成立，即使该法的基本目的是物种保护。第三，正如 Bennett 案所判定的，利益区间标准，与损害事实标准不同，是对原告资格作出的非宪法性的限制，国会可以修改或者抛弃该标准。因此，因为《濒危物种法》授权“任何人”起诉寻求对某些违法行为提供补救，利益区间标准并不适用
390 于所有具体的诉讼请求。

四、司法审查的时机

即使是在行政行为是可审查的，并且原告具有起诉的资格时，如果他是在错误的时间提起诉讼，那么仍然可能无法获得司法审查。最终性（finality）、穷尽性（exhaustion）和成熟性（ripeness）是相互补充的三项原

1　Match-E-B-Nash She-Wish Band of Pottawatomi Indians v. Patchak，132 S. Ct. 2199（2012）.

2　520 U.S. 154（1997）.

则，目的是防止司法机关在没有必要或者在时机不佳的情况下干预行政过程。理论上讲，这三项原则都有着不同的关注重点和不同的依据。最终性原则主要考虑的是确保行政机关对特定案件或者问题作出确定而非初步的或者试验性的处理。穷尽性原则强调的是当事人寻求司法审查的行为；本质上而言，它所询问的是该上诉行为是不是企图缩短（short-circuit）行政过程，以及起诉人是否合理勤勉地通过行政过程寻求救济。而成熟性原则则要求作出实用主义的判断：相对于法院未经等待观察讼争问题可能随着时间推移如何发展而对争议作出裁决的能力，它更看重起诉人获得指导之需要的迫切性。但是，在实践中，这三项原则是相互重叠的，并不总是能够仔细区分。

（一）最终性

许多制定法上的审查条款允许当事人对行政机关的任何“最终命令”（final order）寻求司法审查，《行政程序法》指出“最终行政行为”需要接受司法审查。[1] 基于这一原因，某些案件，将其类比为联邦法院反对中间上
诉（interlocutory appeal）[2] 的一般性规则，将时机（timing）问题表述为行政 391
机关是否作出了“最终”行为。根据一项著名的公式，最终性需要满足两项条件：行政行为“必须标志着行政决定过程的‘完结（consummation），而不是仅仅具有试验性或者中间性的特征’”；并且“行政行为必须是‘可以据以确定权利义务的’，或者‘法律后果将会由此发生’（legal consequences will flow）”。[3] 另一起案件涉及的是环境保护局根据《清洁水法》作出的行政合规令（administrative compliance order），声称相对人的房产是受该法调整的，并且相对人在其房产上放置填充材料的行为已经违反了该法的规定，必须立即对其房产恢复原状。最高法院认定该行政合规令满足 Bennett 案中的最终性标准。[4] 一起案件涉及陆军工程兵团（Army Corps

1　5 U.S.C. § 704.

2　在初审法院对整个案件作出终局裁决之前发生的上诉，它通常不是就对案件争议的解决具有决定意义的事项，而是对为决定案件的是非真相所必要的事项提出的。——译者注

3　Bennett v. Spear，520 U.S. 154（1997）（鱼类和野生生物管理局提供的一项生物学意见“改变了法律制度”，因此是最终的）。

4　Sackett v. EPA，132 S. Ct. 1367（2012）.

of Engineers）的管辖权决定，即在三家公司试图开采泥炭的地块上包含了需要遵守《清洁水法》许可制度要求的“美国的水体”（waters of the United States），最高法院也得出了相同的结论。[1] 这一判断是有法律后果的，因为如果作出相反的认定，就相当于为这些公司提供了排放填充材料的安全港。在没有安全港的情况下实施的排放行为，将会让这些公司遭受严重的法律
392 风险。

另一方面，Bennett 公式所蕴含的一项意义是行政机关对一项事务实施性或者程序的决定本身不是最终行政行为。例如，当几家石油公司向法院起诉指控联邦贸易委员会出于政治目的签发了一项指控书（complaint），而没有确定它“有理由相信”（reason to believe）这些石油公司已经违反了反垄断法律，最高法院判定该诉讼的时间尚未成熟，因为联邦贸易委员会还没有作出“最终行为”。最高法院指出，行政机关宣称“有理由相信”不是一种确定性的行政机关的立场，对这些公司也没有设定争讼负担之外的其他负担。[2] 在 Bennett 案、Sackett 案和 Hawkes 案中，最高法院意识到了在临时性行为作出之后真实世界中可能产生的影响，部分是因为不得不参加诉讼，这本身将是灾难性的；而 Socal 案只承认了诉讼成本，这是多数公司可以轻松承担的。

最终性原则一般来说也阻止对那些所作决定不会直接影响公众的下级官员所作行为进行司法审查。最高法院在 Franklin v. Massachusetts[3] 案中采纳了这一主张以阻止对商务部长计算 1990 年人口调查结果时所采用的方法论根据《行政程序法》寻求司法审查。商务部长的决定不是最终性的，因为她只是向总统提交了报告，由总统对人口调查数据作出最终决定。类似地，一家特殊委员会提出的拟关闭军事基地建议名单，根据《行政程序法》
393 的规定也是不可审查的，因为总统可以自由批准或者否决该名单。[4] 最后，最高法院在 Franklin 案和 Specter 案中所作的判决意味着起诉人不能要求任何人接受他根据《行政程序法》提出的诉讼请求，因为总统不是《行政程

1 U.S. Army Corps of Eng'rs v. Hawkes Co, 136 S. Ct. 1807（2016）.

2 FTC v. Standard Oil Co. of California, 449 U.S. 232（1980）.

3 505 U.S. 788（1992）.

4 Dalton v. Specter, 511 U.S. 462（1994）.

序法》意义上的“行政机关”。他们可以提出的讼争问题只能是在《行政程序法》之外产生的宪法性诉讼请求（constitutional claims）。

当讼争的一项宣告（pronouncement）是诸如建议信之类的非正式的声明时，我们可能就难以判断该行政行为是否具有最终性。哥伦比亚特区巡回法院曾经认定几份此类信件是最终性的，从而是可以审查的。在 National Automatic Laundry & Cleaning Council v. Shultz[1] 案中，该法院认为此类信件，如果是由行政首长签署的，应当被推定为最终行政行为，尽管行政首长可以通过提交宣誓证言书说明该事务尚未得到解决而推翻这一推定。[2] 但是，在最近几年里，哥伦比亚特区法院对于 Bennett 案中提出的“法律后果将由此发生”进行了更严格的解读。该法院判定，因为一般性的政策声明并不具有法律拘束力，它们不需要接受执行前审查（preenforcement review）。[3] 这一分析让最终性问题和特定政策宣告是否应当通过通告评议式的规则制定程序发布的问题之间产生了重叠。[4] 如果起诉人可以证明该宣告事实上是一项立法性规则，本来应当通过通告评议 394 程序制定，他仅仅因为这一项理由就可以胜诉。但是，如果法院认定这一宣告是一项善意的（bona fide）政策声明，它将会认定该声明不是最终行政行为，因而也是不可审查的。

（二）穷尽性

如果行政程序仍然在进行之中，当事人就申请司法审查，法院通常会因为该原告未能穷尽行政救济而判决驳回诉讼。在一起典型案例中，一家公司收到国家劳动关系委员会的指控书（complaint），[5] 其中指控该公司实施了不当劳动行为（unfair labor practices）。该公司直接向法院起诉，认为自己不是在从事州际商业，因此国家劳动关系委员会不具有管辖权。尽管

1 443 F.2d 689（D.C. Cir. 1971）.

2 另可参见 Appalachian Power Co. v. EPA，208 F.3d 1015（D.C. Cir. 2000）[指导性文件是“最终（行政行为）”，因为其前后一致的文字表述使得它对各公司可以产生有效的拘束力]。

3 Ass’n of Flight Attendants–CWA，AFL–CIO v. Huerta，785 F.3d 710（D.C. Cir. 2015）；Nat’l Mining Ass’n v. McCarthy，758 F.3d 243（D.C. Cir. 2014）.

4 参见上文第 313–317 页。

5 指控书可以以相对人与国家劳动关系委员会和解结案，也可以在经国家劳动关系委员会的行政法法官主持听证之后作出裁决。——译者注

该公司主张自己如果被迫参与没有必要的举证式听证，将会遭受无法挽回的损失，它寻求立即获得司法审查的努力还是被拒绝了。[1]穷尽性原则（exhaustion）服务于多重目的。它的设计目的是防止受规制主体拖延或者破坏行政机关有序实施行政程序的能力。行政机关具有事实调查能力，在分析作为原告起诉书之基础的事实性主张也具有专业能力，穷尽性原则可以让法院从中受益。不仅如此，如果当事人不得不推迟到行政程序终结之后再寻求司法救济，司法介入可能证明完全是不必要的——行政机关可能
395 会在后续行政程序的任何阶段纠正最初的错误，或者当事人可能基于其他理由而成功抗辩。其结果是，穷尽性原则节约了司法资源，减少了政府不同分支之间的摩擦。

尽管穷尽性原则和最终性原则在诸如 Bethlehem 案之类的案件中基本上是重叠的，但是穷尽性原则可以更为深入。当私方当事人为了诱导而非阻止政府作出某项行为而到法院起诉时，上文所述的各项政策有的也是相关的。行政救济可能让起诉人在没有法院参与的情况下获得救济，但是如果起诉人未曾寻求行政救济，那么穷尽性原则在这一情境中也可能适用。

法院并不总是严格执行原告必须穷尽行政救济方可寻求司法审查的要求。法院对该原则的适用常常是高度裁量性的，尽管也能总结出若干规律。当诉讼当事人证明行政机关明显超越管辖权时，直接的司法审查通常是被允许的。[2]事实上，在有的案件中，只要原告的诉讼请求是纯粹法律性质的，法院会倾向于放宽穷尽性规则，因为法院能够在不需要行政机关事实调查能力帮助的情况下对法律争议作出裁决。但是，考虑到希望了解行政机关的视角并不是推迟司法审查的唯一理由，如果所指控的违法或者违宪行为
396 并不明显，大多数法院会要求遵守穷尽性原则的要求。[3]

另一系列判例则坚持认为，如果行政救济是“不充分的”，如行政机关缺乏给予原告寻求之救济的权力，或者诉诸行政渠道可能会导致过度迟延时，则原告并不需要穷尽行政救济。例如，在 McCarthy v. Madigan[4] 案中，

1 Myers v. Bethlehem Shipbuilding Corp.，303 U.S. 41（1938）.

2 Leedom v. Kyne，358 U.S. 184（1958）.

3 例可参见 Ticor Title Ins. Co. v. FTC，814 F.2d 731（D.C. Cir. 1987）（Edwards 法官的意见）。

4 503 U.S. 140（1992）.

最高法院判定，一名犯人首先在未经求助监狱申诉机制的情况下，可以向法院起诉监狱官员要求获得损害赔偿，因为监狱申诉机制并不允许作出损害赔偿裁决。[1]但是，整体而言，法院已经努力避免承认穷尽性要求的例外，以免该项规则遭到蚕食。例如，针对行政指控为自己进行辩护所需的开支和受到的干扰——这是每位相对人都会主张的负担——一般来说就不属于支持中间审查（interlocutory review）的依据。

制定法有时候会设定穷尽性要求，尽管这一要求本来就不会适用。例如，在 Booth v. Churner[2] 案中，最高法院抛弃了 McCarthy v. Madigan[3] 案中的判决主旨，因为国会已经通过了干预性立法，明确犯人必须在起诉之前先经过监狱的申诉程序（grievance process），即使该程序并不能提供该犯人所希望得到的救济，即损害赔偿。规定无论法院可能希望何种救济而要求穷尽行政救济的法律规定往往被作为排除条款进行分析。[4]另一方面，制定法也可以缩小穷尽性原则的适用范围，放宽本来可能对诉讼当事人适用的穷尽性要求。[5]《行政程序法》本身可以在一项具体的程序情境中发挥这一作用：行政行为“依其他方式是最终”时，就司法审查的目的而言是“最终的”，不论起诉人是否申请任何形式的再考虑（reconsideration）或者向上级行政机关上诉。[6]尽管 §704 是针对最终性要求而作的规定，最高法院在 Darby v. Cisneros[7] 案中，判定国会一定同时希望在这种情况下推翻穷尽性的要求。因此，如果当事人在行政机关层面已经采取了除再考虑或者内部上诉之外的每项可得的措施时，穷尽性和 397

1　另可参见 Coit Indep. Joint Venture v. Fed. Savings & Loan Ins. Corp., 489 U.S. 561（1989）[一家破产银行的债权人可以未经向行政机关寻求行政救济，而直接在州法院起诉作为破产接管人（receiver）的联邦存贷款保险公司（FSLIC），因为联邦存贷款保险公司拥有与债权人相对的利益，可能会拖延解决债权人的诉求，而让该州的诉讼时效过期]。

2　532 U.S. 731（2001）.

3　503 U.S. 140（1992）.

4　参见 Shalala v. Illinois Council on Long Term Care, Inc., 529 U.S. 1（2000），上文第 365–366 页。

5　参见 Patsy v. Board of Regents, 457 U.S. 496（1982）（穷尽性原则不是根据 42 U.S.C. § 1983 对州官员提起宪法诉讼的前提条件）。

6　5 U.S.C. § 704.

7　509 U.S. 137（1993）.

最终性就不再成为寻求司法审查的障碍。[1]

在判断民事或者刑事诉讼当事人是否应当被阻止就一项本应之前在行
398 政程序中提出的问题进行争讼时，法院采用了穷尽性原则的一种变型。在 McKart v. United States[2] 案中，美国兵役登记局将一名征兵登记者归类为符合入伍条件，该征兵登记者提出上诉但是失败了。后来他因为逃避征兵而被提起公诉，政府认为法院不应该受理他提出的豁免入伍的诉讼请求，因为他没有在美国兵役登记局内部穷尽自己的救济途径。但是，最高法院不愿意在案件涉及刑事制裁时对未能穷尽救济的行为加以惩罚，因为如果这么做，其后果将是严重的："被告人经常被剥夺了他唯一的抗辩机会；他必须入狱而对他主张无效的命令未曾获得任何司法审查。"不仅如此，该案涉及的讼争点都明显属于法律问题，不需要动用行政专业能力。考虑到这些因素，而且很少有征兵登记者会试图规避行政程序，因为如果他们这么做会承担刑罚的风险，最高法院判定穷尽性原则没有禁止被告主张对他的归类决定无效，并以此作为对其所提出的刑事指控的抗辩。但是，最高法院将 McKart 案与 McGee v. United States[3] 案进行了区分，后者所涉及的是一名遭受刑事指控的拒绝征兵登记者 McGee，他忽略了兵役登记机构的可得救济方式。McGee 声称自己是一名良心拒服兵役者（conscientious objector），这一抗辩理由依靠的是事实问题而非法律问题。最高法院适用
399 了穷尽性原则，判定他的抗辩理由不能成立，因为"主张豁免入伍，最终取决于详细收集和分析相关事实，在行政系统内部充分交流事实，这一利益是突出的"。

除了要求起诉人穷尽行政救济外，法院通常会坚持争点穷尽（issue exhaustion）。换句话来说，法院通常没有义务处理起诉人没有首先向行政机关的决定者（decisionmaker）提出的诉讼争点。[4] 众多制定法要求在行政裁决中穷尽诉讼争点，其前提是民事诉讼中所遵行的一项原则，即上诉法

1　但是，正如 § 704 所同时规定的，行政机关可以制定要求相对人申请内部上诉的规章；这些规则必须规定，行政上诉程序进行时，行政行为暂时不发生效力。

2　395 U.S. 185（1969）.

3　402 U.S. 479（1971）.

4　United States v. L.A. Tucker Truck Lines, Inc., 344 U.S. 33（1952）.

院不需要考虑下级法院未曾维持的主张。[1] 即使制定法对争点穷尽未作规定，法官经常会以裁量性的方式适用争点穷尽要求。有的制定法也会对规则制定的司法审查情境适用争点穷尽。[2] 事实上，法院经常在规则的执行前审查情境中更一般化地适用这一原则。[3] 但是，在规则制定诉讼中，在某些时候适用这一原则的理由要比其他时候适用该原则更加充分。[4] 400

（三）成熟性

当事人在规制程序的相对早期阶段对一项规则或者其他声明提出挑战，行政机关尚未对特定个人执行其政策时，通常适用成熟性原则。问题就变成法院是否应当让原告所提出的争点在规制程序的某个后期阶段“发展成熟”。实践中的考虑可能会比较倾向于推迟司法审查。行政机关的法律或者政策宣告的含义经常会在其实施时表现得更为清楚。它们的适用范围可能是模棱两可的，[5] 并且其后果是难以预料的。其结果是，法院可能会感觉，如果等待案情进一步发展，它可以对行政宣告的效力作出更可靠的判决。或者，也许所预料的原告与政府之间的冲突根本就不会发生，并且法院可以回避与政府行政分支之间不必要的对抗。成熟性原则试图让这些关切的问题成为现实，但是也试图在这些关切与私方当事人对指导其权利行使的需要之间进行妥协。成熟性的调查类似于法院在决定是否在民事诉讼中作出确认判决（declaratory judgment）时的判断。在某种程度上，成熟性抗辩理由可以帮助实施《联邦宪法》第三条背后的政策，即禁止法院发布咨询性意见。但是，通常来说，在行政法案件中，这一原则是作为非宪法性的审慎性问题进行分析的。 401

Abbott Laboratories v. Gardner[6] 案这一典型案例，界定了判断诉讼请求的审查时机是否成熟时所考虑的若干首要因素：法院必须“同时评估相关争

1　不同意见，参见 Sims v. Apfel，530 U.S. 103（2000）（社会保障残疾案件中并不要求争点穷尽，这类案件是高度非正式性的，因此与司法程序不具有可比性）。

2　参见《清洁空气法》（the Clean Air Act），42 U.S.C.§7607（d）（7）（B）。

3　参见 Koretoff v. Vilsack，707 F.3d 394（D.C. Cir. 2013）。

4　参见 ACUS Statement No. 19，80 Fed. Reg. 60，611（2015）。

5　也许是因为行政机关的目的是让某些问题保持悬而未决的状态。

6　387 U.S. 136（1967）.

点是否适合司法判决的问题，以及如果阻止法院审理将给当事人造成的困难”。在 Abbott Labs 案中，成熟性原则的抗辩理由就被驳回。该案中，药品生产商们主张食品药品管理局在制定规制它们在自己的产品上使用标签之行为的规则时已经超越职权。当事人主张这一争议完全取决于国会意图。因此，该案并不需要行政机关提供更多的事实，该争点是适合接受司法裁决的。不仅如此，阻止司法审查将会对公司构成负担，因为如果它们不立即改变使用标签的行为，它们将受到罚款、扣押、公布违法事实（adverse publicity）和其他处罚的威胁。其结果是，生产商可以自由地直接向法院起诉，而不是必须先等待食品药品管理局对它们启动执法程序。

相比之下，在一起姊妹案，即 Toilet Goods Ass'n v. Gardner[1] 案中，讼争的规则被判定接受司法审查的时机尚不成熟。该规则要求在化妆品中使用颜色添加剂的各公司让食品药品管理局的检查官员“自由查阅”（free access）它们的专有配方。如果生产商不遵守该要求，食品药品管理局可以
402 暂时停止为该公司提供认证服务。在该案中，最高法院相信在具体的执法程序中形成的更多事实可能会有助于司法审查。诸如“理解食品药品管理局遇到了何种类型的执法问题，为了实现该法的制定目的进行各种类型监督的需要，以及为了保护合法商业秘密而设计的保护措施”，可以在证据案卷的基础上进行更充分的审查。与此同时，阻止直接接受司法审查，不会对公司造成损害，因为该规则并没有强迫它们改变主要行为；它们拒绝接受检查官员“至多”只会导致被暂停认证服务，它们可以在行政程序以及之后的司法程序中对此提出挑战。

今天，对规则的司法审查，至少在直接或者“执行前”诉讼中发生的次数和执行诉讼中发生的次数是一样频繁的。事实上，现代行政实践的现实有助于解释为什么根据 Abbott Labs 案提出的成熟性标准，此类审查通常会获得允许。如今，各行政机关经常会在规则制定程序中准备广泛的记录，一旦规则颁布，大量的法律、政策甚至事实性问题就可以被视为“适合”接受审查。不仅如此，如今还有很多规则对受规制实体施加了繁重的规制成本，并且在了解法院对这些规则之效力的看法方面，这些实体也拥有重要的利益。

尽管如此，法院还是偶尔会根据 Abbott Labs 标准判定一项规则接受司

1 387 U.S. 158（1967）.

法审查的时机尚不成熟。例如，在 National Park Hospitality Ass'n v. Department of Interior[1] 案中，国家公园的特许经营权人起诉要求推翻国家公园局颁布的 403 一项规则，该规则主张他们与国家公园局订立的合同不接受《合同争议法》（the Contract Disputes Act）之救济条款的调整。最高法院拒绝抽象地讨论该规则的效力问题，指出该法的可适用性可能取决于特定合同的特征。而且，推迟司法审查可能给原告带来的困难将是最小限度的，因为受到挑战的行政规则并不影响他们的权利；该规则只是表达了国家公园管理局的诉讼立场，而实际实施该法律的委员会可能并不会遵守该规则。类似地，在 Ohio Forestry Ass'n v. Sierra Club[2] 案中，环境保护主义者们主张林业局（the Forest Service）制定的"森林规划"（forest plan）将会允许在俄亥俄州进行过多的伐木和皆伐（clearcutting）[3] 作业。最高法院裁定驳回该案件，指出在林业局作出涉及具体位置的决定之前，森林规划并不会产生影响。原告可以在那时对森林规划提出法律挑战，因此推迟诉讼并不会给他们带来任何困难。另一方面，此种推迟诉讼将会让林业局可以因地制宜地调整森林规划，允许法院对具体场地的伐木作业的实质问题作出更有针对性的调查。诸如此类的认定司法审查时机不成熟的判决，应当说并不是特别令人惊讶的，因为 Abbott Labs 标准设计初衷就是具有高度裁量性的。 404

五、首先管辖权

与本章上文讨论的主题不同，首先管辖权原则不是对行政行为之司法审查的抗辩理由。事实上，它只是在案件属于法院原始管辖权范围内时才发挥作用。但是，它也经常与穷尽性和成熟性原则一起被讨论，因为与这些原则一样，它也是让法院作为一种工具，用以避免干扰行政机关以通贯性的方式履行其法定职能之能力。简言之，当审理民事或者刑事案件的法院所遇到的一项诉讼争点也属于行政机关独特的能力范围之内时，首先管辖权问题就出现了。如果法院选择适用这一原则，它会暂停对诉讼争点的

1　538 U.S. 803（2003）.

2　523 U.S. 726（1998）.

3　皆伐，是林业和伐木业采取的一种方法，指一致地伐光一个区域内的大部分或全部林木。——译者注

考虑，而指示当事人将该事务交给行政机关作出最初的判断。因此，首先管辖权原则在某种程度上可以类比为联邦法院避免对州法问题作出判决，从而让州法院可以解决该问题。

要求私方诉讼当事人在法院起诉之前先诉诸行政程序，主要出于两项理由。首先，将争点移送行政机关可以保持规制项目所需要的一致性。因此，在 Texas & Pac. R.R. v. Abilene Cotton Oil Co.[1] 案中，一名承运人在州法院起诉铁路公司，指控铁路公司的运费高得离谱，而这些运费经过了州际商业委员会的批准。
405 最高法院判定这一问题属于州际商业委员会的首先管辖权范围，因为《州际商业法》(the Interstate Commerce Act) 的主要目的之一是实现运费的全国一致性，如果全国各地的众多法院可以对单项运费是否过高作出临时性的判断，这一目的将会落空。其次，该诉讼可能涉及的诉讼争点超出了法官的传统专业能力范围，而在这些诉讼争点上，行政机关的专业能力将是有帮助的。在 United States v. Western Pacific R.R.[2] 案中，一家铁路公司为美国陆军运输钢套管凝固汽油弹 (napalm in steel casings)，按照规定对燃烧弹 (incendiary bombs) 适用的运费表收取了运费。美国陆军认为应当有资格享受对"钢桶装汽油"(gasoline in steel drums) 适用的更低运费，而铁路公司则向联邦求偿法院起诉要求支付运费。在上诉阶段，最高法院再次将这一问题移送州际商业委员会裁决：因为州际商业委员会批准了包含两项运费的运费表，它是最有能力明白作为对"燃烧弹"适用较高运费之基础的目的在本案中具有的意义。

另一方面，如果在诉讼活动中提出的一项争点在行政机关特殊专业能力或者专属职权的范围之外，则诉讼请求不会被基于首先管辖权原则所阻止。在 Nader v. Allegheny Airlines, Inc.[3] 案中，一家运气欠佳或者说有眼无珠的航空公司将已经预订其航班并且获得确认的 Ralph Nader[4]"赶下飞机"，就尝到了这一教训。Nader 针对航空公司的欺诈性虚假陈述，提起了损害赔偿之诉，指控该航空公司欺骗性地隐瞒它可能"超售"(over-book) 其

1　204 U.S. 426 (1907) .
2　352 U.S. 59 (1956) .
3　426 U.S. 290 (1976) .
4　拉尔夫·纳德，美国律师、作家、演说家和政治人物。——译者注

航班机票的事实，并且拒绝航班预订已经获得确认的乘客登机。航空公司的一项抗辩理由是这一问题属于民用航空委员会（the Civil Aeronautics Board）的首先管辖权范围，因为民用航空委员会有权对已经实施了“不公平或者欺骗行为”（unfair or deceptive practices）的受规制运输企业发布停止终止令（cease–and–desist orders）。最高法院否定了这一抗辩理由。民用航空委员会消除欺骗行为的法定权力与普通法上的欺诈和虚假陈述问题之间不能划等号，民用委员会无权让航空运输企业免予承担此种类型的责任。更为明显的是，在对这一问题进行判决时，“对受规制行业的经济学或者技术进行非正式评估，并不能提供便利”；相反，普通法上的欺诈行为标准“是属于法院传统能力范围之内的，而具有技术性专业能力的机构所作的判断不太可能对本案事实适用欺诈行为标准提供帮助”。 406

正如这些案件所显示的，适用首先管辖权的基本理由是协调行政机关和法院的工作。当行政机关的规制活动无处不在，而为了实施有效规制又需要在解释上实现一致性时，行政机关和法院的活动之间很可能就会发生冲突。因此，这一原则适用的案件最为经常地涉及受到高度规制的行业——行政机关控制着市场准入、价格，以及服务的性质和品质。当然，在最近几十年里，放松规制的政策已经极大地减少了属于此种类型的行业的数量，[1] 因此首先管辖权原则的适用已不如从前那么频繁了。但是，最后，这一原则的适用是具有高度裁量性的，似乎取决于法院在面对当事人所提出的这些诉讼争点时是否感到力不从心。 407

无论如何，这一原则并不是将专属性的管辖权从法院转移到行政机关；它只是对管辖权的优先次序进行分配。一旦行政机关作出了裁决，当事人仍然可以通过对行政机关申请司法审查的通常机制求助于法院。在 Far East Conf. v. United States[2] 案中，一家蒸汽船企业协会对只向协会会员提供服务的运输企业规定了优惠性运费。司法部根据反垄断立法对这种双重运费计划提出了挑战，但是最高法院判定这一事务属于联邦海事委员会（the Federal Maritime Board）的首先管辖权范围。后来，联邦海事委员会裁定双

1　事实上，州际商业委员会和民用航空委员会已经不复存在。

2　342 U.S. 570（1952）.

重运费制度是有效的，但是最高法院在直接上诉程序中推翻了这一裁定。[1] 因此，最高法院从行政机关的观点中受益，但是也拒绝忽略行政机关被其所规制行业“俘获”的可能性。但是，这种鱼与熊掌兼得的结果是有点不同寻常的：在大多数情况下，允许行政机关首先决定一项争点（或者一起
408 案件），也很可能意味着让行政机关拥有决定性的话语权。

六、针对政府提起的损害赔偿之诉

利益受到行政行为损害的个人经常会向政府寻求损害赔偿金以补偿他们所受的损害。此种努力总是需要制定法依据，否则一项古老的主权豁免原则，亦即未经政府同意，不得对其起诉的原则，就可以挫败这些努力。[2] 例如，在《塔克法》（the Tucker Act）[3] 中，美国政府已经同意对其违约行为或者未经公正补偿即“征收”财产的行为，在美国求偿法院（U.S. Claims Court）起诉要求损害赔偿。对于侵权行为提出的诉讼请求，合适的救济渠道就是《联邦侵权求偿法》（the Federal Tort Claims Act）。

《联邦侵权求偿法》通常让政府对任何“疏忽或错误的作为或不作为……”，“同非官方的私人在相同条件下一样，以相同的方式和在相同
409 的范围内”承担侵权责任。[4] 相应地，该法并不允许针对联邦政府违反联邦制定法或者规章的行为提起诉讼，除非私人可以因为此类违法行为而被起诉。[5] 该法也列举了一系列例外，这些例外有效地保存了主权豁免原则的众多内容。其中一项例外规定否定了对众多不同类型的故意侵权（包括诽谤、虚假陈述、欺骗和妨碍合同权利等）需要承担侵权责任。[6] 最初同一条款也排除了对袭击、殴打、非法逮捕和恶意指控（assault，battery，

1 FMB v. Isbrandtsen Co., 356 U.S. 481（1958）.

2 在典型的责令作出或者撤销某项行政行为的典型的司法审查程序中，主权豁免不是一项问题，因为《行政程序法》放弃了这项抗辩理由。5 U.S.C. § 702. 但是，《行政程序法》的弃权规定并不能延伸适用于要求“损害赔偿金”的诉讼请求，并且因此，希望从美国政府处获得损害赔偿金的诉讼当事人必须查找到另有制定法规定了放弃主权豁免的条款。

3 28 U.S.C. § 1491.

4 28 U.S.C. §§ 1346（b），2674.

5 Art Metal–USA v. United States, 753 F.2d 1151, 1157（D.C. Cir. 1985）.

6 Id. § 2680（h）.

false arrest, and malicious prosecution）承担责任；但是，自 1974 年以来，后面这几类侵权行为，如果是由执法官员实施的，已经变成可诉的了。[1]

《联邦侵权求偿法》最为广泛的例外规定是，如果负责的官员是在行使“裁量性职能”，那么无论他们是否滥用了自己的裁量权，都可以阻止诉讼。[2] 在 United States v. S.A. Empresa de Viacao Aerea Rio Grandense（Varig Airlines）[3] 案中，最高法院的解释是，国会制定裁量性职能例外条款的目的是“防止司法机关通过侵权诉讼，‘事后评论’政策中所包含的立法和行政决定……”因此，§2680（a）应当被解读为“包含了政府以私人个人行为之规制者角色作出的裁量行为”。但是，后来，最高法院对 Varig Airlines 原则进行了限制，判定这一例外仅适用于“可以允许的行使政策判断的行为”。[4] 这一表述具有两项重要的含义。首先，这一例外不能适用于违反了 410
“具体规定了雇员应当遵循之行为方式的制定法、规章，或者政策”。在这样的一起案件中，“官员的行为中并不存在裁量性职能例外所需要保护的裁量权”。其次，这一例外只保护建立在公共政策考量基础之上的判断，而不是政府雇员作出的每项判断。

最高法院在 United States v. Gaubert[5] 案中深入阐释了 Berkovitz 原则的这一教义。该案中，原告是财务陷入困境的存贷款机构的董事会主席和最大股东。联邦住房贷款银行委员会（Federal Home Loan Bank Board）已经承担了对该机构的监督性控制权，并且 Gaubert 指控该委员会的管理决定存在疏忽。最高法院重申了 Berkovitz 案的推理，但是补充指出，当行政机关制定的规章允许政府雇员行使裁量权时，那么就可以充分推定雇员行为是建立在政策基础之上，因此是不可诉的。既然联邦住房贷款委员会的授权法赋予其广泛的裁量权，可以决定如何监督存贷款机构，那么该委员会日常行使该权力，显然是建立在该制定的政策基础之上的，于是最高法院责令驳回 Gaubert 的起诉书。原告所指控联邦住房贷款银行的管理不善，是发生在存贷款业务的“操作层级”作出的常规决定，并不构成适用主权豁免的障碍。 411

1 Id.

2 Id. § 2680（a）.

3 467 U.S. 797（1984）.

4 Berkovitz v. United States, 486 U.S. 531（1988）.

5 499 U.S. 315（1991）.

七、针对官员提起的损害赔偿之诉

当诉讼当事人寻求政府官员自掏腰包，向其支付损害赔偿金时，主权豁免原则不是一项障碍，而是一项相关的原则，即公务豁免（official immunity）原则，则可能会成为障碍。这项规则存在已久，其内容是联邦雇员绝对豁免因为“在其职责外部边界之内作出的”任何行为承担普通法上的侵权责任。[1] 这项严格规则的理由在于，官员应当可以自由根据他们对公共利益的理解而作出决定，不必受到这样的威胁，即如果一名公众成员在该程序中遭到损害，他们可能需要承担经济损失。在 1988 年，判例法开始偏离 Barr 案的绝对性规则，[2] 但是，国会迅速采取行动基本恢复了这一规则。所谓的《韦斯特福尔法》（the Westfall Act）规定，在任何针对联邦政府雇员在其工作范围内作出的行为所采取的任何侵权诉讼中，联邦政府将代替（substitution）政府雇员作为被告，而原告的权利将根据《联邦侵权求偿法》确定。[3] 该法特别排除了要求联邦雇员提供侵权救济，[4] 即使针对联邦政府提出的请求权也因为《联邦侵权求偿法》的豁免规定而变得一文不值。[5] 但是，只有在司法部长证明该雇员是在其工作范围内行事，并且该
412 证明是可以接受司法审查之时，这种替代才会发生。[6]

当损害赔偿请求权的依据不是普通法上的侵权规则，而是官员违反《联邦宪法》时，《韦斯特福尔法》并不适用，当事人的权利是根据一套完全独立的判例法体系确定的。这一系列判例发端于 Bivens v. Six Unknown Named Agents of the Federal Bureau of Narcotics[7] 案，该案中，最高法院判定个人可以根据《联邦宪法》第四修正案起诉，要求赔偿因为联邦麻醉品执法人员在非法搜查其公寓时发生的行为所导致的损害。最高法院已经将 Bivens 案的判决主旨延伸适用于一般的违宪行为，但是它也判定在某些具

---

1 Barr v. Matteo, 360 U.S. 564（1959）.

2 参见 Westfall v. Erwin, 484 U.S. 292（1988）。

3 28 U.S.C. § 2679（d）.

4 id. § 2679（b）.

5 United States v. Smith, 499 U.S. 160（1991）.

6 Gutierrez de Martinez v. Lamagno, 515 U.S. 417（1995）.

7 403 U.S. 388（1971）.

体的情境中不能提供这一救济。这些情境包括国会已经建立了严密的救济体系，[1]或者是存在其他建议暂停救济的特别因素，如涉及军事背景。[2]

在一起 Bivens 诉讼中，公务豁免再次成为一项因素，但是通常是以有所变化的形式出现。在过去一些年里，最高法院一直根据《1871 年民权法》（the Civil Rights Act of 1871）[3]的规定在针对州官员的"宪法侵权"诉讼中适用责任豁免原则，而在 Butz v. Economou[4]案中，最高法院判定联邦官员同样应当拥有责任豁免的抗辩理由。在拒绝向遭受损害的原告提供救济而导致的非正义，与对以善意行使裁量权的官员追究责任所导致的非正义之间进行权衡，考虑到该责任让主管官员在作出重要决定时过度谨慎而存在的 413
风险，最高法院指出公务豁免的范围取决于该官员所行使的职能类型。行使裁量权的主管官员只被赋予"有限"（qualified）豁免权：只有在官员是善意地确信他的行为是合法的，并且这一确信是合理的时候，官员才能享受责任豁免的保障。因此，在与 Barr 案所体现的结束严格的豁免原则时，似乎促使最高法院作出这一转变的并不是联邦官员需要受到额外制约的某种强烈情感，而是它确信让联邦官员接受比州官员更宽松之标准的规范，这是不合适的。

但是，最高法院接着承认州法官和公诉人已经被赋予 §1983 诉讼中的绝对豁免地位。这就导致最高法院判定他们在联邦行政机关中行使司法职能的同行，如行政法法官和行使公诉职能的政府律师（staff attorneys），也应当享受绝对豁免地位，即使是在宪法侵权案件之中。最高法院感到这种完全的豁免地位对于确保"法官、辩护人、证人可以履行各自职能而不受骚扰或者恐吓"来说是必要的。与此同时，对于行使司法职能的官员来说，绝对豁免不太可能会导致众多没有得到补救的损害，因为在正式裁决程序中所内在包含的保障措施将为防止可能的违宪行为提供实质性的保障。 414

在 Economou 案发生的若干年后，最高法院修改了 Bivens 诉讼中的有限豁免标准。经过修改的有限豁免标准是，被告是否"侵犯了理性人已

1　参见 Schweiker v. Chilicky, 487 U.S. 412（1988）（社会保障残疾福利请求权）; Bush v. Lucas, 462 U.S. 367（1983）（联邦公务员提出的诉愿）。

2　United States v. Stanley, 483 U.S. 669（1987）.

3　42 U.S.C. § 1983.

4　438 U.S. 478（1978）.

经知晓的、明白确立的法定权利或者宪法权利”。[1] 先前的“善意”（good faith）标准强调行为动机，使证据开示的负担繁重，除非举行庭审（trial），否则法院难以适用有限豁免标准；Harlow 标准纯粹是客观性的，主要关注的是法律问题，因此没有依据的案件经常会以简易判决的形式被终止。部分因为 Harlow 标准的严格性，针对联邦官员提起的宪法侵权诉讼很少胜诉，并且很可能今后仍将如此。但是，我们可以认为，Bivens 诉因的真正意义并不在于作为赔偿制度一部分的实际作用，而在于它具有的象征性提
415 示意义，即行政决定过程必须始终服从于《联邦宪法》的要求。

1 Harlow v. Fitzgerald，457 U.S. 800（1982）.

[联邦]行政程序法摘录

按：在翻译《行政程序法》条文时，采用了收入《美国法典》的文本，以下是译者整理的条文序号中英文对照表。为了便于检索法条原文，译文中尽量保持原有编号。

《美国法典》条文序号中英文对照表

英文	中文	符号
Title	编	Title 1、Title 2 等 例如 U.S.C. Title 5 – GOVERNMENT ORGANIZATION AND EMPLOYEES
Subtitle	分编	Subtitle A、Subtitle B 等 例如 26 U.S.C. Subtitle A – Income Taxes
Part	部	Part I、Part II 等 例如 18 U.S.C. Part I – CRIMES
Subpart	分部	Subpart A、Subpart B 等 例如 26 U.S.C. Part III, Subpart F – Controlled Foreign Corporations
Chapter	章	Chapter 1、Chapter 2 等 例如 5 U.S.C. Chapter 1 – ORGANIZATION
Subchapter	分章	Subchapter A、Subchapter B 等 例如 26 U.S.C. Chapter 1, Subchapter B – Computation of Taxable Income
Section	节	Section 1、Section 2 等 缩写为 Sec. 或者 § 例如 5 U.S.C. §551 – Definitions

续表

英文	中文	符号
Subsection	分节	（a）、（b）等 例如 21 U.S.C. §841（a）
Paragraph	款	（1）、（2）等 例如 21 U.S.C. §960（b）（1）
Subparagraph	分款	（A）、（B）等 例如 31 U.S.C. §1341（a）（1）（A）
Clause	项	（i）、（ii）等 例如 35 U.S.C. §122（b）（2）（B）（i）
Subclause	分项	（I）、（II）等 例如 21 U.S.C. §355（j）（2）（A）（vii）（IV）

《美国法典》第5编　政府组织和雇员

第五章　行政程序

§ 551. 定义

§ 552. 公共信息、行政规则、裁决理由、裁定、记录、程序

§ 552a. 行政机关保留的有关个人的记录

§ 552b. 会议公开

§ 553. 规则制定

§ 554. 裁决

§ 555. 附属事项

§ 556. 听证、听证主持人、权力和责任、举证责任、证据、案卷作为裁决的根据

§ 557. 初步决定、结论、行政复议、当事人的意见、决定的内容、案卷

§ 558. 科处制裁、许可证的申请、中止、撤销和终止

§ 559. 本法对其他法律的效力，对今后法律的效力

§ 561. 目的

§ 562. 定义

§ 563. 确定是否需要组建协商式规则制定委员会

§ 564. 通告的刊登；申请成为协商式规则制定委员会成员

§ 565. 委员会的组建
§ 566. 委员会的活动
§ 567. 委员会的终止
§ 568. 服务、便利设施和委员会成员费用的支付
§ 569. 鼓励采用协商式规则制定程序
§ 570. 司法审查
§ 571. 定义
§ 572. 一般权力
§ 573. 中间人
§ 574. 保密
§ 575. 仲裁权
§ 576. 仲裁协议的执行
§ 577. 仲裁人
§ 578. 仲裁人的权力
§ 579. 仲裁程序
§ 580. 仲裁裁决
§ 581. 司法审查
§ 582. 信息的汇编（已经废除）
§ 583. 支持服务
§ 584. 拨款的批准

第六章　规制职能的分析

§ 601. 定义
§ 602. 规制议程
§ 603. 初步规制灵活性分析
§ 604. 最终规制灵活性分析
§ 605. 避免重复或者不必要的分析
§ 606. 对其他法律的影响
§ 607. 分析报告的制作
§ 608. 对于放弃或者推迟完成相关要求的程序
§ 609. 收集评议意见的程序
§ 610. 规则的定期审查
§ 611. 司法审查
§ 612. 报告和介入权

第七章 司法审查

§ 701. 适用的范围、定义
§ 702. 申请司法审查的权利
§ 703. 诉讼的形式和地点
§ 704. 可受审查的行为
§ 705. 司法审查期间的救济
§ 706. 司法审查的范围

第八章 行政规则制定的国会审查

§ 801. 国会审查
§ 802. 国会否决审查
§ 803. 有关法律、规则和法院确定的截止期限的特别规则
§ 804. 定义
§ 805. 司法审查
§ 806. 可适用性；可分割性
§ 807. 货币政策的豁免
§ 808. 特定规则的生效日期

行政法法官

§ 1305. 行政法法官
§ 3105. 行政法法官的任命
§ 3344. 选调（details）；行政法法官
§ 5372. 行政法法官
§ 7521. 对行政法法官的处分

第五章 行政程序[1]

§551. 定义[2]

就本节的目的而言，

---

1 此处参考了王名扬先生的译文。参见王名扬：《美国行政法》，中国法制出版社 2005 年版，第 1099–1122 页。为行文统一，译者在原译文基础上作了适当修改和格式处理，同时根据法律修订情况进行了更新。

2 Pub. L. 89–554, Sept. 6, 1966, 80 Stat. 381; Pub. L. 94–409, § 4（b), Sept. 13, 1976, 90 Stat. 1247; Pub. L. 103–272, § 5（a), July 5, 1994, 108 Stat. 1373; Pub. L. 111–350, § 5（a)（2), Jan. 4, 2011, 124 Stat. 3841.

（1）“行政机关”，是指美国联邦政府机构，不论其是否设在另一行政机关内部还是接受另一行政机关的监督，但是不包括：

（A）国会。

（B）联邦法院。

（C）美国领地或属地的政府。

（D）哥伦比亚特区政府。

除适用本编 § 552 的规定以外，不包括：

（E）由纠纷各方当事人的代表或其组织的代表所组成的、以解决纠纷的行政机关。

（F）军事法庭（courts martial）和军事委员会（military commissions）。

（G）战争时期在战区或占领地行使权力的军事当局。

（H）根据《美国法典》第 12 编 § § 1738，1739，1743 和 1744；第 49 编第 471 章第 2 分章；第 50 编附录 § 1884、§ § 1891–1902，以及原 § 1641（b）（2）规定行使职权的行政机关。

（2）“人”，包括个人、合伙、公司、社团、行政机关以外的公私组织。

（3）“当事人”（party），包括在机关裁决的程序中，被列名为或被承认为当事人的人或行政机关。或者以正当方式提出请求并且有权被承认为当事人的人或行政机关，以及为了特定的目的被行政机关承认为当事人的人或行政机关。

（4）“规则”（rule），是指行政机关发布的具有普遍适用性或特殊适用性，并对将来生效的文件的全部或部分，目的在于实施、解释、规定法律或政策，或者规定行政机关的组织、程序或实践的规则。包括批准或规定将来的收费标准、工资、法人或财务结构及其重组、价格、设备、器具及其服务或分配，还包括批准或规定和上述各项有关的估价、费用、会计或手续。

（5）“规则制定”（rule making），是指行政机关制定、修改或废除规则的行为。

（6）“裁决令 / 命令”（order），是指行政机关除规则制定以外所作出的最后决定的全部或部分，可以采取肯定的、否定的、禁止的、确认的形式、包括批准许可证在内。

（7）“裁决”（adjudication），是指行政机关作出裁决令（order）的行为。

（8）“许可证”（license），包括行政机关给予的执照、证书、批准、登记、特许状、成员资格、法定豁免或其他形式的许可的全部或一部。

（9）“审批许可证”（licensing），包括行政机关对许可证的允许、延长、拒绝、撤销、暂停、废除、撤回、限制、修改、变更、附加条件等行为。

（10）“制裁”（sanction），包括行政机关下列行为的全部或一部：

（A）禁止、命令、限制，或其他影响个人自由的措施；

（B）拒绝给予救济；

（C）罚款或罚金；

（D）财产的销毁、没收、扣押、留置；

（E）科处损害赔偿金、偿还、恢复原状、补偿、收费、负担、费用（costs，charges，or fees）；

（F）撤销、暂停许可证或规定条件；

（G）采取其他强制性的或限制性的措施。

（11）“救济”，包括行政机关下列行为的全部或一部：

（A）给予金钱、帮助、许可证、权限、免除、例外、特权、补救。

（B）承认请求、权利、特免、特权、免除、例外。

（C）根据个人的申请或请求采取其他对他有利的措施。

（12）“行政程序”（agency proceeding），是指行政机关从事本节第（5）、（7）、（9）款规定的程序。

（13）“行政行为”（agency action），包括行政机关的规则、裁定、许可、制裁、救济、或与其相等的行为，以及对它们的拒绝或不行为的全部或一部分。

（14）“单方面接触”，是指未记载在公开的记录中的接触。对这种接触没有在合理的时间以前通知各方当事人。但单方面接触不包括要求对本分章规定的任何事项或程序提出的情况报告。

§552. 公共信息、行政规则、裁决理由、裁定、记录、程序[1]

（a）每个行政机关必须使公众能够得到下列信息：

（1）为了指导公众，每个行政机关对下列事项必须在《联邦公报》上及时公布并分别说明：

（A）描述该行政机关的总部和地方机构，以及公众可以在哪些地点，从该行政机关的哪些雇员那里［如果是军职部门（uniformed service），则为其成员］，以何种方式获得信息、对其提出申请，或者获得决定。

（B）各行政机关履行职务和作出决定的一般过程与方法，包括一切正式的和非正式的程序的性质和要求。

（C）程序规则、通用的表格，可以取得表格的地点，并说明各种文书、报告、检查的范围和内容。

（D）行政机关根据法律授权制定的具有普遍适用性的实体性规则，以及行政机关制定和采纳的一般性政策说明和具有普遍适用性的解释。

（E）上述各项的修正、修改和废除。

应在《联邦公报》上公布而未公布的文件，不得以任何方式要求任何人遵守或受到不利的影响，除非该人就文件的内容实际上已及时得到通知。就本款的目的而言，如果经联邦公报办公室主任的批准，文件以引用其他文件的方式编入（incorporated by reference）《联邦公报》而受该文件影响的人可以合理方式获得时，视为已在《联邦公报》上公布。

（2）每个行政机关必须按照自己制定的规则，以电子化格式提供下

1　该节条文也常被称为《信息自由法》（the Freedom of Information Act），1966 年制定，后经过多次修订，最近一次修订是《2016 年信息自由法改进法》（FOIA Improvement Act of 2016）。Pub. L. 89–554，Sept. 6，1966，80 Stat. 383；Pub. L. 90–23，§ 1，June 5，1967，81 Stat. 54；Pub. L. 93–502，§ § 1–3，Nov. 21，1974，88 Stat. 1561–1564；Pub. L. 94–409，§ 5（b），Sept. 13，1976，90 Stat. 1247；Pub. L. 95–454，title IX，§ 906（a）（10），Oct. 13，1978，92 Stat. 1225；Pub. L. 98–620，title IV，§ 402（2），Nov. 8，1984，98 Stat. 3357；Pub. L. 99–570，title I，§ § 1802，1803，Oct. 27，1986，100 Stat. 3207-48，3207-49；Pub. L. 104–231，§ § 3–11，Oct. 2，1996，110 Stat. 3049–3054；Pub. L. 107–306，title III，§ 312，Nov. 27，2002，116 Stat. 2390；Pub. L. 110–175，§ § 3，4（a），5，6（a）（1），（b）（1），7（a），8–10（a），12，Dec. 31，2007，121 Stat. 2525–2530；Pub. L. 111–83，title V，§ 564（b），Oct. 28，2009，123 Stat. 2184；Pub. L. 114–185，§ 2，June 30，2016，130 Stat. 538.

列材料供公众查阅：

（A）裁决案件的最终理由，包括附议的意见和反对的意见在内，以及裁决令（orders）；

（B）该行政机关所采取的未在《联邦公报》上公布的政策声明和解释；

（C）职员手册（staff manuals）和对职员的指示，其中影响公众的部分；

（D）所有记录的复本（copies），而无论该记录属于什么形式或者格式

（i）已经根据本节第（3）款向任何人披露的记录；

（ii）（I）因为内容的性质，行政机关已经认定该记录成为或者将会成为众多具有实质相同内容的记录公开申请的对象；或者

（II）已有 3 次及以上的公开申请将该记录作为对象；以及

（E）分款（D）所述之记录的一般性索引。

上述材料，如果已及时出版并已公开出售时属于例外。对于行政机关在 1996 年 11 月 1 日及之后生成的记录，行政机关应当在记录生成之日起一年内公开，公开方式包括计算机通信，或者，如果行政机关还没有采用计算机通信方式，则采用其他电子方式。为了防止明显地不正当地侵犯个人的隐私权，行政机关在向公众提供记录或出版裁决理由、政策声明、解释、职员手册或指示时，可以在必要的范围内，删除可以用于识别身份的细节。但是行政机关对每项删除，必须以书面详细说明理由，并且在所公开或者出版的记录中说明删除的范围，除非这种说明会损害分节（b）的豁免规定所保护的利益。如果技术上具有可行性，行政机关应当在记录中删除详细身份识别细节之处说明删除的范围。每个行政机关还必须备有一份现行的索引，以电子化格式供公众查阅。该索引应为公众标明从 1967 年 7 月 4 日以后发布的、通过的或颁布的，根据本款规定应对公众提供利用或必须公开发行的全部文件。每一行政机关应按每季度或在更短的周期内，迅速出版并通过出售或其他方式散布每期的索引及其补编，除非行政机关通过在《联邦公报》上刊登的命令确定没有出版索引的必要性和可能性。在这种情况下，该行政机关仍然应当根据公众的请求，提供该项索引的复本，收取不超过复制该索引的直接成本费。只有在下述情况下，最终

的裁决令、裁决的理由、解释、对公众有影响的职员手册或指示，才可以作为行政机关的依据，作为先例援引、使用、以对抗非行政机关的当事人：

（i）上述文件已被编入索引，并按本款的规定提供公众使用或出版。

（ii）或者当事人已就文件的内容得到实际、及时的通知。

（3）除按本分节第（1）款和第（2）款两款规定提供公众利用的记录以外，每一行政机关在收到要求提供记录的申请时，必须对任何人迅速提供他所需要的记录，但公众的申请必须：

（A）合理地说明所需要的记录。

（B）符合行政机关公布的规则中规定的时间、地点、费用（如果有的话）和应当遵守的程序。

（4）（A）（i）为了执行本节的规定，每一行政机关应按照通知和收集公众评论程序颁布规则，具体规定处理本节规定的申请的收费表。并且建立程序和指导原则以决定在何时应当减免该项收费。收费的标准必须符合管理和预算局局长按照通告和公众评议程序制定的指南。该指南必须规定适用于所有行政机关的统一收费标准。

（ii）行政机关制定的此类规章中应当规定：

（I）当申请记录是用于商业目的时，收费限于文件的检索、复制和审查的合理费用标准。

（II）当申请记录是由教育性质的，或以科研或学术为目的的非商业性科学机构提出时，或者由新闻媒体的代表（a representative of the news media）提出时，收费应限于文件复制的合理费用标准。

（III）任何申请记录不属于上述第（I）分项或者第（II）分项的情况时，收费限于文件的检索和复制的合理费用标准。

在本项规定中，“新闻媒体的代表”，是指收集可能与一部分公众有关之信息的个人或者实体，利用其编辑技能将原始材料变成独特作品，并将该作品分发给听众。在本项中，“新闻”（news），是指有关当下发生的事件或者公众当下关心的事件之信息。新闻媒体的例子包括向一般公众播放的电视或者广播台，期刊的出版者（但是只有在这些实体满足“新闻”传播者之条件时）将其产品公开出售或者供民众订阅或者免费发放。这些例子是不穷尽的。而且，随着新闻投放（news delivery）方式（例如通过电信服务传播电子版的报纸）的发展，此类新的媒体应当被视为新闻媒体实体。自由记者应当被视为服务于新闻媒体实体，无论该记者是否实际由该实体雇用。出版合同可以构成此种期待的坚实依据；政府也可以在作出此类决定时考虑申请人过去的发表记录。

（iii）如果信息的公开是为了公共的利益，因为它可能明显促进公众对政府运行或活动的了解，而不是为了申请者的商业利益时，文件的提供应不收任何费用，或者减少到低于第（ii）项中规定的费用。

（iv）收费表应规定只收检索、复制或审查的直接费用。审查费用只能包括最初阶段审查某一文件所产生的费用。该项审查的目的是决定根据本节的规定，某一文件是否必须公开，以及决定根据本节的规定可以不发表的任何免除公开的部分。审查费用不能包括在处理依本节规定提出的申请过程中，解决可能出现的法律问题或政策问题所引起的费用。在本节的规定下，任何行政机关在下述情况下，不得收取费用：

（I）如果按常规的方法收款或得到该款的手续，所花的费用等于甚至超过应收的金额，或者

（II）依第（ii）项（II）或者（III）分项规定提出的申请，最初 2 小时检索费和最初 100 页的复制费。

（v）任何行政机关不能预先收取任何费用，除非申请人以前曾有不按时缴费的记录，或者行政机关决定的费用可能超过 250 美元。

（vi）本分款的规定不能代替某一法律对特定类型的记录，按特别规定的收费标准而可以收取的费用。

（vii）法院对申请人关于本节规定的放弃收费所提起的任何诉讼，应重新审理。但法院对案件的审查应仅限于行政机关的记录。

（viii）（I）除分项（II）规定情形之外，如果行政机关未能遵守第（6）款所规定的期限规定，则行政机关不得根据本分款收取任何检索费［或者根据本分款第（ii）项第（II）分项规定的复制费］。

（II）（aa）如果行政机关认定存在特殊情形（unusual circumstances）［正如第（6）款第（B）分款所定义的］，并且行

政机关已经根据第（6）款第（B）分款的规定向申请人及时提供书面告知，则分项（I）所规定的违反法律规定情形可以宽限10日而不予追究。如果行政机关没有遵守所延长的10日期限，行政机关不得收取任何检索费［或者根据本分款第（ii）项第（II）分项规定的复制费］。

（bb）如果行政机关认定存在特殊情形，对信息公开申请作出回应涉及信息超过5000页，行政机关可以收取检索费［或者在本分款第（ii）项第（II）分项规定的情形下，向申请人收取复制费］，条件是行政机关已经根据第（6）款第（B）分款的规定向申请人及时提供书面告知，并且行政机关已经通过书面邮件或者电话（或者不少于3次出于善意而试图）与申请人讨论申请人如何可以根据第（6）款第（B）分款第（ii）项的规定限制申请的范围。

（cc）如果法院认定存在［如第（6）款第（C）分款所作定义的］例外情形（exceptional circumstances），第（I）分项的违法行为可以在法院裁定所确定的期限内不予追究。

（B）原告起诉时，原告居住地，或其主营业所在地，或行政机关记录所在地的地区法院，或哥伦比亚特区的地区法院有管辖权。法院有权禁止行政机关封锁行政机关的记录，并可责令提供任何不正当地对原告封锁的行政机关的记录。对这类案件，法院应当重新审理，可以对该行政机关记录的内容进行密室审查，以决定该记录或其中任何部分，是否属于本节下面（b）分节中规定的任何免除公开的事项，因而可以拒绝公开。行政机关对其行动的正当性应负证明责任。

（C）不论法律有任何其他规定，被告在收到原告根据本分节提出的任何控诉后30天内，必须提出答复或答辩。除非法院基于正当理由，另有其他指示时例外。

（D）（废止，Pub. L. 98–620，title IV，Sec. 402（2），Nov. 8，1984，98 Stat. 3357）

（E）根据本节规定提起的诉讼案件，如果原告已经取得实质性胜诉，法院可以判决联邦政府负担合理的律师费用，以及由案件产生的其他合理的诉讼费用。

（F）当法院命令对原告提交任何不适当的封锁的行政记录（agency records），并判决联邦政府负担合理的律师费和其他诉讼费用时，如果法院另外又作出书面的裁定，指出封锁记录的情况产生行政机关工作人员的封锁行为是否属于武断或者恣意的行为的问题时，特别检察官（the Special Counsel）[1]必须迅速采取行动，以确定对拒绝提供文件负主要责任的官员或职员，是否需要采取纪律制裁，特别检察官在调查和考虑提交的证据以后，必须向有关行政机关的行政当局提出自己的结论和建议，并将该结论和建议的复本送交应负责任的官员或雇员或其代理人。行政当局应采取特别律师建议的整改措施。

（G）如果发生不服从法院命令的情况，地区法院对负责任的雇员可以科处藐视法庭罪，如果是军职部门，则处罚其负责的成员。

（5）每个由多名成员组成的行政机关，必须在该行政机关的每次会议中对每个成员的最后表决制作记录，以供公众查阅。

（6）（A）每个行政机关收到根据本分节第（1）、（2）、（3）款的规定要求提供记录的任何申请时，必须：

（i）在收到这项申请的 20 天内（星期六、星期日和法定的节假日除外）决定是否同意这项申请。并应立即通知申请人：

（I）决定内容及其理由；

（II）申请人向该行政机关的信息公开联络员（FOIA Public Liaisons）寻求援助的权利；

（III）当行政机关作出的是对申请人不利的决定时，

（aa）在行政首长确定的，该不利决定作出之日起不少于 90 日的期限之内，申请人向行政机关首长申请复议的权利；

（bb）申请人向该行政机关的信息公开联络员或者政府信息服务办公室（Office of Government Information Services）寻求纠纷解决服务的权利。

---

1 联邦特别检察官办公室是一家独立行使调查和公诉职能的联邦行政机关，其职能主要来自以下四部法律的授权：《公务员改革法》（the Civil Service Reform Act）、《内部举报人保护法》（the Whistleblower Protection Act）、《Hatch 法》和《军人雇佣和再雇佣权利法》（the Uniformed Services Employment & Reemployment Rights Act）。——译者注

（ii）行政机关收到这样的复议申请以后，必须在 20 日内（星期六、星期日和法定的节假日除外）作出决定。在复议时，如果原来拒绝提供记录的决定得到全部或部分的维持，行政机关必须通知复议申请人对该决定可依本分节第（4）款的规定申请司法审查。

第（i）项所规定的 20 日期限应当自行政机关的相关机构（the appropriate component）最先收到申请之时起算，但是无论如何不得晚于行政机关根据本节规定以规章指定接收信息公开申请的任何机构首先收到申请之日起 10 日。行政机关不得中止 20 日期限的计算，除非——

（I）行政机关可以向信息公开申请人提出要求，并且在等待此类根据本节规定可以向信息公开申请人合理要求的信息之时中止 20 日期限的计算；或者

（II）为了厘清与收费相关的申请人问题的需要。无论属于上述哪种情形，行政机关收到信息公开申请人就行政机关关于提供信息或者说明的要求所作回复后，期限继续计算。

（B）(i）在本分款规定的特殊情况下，行政机关可以通过向信息公开申请人发送书面通知，延长（A）(i）或者（A）(ii）规定的期限，说明作为延期理由的特殊情况，以及行政机关的决定预计作出的日期。除了本分款第（ii）项所规定情形之外，延长期限的通知书中规定的延长期间不得超过 10 个工作日。

（ii）关于根据第（i）项发出书面通知以延长根据第（A）分款第（i）项规定之期限的要求，行政机关应当告知信息公开申请人，它在该项规定的期限内无法处理其信息公开申请，并且为申请人提供机会限制申请范围从而让其申请可以在该期限内得到处理，或者提供机会与行政机关协调处理其申请的其他时间范围或者修改其申请。为了向申请人提供协助，每家行政机关应当向其信息公开联络员，后者应当协助解决申请人与行政机关之间的任何争议，并且告知申请人有权向政府信息服务办公室申请纠纷解决服务。申请人拒绝对其申请进行合理修改或者安排其他时间范围，在确定是否存在第（C）分款所规定之特殊情形时应被视为考量因素。

（iii）如本分款所规定，“特殊情形”限于在适当处理特定申请所合理需要的范围内，即：

（I）从远离处理该申请的行政机关的地方设施（field facilities）或者其他机构（establishments）处检索和收集所申请的记录之需要；

（II）检索、收集和合理检查单一申请中所要求的大量分散和不同的记录；或者

（III）需要征求与信息公开申请答复之间存在实质利益的其他行政机关之意见，或者该行政机关两个或者两个以上的内设机构与信息公开申请答复存在实质性的事务（subject-matter）利益，需要征求意见。这种协商应当尽快进行。

（iv）每家行政机关可以通过通告评议程序制定规章，规定对同一申请人提出的若干申请进行合并处理，或者是对共同行动的一组申请人进行合并，如果行政机关有理由相信这些申请事实上构成单一申请，否则将满足本分款所规定的特殊情形，并且这些申请明显涉及相互关联的事项。对于所涉事务不相互关联的多项申请不得合并处理。

（C）（i）根据本分节第（1）、（2）或（3）款向任何行政机关要求记录的人，在行政机关不遵守本款规定的时间时，视为已经穷尽行政救济。如果行政机关能够证明存在特殊情况，而且正在作出应有的努力以满足申请人的要求，则法院可以保留管辖权，允许行政机关延长时间以完成记录的检查，一旦行政机关决定提供所申请的记录，应将该记录迅速提供给申请人。本分节中拒绝提供记录的任何通知书，必须指明各负责作出决定的人的姓名、职称或职位。

（ii）就本分款规定而言，“例外情形”（exceptional circumstances）并不包括行政机关因为可以预见的处理本节规定之申请的工作量而造成的迟延，除非行政机关证明在减少所积压的待处理申请数量方面已经取得合理进展。

（iii）在行政机关向申请人提供合理修改申请范围或者安排其他时间段以处理申请（或经过修改的申请）的机会之后，该申请人拒绝根据第（ii）项规定合理修改申请范围或者安排其他时间段的，在判断是否存在构成本分款规定目的意义的例外情形时，应当将此作为考虑因素。

（D）（i）每家行政机关可以经过通告评议程序制定规章，规定根

据信息公开申请处理涉及的工作和/或者时间，对信息公开申请实施并联处理（multitrack processing）。

（ii）根据本分款制定的规章可以规定，可以向不符合最快速的多轨处理之条件的信息公开申请人提供限制信息公开申请范围以便满足加快处理速度之条件的机会。

（iii）本分款不得被视为影响根据第（C）分款规定之尽谨慎义务的要求。

（E）（i）每家行政机关应当经过通告评议程序制定规章，规定对下列情形加速信息公开申请：

（I）信息公开申请人证明存在迫切需要时；

（II）行政机关认定的其他情形。

（ii）尽管存在第（i）项之规定，根据本分款制定的规章应当确保：

（I）是否提供加速处理的决定应当在收到信息公开申请之日起 10 日内作出并向申请人提供该决定的通知；

（II）对于是否提供加速处理之类的决定提出的行政复议申请进行加速审查。

（iii）行政机关应当尽快处理该行政机关已经根据本分款规定纳入加速处理范围的任何信息公开申请。行政机关根据本分款规定作出拒绝或者重申拒绝加速处理之申请的行为，以及行政机关未能及时对此类申请作出答复的，应当根据第（4）款的规定接受司法审查，但是该司法审查应当基于行政机关作出决定之时的记录。

（iv）行政机关已经对信息公开申请提供完整答复的，联邦地区法院无权审查行政机关拒绝加速处理信息公开申请的决定。

（v）根据本分款的制定目的，“迫切需要”（compelling need）是指：

（I）未能根据本款规定以加速程度取得所申请之记录的，可以有理由相信对个人的生命或者人身安全构成紧迫的威胁；或者

（II）关于主要从事信息传播的个人所提出的信息公开申请，迫切需要告知公众联邦政府已经实际作出的或者被指称的行为。

（vi）申请加速处理的个人要证明存在迫切需要，应当由其提供一份声明，证明尽其所知和所信确实存在迫切需要。

（F）在完全或者部分拒绝信息公开申请时，行政机关应当采取

合理努力评估所拒绝提供的信息公开涉及事务的数量，并且向申请人提供评估结果，除非此种评估将会损害该拒绝决定所依据的分节（b）之豁免规定所保护的利益。

（7）每家行政机关应当：

（A）建立系统，对需要耗时 10 日以上处理的每份信息公开申请分配个性化跟踪码（individualized tracking number），为每位信息公开申请人提供其申请所获分配的跟踪码；

（B）建立电话线或者网络服务，供信息公开申请人使用所获分配的跟踪码查询其信息公开申请之处理状态信息，包括——

（i）行政机关最初收到申请的日期；

（ii）行政机关预计对该申请完成处理的日期。

（8）（A）行政机关应当：

（i）只有在下列情形中，才能根据本节规定拒绝提供信息

（I）行政机关可以有理由预见披露信息将会损害分节（b）所描述之豁免事项所保护的利益；或者

（II）法律规定禁止披露信息；并且

（ii）（I）行政机关认定不可能全面披露所申请的信息时，都要考虑是否可以部分披露信息；并且

（II）采取必要的合理合并处理和发布非豁免披露的信息；并且

（B）本款内容不要求公开本来法律禁止披露的信息，或者根据分节（b）（3）属于豁免披露的信息。

（b）本节不适用于下述文件：

（1）（A）为了国防或外交政策的利益，根据总统行政命令规定的标准，特别授权保密的文件。并且（B）根据总统行政命令实际上已经定密的文件。

（2）纯属行政机关内部人事规则和习惯的文件。

（3）法律（不包括本编 § 552b 在内）明文规定免除公开的文件。但该项法律必须：

（A）（i）规定文件对公众保密的方式如此严格，以致行政机关对此问题没有裁量权；或者

（ii）对应予保密的文件规定特定的标准，或列举应予保密的文

件的特定的种类；

（B）如果是在《2009年开放信息自由法》（the OPEN FOIA Act of 2009）之后制定的，明确引用本款规定。

（4）贸易秘密和从私人处得到的、享受特权保护的或者秘密性的商业或金融信息。

（5）行政机关以外的当事人和行政机关进行诉讼时，在法律上不能向该当事人提供的行政机关内部或行政机关之间的备忘录或函件，但是该审议程序特权（deliberative process privilege）不得适用于生成日期距离该信息公开申请之日25年及以上的记录。

（6）在其公开可能明显地侵犯个人的隐私权的人事的、医疗的和类似的档案。

（7）为执法目的而编制的记录或信息。但只在下述情况之下才可以不公开这类执法的记录或信息：

（A）可以合理预期会干扰执法的程序；

（B）可能剥夺一个人的公正的审判或公平的裁决；

（C）可以合理预期构成不正当地侵犯个人的隐私权；

（D）可以合理预期会暴露秘密的保密来源（confidential source），[1] 包括州、地方政府、外国的行政机关或者当局，或任何私人组织在秘密的基础上提供信息的情况在内；以及在刑事侦查中，刑事执法机关根据秘密来源编制的记录或信息，或者合法地执行国家安全情报调查的机构由秘密来源所提供的信息；

（E）可能泄露执法的调查或追诉技术和程序，或者在这项公开可以合理地预期会发生逃避法律的风险时，泄露执法的调查或追诉的行动指南；

（F）可以合理预期会危害任何人的生命或人身安全。

（8）负责规制或监督金融机构的行政机关所编制的，代表其编制，或者为了供其使用而编制的检查、业务、或情况的报告。

（9）关于油井的地质和地球物理的信息和资料，包括地图在内。

1 保密来源，是指在得到明示或默示保证匿名情况下向执法机关或媒体提供信息的人。——译者注在删除根据本分节规定的豁免公开的部分以后，任何记录的可以合理分割的部分；应对任何申请人提供。所删除信息的数量，以及删除行为所依据的豁免类型，应当在向申请人提供的该记录的披露部分内容中说明，除非在披露记录时包含该说明将会损害该删除行为依据的本分节之豁免规定所保护的利益。如果技术上可行，所删除信息之数量，删除行为所依据的豁免规定，应当在该记录中删除之处加以标注。

（c）（1）当一项申请涉及取得本节（b）（7）（A）的记录，而且：

（A）调查（investigation）或处理程序（proceeding）可能涉及违反刑法的行为，以及

（B）有理由相信：（i）调查或程序的对象不知道程序正在进行之中，（ii）预料披露记录的存在会干扰执法的程序。在这种情况存在的期间，而且只能在此期间，行政机关可以认为这些记录不适用本节的规定。

（2）刑事执法机关用线人（informant）的姓名或个人特征制作的告密记录，被第三者根据线人的姓名或个人特征申请得到这项记录时，行政机关可以认为这些记录不适用本节的规定，除非线人的身份已经被正式承认为线人。

（3）当被申请的文件涉及联邦调查局保持的关于外国间谍、反间谍或国际恐怖主义的记录，而且这类记录的存在已经按照本节（b）（1）的规定属于定密信息（classified information）时，在这项文件仍然属于定密信息期间，联邦调查局可以认为这些记录不适用本节的规定。

（d）除本节有特别的规定外，本节不允许拒绝或限制对公众提供记录，也不允许对国会拒绝提供信息。

（e）（1）每年2月1日或以前，每个行政机关应当向司法部长和政府信息服务办公室（the Office of Government Information Services）主任提交报告，该报告应当涵盖前一财政年度，内容应当包括：

（A）该行政机关对根据本节（a）申请记录，作出拒绝的次数，每次拒绝的理由。

（B）（i）根据本节（a）（6）提出复议申请的人提出复议申请的总次数。复议的结果如何，每次复议中拒绝提供信息的理由。

（ii）行政机关所依据的授权其根据分节（b）（3）拒绝提供信

息的所有法律的清单，每项法律被适用的次数，有关行政机关依据各项法律作出拒绝提供信息的决定是否得到法院支持的描述，以及对拒绝提供之任何信息的范围所作的准确描述；

（C）前一年度 9 月 30 日之前行政机关未处理完毕的信息公开申请数量，以及截至当日，行政机关未处理完毕的此类信息公开申请的处理所用天数的中位数和平均数；

（D）行政机关收到的信息公开申请数量和行政机关已经处理的信息公开申请数量；

（E）根据行政机关收到申请的日期计算，行政机关处理不同类型申请所用天数的中位数；

（F）行政机关从收到申请之日起至作出答复所用天数的平均值，行政机关对这些申请作出答复所用天数的中位数，以及行政机关对这些申请作出答复所用天数的区间；

（G）根据行政机关最初收到每份申请之后已经经过的工作日（business days）的天数——

（i）在 20 日以内，依次增加 20 日，直至 200 日以内，得到行政机关答复的信息公开申请数量；

（ii）在大于 200 日，小于 301 日的时间范围内，得到行政机关答复的信息公开申请数量；

（iii）在大于 300 日，小于 401 日的时间范围内，得到行政机关答复的信息公开申请数量；

（iv）在大于 400 日的时间范围内，得到行政机关答复的信息公开申请数量。

（H）自信息公开申请最初提交之日起算至行政机关提供所准许信息经过的天数之平均数、中位数和区间；

（I）自行政机关最初收到复议申请之日起至行政机关对行政复议作出答复所用天数的中位数和平均数，行政机关对行政复议作出答复所用的最长天数和最短天数；

（J）每个行政机关未处理完毕的信息公开申请中，提交日期最早的 10 项申请有关的数据，包括每项申请自行政机关最初收到之日起经过的天数；

（K）截至前一年度 9 月 30 日，每个行政机关未处理完毕的行政复议申请中，提交日期最早的 10 项申请有关的数据，包括自行政机关最初收到这些申请之日起经过的工作日天数；

（L）行政机关同意或者拒绝的加速审查申请的数量，对加速审查申请作出裁决所用天数的平均数和中位数，以及在所要求的 10 日内作出裁决的加速审查申请的数量；

（M）行政机关同意或者拒绝的费用免除申请的数量，以及对费用免除决定作出裁决所用天数的平均数和中位数；

（N）行政机关因为处理这些申请而收取的费用总数；

（O）行政机关负责处理根据本节规定提出的信息公开申请的全职工作人员的数量，行政机关因为处理这些申请而耗费的开支总数；

（P）行政机关根据分节（c）的规定拒绝信息公开申请的次数；

（Q）根据分节（a）（2）的规定以电子化格式提供公众查阅的记录的数量。

（2）根据第（1）款提交的每份报告，其中的信息应当分别以行政机关主要组成单位和行政机关整体表示。

（3）每个行政机关应当以电子化格式将每份此类报告开放公众查阅。此外，每个行政机关应当以电子化格式及时将每份报告中所使用的原始统计数据开放公众查阅，并且满足下列要求：

（A）不附加收费、许可或者登记要求；

（B）采用合并、可检索的格式；

（C）采用可以批量下载的格式。

（4）司法部长应当允许公众在一个电子查阅点（electronic access point）以电子化手段查阅每份报告。司法部长应当在报告发布当年不晚于 3 月 1 日将这些报告已经以电子化手段提供查阅的情况告知众议院监督与政府改革委员会（the Committee on Oversight and Government Reform of the House of Representatives）主席和少数党首席议员（ranking minority member）和参议院国土安全和政府事务委员会（the Committee on Homeland Security and Governmental Affairs）、司法委员会（the Committee on the Judiciary）的主席和少数党首席议员。

（5）司法部长应当在 1997 年 10 月 1 日之前，经征求管理和预算局局长意见，制定与本分节所要求的报告有关的报告和履行指南，并且可以针对这些报告制定司法部长认为有用的其他要求。

（6）

（A）司法部长应当在每年3月1日或者之前向众议院监督和政府改革委员会、参议院司法委员会和总统报告，该报告涵盖前一日历年度，应当包括以下内容：

（i）因为本节规定发生的案件数量的目录；

（ii）涉及下列内容的目录——

（I）在因为本节规定发生的每起案件中涉及的每项分节规定，以及如果适用的话，任何豁免规定；

（II）因为本节规定发生的每起案件的处理结果；

（III）根据分节（a）（4）之分款（E），（F）和（G）的规定而核定的费用、收费和罚款；

（iii）司法部为鼓励行政机关遵守本节规定所采取工作的描述。

（B）司法部长应当——

（i）以电子化格式向公众开放查阅行政机关根据分款（A）提交的每份报告；

（ii）向公众开放查阅行政机关根据分款（A）提交的每份报告中所使用的原始统计数据，并且满足下列要求——

（I）不附加收费、许可或者登记要求；

（II）采用合并、可检索的格式；

（III）采用可以批量下载的格式。

（f）就本节的目的而言，

（1）本编§551所界定的"行政机关"一词，包括行政各部、军事部门、政府公司、政府控制的公司、政府行政部门所属的其他机构（包括总统办公机构），以及任何独立规制机关。

（2）本节所使用的"记录"（record）和任何其他与信息有关的术语包括——

（A）由行政机关以包括电子化格式在内的任何格式保存的，需要遵守本节规定之要求，将会构成行政记录（agency record）的任何信息；以及

（B）分款（A）所描述的，由一实体机构根据政府合同，为了记录管理（records management）的目的而为行政机关保存的任何信息。

（g）每家行政机关的首长应当以电子化格式制作和开放公众查阅向行政机关申请提供记录或者信息的参考资料或者指南，但是需要遵守分节（b）的豁免规定，这些参考资料和指南包括——

（1）行政机关所有重要信息系统的目录；

（2）对行政机关所维护的重要信息和记录查询系统（locator systems）的描述；

（3）根据《美国法典》第44编第35章以及本节之规定，从行政机关获取不同类型信息的手册。

（h）

（1）在国家档案和记录管理局（the National Archives and Records Administration）内设立政府信息服务办公室。该办公室的首长为主任。

（2）政府信息服务办公室应当：

（A）审查行政机关根据本节规定制定的政策和程序；

（B）审查行政机关遵守本节规定的情况；

（C）确定改进本节规定之合规的程序和方法。

（3）政府信息服务办公室应当提供调解服务（mediation services），解决根据本节提出信息公开申请的个人和行政机关之间的争议，将此作为诉讼的非排他性的替代方式，并且可以自行裁量决定或者根据争议任何一方的申请发布咨询意见。

（4）

（A）政府信息服务办公室主任应当每年至少一次向众议院监督和政府改革委员会、参议院司法委员会和总统提交——

（i）根据第（2）款规定审查和确定的信息的事实认定的报告；

（ii）根据第（3）款对政府信息服务办公室的活动所作的总结，包括——

（I）所发布的任何咨询意见；

（II）每个行政机关在政府信息服务办公室或者信息公开联络员的协助下实施争议解决的次数；

（iii）如果有的话，为了改进本节实施而提出的立法或者规章制定建议。

（B）政府信息服务办公室主任应当以电子化格式将根据分款（A）提交的每份报告开放公众查阅。

（C）政府信息服务办公室主任在向国会及其任何委员会或者小组委员会提交任何报告、建议、证言或者评议意见之前，如果提交的这些材料中包含一份说明，表明其中包含的是主任的观点，并不必然代表总统的观点，并不需要获得联邦政府任何官员或者行政机关，包括司法部、国家档案和记录管理局局长、管理和预算局局长的事先批准，或者接受评论或者审查。

（5）政府信息服务办公室主任可以直接向国会和总统提交他认为合适的其他信息。

（6）政府信息服务办公室主任应当至少每年一次就该办公室所作的审查和报告举行向公众开放的会议，并且应当允许利害关系人出席会议、发表口头或者书面陈述。

（i）政府问责局（the Government Accountability Office）应当对行政机关实施本节规定的情况进行审计，并且发布报告详细说明审计的结果。

（j）

（1）每个行政机关应当指定一位首席信息公开官员（Chief FOIA Officer），担任此职者应当是该行政机关的高级官员（助理部长或者与之相当的水平）。

（2）每个行政机关的首席信息公开官应当按照行政机关首长的授权——

（A）负责确保整个行政机关有效和合理遵守本节的规定；

（B）监督整个行政机关实施本节的规定，确保行政首长、行政机关的首席法律官员和司法部长合理知晓行政机关实施本节规定的绩效；

（C）在改进实施本节规定所需要时，向行政首长就行政实践、政策、人事和资金筹集提出调整建议；

（D）根据司法部长要求的时间和格式，就行政机关实施本节规定的情况进行审查并且通过行政首长向司法部长报告；

（E）通过在行政机关根据分节（g）发布的手册和行政机关有关本节规定的年度报告中加入对豁免规定的准确描述，以及在必要时，对适用这些豁免规定的特定的一般类型的行政机关的记录提供一份概述，促进公众理解本节之法定豁免的目的；

（F）向行政机关的工作人员就本节规定的职责提供培训；

（G）作为行政机关主要联络员，与（国家档案和记录管理局）政府信息服务办公室和（司法部）信息政策办公室（Office of Information Policy）联系工作；

（H）指定一位或者多位信息公开联络员。

（3）每个行政机关的首席信息公开官员应当每年至少一次审查行政机关实施本节规定的各个方面的情况，包括下列情况，以确保行政机关符合本节规定的要求——

（A）行政机关的规章；

（B）根据分节（a）第（2）和（8）款的规定披露相关记录；

（C）费用的核算和免收费用的资格认定；

（D）根据本节规定及时处理信息公开申请；

（E）分节（b）规定豁免条款的适用；

（F）在政府信息服务办公室或者信息公开联络员的协助下提供的纠纷解决服务。

（k）

（1）在政府行政分支内设立首席信息公开官员委员会（the Chief FOIA Officers Council）。

（2）首席信息公开官员委员会由下列成员构成：

（A）管理和预算局分管管理（management）的常务副局长。

（B）司法部信息政策办公室主任。

（C）政府信息服务办公室主任。

（D）每个行政机关的首席信息公开官员（Chief FOIA Officer）。

（E）由联席主席指定的联邦政府的任何其他官员或雇员。

（3）司法部信息政策办公室主任、政府信息服务办公室主任应当担任首席信息公开官员委员会的联席主席。

（4）总务局局长应当为首席信息公开官员委员会提供行政等支持。

（5）

（A）首席信息公开官员委员会应当承担下列职责：

（i）提出建议，改进本节的合规和效率情况。

（ii）传播行政机关经验、观念、最佳实践和与本节规定有关的创新路径等信息。

（iii）查找、制定和协调改进透明度和本节规定之合规情况的计划。

（iv）促进制定行政机关共同适用的、符合本节规定的绩效措施（common performance measures），并加以运用。

（B）在履行分款（A）所描述的各项职责时，首席信息公开官员委员会应当定期征求根据本节规定提出申请的公众的意见。

（6）

（A）首席信息公开官员委员会应当定期举行会议，此类会议应当向公众开放，除非该委员会认为基于国家安全理由需要或者为了讨论根据分节（b）豁免公开的信息的需要而决定举行闭门会议。

（B）首席信息公开官员委员会应当每年至少一次举行向公众开放的会议，允许利害关系人参加、向该委员会发表口头或者书面陈述。

（C）首席信息公开官员委员会召开会议之前，应当提前至少10日在《联邦公报》上刊登会议通知。

（D）除分节（b）规定情形之外，向首席信息公开官员委员会公开的，为该委员会制作或者由该委员会制作的记录（records）、报告（reports）、会议记录（transcripts）、会议纪要（minutes）、附录（appendices）、工作文件（working papers）、草稿（drafts）、研究报告（studies）、议程或者其他文档，应当向公众公开。

（E）首席信息公开官员委员会的每次会议都应当保存详细的会议纪要，其中应当包含出席人员的记录，对讨论事项、达成结论的详细和准确描述，以及由该委员会收到、发布或者批准的所有报告的复本。如有必要，应对会议纪要进行编辑并对外公开。

（l）信息公开联络员应当向所在行政机关的首席信息公开官员报告工作，并且应当作为监督官员，根据本节规定提出信息公开申请者可以在收到信息公开申请人服务中心（the FOIA Requester Center）的初步回复之后，向信息公开联络员提出自己从信息公开申请人服务中心获得的与服务有关的关切。信息公开联络员应当负责协助减少迟延，提高透明度和申请人对其申请所处状态的了解程度，协助纠纷的解决。

（m）（1）管理和预算局局长，经征求司法部长的意见，应当确保一个综合的在线申请门户网站的运行，该网站应当允许公众在一个网站上根据分节（a）的规定向任何行政机关提出获取记录的申请。该门户网站包括管理和预算局局长认为可以改进本节实施的任何其他工具。

（2）本分节之规定不得被解释为改变任何其他行政机关创建或者维护一个独立的在线提交获取记录之申请的门户网站的权力。管理和预算局局长应当制定适用于第（1）款规定要求的门户网站和行政机关根据本节规定所使用的其他申请之处理软件的互操作性（interoperability）标准。

§ 552a. 行政机关保留的有关个人的记录[1]

（a）定义

本节所称——

（1）行政机关，是指本编 § 552（e）所规定的行政机关。

（2）个人，是指合众国的公民或合法获准永久居留的外国人。

（3）保管，是指包括保管、收集、使用或传播。

（4）档案（record），是指由某行政机关保管的有关个人情况的单项、集合或组合，包括但不限于其教育背景、金融交易、医疗病史、犯罪前科、工作履历及其姓名、身份证号码、代号或其他特属于该个人的身份标记，如指纹、声纹或照片。

（5）档案系统，是指由任何机关控制的档案组合，根据某人的姓名、身份证号码、代号或其他特属于该个人的身份标记，便可从该组合中查到有关的信息。

（6）统计档案，是指仅为统计研究或报告之目的建立的档案系统中的档案，其整体或部分均不得用于确定个人身份，但《美国法典》第 13 编 § 8 规定的情况除外。

---

1 该节也常被称为《隐私法》（the Privacy Act），制定于 1974 年，后经多次修订。此处译文参考了周汉华主编：《域外个人数据保护法汇编》，法律出版社 2006 年版，原译者不详。为行文统一，译者在原译文基础上作了适当修改，并根据法律修订情况进行了必要更新。

（7）常规用途，是指在涉及提供档案材料时使用该档案的目的与收集该档案的目的相一致。

（8）匹配程序（matching program），是指——

（A）计算机化的有关下列内容的匹配：

（i）两个以上的自动化档案系统的匹配，或者一个档案系统与非联邦档案的匹配，其目的是——

（I）确认或核实依据联邦福利项目而提供服务或支付现金或实物等福利项目的申请人、领受人、受益人或参加人的合格性或者符合法律或规章要求的持续性，或

（II）根据这种联邦福利项目而扣除的应付款和欠款；

（ii）两个以上自动化联邦人事或薪金档案系统的匹配，或者一个联邦人事或薪金档案系统与非联邦档案的匹配。

（B）但是不包括——

（i）为得出无任何人身识别标记（personal identifiers）的集合性统计数据而进行的匹配；

（ii）为支持任何其所获数据不会用于特定个人的权利、福利或特权（privileges）之裁定的研究或统计项目而进行的匹配；

（iii）由主要职能与刑事执法有关的机关（或其下级部门），在开展刑事或民事执法调查之后为收集针对某人或某些人的证据而进行的匹配；

（iv）有关税务信息的匹配——

（I）依据《1986 年国内税收法典》§ 6103（d）之规定的；

（II）为了该法 § 6103（b）（4）所规定之税务管理的；

（III）为了依据《社会保障法》§ 404（e）、§ 464 或 § 1137 所赋予的权利而截留应返还某个人之税金的；

（IV）为了依据其他法律授权之税金返还截留程序而截留应返还某个人之税金的，而且这种法定程序已由管理和预算局局长确认包含有在实质上相似于《社会保障法》§ 1137 规定之程序中的核查、通知和听证等要求。

（v）下列匹配：

（I）使用主要涉及联邦政府工作人员之档案而进行的，而且

这种使用是为了日常行政管理之目的［要遵守管理和预算局局长依据分节（v）制定的指导方针］；

（II）由行政机关使用本行政机关保管的档案系统中的材料而进行的；如果这匹配的目的不是采取任何不利于联邦政府工作人员的财政性、人事性、纪律性或其他对抗性行动的话；或

（vi）为对外反间谍目的而进行的匹配，或者为联邦政府或联邦政府承包商的工作人员的安全背景审查（security clearance）而进行的匹配。

（vii）为了实施《1986年国内税收法典》（the Internal Revenue Code of 1986）6103（k）（8）所描述的征收（levy）而附随进行的匹配；

（viii）根据《社会保障法》§ 202（x）（3）或者 § 1611（e）（1）［42 U.S.C. 402（x）（3），1382（e）（1）］的规定而实施的匹配；

（ix）卫生和社会服务部部长或者该部总监察长为了调查可能存在的欺诈、浪费或者滥用而实施的匹配，包括将档案系统（system of records）与非联邦政府的档案（non-Federal records）进行匹配；

（x）根据《2014年获得更加生活体验法》（the Achieving a Better Life Experience Act of 2014）§ 3（d）（4）而实施的匹配。

（9）"接受行政机关"（recipient agency）指为在匹配程序中使用而从来源行政机关的档案系统中获得档案材料的行政机关或其承包商。

（10）"非联邦行政机关"（non-Federal agency）指为在匹配程序中使用而从来源行政机关的档案系统中获得档案材料的州政府或地方政府及其所属的行政机关。

（11）"来源行政机关"（source agency）指为在匹配程序中使用而提供档案材料的联邦行政机关，或者州政府或地方政府及其所属的行政机关。

（12）"联邦福利项目"（Federal benefit program）指由联邦政府或代表联邦政府的行政机关或州政府管理或出资的，以向个人发放钱款、补助、贷款或贷款担保等形式提供金钱或实物援助的项目。

（13）"联邦政府工作人员"（Federal personnel）指联邦政府的官员和雇员，军职部门的成员（包括预备役部队的成员），以及根据联邦政府的任何退休计划有权得到一次性或分期性退休津贴（包括遗属津贴）的人。

（b）披露的条件

任何行政机关都不得以任何方式向任何个人或其他机关披露其档案系统中的任何材料，除非有该档案内容相关者的书面申请或以事前的书面同意为根据，但以下情况除外：

（1）档案材料的提供对象就是保管该档案之行政机关的官员或雇员，而且其需要在行使职责过程中使用该档案材料。

（2）根据本编 §552 所提出的查档要求。

（3）提供档案材料的目的是用于本节（a）（7）界定并由本节（e）（4）（D）规定的日常工作。

（4）提供档案材料是供人口普查局计划或实施人口普查或调查，或者第 13 编所规定的其他有关活动。

（5）档案材料的提供对象已事先恰当地以书面形式向该机关保证，这些材料将完全用作统计研究或报告的根据，而且这些材料在使用中将转化为无法确认个人身份的形式。

（6）档案材料是因其具有很高历史价值或其他价值，有必要由联邦政府继续保存而提供给国家档案和记录管理局保存的，或者是送交国家档案馆馆长或其指定的人进行鉴定，以确定其是否具有上述价值的。

（7）档案材料是提供给其他行政机关或者联邦政府控制下或管辖内的政府司法机构，以便其完成一项有法律授权的民事或刑事执法活动，而且该行政机关或机构的首长应事先以书面形式向保管其执法活动所需之档案材料的行政机关提出申请。

（8）档案材料是根据对某个人的健康或安全有影响的紧急情况的证明而提供给某人的，如果告知可以通过此提供行为转达该个人最后的已知地址的话。

（9）档案材料是提供给参议院或众议院，或者根据管辖权范围提供给其委员会或下属小组，或国会两院的联合委员会或下属小组。

（10）档案材料是提供给总审计长或其授权的代表以便行使审计总局（General Accounting Office）[1]的职责。

（11）档案材料的提供是遵照具有管辖权之法院所发布的命令。

（12）档案材料是依照第 31 编 §3711（e）的规定提供给某个消费

1　2004 年更名为政府问责局（Government Accountability Office）。——译者注

者征信机构（consumer reporting agency）。

（c）提供档案材料的记录

每个行政机关都应根据其管理之档案系统的情况而——

（1）准确记录下列情况，但依据本节（b）（1）或（b）（2）之规定提供的档案材料除外：

（A）每次依据本节（b）规定向任何人或其他机关提供档案材料的日期、性质和目的；

（B）授受档案材料的人或行政机关的名称和地址。

（2）依本分节第（1）款所作的记录应在提供该档案材料后保存至少 5 年，或者按该档案的有效年限保存，如果后者长于 5 年的话。

（3）除根据本节（b）（7）项规定提供档案材料外，都应在档案所涉个人要求时允许其得到按本款第（1）项规定制作的记录。

（4）如果已就提供给某人或其他行政机关的档案制作了记录，则应将本行政机关按本节第 4 款规定就该档案中争议问题所作的更正或注释通知该个人或行政机关。

（d）查阅档案材料的权利

每个保管档案系统的行政机关都应——

（1）根据任何人提出的使用档案或档案系统中与其有关之材料的要求，允许其查阅该档案并获得以其能理解之形式制作的该档案材料的全部或部分的复本，而且应根据其要求允许其选定 1 人作为陪同，但该行政机关可以要求该个人提供 1 份书面声明，允许在该陪同人在场时讨论其档案内容。

（2）允许该个人要求修改与其有关的档案内容，并且——

（A）在收到这种要求之后的 10 天（不包括星期六、星期日和法定节假日）内以书面形式告知已收到；

（B）立即采取下列两种行动之一：

（i）对档案中该个人认为不准确、不相关、不适时或不完全的部分进行修改；或

（ii）将不能按其要求修改档案内容的决定及其理由通知该个人，并告知本行政机关所规定的由当事人要求行政机关首长或其指定的官员对此决定进行审查的程序，以及该被指定官员的姓名和办公地址。

（3）对行政机关拒绝就其要求修改档案内容的决定，允许持异议的个人审查该决定，而且应在收到这种要求之后的30天（不包括星期六、星期日和法定节假日）内完成审查并作出最终裁定，只有存在正当理由时该行政机关首长才可以延长这30天的期限；如果审查官员在审查后仍拒绝按要求修改档案内容，应允许该个人向行政机关提交1份简要陈述其不同意行政决定理由的声明，并通知该个人依据本节（g）（1）（A）对行政复议决定进行司法审查的有关规定。

（4）在该个人已依据本分节第（3）款规定向行政机关提交陈述其异议的声明之后，该行政机关在向任何个人或其他行政机关提供包含该个人持异议内容的档案时，应注明此争议之处并提供该个人声明之复本，如该行政机关认为合适还可以提供其未按当事人要求修改之简要理由陈述的复本。

（5）本节规定并不给予个人使用那些为合理预见之民事诉讼而收集的信息材料的权利。

（e）行政机关的要求

每个保管档案系统的行政机关都应——

（1）仅在其档案中保存那些与完成由法律或总统行政命令要求其完成的任务有关而且必需的信息材料。

（2）在收集的信息材料可能导致有关个人依联邦计划所获的权利、救济和特许权受到不利决定影响时，在实际情况允许的最大限度内直接向该个人了解情况。

（3）在其用于收集信息的表格或其他可以由个人保存的表格上向每个被其要求提供信息的人通知下列情况：

（A）收集这种信息和决定是否提供这种信息的权力（由法律或总统行政命令所授予的）是强制性的还是自愿性的；

（B）准备使用这些信息的主要目的；

（C）如依照本分节（4）（D）所公布的，这些信息的可能性常规用途；

（D）不按要求提供全部或部分信息会给其带来的后果，如果有的话。

（4）按照本分节第（11）款的规定在《联邦公报》上公布确定或修改有关档案系统的存在和性质的通知，该通知应包括——

（A）该系统的名称和地点；

（B）该系统中档案所涉及的人的种类；

（C）该系统所保存的档案材料的种类；

（D）该系统中档案的各种常规用途，包括使用者的种类和使用的目的；

（E）与该档案的储存、可修改性、使用权控制、保留和处理等有关的行政机关的政策和做法；

（F）行政机关中负责该档案系统的官员的职务和办公地址；

（G）个人可据以要求获知该档案系统是否包括有关他的档案材料的行政程序；

（H）个人可据以要求获知他如何才能查阅该档案系统中与其有关的档案材料及对档案内容提出异议的行政程序；

（I）该系统中档案材料来源的种类。

（5）保存该行政机关在作出有关任何个人的决定时使用的档案材料，而且要符合保证决定公正所合理需要的准确性、相关性、适时性和完整性。

（6）除依照本节（b）（2）规定之传播外，在将任何有关个人的档案材料传播给非本行政机关的对象之前，应尽合理之努力保证这些档案材料对行政机关的目的来说是准确的、完全的、适时的和相关的。

（7）除非有法律或与该档案有关者的明确授权，或者在授权性执法活动的适当范围之内，否则不得保存任何记述个人如何行使《联邦宪法》第一修正案所保障之权利的档案材料。

（8）在依据强制性法律程序而且这种程序成为公共档案问题的情况下，向任何人提供有关某人的档案材料时，应尽合理之努力通知与该档案相关的个人。

（9）制定有关设计、开发、运转、保管档案系统，或者保管档案材料的人的行为规则，并指导他们了解这些规则及本节的规定，包括其他任何依照本节规定适用的规则、程序及对违反者的罚则。

（10）制定适当的管理性、技术性和物理性防护措施，以保证档案材料的安全和机密性，并防范任何对档案材料的安全或完整的可预见的威胁或危险，而且这种威胁或危险可能使与该档案材料有关的个人受到实际伤害或感到窘迫、不便或不公正。

（11）在本分节（4）（D）所规定之通告前至少30天，在《联邦公报》上公布有关本系统中档案材料的新用途或预定用途的通知，而且应给利害关系人提供其向该行政机关提交书面的资料、观点或不同意见的机会。

（12）如果该行政机关是与非联邦行政机关组成之匹配程序中的接受行政机关或提供行政机关，而且所涉及的是一项匹配程序的制定或修改问题，则应在此程序开始运转之前的至少30天，在《联邦公报》上公布有关该制定或修改的通知。

（f）行政规则

为实施本节之规定，每个保管档案系统的行政机关都应颁布符合本编§553所要求（包括一般性通告）的规则，它应——

（1）确立个人可据以要求获知该档案系统中是否包括与其有关之档案材料的程序。

（2）限定该行政机关在向申请人提供其档案或与其有关的档案材料之前，确认其身份的合理时间、地点和要求。

（3）确立向申请人提供其档案或与其有关的档案材料的程序，包括在必要时向个人提供其医疗档案及与其有关的心理学档案的特别程序。

（4）确立对个人提出的修改其档案或与其有关的档案材料的要求进行审查的程序、就上述要求作出决定的程序、对拒绝修改的决定在行政机关内提出申诉的程序，以及为保障个人充分行使其依本节规定所应具有的权利而采取其他措施的程序。

（5）确定向个人收取复制档案材料费的标准，如果需要收费的话，但不包括检索和审查档案材料的费用。

联邦公报办公室应当每两年汇编并公布依本款颁布的规则和依本分节（e）（4）公布的行政通告，其形式可使公众以较低的费用获得。

（g）（1）民事救济

每当任何行政机关——

（A）依据本节（d）（3）决定不按个人要求修改其档案内容或未能依照该款规定进行审查时；

（B）拒绝满足个人依据本节（d）（1）提出的要求时；

（C）未能在根据与个人有关之档案内容决定该个人的资格、身份、权利、机会或救济等问题上确保公正所必需的准确性、相关性、适时性和完整性，而且导致了对该个人不利的决定时；

（D）未能遵循本节的其他规定及据此制定的任何规章并对个人产生不利影响时；

该个人可以对该行政机关提起民事诉讼，而联邦地区法院应有权审理与本款规定有关的案件。

（2）（A）在依据本节（g）（1）（A）提起之诉讼中，法院可以命令该行政机关按该个人的要求或法院指示的其他方式修改其档案。在此类案件中，法院应重新审理。

（B）在申诉人依本项规定获得实质性胜诉的案件中，法院可以要求联邦政府支付合理的律师费及其他诉讼费用。

（3）（A）在依据本节（g）（1）（B）提起之诉讼中，法院可以命令该行政机关停止对档案材料的封锁，并命令其将不正当封锁之档案材料提供给申诉人。在此类案件中，法院应重新审理，并得秘密检查该行政档案的内容，以确定该档案或其中任何部分是否属于本节（k）中规定的可不予公开的情况，而且该机关具有支持其诉讼主张的举证责任。

（B）在申诉人依本项规定获得实质性胜诉的案件中，法院可以要求联邦政府支付合理的律师费及其他诉讼费用。

（4）在依据本节（g）（1）（C）或（D）提起之诉讼中，如法院裁定该行政机关的行为是有意的或故意的，则联邦政府应负责向该个人支付相当于下列数额的款项：

（A）由该个人证明的作为该行政机关拒绝或未能提供档案材料之后果的实际损失数额，但在任何案件中，有权获得赔偿者收到的金额不得少于 1000 美元；

（B）由法院确认的合理的律师费及其他诉讼费用之和。

（5）要求执行依本节所确定的赔偿责任之诉讼可以在起诉人居住地或主要办公地，或该行政机关档案所在地，或哥伦比亚特区的联邦地区法院提起；无论争议数额大小，起诉人都应在该诉讼事由产生之日后的 2 年内提起诉讼；但是在该行政机关实际上故意向依本节申请的个人提供错误的档案材料，而且这种错误足以确立该行政机关依本节应对该个人承担赔偿责任的情况下，该个人则可以在其发现此错误后的 2 年内提起诉讼。本节之规定均不授权个人就 1975 年 9 月 27 日以前的提供档案材料行为所造成之损害提起民事诉讼。

（h）合法监护人的权利

为实现本节之目的，任何未成年人的父母或者任何因其身体残疾或精神疾患或年龄而被具有管辖权的法院宣布为无行为能力之个人的合法监护人，可以代表该个人行事。

（i）（1）刑事处罚

任何由其工作或职务性质所决定，可以掌握或使用那些被本节或依据本节制定之规则或规章禁止泄露的包括个人识别信息之行政档案，而且明知泄露这种档案材料乃被禁止之行为的行政机关官员或雇员，如以任何方式向任何无权获得之个人或行政机关泄露上述材料，则应被判为轻罪并处以 5000 美元以下的罚金。

（2）任何行政机关的官员或雇员如故意不按本节（e）（4）规定之通知要求保管档案系统，则应被判为轻罪并处以 5000 美元以下的罚金。

（3）任何人明知且故意以虚假身份向某行政机关申请得到或得到有关个人的档案材料，应被判为轻罪并处以 5000 美元以下的罚金。

（j）一般例外

任何行政机关的首长可以按照本编 § 553（b）（1）–（3），（c）和（e）的规定（包括一般通告）颁布规章，使该行政机关的档案系统免受本节中除（b），（c）（1）–（2），（e）（4）（A）–（F），（e）（6）、（7）、（9）、（10）、（11）和（i）以外任何规定的调整；如果该档案系统是——

（1）由中央情报局保管的，或

（2）由主要职能与实施刑事法律有关的行政机关或其下属部门保管的，这种职能活动包括警察预防、控制、减少犯罪及逮捕罪犯活动，检察官、法官、矫正官员、缓刑官员、特赦官员及假释官员的活动，以及与下述信息有关的活动：

（A）为认定刑事犯罪人或被控犯罪人而收集的信息，或者仅由用于缉捕的人身识别标记和资料、犯罪指控的性质和处理、判刑、监禁、释放、假释和缓刑身份等构成的信息；

（B）为刑事调查而收集的信息，包括线人和侦查员的报告，而且这些信息都可以确认个人身份；

（C）在从逮捕或起诉至释放的刑事司法过程的任何阶段上收集的，而且可以确认个人身份的报告。

行政机关在按本款规定颁布规则时，应在依本编 § 553（c）规定公布之声明中包括该档案系统免受本节规定调整的理由。

（k）特定豁免

任何行政机关的首长可以按照本编 § 553（b）（1）、（2）、（3），（c）和（e）的规定（包括一般通告）颁布规章，使该行政机关的档案系统免受本节（c）（3），（d），（e）（1），（e）（4）（G）、（H）、（I）和（f）之规定的调整，如果该档案系统是——

（1）属于本编 § 552（b）（1）规定范围之内的。

（2）为执法目的收集的而且不属于本节（j）（2）规定范围之内的调查材料，但是，如果保存这种材料的结果使任何个人被剥夺了他本来依联邦法律有权获得或在其他情况下有资格获得的权利、特许权或救济，则应向该个人提供这些材料，除非提供这种材料会暴露向政府提供信息者的身份，而且政府曾明确许诺将为提供信息者保密，或者在本节生效之日以前，政府曾表示将为提供信息者保密。

（3）与向美国总统或者第 18 编 § 3056 规定的其他个人提供保安服务相关联的。

（4）由法律规定完全作为统计资料而保存和使用的。

（5）完全属于为联邦雇佣职员、军队服役、联邦合同或使用已定密信息（classified information）等确定合适性、适宜性或合格性而收集的调查材料，但其条件是提供这种材料会暴露向政府提供信息者的身份，而且政府曾明确许诺将为提供信息者保密，或者在本节生效之日以前，政府曾表示将为提供信息者保密。

（6）完全属于为联邦机构的任命或晋升确认个人资格而使用的考试材料，而且这种材料的泄露会危及该考试过程的客观性或公正性。

（7）为武装部队中人员晋升确认可能性的评价材料，但其条件是提供这种材料会暴露向政府提供信息者的身份，而且政府曾明确许诺将为提供信息者保密，或者在本节生效之日以前，政府曾表示将为提供信息者保密。

行政机关在按本款规定颁布规则时，应在依本编 § 553（c）规定公布之声明中包括该档案系统免受本节规定调整的理由。

（l）档案馆的档案

（1）凡是由国家档案馆馆长为按照第 44 编 §3103 规定进行存放、处理和维修而接受的行政档案，在本节所涉范围内均应视为由该送存机关保管的档案，并应受本节规定的调整。该国家档案馆馆长不得泄露该档案的内容，除非对象是保管该档案的行政机关或者是该行政机关的规则所允许的，而且该规则不违背本节规定之原则。

（2）凡是在本节生效之日以前，因其具有很高的历史价值或其他价值而有必要由合众国政府继续保存并移送国家档案馆的，涉及可确认身份之个人的行政档案，在本节所涉范围内均应视为由国家档案馆保管的档案，而且不受本节规定之调整，但是应在《联邦公报》上公布有关该档案的一般描述性声明［参照本节（e）（4）（A）–（G）所规定的档案有关的要求］。

（3）凡是在本节生效之日或之后，因其具有很高的历史价值或其他价值而有必要由合众国政府继续保存并移送国家档案馆的，涉及可确认身份之个人的行政档案，在本节所涉范围内均应视为由国家档案馆保管的档案，而且应免受本节除（e）（4）（A）–（G）和（e）（9）以外任何规定的调整。

（m）政府承包商

（1）当行政机关通过合同委托他人管理或代管该行政机关的档案系统以行使该机关的职责时，该行政机关应在其职权范围内促使本节之规定适用于该系统。在本节第（i）分节所涉范围内，如这种合同是在本节生效之日或之后签订的，则该承包商及其雇员都应视为该行政机关的雇员。

（2）依据第 31 编 §3711（f）接受档案材料的消费者征信机构，不得被视为本节所称之承包商。

（n）通信名单（mailing lists）

除法律特别授权外，行政机关不得出售或出租个人的姓名和地址。本规定不得被解释为禁止透露在其他情况下允许公开的姓名和地址。

（o）匹配协议

（1）档案系统中的任何材料均不得提供给接受行政机关或非联邦行政机关用于计算机匹配程序，除非来源行政机关和接受行政机关或非联邦行政机关之间以书面协议确定——

（A）实施该程序的目的与合法权力；

（B）该程序的正当理由和预计后果，包括对节约金额的具体估算；

（C）将用于该匹配程序的档案材料的描述，包括将使用的各种数据单元、将用于匹配程序的档案材料的大体数量，以及该匹配程序预定的起止日期；

（D）在接到申请时个别通知的手续及此后按该行政机关数据完整性[1]委员会（the Data Integrity Board）的指导（服从管理和预算局局长提供的指导原则）定期通知的手续，通知对象为——

（i）根据联邦福利计划申请和接受财政扶助或款项的人；

（ii）联邦工作职位的申请人和占有人。

通知内容为这些申请人、接受人、占有人和个人提供的任何信息都可能要经过匹配程序的审核；

（E）对此类如分节（p）规定之匹配程序得出的信息进行审核的手续；

（F）保留和及时销毁由此种匹配程序中的接受行政机关或非联邦行政机关提供的可确认个人身份之档案材料的手续；

（G）保障进行匹配之档案材料及这种程序之结果的管理性、技术性和物质性安全措施；

（H）禁止在该接受行政机关或非联邦行政机关之内或之外，复制和再次披露由来源行政机关提供的档案材料，除非法律有此要求或者其为该匹配程序实施之基础；

（I）由接受行政机关或非联邦行政机关对使用来源行政机关在匹配程序中提供之档案材料进行管理的措施，包括管理向来源行政机关归还档案材料或销毁用于这种程序之档案材料的手续；

（J）有关评价对将用于这种匹配程序之档案材料的准确性的信息；

（K）总审计长可以在其认为必要时查阅接受行政机关或非联邦行政机关的全部档案，以便监督或审核对该协议的遵守情况。

（2）（A）每个依据第（1）款规定达成之协议的复本应——

1 数据完整性，是指数据的准确性和可靠性。——译者注

（i）送交参议院政府事务委员会和众议院政府运行委员会；

（ii）根据要求向公众提供。

（B）这种协议在按本款（A）（i）的规定送达复本之日的30天后才能生效；

（C）这种协议的有效期应由该机关的数据完整性委员会根据该匹配程序的目的和实施所需的时间来确定，但不得超过18个月；

（D）在依照分款（C）签订的这种协议期满之前的3个月内，该行政机关的数据完整性委员会可以在不经额外审查的情况下将原匹配协议的期限延长不超过1年，如果——

（i）这一程序的实施无须任何费用；

（ii）协议各方以书面形式向该委员会证明该程序是按协议实施的。

（p）审核及对事实认定的抗辩机会

（1）为了保护其档案材料用于匹配程序的个人，任何接受行政机关、非联邦行政机关和来源行政机关均不得把暂停、终止、减少或最终否决任何个人依联邦福利计划所得之财政扶助或款项及其他不利于该个人的措施，作为这种匹配程序所得信息的直接结果，除非：

（A）（i）行政机关已经对这种匹配程序所得信息进行独立审核；

（ii）行政机关的数据完整性委员会，或者在涉及非联邦行政机关时，为来源行政机关的数据真实委员会，根据管理和预算局局长的指示确定——

（I）信息仅限于来源行政机关根据联邦福利项目支付的福利的身份确认和金额；以及

（II）可以高度相信向接受行政机关提供的信息是准确的；

（B）个人得到行政机关的通知中包含了对其事实认定的说明，并且告知个人有对这些事实认定进行抗辩的机会；以及

（C）（i）法律或者规章所规定的个人回应该通知的任何期限届满；或者

（ii）当涉及的项目没有规定期限时，则是分款（B）规定的通知邮寄或者以其他方式提供给个人的日期起算30日期限期满。

（2）第（1）项所称之独立审核要求对不利于某个人之措施所依据的信息进行独立的调查与核实，它可根据的情况包括——

（A）所涉及的财产或收入的数额；

（B）该个人是否确实为自己使用而能够或曾经得到这些财产或收入；

（C）该个人实际拥有这些财产或收入的时期。

（3）尽管有第（1）项之规定，行政机关在确信按该项规定进行通知期间，公众健康或公共安全可能受到不利影响或重大威胁的情况下，也可以采取该项所禁止的措施。

（q）限制

（1）即使法律有其他规定，来源行政机关在有理由相信接受行政机关或非联邦行政机关没有达到分节（p）的要求或根据（o）订立的匹配协议之要求，或二者均未达到的情况下，也不得向此类接受机关提供其档案系统中的材料，用于匹配程序。

（2）来源行政机关不得延长一项匹配协议的限期，除非——

（A）该接受机关或非联邦行政机关已证明其一直遵守该协议的规定；

（B）该来源行政机关没有理由不相信该证明的准确性。

（r）新系统和匹配程序的报告

每个提议建立新的档案系统或匹配程序，或者对现有的档案系统或匹配程序进行重大修改的机关，都应向众议院的政府运转委员会、参议院的政府事务委员会及管理和预算局提供这种建议的合理的事先通知（一式两份），以便后者能评价该提议对个人的隐私权及其他权利的可能性或潜在性影响。

（s）双年度报告

总统应每两年向众议院议长和参议院当任主席提交1份报告——

（1）说明管理和预算局局长在过去2年内按照《1974年隐私法》§ 6规定进行活动的情况。

（2）说明在过去2年内个人行使本节规定之使用和修改档案权的情况。

（3）认定档案系统的正常收费或额外收费。

（4）包括有关实施本节规定的其他信息，如可能对国会审查本节在实现《1974年隐私法》之目的的实效来说是有价值的或有必要的信息。

（t）（1）其他法律的影响

任何机关都不得根据本编 § 552的免除规定拒绝向个人提供其根据

本节规定有权使用之档案材料。

（2）任何机关都不得根据本节中的免除规定拒绝向个人提供其根据本编 §552 规定有权使用之档案材料。

（u）数据完整性委员会

（1）每个参加匹配程序的行政机关都应成立数据完整性委员会，监督并协调本行政机关内各部门执行本节规定的活动。

（2）每个数据完整性委员会应由该机关首长指定的高级官员组成，其中包括该行政机关首长指定负责执行本节规定的高级官员；如该机关设有总监察长（inspector general），则亦应包括之。总监察长不得担任数据完整性委员会的主席。

（3）每个数据完整性委员会——

（A）应当审查、批准并保存有关为匹配程序提供接受机关档案材料而签署的所有书面协议，以保证其遵守分节（o）及所有相关法律、规章和准则的规定。

（B）应当审查该机关在本年度参加的所有匹配程序，无论其是作为来源行政机关还是接受行政机关参加的，以确定其是否遵守了有关的法律、规章、准则和机关协议，并评估这些程序的成本和效益。

（C）应当审查该行政机关在本年度参加的所有重新设立的匹配程序，无论其是作为来源行政机关还是接受行政机关参加的，以查明这种提供档案活动的持续性理由。

（D）应当编制年度报告，该报告应送交本行政机关首长及管理和预算局，并根据要求向公众提供，该报告应说明本行政机关的匹配活动，包括——

（i）作为来源方或接受方的行政机关参加的匹配程序；

（ii）依据分节（o）提出但未获该委员会批准的匹配协议；

（iii）该委员会在前 1 年的组织或成员费用；

（iv）任何取消本节第（4）款有关在批准一项匹配程序前应完成并提交一份成本效益分析报告之要求的理由；

（v）任何被指控或认定的违反匹配协议的行为以及采取的改正措施；

（vi）管理和预算局局长要求在此种报告中包括的其他信息。

（E）应当成立接收和提供有关匹配程序中档案材料之准确性、完整性和可靠性信息的交换中心。

（F）应当根据本节规定向本行政机关下属部门及工作人员提供有关匹配程序的解释和指南。

（G）应当审查本行政机关服务于匹配程序之记录的保存和处理的政策与实务，以保证执行本节的规定。

（H）可以审查并报告本行政机关未加入匹配程序的匹配活动。

（4）（A）除分款（B）和（C）规定之情况外，数据完整性委员会在批准匹配程序的书面协议之前，应收到该行政机关已完成并提交的有关该程序的成本效益分析报告，而且该分析能证明该程序可能具有较好的成本效益。

（B）该委员会可以取消本项分款（A）之要求，如果它根据管理和预算局局长发布的准则以书面形式决定不要求机关提供成本效益分析报告。

（C）在批准由法律特别规定之匹配程序的初步书面协议之前，不得按分款（A）规定要求提交成本效益分析报告。但数据完整性委员会在批准该程序的后续书面协议之前，应要求该机关提交按照先前批准所实施之程序的成本效益分析报告。

（5）（A）如果一项匹配协议未获数据完整性委员会的批准，该协议任何一方均可向管理和预算局局长提出申诉。该局长应及时把这些申诉的备案情况通知参议院政府事务委员会和众议院政府运行委员会。

（B）管理和预算局局长可以批准已由数据完整性委员会否决的匹配协议，如果该局长确认——

（i）该匹配程序符合所有应适用该法律、规章和政策的规定；

（ii）有充分证据证明该匹配协议将具有较好的成本效益；

（iii）该匹配程序符合公众利益。

（C）该局长批准匹配协议的决定在其向分款（A）所提之两个委员会报告的 30 天后生效。

（D）如果数据完整性委员会与管理和预算局局长均未批准由某行政机关的总监察长提议的匹配程序，该总监察长则可以将此情况报告该机关的首长和国会。

（6）管理和预算局局长应在本款规定实施的前3年内每年1次，3年以后每2年1次，将各数据完整性委员会按本分节（3）（D）规定提交的报告中的情况合成1份报告呈交国会。这种报告应包括有关上述期限内实施的各项匹配程序的具体成本效益情况，而且应审定由数据完整性委员会作出的每一次取消完成和提交成本效益分析报告之要求的决定及其理由。

（7）如果某行政机关未列入匹配程序之匹配活动，属于保护正在进行的执法调查或反间谍调查所必需，则也可以汇总在本分节（3）（D）和（6）所规定的报告中。

（v）管理和预算局的职责

管理和预算局局长应当——

（1）在提出并在发布通告和向公众提供评议机会之后，制定在实施本节规定中发挥行政机关作用的准则和规章。

（2）持续地协助并监督行政机关执行本节的规定。

（w）对消费者金融保护局的适用

除《2010年消费者金融保护法》（the Consumer Financial Protection Act of 2010）规定之外，本节规定应当适用于消费者金融保护局（the Bureau of Consumer Financial Protection）的各项业务。

§ 552b. 会议公开[1]

（a）根据本节的目的——

（1）"行政机关"，包括任何行政机关，根据本编 § 552（e）的定义，是指要由两个或两个以上的独立成员组成的合议制机构领导，大多数成员是通过总统提名和参议院批准的程序任命的，以及获得授权代表该行政机关的下设机构。

（2）"会议"，是指为了共同实施或者处置正式的行政公务所需的，由至少若干数量的行政机关的个人成员进行的审议活动，但不包括请求或批准分节（d）和（e）中的审议。

---

1 该节也被称为《阳光下的政府法》（the Government in the Sunshine Act）。Added Pub. L. 94–409, § 3（a）, Sept. 13, 1976, 90 Stat. 1241; amended Pub. L. 104–66, title III, § 3002, Dec. 21, 1995, 109 Stat. 734.

（3）“成员”，是指领导行政机关的合议制机构所属的个人。

（b）成员在共同实施或处置行政公务时不得违反本法的规定。除了在分节（c）规定的例外情况下，任何行政机关的会议的每个部分都应当向公众公开。

（c）除非行政机关认定公共利益提出其他需要的，分节（b）第二句不适用于该行政机关会议的任何部分；在行政机关正确决定应当公开的会议的相应部分或信息，包括以下情况时，分节（d）和（e）中的要求不得适用于本来根据本节需要向公众公开的会议有关的任何信息——

（1）披露下列事务，即（A）根据总统行政命令所规定之标准特别授权、为了国防和外交政策的利益而保密的；（B）经过根据此种行政命令而正确定密的事实。

（2）只涉及行政机关的内部人事规则和实践。

（3）对依据法律规定特别免除披露义务的事务进行披露（除本编§552外），如果法律（A）以没有保留裁量权的方式，明确要求这些事务不向公众公开；（B）规定不公开的特定标准或者将特定类型的事务列为需要不公开的事务。

（4）披露商业秘密、从一个人获得的商业性或者财务性信息，并且是得到特权保护的或者是保密的。

（5）涉及控告任何人的犯罪行为，或者正式谴责某人。

（6）披露个人性质的信息，并且披露行为构成明显没有理由地侵犯个人隐私。

（7）披露为了执法目的而整理的调查案卷，或者如果是书面的，将被收入调查案卷的信息，但是仅限于这些案卷或者信息的制作会导致下列情形的限度——

（A）妨碍执法程序；

（B）剥夺了某人获得公正听证或者公平裁决的权利；

（C）构成了无根据地侵犯个人隐私；

（D）在案卷是由刑事执法机构在进行刑事执法过程中整理的时候，或者是由实施合法的国家安全情报调查的行政机关整理的，只有保密来源提供保密信息的时候，才披露了保密来源的身份；

（E）泄露调查技术和程序；

（F）威胁执法人员的生命和人身安全。

（8）披露包含负责规制或者监督金融机构的行政机关制作或者委托制作，或者是为了供其使用而制作的检查、运营情况或者业务状况报告中所包含的或者与其相关的信息。

（9）当过早披露信息会导致下列情形时，披露信息——

（A）涉及负责规制货币、证券、商品期货或金融机构的行政机关时，可能（i）导致在货币、证券或商品期货领域的重大金融投机或者（ii）严重威胁任何金融机构的稳定或

（B）涉及任何行政机关时，很可能会阻碍任何拟议行政行为的实施，但是分项（B）不得适用于行政机关已经向公众披露了拟议行为的内容或者性质的情形，或者行政机关依法需要自己在对此类计划作出最终行政行为之前，对自己的计划作出的此类披露；或者

（10）特别涉及行政机关签发传票，或者行政机关参与民事诉讼，在外国法院或者国际法庭进行的诉讼，或者仲裁，或者是根据本编 § 554 的规定的程序由行政机关启动、进行或者处置特定的正式行政裁决案件，或者是在提供听证机会后基于案卷作出决定。

（d）（1）基于分节（c）所采取的行为只能在行政机关全体成员的多数［根据分节（a）（1）的规定］投票支持时作出决定。在行政机关的会议相关部分根据分节（c）拟议不向公众公开，或者涉及任何根据分节（c）拟议不对公众公开的任何信息时，行政机关的成员需要对上述会议或者信息进行单独的投票。对于一个或者多个部分拟议不对公众公开的一系列会议，只要在此类系列会议中每次会议涉及相同的特定事务并且是拟议在系列会议的第一次会议召开之内召开，可以对上述的系列会议或者与上述系列会议有关的信息进行单独的投票。行政机关的每位成员参加此类投票的情况，都应当记录在案并且不得由他人代理。

（2）任何人，只要其利益受会议的一部分内容直接影响的，出于分节（c）的第（5）、（6）和（7）款提到的理由而申请行政机关将会议的这部分内容不向公众公开的，行政机关应当根据其成员提出的要求，根据记录在案的投票，投票决定是否对此类会议不向公众公开。

（3）在根据第（1）或者（2）款进行投票之后的一日内，行政机关应当允许公众查阅反映每位成员对该问题的投票情况的书面投票记录。

如果会议的一部分将不向公众开放，行政机关应当在本分节第（1）或者（2）款规定而进行投票后的一日内，向公众开放查阅决定对这部分会议不予公开的决定的全面、书面的解释，以及准备参加会议的人员及其任职单位的名单。

（4）任何行政机关，根据分节（c）第（4）、（8）、（9）（A）或者（10）款的一款或者多款规定，多数会议不对公众开放的，可以制定规章，规定在行政会议多数成员在会议开始时经记录在案的投票决定对此类会议或者会议部分不对外公开时，对豁免公开义务的会议的一个或者多个部分不予公开，并且向公众开放查阅可以反映每位成员就这一问题的投票情况的投票记录。本分节第（1）、（2）和（3）款和分节（e）的规定不得适用于此类规章适用的会议的任何一部分：如果在此类信息豁免根据分节（c）的规定的公开义务的范围之外，行政机关应当向公众提供尽早公开宣布会议及其部分的时间、地点和主题。

（e）（1）在每次举行会议时，行政机关应当在会议举行之前，至少提前一周公布会议的时间、地点和主题，无论会议是否向公众公开，以及行政机关指定回复有关会议信息申请的官员的姓名和电话号码。行政机关都应当作出此类通告，除非行政机关多数成员通过记录在案的投票决定行政机关的事务要求此类会议提前举行，在此种情况下，行政机关应当尽早向公众公布会议的时间、地点和主题，无论会议是否向公众公开。

（2）行政机关可以在根据第（1）款要求进行通告后变更会议的时间或者地点，只要行政机关尽早公布这些事项变更。一次会议的主题，或者行政机关决定是否向公众开放一次会议或者会议的部分，可以在根据本分节规定的通告之后作出变更，只要（A）行政机关的多数成员通过记录在案的投票决定行政机关的事务提出此种要求，并且不可能更早作出变更通告；（B）行政机关尽早公开宣布此类变更以及每位成员对此类变更的投票记录。

（3）在根据本分节所要求的每项通告之后，还应当提交下列信息以便在《联邦公报》上刊登：有关会议时间、地点和主题，会议是否公开等问题的通告，上述事项的变更，以及行政机关指定回复有关会议信息申请的官员的姓名和电话号码。

（f）（1）对于根据分节（c）第（1）至（10）款的规定，不对公众开放的每次会议，行政机关的总法律顾问或者首席法律顾问应当公开以自己的意见，证明会议可能不对公众开放，并且说明相关的豁免会议公开的法律条款。行政机关应当保存此种证明书（certification）的复本，以及主持会议的官员就确定会议的时间和地点所作的说明，以及出席会议的人员名单。行政机关应当保存完整的会议记录或者足以完全记录不向公众开放的每次会议或者部分会议之程序的电子录音录像（recording），但是对于根据分节（c）第（8）、（9）（A）或者（10）款不向公众开放的会议或者部分会议，行政机关应当保存此种会议文字记录，或者录音录像，或者一套会议纪要。此种会议纪要应当充分明确地描述所有讨论的事务，并且充分和准确概括所采取的任何行为及其理由，包括对每项事务表达的观点，以及对任何点名投票的录音录像（反映每位成员对问题进行的投票）。此种会议纪要中应当确认与任何行为有关的所有文件。

（2）行政机关应当尽快在方便公众查阅的场所向公众公开会议记录、电子录音录像或者会议纪要［根据第（1）款的要求］，内容涉及各项议程上事项的讨论，会议上收到的任何证人证言，除非行政机关认定所讨论的事项或者证人证言包含了可以根据分节（c）保密的信息。此种会议记录或者会议纪要的复本，或者披露每位发言人身份的录音录像的文字稿，应当以复制或者誊录的实际成本向任何人提供。对于不向公众公开的会议或者部分会议，行政机关应当保存完整的逐字记录的记录稿、一份完整的会议纪要，或者完整的电子录音录像，至少在会议结束之后保存两年时间，或者至少在行政机关与举行该会议或者部分会议有关的行政程序结束之后的一年之内，以较晚发生的为准。

（g）根据本节的要求，每个行政机关应当在本节颁布之后的180日内，经征求美国行政会议主席办公室的意见，至少提前30日在《联邦公报》上刊登通告，并向任何人提供书面评议意见的机会之后，颁布规章以实施本节（b）至（f）的要求。如果行政机关还没有根据这里规定的期限要求颁布此类规章，任何人可以在哥伦比亚特区联邦地区法院起诉要求此类行政机关颁布此类规章。根据法律规定的任何期限要求，任何人可以在哥伦比亚特区巡回法院起诉要求撤销根据本节规定颁布的，但是不符合本节（b）至（f）之要求的行政规章，并要求颁布符合这些分节规定的规章。

（h）（1）联邦地区法院应当有权通过确认判决、禁令救济或者其他可能合适的救济方式，强制执行本节（b）至（f）之要求。任何人可以在存在违反本节规定之行为的会议之前或者之后60日内对行政机关提起诉讼，但是此种会议的通告不是最初由行政机关根据本节的要求而提供的，应当在此类会议通告之后的60日内根据本节规定提起诉讼。此种诉讼可以在行政机关举行会议的所在地或者行政机关的总部机关所在地之联邦地区法院，或者在哥伦比亚特区巡回法院提起。在此种诉讼中，被告应当在起诉书送达之后30日内作出答辩。被告有义务证明其行为的合法性。在对这些案件进行判决时，法院可以通过密室审查（examine in camera）不向公众开放的会议之会议记录（transcripts）、录音录像（recordings）或者会议纪要（minutes），并且可以提交它认为必要的其他证据。除了本节（c）授权不对外公开的会议之外，法院在合理考虑行政秩序和公共利益，以及当事人的利益之后，可以同意给予它认为合理的衡平法上的救济，包括发布禁令以防止再次违反本节规定，或者责令行政机关向公众公开会议记录、录音录像或者会议纪要。

（2）任何受法律授权对行政行为进行审查的联邦法院，可以应任何合理参与该会议的个人根据其他可以适用的法律而提出的申请，调查行政机关违反本节要求的情况并且给予它认为合适的救济。对于违反本节规定而举行的会议中作出或者讨论的行政行为，本节不授权任何联邦法院仅根据第（1）款的规定而作出撤销、阻止该行政行为或者认定其无效（除了根据本节决定会议或者信息不对外公开以外）的判决。

（i）在根据本节（g）或者（h）的规定而提起的任何诉讼中，法院可以判决任何当事人向其他当事人支付合理的律师费和所发生的其他诉讼费用，但是只有在法院认定原告主要出于无理取闹或者拖延目的而提起诉讼时，法院才能要求原告承担这些费用。在判决行政机关承担费用时，法院所评估的费用可以要求联邦政府承担。

（j）每个需要遵守本节要求的行政机关应当每年向国会报告其遵守这些要求的情况，包括以图表的形式罗列向公众开放的行政机关会议总数、不向公众开放的会议总数，会议不对公众开放的理由，以及根据本节对行政机关提起的诉讼情况，包括在这些诉讼中法院判定行政机关需要承担的成本（不论行政机关是否支付了这些成本）。

（k）本节规定不得扩大或者限制任何人根据本编 § 552 享有的权利，但是本节（c）规定的豁免情形应当适用于根据 § 552 提出的任何复制或者检查本节（f）所描述的会议记录、录音录像或者会议纪要的情形的请求。《美国法典》第 44 编第 33 章不得适用于本节（f）所描述的会议记录、录音录像或者会议纪要。

（l）本节并不构成不向国会提供任何信息的依据，也不授权对任何其他法律规定要求对公众开放的任何会议或者部分会议作出不向公众开放的决定。

（m）本节规定并不授权任何行政机关拒绝向任何个人提供任何案卷，包括本节要求的、根据本编 § 552a 规定本来允许个人查阅的会议记录、录音录像，或者会议纪要。

§ 553. 规则制定[1]

（a）本节的适用按条文的规定，但涉及下述事项时不适用：

（1）联邦政府的军事或外交职能。

（2）行政机关内部的管理或人事，或者公共财产、信贷、补助金、福利、合同等事务。

（b）制定规则的建议应当刊登在《联邦公报》上。但是，受拟议规则调整的个人的姓名已经指明，并且已经专人送达或者依照法律的规定事实上已经通知时例外。通告必须包括下列内容：

（1）说明公开制定规则程序的时间、地点和性质；

（2）指出建议制定规则的权力的法律根据；

（3）建议制定的规则的全文或主要内容，或者说明规则涉及的主题和问题。

除非法律规定必须发布通告或举行听证以外，本分节不适用于下列事项：

（A）解释性规则、一般性政策说明，关于行政机关的组织、程序或手续的规则。或者

（B）行政机关有正当的理由认定（并将此认定和简要的理由说明

1　Pub. L. 89–554, Sept. 6, 1966, 80 Stat. 383.

载入所发布的规则之中），关于该项规则的通告和公共程序是不能实行的，没有必要的，或者违反公共利益的。

（c）在发布本节规定的通告以后，行政机关应当对有利害关系的人提供机会，通过提供书面资料、书面意见、允许口头的或非口头的提出论证等方式参加制定规则程序。

在考虑了提出的有关的意见以后，行政机关应在其所采取的规则中，简单说明其所制定的规则的根据和目的。法律规定必须根据听证的记录而制定的规则，则不适用本分节的规定，而适用本编 § 556 和 § 557。

（d）实体规则的生效日期必须在其依规定公布或送达以后的 30 天开始。但下述规则例外：

（1）给予或承认免除法律适用的实体规则，或者取消限制的实体规则；

（2）解释性的规则和政策的说明；或者

（3）行政机关有正当的理由作出其他的规定，而且该理由已和规则同时公布。

（e）各行政机关必须给予利害关系人申请发布、修改或废除规则的权利。

§ 554. 裁决 [1]

（a）本节适用于依法律规定必须根据行政听证记录作出裁决的案件。除非案件涉及下列事项时不适用：

（1）以后由法院就法律问题和事实问题重新审理的事项；

（2）除根据本编 § 3105 任命的行政法法官以外，职员的录用和任期；

（3）完全根据检查（inspections）、检测（tests）或选举而作决定的程序；

（4）执行军事或外交事务的职能；

（5）行政机关充当法院代理人的案件；或者

（6）劳工代表资格的证明。

（b）有权得到行政机关听证通知的人，应就下列事项及时得到通知：

1 Pub. L. 89–554, Sept. 6, 1966, 80 Stat. 384; Pub. L. 95–251, § 2（a）（1）, Mar. 27, 1978, 92 Stat. 183.

（1）听证的时间、地点和性质；

（2）举行听证的法律根据和管辖权限；以及

（3）听证涉及的法律问题和事实问题。

举行听证是基于私人的申请时，听证的对方当事人对有争论的事实问题和法律问题应当迅速发出通知。在其他情况下，行政机关可以制定规则要求提出答辩。在确定听证的时间和地点时，必须适当地考虑当事人或其代理人的需要和便利度。

（c）行政机关应对一切有利害关系的当事人提供机会；

（1）使他们在时间、听证程序的法律性质和公共利益允许时，能够提出和考虑问题、论点、和解的建议和调整的方案；

（2）在当事人之间不能依协商解决争端时，根据通知和本编 § 556 及 § 557 的规定，举行听证和裁决。

（d）根据本编 § 556 的规定主持接收证据的雇员，除非他不能履行行政职务，否则必须作出 § 557 所要求的建议性的或初步性的决定。除了依法律的授权为处理单方面事项所必要以外，该职员不得：

（1）向任何人或任何当事人就所争执的事实征求意见；除非已经通知，使所有的当事人都有机会参加。

（2）对任何为行政机关履行调查或追诉的雇员或其代理人负责，或受其监督或指示。

为行政机关履行调查或追诉的职员或其代理人，不得参与该案或与该案有实际联系的案件的决定；对这类案件的裁决不得提出咨询性意见，或提出建议性的决定；也不得参加行政机关根据本编 § 557 规定的复议，除非他们作为证人或律师参加公开的程序不在此限。本分节的规定不适用于：

（A）申请原始许可证的决定；

（B）关于公用事业或运输商收取的价格、设施、经营活动的申请或效力的裁决的程序；或者

（C）行政机关或构成行政机关的团体的成员。

（e）行政机关可以根据健全的裁量行为，发布确认性裁决，以结束争端或排除疑义。该裁决的效力和其他裁决的效力相同。

§ 555. 附属事项[1]

（a）本节适用于除本分章另有规定以外的情形。

（b）被行政机关或其代表传唤出席的人，有权由律师陪同、代表、作顾问。如果行政机关允许，也有权由其他合格的代表陪同、代表、作顾问。在行政裁决的程序中，任何当事人有权亲自参加，或由律师或其他合格和代表陪同或代表参加。在公共职务有秩序地进行允许的情况下，利害关系人可以对行政机关或其负责的雇员，就程序中的问题、申请或争议提出陈述、调整或处理的意见，不论程序是中间性的、简易性的或其他形式的，或是否和行政机关的职权有联系。每个行政机关对向它提出的事项应作出结论，并应适当地注意当事人或其代表的方便和需要，在合理的期间内作出决定。本分节不赋予也不否认不是律师的人为他人或代理他人出席行政机关办事或参加行政程序的权利。

（c）没有法律的授权，不得发出、执行或强制执行传票，要求提出报告，进行检查或其他调查的行为或要求。必须提交资料或证据的人，有权保留或在交付法定的费用以后得到该资料或证据的复制件或翻录件。但是在非公开的调查程序中，如有正当的理由，可以限制证人只能查阅他所提供的证言的官方记录。

（d）法律授权行政机关签发的传票，依其申请必须发给当事人。行政机关在其制定的程序规则中，可以规定当事人必须说明或证明传票所要调查的证据的一般关联性和合理的范围。发生争议时，法院对符合法律规定的传票或类似的通知或要求，应当承认。在请求强制执行传票的程序中，法院应当发出命令，要求证人在合理的期间内出庭作证或提交证据或资料。若顽固地不执行法院的命令，则按藐视法庭罪论处。

（e）利害关系人在任何行政程序中提出的书面申请、请求或其他的书面要求，遭到全部或部分拒绝时，必须迅速地通知。除了维持原先已经作出的拒绝，或者拒绝的理由是不言而喻的以外，在发出的通知中必须同时简单地说明拒绝的根据。

§ 556. 听证、听证主持人、权力和责任、举证责任、证据、记录

1 Pub. L. 89-554, Sept. 6, 1966, 80 Stat. 385.

作为裁决的根据[1]

（a）本节适用于依本编 §553、§554 要求依本节规定举行的听证。

（b）主持接收证据的应是：

（1）行政机关；

（2）构成行政机关的一个或几个成员；或者

（3）依本编 §3105 任命的一名或多名行政法法官。

本分章的规定不代替由法律特别规定或指定的委员会或其他雇员进行的特定类型的程序的全部或一部分。主持听证的雇员和依本编 §557 规定参加决定的雇员，必须不偏不倚地执行职务。主持人或参加人在任何时候都可以主动地回避。对诚实地、及时地、用宣誓书充分说明主持人或参加人存有个人偏见或其他回避事由，行政机关应将其作为本案的记录和决定的一部分而予以裁定。

（c）按照行政机关制定的规则，并且在行政机关的权限范围以内，主持听证的雇员可以：

（1）主持宣誓或誓言；

（2）根据法律的授权签发传票；

（3）裁决一方当事人可否拒绝回答对方提出的问题和接受有关联性的证据；

（4）在有助于案件的解决时，进行法庭外证言的记录，或命令制作上述证言的记录；

（5）规定听证的过程；

（6）主持由当事人协商解决或简化争端的会议；

（7）处理程序上的请求或类似的问题；

（8）根据本编 §557 的规定作出决定或建议性的决定；以及

（9）采取符合本分章规定的由行政机关规则授权的其他行动。

（d）除法律另有规定外，规则或裁定的提议人应负举证的责任。任何口头的或书面的证据都可接受，但作为一种政策，行政机关应规定不接受

---

1 Pub. L. 89–554, Sept. 6, 1966, 80 Stat. 386; Pub. L. 94–409, §4（c）, Sept. 13, 1976, 90 Stat. 1247; Pub. L. 95–251, §2（a）（1）, Mar. 27, 1978, 92 Stat. 183; Pub. L. 101–552, §4（a）, Nov. 15, 1990, 104 Stat. 2737.

和案件无关联性的、不重要的或过于重复的证据。除非考虑了全部案卷或其中为当事人所引用的部分，并且符合和得到可靠的、有证明力的和实质性证据的支持，否则不得科处制裁、发布规则或作出裁定。在符合司法利益和行政机关实施之重要法律的政策范围内，行政机关可以认为违反本编 § 557（d）的规定构成充分的理由，可以对故意违反或促使这种违反的人，作出对其不利的决定。当事人有权以口头的或书面的证据提出他的案件或进行辩护，也有权提出反证，并且为了弄清全部事实的真相，也可以进行质证。行政机关在制定规则、决定金钱或福利请求或原始许可证的请求时，只要无损于任何当事人的利益，就可以采用书面程序提交全部或一部分证据。

（e）证言的记录、物证以及程序进行中提出的一切文书和申请书，构成按照本编 § 557 规定作出决定的唯一案卷（exclusive record），并且当事人缴纳法定的费用以后，有权得到案卷。当行政裁决取决于对案卷所载证据之外的重要事实的行政认知时，当事人有权通过及时提出申请，获得证明相反事实的机会。

§ 557. 初步决定、结论、行政复议、当事人的意见、决定的内容、案卷[1]

（a）本节的规定适用于应按 § 556 规定举行的听证。

（b）如果行政机关没有主持接收证据，主持听证的雇员，或者对不适用 § 554（d）的案件，依本编 § 556 规定有资格主持听证的职员，应对案件作出初步决定，除非行政机关在特定的案件中，或者在普遍性的规则中，要求将全部案卷送交该行政机关作决定时例外。主持听证的雇员作出初步决定后，在规定的时间内，如果无人向该行政机关上诉，而且该行政机关亦未主动要求审查时，则该初步决定无须经过进一步的程序，即成为该行政机关的决定。行政机关在受理对初步决定提起的行政上诉或对初步决定进行审查时，具有作出初步决定的所有权力，但是行政机关在通知或在规则中限制可受理的争议问题时例外。如果作决定的行政机关没有主持接收证据，主持听证的雇员，或依本编 § 556 规定有资格主持听证的雇员，应

1 Pub. L. 89–554, Sept. 6, 1966, 80 Stat. 387; Pub. L. 94–409, § 4（a）, Sept. 13, 1976, 90 Stat. 1246.

先提出一个建议性的决定。但在制定规则，或者初次申请许可证时：

（1）行政机关可以不适用上述程序而作出临时性的决定，或者由其负责任的雇员中的一人，提出建议性的决定；或者

（2）行政机关根据案卷认为在某一案件中，正当及时地执行职务，势必需要省略上述程序时，可以省略上述程序。

（c）在作出建议性的、初步的、临时的决定之前，以及行政机关对下级雇员的决定进行复议作出决定之前，当事人有权得到合理的机会提供下述意见，以供参与作出决定的雇员参考：

（1）拟议事实认定和结论；或者

（2）对下级雇员的决定或建议性的决定或行政机关的临时性决定的异议；以及

（3）适用上述例外规定的理由，或者拟议事实认定和结论的支持理由。

案卷中应记载行政机关对事实裁定、结论和提出的适用例外问题作出的裁决。所有决定，包括初步的、建议性的和临时的决定在内，都是案卷的组成部分，而且应当包括下列事项的记载：

（A）对案卷中所记载的事实、法律或裁量权的实质性争议所作的事实认定、结论及其理由或根据，以及

（B）有关的规则、裁定、制裁、救济或对它们的拒绝。

（d）（1）一切受本节（a）规定的行政裁决，除法律规定单方面处理的事项外：

（A）行政机关以外的任何利害关系人，不得对行政机关的任何成员、行政法法官，或者其他参与或有理由预料可能参与案件决定程序的雇员，就案件的实质问题，单独表示意见，或故意促成这种意见的表示；

（B）行政机关的任何成员、行政法法官，或者其他参与或有理由预料可能参与案件决定程序的雇员，不得对机关以外的任何利害关系人，就案件的实质问题，单独表示意见，或故意促成这种意见的表示；

（C）行政机关的任何成员、任何行政法法官，或者其他参与或有理由预料可能参与案件决定程序的雇员，如果收到或者作出或者故意促成本分节所禁止的单方面的意思表示，应在案件的公开记录中记载：

（i）所有的这种书面的表示；

（ii）所有的这种口头表示的内容的备忘录；

（iii）对前两项中所述事实的书面答复，以及口头答复的内容的备忘录。

（D）在收到任何当事人违反本分节的规定，故意作出或故意促使作出单方面的意思表示时，行政机关、行政法法官或其他主持听证的雇员，可以在符合司法利益和重要的法律政策的前提下，要求该当事人说明理由，为何他在本案件中的要求或利益，不应由于这种违反而被驳回、否认、忽视或其他方式的不利的影响。

（E）本分节规定的各项禁止的开始的日期由机关规定，无论如何，不得迟于案件听证的通知发出之时。如果应对单方面表示意见负责的人，已经知道将要发出听证的通知时，这项禁止从其得知之时开始适用。

（2）本分节的规定不构成授权对国会封锁信息。

§558. 科处制裁、许可证的申请、中止、撤销和终止[1]

（a）本分节适用于权力或权限的行使。

（b）除非在法律授予的管辖范围以内而且按照法律规定的权力，否则行政机关不得科处制裁，发布实体性规则或裁决令。

（c）当事人依据法律的规定申请许可证时，行政机关必须合理考虑一切利害关系人或受到不利影响的人的权利和特权，在合理的期间内，开始并完成本编 §556 和 §557 规定的程序，或法律规定的其他程序，并且作出决定。除由于当事人的故意，或者公共卫生、公共利益、公共安全另有其他要求以外，行政机关在开始撤回、中止、撤销、废除许可证以前，必须：

（1）书面通知许可证持有人，导致行政机关作出该项行政行为的事实或行为；并且

（2）给予许可证持有人证明完全符合法律要求的机会，或者完成法律的各项要求的机会。许可证持有人按照机关制定的规则，及时地而且符合要求地申请许可证的更新，或领取新许可证时，在行政机关对申请

1 Pub. L. 89-554, Sept. 6, 1966, 80 Stat. 388.

作出最后决定以前，具有连续性活动的许可证继续有效。

§559. 本法对其他法律的效力，对今后法律的效力[1]

本分章、第7章，以及本编§§1305，3105，3344，4301（2）（E），5372，7521，和5335（a）（B）各节关于行政法法官的规定，不限制或废除其他法律规定增加的要求，或承认的其他要求。以后制定的法律除有明文规定以外，不得被理解为代替或修改本分章、第7章，以及本编§§1305，3105，3344，4301（2）（E），5372，7521，或5335（a）（B）各节关于行政法法官的规定。

第三分章　协商式规则制定程序[2]

§561. 目的[3]

本分章的目的与本编§533的目的一致，旨在为协商式规则制定的行为建构一个基本框架，鼓励行政机关使用非正式规则制定程序。本节任何规定都不能被理解为试图用协商式规则制定程序或法律规定的其他创新性规则制定程序来限制程序的创新或实验。

§562. 定义[4]

就本法目的而言，下列术语：

（1）"行政机关"，与本编§551（1）的含义相同。

（2）"一致意见"（consensus），是指按照本节成立、代表各方利益的规则制定委员会的观点完全一致，除非该委员会：

---

1 Pub. L. 89-554, Sept. 6, 1966, 80 Stat. 388; Pub. L. 90-623，§1（1）, Oct. 22, 1968, 82 Stat. 1312; Pub. L. 95-251，§2（a）（1）, Mar. 27, 1978, 92 Stat. 183; Pub. L. 95-454, title VIII，§801（a）（3）（B）（iii）, Oct. 13, 1978, 92 Stat. 1221.

2 本分章也被称为《协商式规则制定法》（the Negotiated Rulemaking Act）。此处采用了薛刚凌、王霁霞译的译本（薛刚凌、王霁霞译，李琦校：《美国规章协商制定程序法》，载《公法研究》第2卷，商务印书馆2004年版，第517-524页）。为了全书行文统一，译者在原译文基础上作了适当修改和格式处理。

3 Added Pub. L. 101-648，§3（a）, Nov. 29, 1990, 104 Stat. 4970，§581; renumbered §561, Pub. L. 102-354，§3（a）（2）, Aug. 26, 1992, 106 Stat. 944.

4 Added Pub. L. 101-648，§3（a）, Nov. 29, 1990, 104 Stat. 4970，§582; renumbered §562, Pub. L. 102-354，§3（a）（2）, Aug. 26, 1992, 106 Stat. 944.

（A）同意将一致意见定义为大体利益一致而不是完全一致；或者

（B）同意其他特定的含义。

（3）“召集人”（convener），是指在制定具体规则时，公正地协助行政机关决定协商式规则制定委员会的成立是否可行、合适的人。

（4）“促进人”（facilitator），是指公正地促进协商式规则制定委员会的成员进行讨论和协商，以形成规则草案的人。

（5）“利害关系人”，是指对一个问题或某一事项观点相似，或利益受到同样影响的多方当事人。

（6）“协商式规则制定”，是指通过利用协商式规则制定委员会来制定规则。

（7）“协商式规则制定委员会”，或“委员会”，是指根据本节和《联邦咨询委员会法》的规定，由行政机关组建的咨询委员会，其目的是达成一致意见并形成草案而就某些问题进行考虑和讨论。

（8）“当事人”，与本编 § 551（3）的含义相同。

（9）“人”，与本编 § 551（2）的含义相同。

（10）“规则”，与本编 § 551（4）的含义相同。

（11）“规则制定”（rulemaking），即制定规则（rule making），与本编 § 551（5）的含义相同。

§ 563. 确定是否需要组建协商式规则制定委员会[1]

（a）行政机关确定是否需要组建协商式规则制定委员会。如果行政首长认为利用协商式规则制定委员会符合公共利益，行政机关可以组建协商式规则制定委员会来协商并起草规则草案。在作出该决定时，行政首长应当考虑：

（1）有无制定规则的必要。

（2）有无特定利害关系人明显地受此规则影响。

（3）有无召集代表各方利益的委员会的可能性，其代表必须具备以下条件：

---

1 Added Pub. L. 101–648，§ 3（a），Nov. 29，1990，104 Stat. 4970，§ 583；renumbered § 563，Pub. L. 102–354，§ 3（a）（2），Aug. 26，1992，106 Stat. 944.

（A）能够充分代表上述第（2）款提及的利害关系人；

（B）愿意真诚协商，以达成对规则草案的一致意见。

（4）在确定期限内，该委员会有无对规则草案达成一致意见的可能性。

（5）协商式规则制定程序是否会不合理地延误规则草案的通告以及最终规则的发布。

（6）行政机关有无足够的资源并愿意将这些资源提供给委员会，包括技术支持。

（7）在符合法定义务的最大范围内，行政机关是否会用委员会就草案达成的一致意见作为最终规则的依据，来进行通告和评论。

（b）召集人的作用

（1）召集人的目的。召集人可对行政机关提供以下帮助：

（A）确定受待定规则实质影响的人的范围，包括农村地区的居民；并

（B）与上述人讨论，以确定与他们相关的问题，并且确定在规则制定中成立协商式规则制定委员会是否合理与可行。

（2）召集人的职责。召集人应当向行政机关报告他所了解的情况并提出参考建议。在行政机关要求下，召集人应确定有意愿和能力代表受待定规则实质影响的利害关系人的个人，包括农村地区的居民。召集人的报告和建议，可以根据公众的要求提供查询。

§564. 通告的刊登；申请成为协商式规则制定委员会成员[1]

（a）通告公示。在考虑召集人的报告或自行判断后，如果决定建立协商式规则制定委员会，行政机关应当在《联邦公报》上刊登该通告，如果合适，还可以在行业性或其他专门的出版物上刊登。该通告应包括以下内容：

（1）行政机关意图组建协商式规则制定委员会，以协商形成规则草案的声明；

（2）对规则主题、范围和需要考虑问题的描述；

---

1 Added Pub. L. 101–648，§ 3（a），Nov. 29，1990，104 Stat. 4971，§ 584；renumbered § 564，Pub. L. 102–354，§ 3（a）（2），Aug. 26，1992，106 Stat. 944.

（3）可能受规则实质影响的利害关系人的名单；

（4）建议的利害关系人的代表和行政机关的代表的名单；

（5）委员会完成工作的日程安排，包括行政机关刊登规则草案以遵循通告和评议程序要求的目标日期；

（6）对行政机关对委员会提供行政帮助，包括技术支持的描述；

（7）请求对建立协商式规则制定委员会的建议予以评价，并提名委员会成员；

（8）解释如何根据分节（b）的规定，申请成为协商式规则制定委员会成员以及提名其他人成为委员会成员。

（b）申请成为委员会成员。将受规则实质影响的人，以及那些确信（a）（4）规定的通告所列举的人无法代表他们利益的，可以申请或提名其他人为协商式规则制定委员会成员。每份申请书和提名书应当包括以下内容：

（1）申请人或被提名人的名字，以及对他们所代表的利害关系人的描述；

（2）申请人或被提名人获得与利害关系人相关的当事人授权作为他们代表的证据；

（3）申请人或被提名人愿意积极、真诚地参加制定规则的书面保证；并

（4）在（a）（4）所规定的通告中列举的人不足以代表提交申请的人的理由。

（c）提交申请和提名的期限。行政机关应提供至少 30 天的时间用于提交本节规定的评论和申请。

§ 565. 委员会的组建[1]

（a）组建。

（1）组建委员会的决定。对按 § 564 提交的评议或申请进行考虑后，如果行政机关认为组建协商式规则制定委员会能够充分代表将受规则实质影响的人的利益，并且在具体规则制定程序中是可行和合理的，可组建协商式规则制定委员会。在组建与管理该委员会的过程中，除了符合

---

1 Added Pub. L. 101–648，§ 3（a），Nov. 29，1990，104 Stat. 4972，§ 585；renumbered § 565 and amended Pub. L. 102–354，§ 3（a）（2），（3），Aug. 26，1992，106 Stat. 944.

本节的其他规定外，行政机关还应当遵循《联邦咨询委员会法》的规定。

（2）不组建委员会的决定。在考虑了所提交的评议或申请后，如果决定不组建协商式规则制定委员会，行政机关应立即在《联邦公报》上刊登该决定，如果合适，还应在行业性或其他专门出版物上发布，并将决定复本送达申请或提名其他人为委员会成员、以代表其在规则中相关利益的人。

（b）成员资格。行政机关应将协商式规则制定委员会成员限制在25人以内，但行政首长认为为了委员会的运行，或者平衡成员结构而需要扩大委员会规模的除外。每个委员会至少应当包括一名行政机关的代表人。

（c）行政支持。行政机关对协商式规则制定委员会应提供适当的行政支持，包括技术协助。

§566. 委员会的活动[1]

（a）委员会职责。根据本分章建立的协商式规则制定委员会应当考虑行政机关提出的问题，并应努力就这些问题以及委员会认为与规则相关的其他问题达成一致意见。

（b）委员会中行政机关代表。协商式规则制定委员会的行政机关代表，在参加委员会活动时享有与委员会其他成员同等的权利，负担同等的义务，并在委员会的讨论和协商中全权代表行政机关。

（c）选择协调人。除符合《联邦咨询委员会法》§10（e）规定外，在委员会成员一致同意的情况下，行政机关也可从联邦政府内部或外部提名一人作委员会的协调人。如果委员会不同意行政机关对协调人的提名，行政机关应作出替代人选的提名。如果委员会对行政机关的任何提名都不同意，委员会应当以一致意见选择一个协调人。被指派在实体问题上代表行政机关的人，不能作为协调人，也不能主持委员会的工作。

（d）协调人职责。协商式规则制定委员会同意或选择的人必须：

（1）公正地主持委员会的会议；

（2）公正地协助委员会成员进行讨论和协商；

---

1 Added Pub. L. 101–648，§3（a），Nov. 29，1990，104 Stat. 4973，§586；renumbered §566，Pub. L. 102–354，§3（a）（2），Aug. 26，1992，106 Stat. 944.

（3）按照《联邦咨询委员会法》§ 10（b）和（c）的要求保管好会议记录，但不属于本编 § 552 规定的协调人或委员会成员的个人笔记和材料除外。

（e）委员会程序。根据本节组建的协商式规则制定委员会可以规定委员会的运作程序，本编 § 553 的任何条款都不适用于协商式规则制定程序。

（f）委员会报告。如果委员会已就建议制定的规则达成一致意见，在作出协商结论时，委员会应向行政机关提交含有规则草案的报告；如果委员会不能就规则草案达成一致同意，也应向行政机关提交报告，说明在哪些方面委员会达成了一致意见。委员会可在报告中附加其认为适当的其他信息、建议或材料。委员会的任何成员都可以补充信息、建议或材料，作为报告的附件。

（g）除了（f）所要求的报告之外，委员会应当向行政机关提交根据《联邦咨询委员会法》§ 10（b）–（c）所要求的记录。

§ 567. 委员会的终止 [1]

除非委员会的章程规定了更早终止的日期，或者行政机关征求委员会意见后或委员会自身规定了更早终止的日期，否则协商式规则制定委员会应在最后通过的规则颁布时终止。

§ 568. 服务、便利设施和委员会成员费用的支付 [2]

（a）召集人和协调人的服务。

（1）一般规定。行政机关可以雇用，或通过与个人或组织签订合同的方式雇用规则制定协商委员会的召集人、协调人或者用政府雇员作为该委员会的召集人或协调人。

（2）利益冲突的确定。行政机关有权确定上述第（1）款委员会召集人或协调人是否会受财政或其他利益的影响，而妨碍其公正独立地服务。

（b）其他实体机构提供的服务和便利。尽管有《美国法典》第 31 编

1　Added Pub. L. 101–648，§ 3（a），Nov. 29，1990，104 Stat. 4974，§ 587；renumbered § 567，Pub. L. 102–354，§ 3（a）（2），Aug. 26，1992，106 Stat. 944.

2　Added Pub. L. 101–648，§ 3（a），Nov. 29，1990，104 Stat. 4974，§ 588；renumbered § 568 and amended Pub. L. 102–354，§ 3（a）（2），（4），Aug. 26，1992，106 Stat. 944.

§ 1342 的规定，但是为了达到本节所规定的目的，行政机关在获得允许后，可以有偿或无偿使用其他联邦行政机关、公共或私人的行政机关和执行机构（instrumentalities）提供的服务，也可以接受自愿和无偿的服务。联邦调解和解局（the Federal Mediation and Conciliation Service）可以根据本分节的规定提供有偿或无偿的服务和便利设施，以对本节的行政机关提供服务，包括提供召集人和协调人以及提供协商式规则制定方面的培训。

（c）委员会成员的支出。协商式规则制定委员会委员参加委员会活动的费用由自己承担，但是行政机关可以根据《联邦咨询委员会法》§ 7（d）款的规定，支付成员的合理旅费支出、日津贴、寻求技术帮助的开支，以及在下列情况时，提供合理的补偿：

（1）该成员被证明缺乏足够的资金来源以参加委员会的活动；并

（2）行政机关认为该成员必须参加委员会以确保某些人的利益得到充分的代表。

（d）联邦雇员作为委员会成员的地位。成员根据本节或 § 569 规定收到的资金，不能依据《美国法典》第 18 编 § § 202–209，作为决定该成员是否为联邦政府雇员的最终依据。

§ 569. 鼓励采用协商式规则制定程序[1]

（a）总统应当指定一个行政机关，或指定或建立一个跨机关的委员会，以促进和鼓励行政机关使用协商式规则制定程序。正在考虑、计划或使用协商式规则制定程序的行政机关，可以向前述的行政机关或委员会征求意见，以获取信息和帮助。

（b）为了实现本分章的目的，正在计划或使用协商式规则制定程序的行政机关可以接受、持有、管理和使用捐赠、设备、不动产和动产的遗赠，只要接受和使用上述财产就不会引起利益冲突。捐赠和遗赠的钱财，以及从捐赠和遗赠的不动产和动产中拍卖所得的钱财一律存入国库，然后根据行政首长的命令支付。依据本节所接受的财产，以及由此所得的钱财，应尽量按捐赠或者遗赠（gifts, devises, or bequests）的条款使用。

---

1 Added Pub. L. 101–648, § 3（a）, Nov. 29, 1990, 104 Stat. 4975, § 589; renumbered § 569 and amended Pub. L. 102–354, § 3（a）（2）,（5）, Aug. 26, 1992, 106 Stat. 944; Pub. L. 104–320, § 11（b）（1）, Oct. 19, 1996, 110 Stat. 3873.

§ 570. 司法审查[1]

根据本节规定与组建、支持、终止协商式规则制定委员会有关的任何行政行为均不受司法审查。但是如果法律对司法审查另有规定，本分章则不能排除对规则的司法审查。法院对按协商式程序制定并受司法审查的规则不得比按其他程序制定的规则给予更多的尊重。

第四分章　行政程序中的替代纠纷解决[2]

§ 571. 定义[3]

本节所称

（1）“行政机关”，与本编 § 551（1）的含义相同。

（2）“行政项目”（program），是指联邦政府职能的履行，即通过规则制定、行政裁决、行政许可和行政调查来保护公共利益，决定私人的权利、特权和义务。规则制定、行政裁决、行政许可和行政调查的含义与本章第二分章的含义相同。

（3）“解决争议的替代程序”，是指用以解决争议的各种程序，包括（但不限于）：和解（conciliation）、调停（faciliation）、调解（mediation）、事实认定（factfinding）、小型审判（minitrials）、仲裁、使用调查专员（ombuds），或者同时采用上述方式中的几种。

（4）“裁决”，是指解决争议的裁判者作出的所有决定。

（5）“解决争议的交换材料”（communication），是指为解决争议准备的所有口头或书面材料，包括中间人、当事人或当事人以外的参加者所提供的所有备忘录、记录和工作结果。但进入争议解决程序的书面协议、争

1　Added Pub. L. 101–648，§ 3（a），Nov. 29，1990，104 Stat. 4976，§ 590；renumbered § 570，Pub. L. 102–354，§ 3（a）（2），Aug. 26，1992，106 Stat. 944.

2　该分章也被称为《行政纠纷解决法》（Administrative Dispute Resolution Act）。该法于1990 年首次制定，并于 1996 年修订，现编入《美国法典》第 5 编 § § 571–583。此处采用了薛刚凌、王霁霞译的译本（薛刚凌、王霁霞译，李琦校：《美国争议解决程序替代法》，载《公法研究》第 2 卷，商务印书馆 2004 年版，第 525–533 页）。为了全书行文统一，译者在原译文基础上进行了适当修改和格式处理。

3　Added Pub. L. 101–552，§ 4（b），Nov. 15，1990，104 Stat. 2738，§ 581；renumbered § 571 and amended Pub. L. 102–354，§ § 3（b）（2），5（b）（1），（2），Aug. 26，1992，106 Stat. 944，946；Pub. L. 104–320，§ 2，Oct. 19，1996，110 Stat. 3870.

议解决程序结束时的最终书面协议和裁判结果不属于该交换材料的范围。

（6）“争议解决程序”（dispute resolution proceeding），是指用以解决争议的所有替代程序，在该程序中必须有指定的中间人以及具体的当事人参加。

（7）“保密”（in confidence），是针对通过以下方式获得的材料而言：

（A）材料提供者明确表明不愿将其公开；或

（B）在当时的情形下可以合理推测材料提供者不愿意将其公开；

（8）争议问题（issues in controversy），是指对行政机关所作涉及行政项目的决定有重大影响，并且在以下两种情况存有分歧的问题：

（A）行政机关与将受此决定实质影响的相对人之间；

（B）将受此决定实质影响的相对人之间。

（9）中间人（neutral），是指帮助当事人解决争议的个人。

（10）当事人，是指——

（A）以自己名义参加争议解决程序的人，与本编 §551（3）的含义相同；

（B）不以自己名义参加，但由于行政决定会严重影响其利益而参加到争议解决程序中去的人。

（11）人，与本编 §551（2）的含义相同。

（12）候选名单（roster），是指具备做中间人条件的人员名单。

§572. 一般权力[1]

（a）经当事人同意，行政机关可以采用一种争议解决程序来解决与行政项目相关的争议。

（b）在下列情况下，行政机关应考虑放弃使用争议解决程序：

（1）由于遵循先例的需要必须采用某种既定的、权威的解决争议方式，而且此种争议解决程序不太可能构成权威性先例而得到普遍接受；

（2）争议的内容涉及重要的政府政策，要求在争议最终裁决前诉诸某种特别程序，而采用争议解决程序难以形成供行政机关采用的建议性政策；

1 Added Pub. L. 101–552, §4（b）, Nov. 15, 1990, 104 Stat. 2739, §582; renumbered §572, Pub. L. 102–354, §3（b）（2）, Aug. 26, 1992, 106 Stat. 944.

（3）由于维持既定政策具有特殊重要性，因而不能出现个人的不同意见，而争议解决程序难以使众人意见达成一致；

（4）争议事项对于并非解决争议当事人的个人或者组织具有重大影响；

（5）完全公开争议解决程序的记录非常必要，但争议解决程序不能提供这样的记录；

（6）行政机关必须始终保持对该事务的管辖权，并且根据情势变化的需要改变对该事务的处理，而争议解决程序会妨碍行政机关满足该要求。

（c）本分章规定的解决争议的替代方式，是自愿性程序，补充而非限制行政机关采用其他可得的争议解决方式。

§573. 中间人[1]

（a）中间人可以是联邦政府中正式或临时的官员或雇员，也可以由争议解决程序当事人指定的人担任。中间人必须与争议的问题没有任何官方、财政或私人的利益冲突，除非该利益冲突以书面形式对当事人完全公开，并且当事人一致同意仍由此人担任中间人。

（b）作为和解人、主持人、调解人（conciliator，facilitator，or mediator）时，中间人应当根据当事人的意愿提供服务。

（c）总统应当指定一个行政机关，或指定或建立跨机关的委员会，以促进和鼓励行政机关使用本分章所规定的争议解决程序。这些行政机关或跨机关的委员会，在征求争议解决方面拥有丰富经验的联邦行政机关和专业组织的意见后，应当：

（1）鼓励和促进行政机关采用争议解决替代程序；

（2）建立一套快速程序，以便行政机关获得中间人的服务。

（d）行政机关可以使用其他行政机关的雇员作为争议解决程序的中间人。行政机关间可以签订协议，规定接受中间人服务的行政机关或当事人补偿该中间人的全部或部分成本。

1　Added Pub. L. 101–552，§4（b），Nov. 15，1990，104 Stat. 2739，§583; renumbered §573，Pub. L. 102–354，§3（b）（2），Aug. 26，1992，106 Stat. 944; amended Pub. L. 104–320，§7（b），Oct. 19，1996，110 Stat. 3872.

（e）行政机关可以与任何人订立提供中间人服务的协议，或者与争议解决替代程序相关培训的协议。争议解决程序的当事人应当根据对政府来说是公正合理的原则，达成对中间人进行全部或者部分费用补偿的协议。

§574. 保密[1]

（a）除本编 §573（d）-（e）的规定外，争议解决程序的中间人不应主动披露，或根据要求，通过证据开示程序或者强制性程序披露争议解决的交换材料，或以秘密方式提供给中间人的交换材料，除非有下列情形发生：

（1）争议解决程序的所有当事人及中间人都书面同意公开；如果该交换材料由非当事人的参加人提供，该参加人也同意公开；

（2）争议解决的交换材料已经公开；

（3）争议解决的交换材料依法应当公开，如果没人将其公开，中间人可将其公开；

（4）法院认为，为了下列目的，此种证言或材料披露是必要的：

（A）防止发生明显的不公；

（B）帮助证明违法；或者

（C）防止对公共健康和安全的损害，在具体案件中，不公开对公共健康和安全的损害程度超过公开对争议解决程序的完整性所带来的损害。

（b）争议解决程序当事人不得自愿披露或采取强制性程序来披露争议解决中的任何交换材料，除非发生下列情形：

（1）交换材料由当事人提供，而当事人愿意公开的；

（2）所有当事人书面同意公开的；

（3）争议解决的交换材料已经公开；

（4）争议解决的交换材料依法应当公开；

（5）法院认为，为了下列目的，证言或证据开示是必要的：

（A）防止显失公正；

（B）帮助证明违法；或者

---

1 Added Pub. L. 101–552, §4（b）, Nov. 15, 1990, 104 Stat. 2740, §584; renumbered §574, Pub. L. 102–354, §3（b）（2）, Aug. 26, 1992, 106 Stat. 944; amended Pub. L. 104–320, §3, Oct. 19, 1996, 110 Stat. 3870.

（C）防止损害公共健康和安全，在具体案件中，不公开对公共健康和安全的损害程度超过公开对争议解决程序的完整性所带来的损害。

（6）争议解决的交换材料与争议解决程序的产生协议或裁决有关，直接决定该协议或裁决是否存在或是否有意义，或涉及该协议或裁决的执行；或者

（7）除由中间人产生的争议解决交换材料外，其他交换材料已对当事人公开，或可对当事人公开。

（c）违反分节（a）或者（b）规定被泄露的争议解决的交换材料，不能在与该材料有关的争议解决程序中被采纳。

（d）（1）当事人可以通过协议为中间人选择其他的保密程序，对分节（a）规定的核心内容进行修改。但在适用此修改程序之前，当事人必须通知中间人，否则，仍然适用分节（a）的规定；

（2）为了确保分节（j）规定的例外情况的适用，替代性保密程序公开的程度不应小于本分章规定的保密程度；

（e）如果由于证据开示或其他法定程序要求争议解决的中间人披露某项交换材料，中间人应尽力将该要求通知当事人或受此影响的非当事人的参加人。当事人或非当事人的参加人接到通知后 15 天内对此没有提出反对意见的，则视为放弃反对此种披露。

（f）不能仅因证据需要在争议解决程序中提交，而将本节的任何规定解释为阻止本来可以开示的证据进行开示或认定证据的可采性。

（g）分节（a）、（b）的规定不适用于根据争议解决程序达成的协议或发布的命令所需要的信息或数据。

（h）分节（a）、（b）的规定并不能禁止因科研、教学目的，与其他行政机关或政府组织合作，或争议解决项目所进行的信息收集，只要当事人和具体争议不能从中识别出来即可。

（i）分节（a）、（b）的规定不能阻止采用争议解决交换材料来解决中间人与当事人之间的争议，但不得超出解决争议的必要范围。

（j）中间人与当事人之间，以及本节规定免予公开的争议解决交换材料，同样属于 § 552（b）（3）规定的可以不公开的范围。

§ 575. 仲裁权 [1]

（a）（1）只要当事人同意，即可采用仲裁作为争议解决的替代程序。同意可在争议发生前或发生后作出。当事人可同意：

（A）将特定的争议问题提交仲裁；或者

（B）当裁决结果必须属于一定范围之内时才将争议提交仲裁。

（2）载明仲裁事项的仲裁协议应以书面形式提交仲裁人。每份协议还应写明仲裁人作出裁决的最大范围以及限制裁决范围的其他条件。

（3）行政机关不得以要求当事人同意采用仲裁程序，作为签订合同或领受福利的条件。

（b）行政机关的官员或雇员不得提出以仲裁作为争议裁决方式，除非发生下列情况：

（1）行政机关的官员或雇员另有授权，可以解决该争议的；或者

（2）行政机关特别授权其采用仲裁程序的。

（c）在使用本分章规定的有约束力的仲裁程序之前，行政首长需征求司法部长意见，并充分考虑 § 512（b）的列举因素后，制定仲裁指南，载明如何合理适用拘束性仲裁程序，以及在何种情况下行政机关的官员或雇员有权采用拘束性仲裁程序解决争议。

§ 576. 仲裁协议的执行 [2]

根据《美国法典》第 9 编 § 4 的规定，解决争议的仲裁协议具有执行力。不能因为该协议对联邦政府不利，或联邦政府是其中不可缺少的一方当事人，而取消或否定对该协议的执行。

§ 577. 仲裁人 [3]

（a）仲裁程序中的当事人有权参与仲裁人的选择；

1　Added Pub. L. 101–552，§ 4（b），Nov. 15，1990，104 Stat. 2742，§ 585；renumbered § 575，Pub. L. 102–354，§ 3（b）（2），Aug. 26，1992，106 Stat. 944；amended Pub. L. 104–320，§ 8（c），Oct. 19，1996，110 Stat. 3872.

2　Added Pub. L. 101–552，§ 4（b），Nov. 15，1990，104 Stat. 2742，§ 586；renumbered § 576，Pub. L. 102–354，§ 3（b）（2），Aug. 26，1992，106 Stat. 944.

3　Added Pub. L. 101–552，§ 4（b），Nov. 15，1990，104 Stat. 2742，§ 587；renumbered § 577 and amended Pub. L. 102–354，§ 3（b）（2），（3），Aug. 26，1992，106 Stat. 944，945.

（b）仲裁人应具备本编 §573 规定的中间人的资格。

§578. 仲裁人的权力[1]

本分章规定的仲裁人在解决争议时，有以下权力：

（1）主持仲裁和进行仲裁听证；

（2）主持宣誓和接受保证书；

（3）在法律对行政机关有特别授权时，根据《美国法典》第 9 编 §7 规定，在听证程序中强制证人出庭作证和提交证据；

（4）作出裁决。

§579. 仲裁程序[2]

（a）仲裁人应当确定听证会的时间、地点，并至少提前 5 日通知各方当事人。

（b）要求得到听证记录的当事方应做到：

（1）做好记录准备；

（2）通知其他当事人和仲裁人准备记录；

（3）给所有确定身份的当事人和仲裁人提供记录复本；并且

（4）负责此记录所有的支出，除非当事人另行同意或仲裁人决定费用分摊。

（c）（1）仲裁当事人有权要求听证，提供与争议有关的证据材料，也有权对听证中出现的证人进行交叉询问；

（2）仲裁人经当事人同意，可以在当事人有机会参与的情况下采用电话、电视、计算机及其他电子方式进行全部或部分听证；

（3）听证应以非正式的形式迅速举行；

（4）仲裁人可接受任何口头或书面的证据，但是不相关、不重要、过分重复的证据以及仲裁人可以排除的特权证据除外；

（5）仲裁人有权解释和运用法律或规则规定的要求、法律判例和政

---

1 Added Pub. L. 101–552, §4（b）, Nov. 15, 1990, 104 Stat. 2742, §588; renumbered §578, Pub. L. 102–354, §3（b）（2）, Aug. 26, 1992, 106 Stat. 944.

2 Added Pub. L. 101–552, §4（b）, Nov. 15, 1990, 104 Stat. 2742, §589; renumbered §579, Pub. L. 102–354, §3（b）（2）, Aug. 26, 1992, 106 Stat. 944.

策命令。

（d）未经当事人同意，任何利害关系人都不能就案件的实质问题与仲裁人作单方沟通。如果发生违反本分节规定的单方沟通行为，仲裁人应将其记录在案，且允许对其提出反驳。在听取违反本节规定而作的单方沟通时，仲裁人可以根据司法正义和作为本分章基础的政策含义，要求违反规定的当事人解释因为此种不当方式而不能作出对其权利诉求作出对其不利的裁决的原因。

（e）仲裁人应在听证结束后或案卷摘要归档后 30 日内作出裁决，除非：

（1）当事人同意其他时限；或者

（2）行政机关通过规则规定了其他时限。

§ 580. 仲裁裁决[1]

（a）（1）除非行政机关在其规则中另有规定，否则本分章所说的仲裁裁决应包括简短的、非正式的有关裁决事实根据和法律依据的讨论，但不要求正式的事实认定和法律结论；

（2）胜诉方当事人应将裁决及各方当事人送达的证据向相关行政机关备案。

（b）仲裁裁决在送达各方当事人之日起 30 天后成为最终裁决。作为仲裁一方当事人的行政机关可以在 30 天结束前通知所有其他当事人，决定再延长 30 天。

（c）最终裁决对参与仲裁程序的所有当事人都有约束力，并根据《美国法典》第 9 编 § § 9– 13 的规定可以强制执行。不能因为该裁决对联邦政府不利，或联邦政府是其中不可缺少的一方当事人，而取消或否定对该裁决的执行。

（d）根据本分章的规定，在仲裁程序中作出的裁决，对某个问题的解决，在其他程序中不能作为禁反言事由适用。此种裁决不能被用作先例，也不能在其他没有事实联系的程序中被考虑，无论该程序是行政机关根据本分章实施的，还是法院，或者其他仲裁程序。

---

1 Added Pub. L. 101–552，§ 4（b），Nov. 15，1990，104 Stat. 2743，§ 590；renumbered § 580 and amended Pub. L. 102–354，§ § 3（b）（2），5（b）（3），Aug. 26，1992，106 Stat. 944，946；Pub. L. 104–320，§ 8（a），Oct. 19，1996，110 Stat. 3872.

§ 581. 司法审查[1]

（a）无论法律有无其他规定，受根据本分章作出的仲裁裁决之不利影响的人或受害人，有权根据美国法典第 9 编 § § 9–13 的规定对此裁决提起司法审查。

（b）是否采用本分章规定的争议解决替代程序属于行政机关的自由裁量权，不受司法审查，但按照美国法典第 9 编 § 10（b）规定受司法审查的仲裁除外。

§ 582. 信息的汇编（已经废除）[2]

§ 583. 支持服务[3]

为了实现本分章目的，行政机关经同意，可以（有偿或无偿）使用其他联邦、州、地方或部落政府、公共或私人的组织和机关以及个人提供的服务。尽管有《美国法典》第 31 编 § 1342 的规定，但是为了实现本分章规定的目的，行政机关可以接受自愿和无偿的服务。

§ 584. 拨款的批准[4]

为了实现本分章的目的，应当批准必要的拨款。

第六章 规制职能的分析[5]

§ 601. 定义[6]

为了本章规定的目的——

---

1 Added Pub. L. 101–552, § 4（b）, Nov. 15, 1990, 104 Stat. 2744, § 591; renumbered § 581 and amended Pub. L. 102–354, § 3（b）（2）,（4）, Aug. 26, 1992, 106 Stat. 944, 945; Pub. L. 104–320, § 8（b）, Oct. 19, 1996, 110 Stat. 3872.

2 Pub. L. 104–320, § 4（b）（1）, Oct. 19, 1996, 110 Stat. 3871.

3 Added Pub. L. 101–552, § 4（b）, Nov. 15, 1990, 104 Stat. 2745, § 593; renumbered § 583, Pub. L. 102–354, § 3（b）（2）, Aug. 26, 1992, 106 Stat. 944; amended Pub. L. 104–320, § 5, Oct. 19, 1996, 110 Stat. 3871.

4 Added Pub. L. 104–320, § 10（a）, Oct. 19, 1996, 110 Stat. 3873.

5 本章也被称为《规制灵活度法》（the Regulatory Flexibility Act），制定于 1980 年，后经修订，5 U.S.C. § § 601–612。

6 Added Pub. L. 96–354, § 3（a）, Sept. 19, 1980, 94 Stat. 1165; amended Pub. L. 104–121, title II, § 241（a）（2）, Mar. 29, 1996, 110 Stat. 864.

（1）“行政机关”，是指本编 § 551（1）所定义的行政机关。

（2）“规则”，是指行政机关根据本编 § 553（b），或者任何其他法律颁布拟议规则制定的一般性通告而要制定的规则，包括调整联邦政府向州和地方政府提供的拨款，行政机关在制定时提供了通告和公众评议机会的具有一般适用性的规则，但是“规则”一词并不包括涉及收费标准、工资、企业或者财务结构及其重组、价格、设备、器具、服务或者津贴，或者和上述各项有关的估价、费用、会计或者手续。

（3）“小企业”，与《小企业法》（the Small Business Act）§ 3 规定的“小企业”（small business concern）具有相同的含义，除非行政机关在征询小企业管理局倡议声援办公室（Office of Advocacy）的意见以及经过征求公众评议，对这一术语确立了对于行政机关的活动来说合适的一项或者更多项的定义，并且在《联邦公报》上刊登这些定义。

（4）“小组织”，是指任何非营利企业，独立所有和运营，在其领域内不具有主导地位，除非行政机关经过征求公众评议，对这一术语确立了对于行政机关的活动来说合适的一项或者更多项的定义，并且在《联邦公报》上刊登这些定义。

（5）“小政府辖区”（small governmental jurisdiction），是指人口少于 5 万人的，市、县、镇、村、学区或者特别区的政府，除非行政机关经过征求公众评议，对这一术语确立了对于行政机关的活动来说合适的，并且基于地处农村或者人口稀少的区域，或者因为辖区人口原因而财政收入有限的、一项或者更多项的定义，并且在《联邦公报》上刊登这些定义。

（6）“小型实体”，与本节第（3）、（4）和（5）款界定的“小企业”、“小组织”或者“小政府辖区”具有相同含义。

（7）“信息收集”——

（A）是指获取，或者被获取，咨询或者要求向第三方或者公众披露行政机关的事实或者意见，或者行政机关要求的事实或者意见，不论其形式或者格式如何，要求——

（i）对于 10 人或者更多的个人提出的相同问题，或者要求相同的报告或者记录保存要求，但是不包括对联邦政府的行政机关、机构或者雇员提出的上述问题和要求；或者

（ii）回答对行政机关、机构或者雇员提出的、用于一般性统计目

的的问题；以及

（B）不得包括《美国法典》第 44 编 § 3518（c）（1）所描述的信息收集活动。

（8）“记录保存要求”，是指行政机关对个人设定的保存特定记录的要求。

§ 602. 规制议程 [1]

（a）每年 10 月和 4 月，每家行政机关应当在《联邦公报》上刊登规制灵活性议程，其中应当包含——

（1）简要描述行政机关希望拟议或者颁布的任何可能对大量小型实体产生明显经济影响的规则之主题；

（2）简要概括支持根据第（1）款制定的规制灵活性议程中所列举的每项主题而审议的任何此类规则之性质、发布规则的目标和法律依据，以及完成行政机关已经发布规则制定的一般性通告的任何规则的完成制定的大概时间表，并且

（3）了解有关第（1）款所列举事项的行政机关官员的姓名和电话号码。

（b）每项规制灵活性议程应当抄送小企业管理局倡议声援办公室主任（Chief Counsel for Advocacy），以征求其意见。

（c）每家行政机关应当努力对小企业或者其代表通过直接通知或者在这些小型实体容易获得的出版物中刊登规制灵活性议程的通告，并且邀请小企业对议程上列举的每项主题发表评议意见。

（d）本节规定不得排除行政机关考虑任何不包括在规制灵活性议程上的事项或者采取行动，或者要求行政机关对该议程上列举的任何事实进行考虑或者采取行动。

1 Added Pub. L. 96–354，§ 3（a），Sept. 19，1980，94 Stat. 1166.

§ 603. 初步规制灵活性分析[1]

（a）当行政机关根据本编 § 553 或者任何其他法律的要求，刊登任何拟议规则制定的一般性通告时，或者刊登涉及联邦政府国内税务法律的解释性规则制定的通告时，行政机关应当制作初步的规制灵活性分析并供公众发表意见。此种分析应当描述拟议规则对小型实体的影响。在初步规制灵活性分析或者摘要应当与拟议规则制定的一般性通告同时刊登在《联邦公报》上。行政机关应当向小企业局倡议声援办公室主任抄送一份初步规制灵活性分析。对于涉及联邦政府国内税务法律的解释性规则，本章适用于为了订入《联邦规章汇编》而在《联邦公报》上刊登的解释性规则，但是仅限于这些解释性规则对小型实体设定了信息收集要求之时。

（b）本节要求的初步规制灵活性分析，应当包括——

（1）描述行政机关考虑采取行动的理由；

（2）简要描述拟议规则的目标和法律依据；

（3）描述并在可能的情况下估算拟议规则将适用的小型实体的数量；

（4）描述拟议规则将要提出的报告、记录保存和其他合规要求，包括未来需要遵守这一要求的小型实体的类型，以及为了制作报告或者记录所需要的职能技能的类型；

（5）尽可能地查清可能与拟议规则存在重复、重叠或者冲突的所有相关联邦规则。

（c）每份初步规制灵活性分析，也应当包含描述拟议规则的任何重要替代方案，以实现准据法说明的目标和减少拟议规则对小型实体的任何明显的经济影响。与准据性法律明确说明的目标一致，这一分析应当讨论如下重要的替代方案——

（1）根据小型实体拥有的资源，规定不同的合规或者报告要求和时间表；

（2）阐释、整合或者简化该规则对此类小型实体提出的合规和报告要求；

---

1 Added Pub. L. 96–354，§ 3（a），Sept. 19，1980，94 Stat. 1166；amended Pub. L. 104–121，title II，§ 241（a）（1），Mar. 29，1996，110 Stat. 864；Pub. L. 111–203，title X，§ 1100G（b），July 21，2010，124 Stat. 2112.

（3）采用绩效标准而非设计标准；以及

（4）豁免此类小型实体遵守该规则的全部或者部分内容。

（d）

（1）对 § 609（d）（2）所定义的、本法所调整的行政机关（covered agency），每份初步规制灵活度分析应当包括对下列内容的描述：

（A）小型实体信贷成本的任何预期增加情况；

（B）对拟议规制的任何明显的替代方案，它们可以实现适用的法律所规定的目的，并且尽量降低小型实体信贷成本的任何增加情况；

（C）与分款（A）、（B）和（C）和分节（b）所描述之问题相关的小型实体之代表的建议。

（2）对 § 609（d）（2）所定义的、本法所调整的行政机关，为了遵守第（1）（C）款之规定的目的，应当：

（A）经征求小企业局倡议声援办公室主任的意见，确定小型实体的代表人员；

（B）向根据分款（A）规定确定的小型实体的代表人员收集与第（1）款第（A）和（B）分款和分节（b）所描述之问题有关的建议。

§ 604. 最终规制灵活性分析 [1]

（a）当行政机关根据本编 § 553 颁布最终规则时，在根据该节规定或者任何其他法律规定颁布拟议规则制定的一般性通告，或者颁布涉及 § 603（a）描述的、联邦政府国内税务法律的最终解释性规则时，行政机关应当制作最终规制灵活性分析。每份最终规制灵活性分析，应当包含——

（1）说明制定规则的需要和目标；

（2）说明公众对初步规制灵活性分析发表的评议意见所提出的重要问题，说明行政机关对此类问题的评估，以及根据评议意见对拟议规则所作的修改；

（3）对于小企业局倡议声援办公室主任对拟议规则所提出的任何意

1 Added Pub. L. 96–354，§ 3（a），Sept. 19，1980，94 Stat. 1167；amended Pub. L. 104–121，title II，§ 241（b），Mar. 29，1996，110 Stat. 864；Pub. L. 111–203，title X，§ 1100G（c），July 21，2010，124 Stat. 2113；Pub. L. 111–240，title I，§ 1601，Sept. 27，2010，124 Stat. 2551.

见进行回应，以及详细说明最终规则根据这些评议意见对拟议规则所作的修改；

（4）对规则将会适用的小型实体的数量进行的描述和评估，或者解释无法作出评估的原因；

（5）描述该规则设想的报告、记录保存和其他合规要求，包括对将要遵守这些要求的小型实体的类型，以及为了制作这些报告或者记录需要的专业技能的类型；

（6）描述行政机关为了减少对小型实体的明显经济影响而采取的、符合可适用法律规定的目标的措施，包括最终规则中选择的替代方案之事实、政策和法律理由，以及行政机关为什么拒绝采纳其他影响小型实体的重要替代方案；以及

（7）对于 §609（d）（2）所界定的、本法所调整的行政机关，描述行政机关为了减少对小型实体的任何额外的信贷成本而采取的措施。

（b）行政机关应当允许公众查阅最终规制灵活性分析的复本（copies），并且在《联邦公报》上刊登该分析及其摘要。

§605. 避免重复或者不必要的分析[1]

（a）任何联邦行政机关可以实施本编 §602、§603 和 §604 所要求的分析，配合或者作为任何其他法律所要求的任何其他议程或者分析的一部分，如果任何其他分析满足上述条文的规定。

（b）本编 §603 和 §604 不得适用于任何拟议或者最终规则，如果行政首长认证该规则之颁布不会对大量的小型实体产生明显经济影响。如果行政首长根据上一句规定作出认证，行政机关将在《联邦公报》上刊登拟议规则制定的一般性通知时，同时在《联邦公报上》刊登此种认证，或者在刊登最终规则时同时提供支持此种认证的事实依据之说明。行政机关应当向小企业管理局倡议声援办公室主任抄送此种认证和说明。

（c）为了避免重复行动，行政机关可以将一系列联系密切的规则视为本编 §602、§603、§604 和 §610 规定意义上的一项规则。

---

1 Added Pub. L. 96–354，§3（a），Sept. 19，1980，94 Stat. 1167；amended Pub. L. 104–121，title II，§243（a），Mar. 29，1996，110 Stat. 866.

§ 606. 对其他法律的影响[1]

本编 § 603 和 § 604 的要求并不以任何方式改变本来依法对行政机关适用的标准。

§ 607. 分析报告的制作[2]

根据本编 § 603 和 § 604 的规定，行政机关可以对拟议规则或者其替代方案之效力提供可量化或者数值型描述，或者如果定量分析不可行或者不可靠时提供更为一般化的描述性说明。

§ 608. 对于放弃或者推迟完成相关要求的程序[3]

（a）行政首长可以在最晚不迟于最终规则的刊登之日，在《联邦公报》上刊登书面的事实认定，并且说明最终规则是为了应对紧急情况而发布，使其不可能遵守或者及时遵守本编 § 603 的规定，从而放弃或者推迟完成本编 § 603 规定的部分或者全部要求。

（b）除了 § 605（b）所作规定之外，行政首长不得豁免本编 604 的要求。行政首长可以推迟履行本编 § 604 的要求但最晚不迟于在《联邦公报》上刊登最终规则之日后 180 日，不迟于在《联邦公报》上刊登书面事实认定及其理由，即最终规则的颁布是为了应对紧急情况而发布，使其不可能及时遵守本编 § 604 的规定。如果行政机关还没有在最终规则刊登之日起 180 日内制作最终规制分析报告，此种规则将过期失效。除非行政机关已经完成最终规制灵活性分析，否则不得再次公布此种规则。

§ 609. 收集评议意见的程序[4]

（a）当所颁布的任何规则对大量小型实体会有明显的经济性影响时，颁布该规则的行政机关之首长或者负责颁布该规则的行政机关的官员应当确保小型实体通过下列技术，获得参与规则制定的机会——

1 Added Pub. L. 96–354，§ 3（a），Sept. 19，1980，94 Stat. 1168.

2 Added Pub. L. 96–354，§ 3（a），Sept. 19，1980，94 Stat. 1168.

3 Added Pub. L. 96–354，§ 3（a），Sept. 19，1980，94 Stat. 1168.

4 Added Pub. L. 96–354，§ 3（a），Sept. 19，1980，94 Stat. 1168；amended Pub. L. 104–121，title II，§ 244（a），Mar. 29，1996，110 Stat. 867；Pub. L. 111–203，title X，§ 1100G（a），July 21，2010，124 Stat. 2112.

（1）在拟议规则制定的预先通告中包括一项说明，即拟议规则会对大量小型实体产生明显的经济影响；

（2）在小型实体容易获取的出版物上刊登拟议规则制定的一般性通告；

（3）直接通知存在利害关系的小型实体；

（4）为小企业召开开放会议或者公开听证会，通过计算机网络征求和接收评议意见；

（5）采纳或者修改行政程序规则以减少小型实体参与规则制定的成本或者复杂性。

（b）在本法所调整的行政机关刊登根据本章所要求的初步规制灵活性分析之前——

（1）本法所调整的行政机关应当通知小企业管理局倡议声援办公室主任，向其提供拟议规则对小型实体可能产生的影响以及可能会受到影响的小型实体类型等信息；

（2）在收到第（1）款规定的材料之日起 15 日内，小企业管理局倡议声援办公室主任应当确定受影响小型实体的个人代表，向他们征求有关拟议规则可能影响的意见和建议；

（3）行政机关应当召集完全由负责实施该规则的内部所属办公室、管理和预算局信息与规制事务办公室的全职联邦雇员，以及小企业管理局倡议声援办公室主任组成的审查小组对此种规则进行审查；

（4）审查小组应当审查行政机关已经制作的与本章规定有关的任何材料，包括任何起草的拟议规则，向行政机关征询小企业管理局倡议声援办公室主任意见后确定的每个小型实体个人代表收集 §603（b）第（3）、（4）、（5）款和 §603（c）的有关意见和建议；

（5）本法所调整的行政机关根据第（3）款召集审查小组之后 60 日内，审查小组应当就小企业代表的意见及其有关 §603（b）第（3）、（4）、（5）款和 §603（c）之问题的事实认定等发表报告，并且此种报告应当作为规则制定的案卷之一部分向公众公开；

（6）在合适的时候，行政机关应当修改拟议规则，初步规制灵活性分析或者是否要求提供初步规制灵活性分析的决定。

（c）对于一项规则，如果行政机关试图根据 §605（b）作出认证的规则，但是行政机关相信可能会对大量小型实体产生超过最低限度的影响时，行政机关可以根据自己的裁量权决定是否适用 § 609（b）。

（d）出于本节规定的目的，“本法所调整的行政机关”，是指

（1）环境保护局；

（2）联邦储备系统消费者金融保护局；

（3）劳工部职业安全和健康管理局。

（e）小企业管理局倡议声援办公室主任在征求 § 609（b）（2）所认定的个人，以及管理和预算局信息与规制事务办公室主任的意见之后，可以通过在规则制定案卷中包括书面事实认定及其理由，说明 § 609（b）（3）、§ 609（b）（4）和 § 609（b）（5）规定的要求不会促进小型实体有效参与规则制定程序，从而豁免这些规定的要求。出于本分节规定的目的，在作出此种事实认定时需要考虑下列因素：

（1）在起草拟议规则时，本法所调整的行政机关在征求受影响的小型实体之个人代表有关规则之可能影响的意见的限度内考虑这些关切的问题；

（2）要求尽快制定规则的特殊情形；

（3）§ 609（b）的要求是否为 § 609（b）（2）中所确认的个人提供了相对于其他小型实体的竞争优势。

§ 610. 规则的定期审查[1]

（a）在本章规定生效后的 180 日内，每家行政机关应当在《联邦公报》上刊登对行政机关制定的对大量小型实体产生明显经济性影响的规则进行定期审查的计划。行政机关可以随时在《联邦公报》上刊登修订内容而对该计划进行修改。这一审查的目的应当是确定此种规则是否不作修改而继续制定，或者应当根据可适用的法律所规定的目的对规则进行修订或者撤销，以减小这些规则对大量的此类小型实体产生的任何明显的经济性影响。定期审查计划应当规定在本章生效之日之后，对所有现行的此类行政规则，在其作为最终规则而刊登之日起 10 年内进行审查。如果行政首长认定不可能在既定的日期前完成对所有现行的规则的审查，他也可以在《联邦公报》上刊登认证书，作出上述认证，并且可以将完成审查的日期一次延长

1 Added Pub. L. 96–354，§ 3（a），Sept. 19，1980，94 Stat. 1169.

一年，但是最长不得超过五年。

（b）在按照可适用的法律所规定的方式，审查规则以减小规则对大量小型实体产生的明显经济性影响时，行政机关应当考虑下列因素——

（1）对规则的持续性需要；

（2）公众围绕规则提出的投诉或者评议意见的性质；

（3）规则的复杂性；

（4）规则与其他联邦行政规则，以及在可能的限度内与州和地方政府的规则之间存在重叠、重复或者冲突的程度；

（5）规则已经得到评估的持续时间长短和在该规则所影响的领域技术、经济状况或者其他因素发生改变的程度。

（c）每个行政机关应当每年在《联邦公报》上刊登对大量小型实体产生明显经济性影响的规则和需要根据本节规定在接下来的 12 个月内接受审查的规则之目录。这一目录应当包括对每项规则的简要描述，以及对此种规则的需要和法律依据，并且应当要求公众对这一规则发表评议意见。

§ 611. 司法审查[1]

（a）（1）对于需要遵守本章规定的任何规则，受到最终行政行为之不利影响或者损害的小型实体，有权根据第 7 章的规定，要求法院审查行政机关遵守 § 601、§ 604、§ 605（b）、§ 608（b）和 § 610 的情况。在与对 § 604 的司法审查相关时，行政机关遵守 § 607 和 § 609（a）的情况，应当是可以由法院审查的。

（2）有权审查此类规则遵守 § 553 或者任何其他法律规定的情况的每个法院，应当有权根据第 7 章的规定，审查违反 § 601、§ 604、§ 605（b）、§ 608（b）和 § 610 的诉讼请求。与对 § 604 的司法审查相关时，行政机关遵守 § 607 和 § 609（a）的情况应当是可以由法院审查的。

（3）（A）小型实体可以在最终行政行为作出之日起至一年内寻求司法审查，但法律规定要求起诉最终行政行为必须是在一年时间到期之前提出的，这一更短的期限应当适用于根据本节对一项行为提出的司法审

---

1 Added Pub. L. 96-354, § 3（a）, Sept. 19, 1980, 94 Stat. 1169; amended Pub. L. 104-121, title II, § 242, Mar. 29, 1996, 110 Stat. 865.

查之诉。

(B)当行政机关根据本章 §608(b)的规定推迟发布最终规制灵活性分析时，根据本节提出的司法审查之诉应当在不迟于下述日期前提出——

(i)最终规制灵活性分析向公众公开之后一年内；或者

(ii)当法律条款要求质疑最终行政规则的诉讼在一年期限到期前提出时，此种法律条款所规定的日期数是在最终规制灵活性分析向公众公开之后。

(4)在本节提出的诉讼中批准任何救济时，法院应当责令行政机关根据本章和第 7 章的规定采取措施纠正错误，包括但不限于——

(A)将规则发回行政机关重新处理；

(B)推迟对小型实体强制执行该规则，除非法院认定持续强制执行该规则是符合公共利益需要的。

(5)本分节不得被解释为限制任何法院根据任何其他法律条款暂停任何规则或者条款的生效，或者在本节规定的要求之外给予任何其他的救济。

(b)在申请法院审查一项规则的诉讼中，对此类规则的规制灵活性分析，包括根据第(a)(4)款而制作或者修改的分析，应当构成与此种审查有关的行政行为完整案卷的一部分。

(c)行政机关是否遵守本章的规定，只能根据本节的规定接受司法审查。

(d)本节规定不得阻止法院审查任何其他法律要求的任何其他影响说明或者类似分析，如果对此类说明或者分析的司法审查是本来可以得到法律允许的。

§612. 报告和介入权[1]

(a)小企业管理局倡议声援办公室主任应当监督行政机关遵守本章规定的情况，并且至少每年就此向总统、参议院和众议院的司法和小企业委

1 Added Pub. L. 96-354, §3(a), Sept. 19, 1980, 94 Stat. 1170; amended Pub. L. 104-121, title II, §243(b), Mar. 29, 1996, 110 Stat. 866.

员会报告。

（b）小企业管理局倡议声援办公室主任有权在联邦法院提出审查一项规则的诉讼中作为法庭之友出席。在任何此类诉讼中，小企业管理局倡议声援办公室主任有权对本章合规情况，规则制定案卷有关小型实体的内容之充分性以及规则对小型实体的影响等发表自己的观点。

（c）联邦法院应当批准小企业管理局倡议声援办公室主任提出的出席任何为了分节（b）规定之目的而进行的任何诉讼的申请。

第七章　司法审查

§701. 适用的范围、定义[1]

（a）本章的适用按条文的规定，但不适用于：

（1）法律排除司法审查的行为；或者

（2）法律赋予行政机关自由裁量的行为。

（b）（1）“行政机关”，是指联邦政府的每一家机构（authority），无论其是否受另一家行政机关的审查，但是并不包括：

（A）国会；

（B）联邦法院；

（C）美国领地或属地的政府；

（D）哥伦比亚特区政府；

（E）由纠纷各方当事人的代表或其组织的代表所组成的、以解决纠纷的行政机关；

（F）军事法庭和各军事委员会；

（G）战争时期在战区或占领地行使权力的军事当局；

（H）根据《美国法典》第 12 编 §§1738，1739，1743 和 1744；第 49 编第 471 章第 2 分章；第 50 编附录 §1884、§§1891–1902，以及原 §1641（b）（2）规定行使职权的行政机关。

1　Pub. L. 89–554, Sept. 6, 1966, 80 Stat. 392; Pub. L. 103–272, §5（a）, July 5, 1994, 108 Stat. 1373; Pub. L. 111–350, §5（a）（3）, Jan. 4, 2011, 124 Stat. 3841.

（2）“人”“规则”“裁定”“许可证”“制裁”“救济”和“行政行为”（机关行为）的定义与本编 § 551 的规定相同。

§ 702. 申请司法审查的权利 [1]

任何人由于行政行为而受到不法的侵害，或者在某一有关法律意义内的不利影响或侵害时，有权对该行为请求司法审查。联邦法院受理的诉讼不是寻求金钱赔偿，而是控告行政机关或其官员或雇员，以公务身份或者在法定职权掩饰下的作为或不作为时，不得以该诉讼反对联邦政府或联邦政府是必不可少的当事人为由而驳回或拒绝给予救济。联邦政府在这类诉讼中可以被指名作为被告，也可以针对联邦政府作出判决或命令。但是任何执行令或禁令（mandatory or injunctive decree）都必须指明联邦官员（称其姓名或职衔）或其继任人对其执行负有责任。本节的规定并不：

（1）影响对司法审查的其他限制，或者法院根据任何其他有关的法律或衡平法的理由，驳回或拒绝救济的权力或义务；或者

（2）在任何其他允许起诉的法律明示地或默示地禁止当事人所寻求的救济时，授权给予救济。

§ 703. 诉讼的形式和地点 [2]

司法审查的形式是在法律指定的法院中，法律对审查对象所特别规定的法定的审查程序，在没有法律规定的形式，或者法律的规定不适当时，有管辖权的法院可以适用任何能够适用的法律诉讼形式，包括申请确认判决、命令性的制止状、人身保护状等诉讼形式在内。如果没有能够适用的特定的法定的审查形式时，司法审查的诉讼可以对联邦政府、对行政机关以行政机关的名称或者对有关的官员提起。除法律规定有事先、适当而且唯一的司法审查的机会以外，行政行为在民事的或刑事的司法强制执行程序中，应当受到法院的审查。

§ 704. 可受审查的行为 [3]

法律规定可受审查的行政行为和没有其他适当的法院救济的最终行政

---

1 Pub. L. 89–554, Sept. 6, 1966, 80 Stat. 392; Pub. L. 94–574, § 1, Oct. 21, 1976, 90 Stat. 2721.

2 Pub. L. 89–554, Sept. 6, 1966, 80 Stat. 392; Pub. L. 94–574, § 1, Oct. 21, 1976, 90 Stat. 2721.

3 Pub. L. 89–554, Sept. 6, 1966, 80 Stat. 392.

行为，应受司法审查。预备性、程序性或中间阶段的行政行为或裁决，不能直接受审查，应在审查最终行政行为时受审查。除法律另有其他的规定外，行政行为依其他的方式是最终时，就本节的目的而言就是最终的，不论对该行为是否已经申请确认判决、任何形式的再考虑或向上级行政机关上诉。但是行政机关可以制定规则作出不同的要求，规定在向上级行政机关申诉时，该行为暂时不发生效力。

§ 705. 司法审查期间的救济 [1]

行政机关为了公正的需要，可以在司法审查期间推迟它所采取的决定的生效日期。审查法院，包括案件上诉的法院和根据申请向审查法院发出提审状或其他令状的法院在内，为了防止不可弥补的损害的发生，在其必要的条件和限度以内，可以发出一切必要的和适当的命令，在司法审查程序结束以前，推迟行政行为生效的日期，或者保持原状或权利。

§ 706. 司法审查的范围 [2]

对当事人提出的主张，在判决所必要的范围内，审查法院应决定全部有关的法律问题，解释宪法和法律条文的规定，并且决定行政行为的词句所表示的意义或适用。审查法院应：

（1）责令执行被违法拒绝的或不合理迟延的行政行为，并且

（2）认为出现下列情况的行政行为、裁定和结论不合法，并撤销之：

（A）武断、恣意、滥用裁量权或其他的不合法的行为；

（B）违反宪法上的权利、权力、特权或特免；

（C）超越法定的管辖权限、权力或限制，或者没有法律上的权利；

（D）没有遵守法律规定的程序；

（E）适用本编 § 556 和 § 557 的规定的案件，或者法律规定的其他依行政机关的听证记录而审查的案件，没有实质性证据支持；或者

（F）没有事实的根据，达到事实必须由法院重新审理的程度。

在作上述决定的时候，法院应审查全部记录，或记录中为一方当事人所引用的部分；并且应充分注意法律对产生不正确的结果的错误所作出的规定。

1 Pub. L. 89–554, Sept. 6, 1966, 80 Stat. 393.

2 Pub. L. 89–554, Sept. 6, 1966, 80 Stat. 393.

第八章 行政规则制定的国会审查[1]

§ 801. 国会审查[2]

（a）（1）（A）在一项规则生效之前，颁布该规则的联邦行政机关应当向国会参众两院和总审计长提交一份报告，报告内容包括：

（i）一份规则的复本；

（ii）对简要介绍规则内容的一般性说明，包括该规则是否属于重要规则；

（iii）规则的计划生效日期。

（B）在根据分款（A）提交报告时，制定规则的联邦行政机关应当向总审计长提交，并允许国会两院查阅——

（i）对该规则的完整的成本效益分析，如果有的话；

（ii）行政机关作出的与 § 603、§ 604、§ 605、§ 607 和 § 609 有关的行为；

（iii）行政机关作出的与《1995 年无资金保障施令改革法》（the Unfunded Mandates Reform Act of 1995）§ 202、§ 203、§ 204、§ 205 有关的行为；

（iv）任何其他法律或者任何相关总统行政命令规定的任何其他相关信息或者要求。

（C）在收到根据分款（A）提交的报告后，国会两院应当将报告复本抄送每个根据参众两院规则，负责在规则制定后提出修改法律条款的法案的常设委员会之主席和副主席（ranking member）。

（2）（A）总审计长应当在 § 802（b）（2）规定的提交或者刊登之日起 15 日内就每项重要规则向国会两院分管委员会提供报告。总审计长的报告应当包括对分款（1）（B）所要求的行政机关遵守程序性步骤情况的评估。

（B）联邦行政机关应当与总审计长合作提供与分款（A）规定的

---

1 本章也被称为《国会审查法》（the Congressional Review Act），制定于 1996 年。5 U.S.C. § § 801–808.

2 Added Pub. L. 104–121，title II，§ 251，Mar. 29，1996，110 Stat. 868.

总审计长的报告有关的信息。

（3）与根据第（1）款提交的报告有关的重要规则，应当在以下日期的最后者生效——

（A）在以下情形中较晚发生者，发生之后 60 日后——

（i）国会收到根据第（1）款规定提交的报告；或者

（ii）规则刊登在《联邦公报》上，如果以此方式公布的话；

（B）如果国会联合通过 § 802 所规定的与规则有关的反对决议，并且总统签署了此种反对决议的否决决定，发生以下事实之日期中较早者——

（i）国会的任何一院投票而未能推翻总统否决决定的；或者

（ii）国会收到总统的否决决定和反对意见之日起 30 个会期日（session days）后；

（C）规则本来会生效的日期，如果不是因为本节规定（除非国会通过了 § 802 所规定的反对规则的联合决议）。

（4）除了重要规则以外，规则应当按照法律的规定在根据第（1）款提交给国会之后生效。

（5）尽管存在第（3）款的规定，规则生效日期不得因为本章的规定而推迟至超出国会任何一院投票放弃 § 802 所规定的反对规则的联合决议的日期。

（b）（1）如果国会通过了 § 802 所规定的反对规则的联合决议，规则不得生效（或者继续有效）。

（2）根据第（1）款规定没有生效（或者没有继续有效）的规则，不得以实质性相同的形式重新发布，不得发布与此种规则实质性相同的新规则，除非这是重新发布的规则或者新规则是在反对原先规则的联合决议通过之后，国会通过的法律所特别要求的。

（c）（1）尽管存在本节的任何其他规定［但是不包括遵守第（3）款］，因为分节（a）（3）的原因而不能生效的规则可以生效，如果总统根据第（2）款作出决定并将该决定书面通知提交国会。

（2）第（1）款适用于总统以行政命令的形式作出的决定，即因为此种规则具有下列特征，规则应当生效——

（A）因为对健康、安全的急迫威胁或者其他紧急情况而必需的；

（B）对于强制执行刑事法律所必需的；

（C）对于国家安全所必需的；或者

（D）根据任何实施国际贸易协定的法律而发布的。

（3）总统根据本分节行使职权，不得对 § 802 所规定的程序产生影响，也不得对根据本节规定作出反对规则的联合决议产生影响。

（d）（1）除了本章规定的审查的机会之外，任何规则，是在国会休会之前（A）涉及参议院时，60 个会期日，或者（B）涉及众议院时，60 个立法日（legislative days），直至同届或者下届国会下一次会期开幕日，根据本节（a）（1）（A）提交报告的，§ 802 应当在国会下一个会期适用于此类规则。

（2）（A）在为了此类额外审查之目的而适用 § 802 时，应将本节（d）（1）所规定的规则视为：

（i）在国会新会期开幕日之后：

（I）涉及参议院时，第 15 个会期日，或者

（II）涉及众议院时，第 15 个立法日。

在《联邦公报》（作为应当生效的规则）刊登此类规则。

（ii）有关该规则的报告将在该日根据本节（a）（1）提交国会。

（B）本款不得被解释为影响本节（a）（1）规定的要求，即应当在规则可以生效之前向国会提交报告。

（3）本节（d）（1）规定的规则应当按照法律规定（包括本节其他分节）生效。

（e）（1）为了本分节制定的目的，§ 802 应当同样适用于在 1996 年 3 月 1 日至本章立法之日之间颁布的任何重大规则。

（2）在为了国会审查的目的而适用 § 802 时，根据第（1）款规定的规则应当被视为——

（A）此类规则是本章法律通过之日刊登在《联邦公报》上；以及

（B）有关此类规则的报告是在此日期根据本节（a）（1）提交国会的。

（3）第（1）款规定的规则之效力应当与法律规定的相同，除非根据 § 802，该规则不具有强制力或者效力。

（f）任何已经生效的规则，后来因为 § 802 规定的联合决议的通过而

失去强制力或者效力的，应当视为此类规则从未发生效力。

（g）如果国会并未通过 § 802 所规定的反对一项规则的联合决议，法院或者行政机关不得从国会的作为或者不作为中推导出任何国会有关此类规则、相关法律或者反对规则的联合决议的意图。

§ 802. 国会否决审查[1]

（a）出于本节规定的目的，“联合决议”一词，仅指国会收到 § 801（a）（1）（A）中所提到的报告之日起 60 日内提出的联合决议（排除国会任何一院在会期内休会超过三天者），其中裁决条款后的事项如下：“国会反对由 ____ 提交的有关 ____ 的规则，此规则不得具有强制力或者效力。”（空白处可以填入合理内容）

（b）（1） § 802（a）所述联合决议应当转送国会两院有管辖权的相关委员会。

（2）对于本节之规定，“提交报告或者规则公布之日”，是指以下两项事实的发生日期，以发生在后者为准——

（A）国会收到根据 § 801（a）（1）提交的报告；或者

（B）规则公布在《联邦公报》上。

（c）在参议院中，如果 § 802（a）所述联合决议提交给一个委员会，而该委员会在根据 § 802（b）（2）所定义的提交报告或者规则公布之日起 20 日后还没有报告该联合决议的（或者内容完全相同的联合决议），该委员会可以根据 30 名参议员书面请求免除进一步审议该联合决议的义务，并且该联合决议将纳入议事日程。

（d）（1）在参议院，当联合决议提交给相关委员会，而该委员会已经作出报告后，或者当委员会［根据 § 801（c）］不再进一步审议 § 801（a）所述的联合决议时，在此后随时动议继续审议联合决议是合乎程序的（即使具有相同效力的前一项动议已经被否决），并且所有对反对联合决议（以及反对审议联合决议）的议程限制已经消除。不得修改该动议，也不得动议推迟，或者动议继续审议其他事务。对于动议重新考虑投票以同意或者反对该动议的，应当是不合程序的。如果动议继续审议联合决议而得到同

1 Added Pub. L. 104–121, title II, § 251, Mar. 29, 1996, 110 Stat. 871.

意，该联合决议应当继续列为参议院未尽事务直到最后得到处理。

（2）在参议院，有关联合决议，以及与之相关的所有可以辩论的动议和裁决，应当限于不超过 10 小时，这 10 小时应当在支持和反对联合决议的人之间平等分配。申请进一步限制辩论的动议是合乎程序的和不可辩论的。修改或者动议推迟，或者动议继续审议其他事务，或者动议重新提出联合决议的，是不合程序的。

（3）在参议院对 § 802（a）所述的联合决议结束辩论之后，如果根据参议院规则申请在辩论结束时进行一次点名，就可以对联合决议付诸最后表决。

（4）对于是否可以将参议院规则适用于 § 802（a）所述的联合决议相关程序，主席应当以不付诸辩论的方式作出裁决。

（e）在参议院，在下列情形时，§ 802（c）和 § 802（d）规定的程序不得适用于对有关一项规则的联合决议的审议——

（1）在可以适用的提交报告或者规则公布之日起 60 个会期日到期之后，或者

（2）如果 § 801（a）（1）（A）规定之报告是在 § 801（d）（1）提及的期间内提交的，在国会下一个会期开幕之后的第 15 个会期日开始的 60 个会期日到期之后。

（f）如果在国会一院通过 § 802（a）所述之联合决议之前收到另一院移送的 § 802（a）所述之联合决议，则应适用下列程序：

（1）另一院通过的联合决议不得移送至委员会。

（2）关于收到联合决议的一院的 § 802（a）所述之联合决议——

（A）该院适用的程序应当与该院没有收到另一院的联合决议时适用的程序相同，但是

（B）最后投票表决应当是关于另一院的联合决议。

（g）国会制定本节规定——

（1）作为国会参众两院分别行使规则制定权，以及作为视为两院各自规则的一部分，但是只有在参众两院作出本节（a）所规定的联合决议时所遵循的程序相关时，才是可以适用的，并且在其他规则违反这些规则的限度内取代其他规则；并且

（2）充分承认国会两院在任何时候，以相同方式，并且在与本院任何

其他规则相同的限度内修改规则的宪法权利（只要涉及两院各自的规则）。

§803. 有关法律、规则和法院确定的截止期限的特别规则[1]

（a）对于任何因为国会通过 §802 规定的反对规则的联合决议而没有生效（或者效力中止）的任何规则相关的或者涉及的任何截止期限，该截止期限延长至联合决议通过之日起一年之后。本分节之规定不得被解释为影响仅仅以根据 §801（a）规定而推迟规则之生效日期为由而影响一项截止期限。

（b）"截止期限"一词，是指根据联邦法律或者规则的规定，或者实施任何联邦法律或者规则的法院裁决，履行任何义务或者行使任何权力的任何特定日期。

§804. 定义[2]

出于本章规定的目的——

（1）"联邦行政机关"，是指 §551（1）所定义的任何行政机关。

（2）"重要规则"，是指管理和预算局信息与规制事务办公室主任认定已经导致或者很可能会导致——

（A）每年对经济产生的影响达到 1 亿美元或者更多；

（B）消费者、各个行业、联邦、州或者地方政府行政机关，或者地理区域的成本或者物价重大增加；或者

（C）对于竞争、就业、投资、生产效率、创新，或者美国境内企业（United States-based enterprises）与外国企业在国内和出口市场上的竞争力等产生明显的不利影响。

这一术语并不包括任何根据《1996 年电信法》及该法的修正案而制定的任何规则。

（3）"规则"一词具有 §551 赋予该词的含义，但是该词并不包括——

（A）具有特定适用性的任何规则，包括批准或者规定未来收费标准、工资、价格、服务或者其津贴，法人或者财务结构，或者对其进行的重组、兼并，或者收购，或者对上述各项相关的会计惯例或者披露等事项

1 Added Pub. L. 104–121, title II, §251, Mar. 29, 1996, 110 Stat. 873.

2 Added Pub. L. 104–121, title II, §251, Mar. 29, 1996, 110 Stat. 873.

的规则；

（B）任何与行政机关内部管理或者人事关系有关的规则；或者

（C）规定行政机关组织、程序的行政规则，或者并不对非行政机关的当事人的权利或者义务产生实质性影响的任何行政规则。

§ 805. 司法审查[1]

根据本章规定作出的判断、事实认定、作为或者不作为不接受司法审查。

§ 806. 可适用性；可分割性[2]

（a）尽管存在任何其他法律条款，本章应当适用。

（b）如果本章的任何条款，或者本章任何条款适用于任何人或者情境，被判定无效，此类条款适用于其他人或者情境，以及本章其余条款，不得因此而受影响。

§ 807. 货币政策的豁免[3]

本章规定不得适用于涉及联邦储备委员会或者联邦公开市场委员会（the Federal Open Market Committee）提议或者实施的涉及货币政策的规则。

§ 808. 特定规则的生效日期[4]

尽管有 § 801 之规定——

（1）为了与打猎、捕鱼或者露营有关的商业、休闲或者生存之目的而设立、修改、开始、结束或者实施一项规制项目的任何规则；或者

（2）行政机关出于合理事由认定（并且在所制定的规则中整合了事实认定和简要的理由说明）通告和公开程序是不可行、不必要或者违背公共利益的，应当在联邦行政机关颁布规则时确定的时间生效。

---

1 Added Pub. L. 104–121, title II, § 251, Mar. 29, 1996, 110 Stat. 873.

2 Added Pub. L. 104–121, title II, § 251, Mar. 29, 1996, 110 Stat. 873.

3 Added Pub. L. 104–121, title II, § 251, Mar. 29, 1996, 110 Stat. 874.

4 Added Pub. L. 104–121, title II, § 251, Mar. 29, 1996, 110 Stat. 874.

行政法法官（Administrative Law Judges）

§1305. 行政法法官[1]

根据本编§§3105、3344、4301（2）（D）和§5372以及本编§5335（a）（B）与行政法法官有关之规定的目的，人事管理局可以，以及根据本编§7521的目的，功绩制保障委员会可以调查，制定规则，任命必要的咨询委员会，建议立法、传唤证人和要求提供案卷，并且支付联邦法院所规定的作证费用。

§3105. 行政法法官的任命[2]

每个行政机关任命行政法法官的数目，应当满足实施本编§§556–557规定的程序的需要，行政法法官应当尽可能地实行轮流分配案件。行政法法官不得执行与行政法法官的职务和责任不符的职务。

§3344. 选调（details）；行政法法官[3]

本编551节所指的机关，偶尔或者临时缺少依本编§3105规定的行政法法官时，可以使用人事管理局经其他机关同意，从其他机关挑选的行政法法官。

§5372. 行政法法官[4]

（a）对于本节规定的目的，“行政法法官”是指根据§3105的规定任

---

1 Pub. L. 89–554, Sept. 6, 1966, 80 Stat. 402; Pub. L. 90–83, §1（3）, Sept. 11, 1967, 81 Stat. 196; Pub. L. 95–251, §2（a）（1）,（b）（1）, Mar. 27, 1978, 92 Stat. 183; Pub. L. 95–454, title VIII, §801（a）（3）（B）（iii）, title IX, §906（a）（12）, Oct. 13, 1978, 92 Stat. 1221, 1225; Pub. L. 102–378, §2（4）, Oct. 2, 1992, 106 Stat. 1346; Pub. L. 105–362, title XIII, §1302（a）, Nov. 10, 1998, 112 Stat. 3293.

2 Pub. L. 89–554, Sept. 6, 1966, 80 Stat. 415; Pub. L. 95–251, §2（a）（1）,（b）（2）,（d）（1）, Mar. 27, 1978, 92 Stat. 183, 184.

3 Pub. L. 89–554, Sept. 6, 1966, 80 Stat. 425; Pub. L. 95–251, §2（a）（1）,（b）（2）, Mar. 27, 1978, 92 Stat. 183; Pub. L. 95–454, title IX, §906（a）（2）, Oct. 13, 1978, 92 Stat. 1224.

4 Pub. L. 89–554, Sept. 6, 1966, 80 Stat. 473, §5362; Pub. L. 95–251, §2（a）（1）,（b）（1）, Mar. 27, 1978, 92 Stat. 183; renumbered §5372 and amended Pub. L. 95–454, title VIII, §801（a）（3）（A）（ii）, title IX, §906（a）（2）, Oct. 13, 1978, 92 Stat. 1221, 1224; Pub. L. 101–509, title V, §529 [title I, §104（a）（1）], Nov. 5, 1990, 104 Stat. 1427, 1445; Pub. L. 102–378, §2（32）, Oct. 2, 1992, 106 Stat. 1350; Pub. L. 106–97, §1, Nov. 12, 1999, 113 Stat. 1322.

命的行政法法官。

（b）（1）（A）行政法法官的基本工资（basic pay）设三等（分别是AL–1，AL–2 和 AL–3），应当按照上述等级之一，以及本节的规定向每位行政法法官支付基本工资。

（B）AL–3，设 6 个基本工资等级（rates of basic pay），分别定为AL–3 A 至 AL–3 F。AL–2 和 AL–1 各设 1 个基本工资等级。

（C）AL–3，A 级，基本工资不得低于行政首长工资序列（the Executive Schedule）第四等基本工资的 65%，AL–1 的基本工资不得超过行政首长工资序列第四等基本工资。

（2）人事管理局应当根据该局自行通过规则规定的程序，确定每位行政法法官应当所处的等级，以及分配至相应等级需要具备的资质。

（3）（A）在分配至 AL–3 的职务后，行政法法官应当享受 AL–3，A 级的工资标准，并且每完成 52 周的任职时间可以逐级升至 B 级、C 级和 D 级，每完成 104 周的任职时间后可以逐级升至 E 级和 F 级。

（B）人事管理局可以在该局认为合适的情形下指定一名 AL–3 等的行政法法官享受高等的工资标准。

（4）根据第（1）款的规定，适用于行政法法官的每个基本工资等级应当根据总统认为合适的金额进行调整，自第一个适用的工资周期（pay period）开始生效，时间是根据 § 5303 生效的联邦一般工资表（General Schedule）基本工资调整生效当月的首日或者之后。

（c）人事管理局应当制定必要的规则以实施本节的规定。

§ 7521. 对行政法法官的处分[1]

（a）对由机关依本编 § 3105 规定任命并在该机关任职的行政法法官采取制裁，只能根据功绩制保护委员会基于听证的记录所认定的正当理由。

（b）本节规定的制裁措施是：

（1）免职；

（2）停职；

---

1 Added Pub. L. 95–454, title II, § 204（a）, Oct. 13, 1978, 92 Stat. 1137; amended Pub. L. 101–12, § 9（a）（2）, Apr. 10, 1989, 103 Stat. 35.

（3）降级；

（4）减薪；

（5）暂时停职（furlough）30 天以下。

但是不包括：

（A）根据本编 § 7532 的规定（由于国家安全利益）被停职或免职；

（B）根据本编 § 3502 的规定实行的大批裁员的措施；或者

（C）根据本编 § 1215 的规定（由功绩制保障委员会）建议的任何处分。

案例目录

法律目录

联邦宪法

美国法典注释（United States Code Annotated）

5U.S.C.A.– 政府组织与雇员

8U.S.CA.– 外国人与国籍

12U.S.C.A.– 银行与银行业

15U.S.C.A.– 商业与贸易

18U.S.C.A.– 犯罪与刑事诉讼

26U.S.C.A.– 国内税收法典

28U.S.C.A.– 司法机关和司法程序

29U.S.C.A.– 劳工

31U.S.C.A.– 货币和金融

38U.S.C.A.– 退伍军人福利

41U.S.C.A.– 公共合同

42U.S.C.A.– 公共健康和福利

44U.S.C.A.- 公共印务与文件

行政机关目录

词条索引

ACCESS TO RECORDS 查阅案卷

图书在版编目 (CIP) 数据

行政程序法精要 /（美）罗纳德 · M. 莱文（Ronald M. Levin），（美）杰弗瑞 · S. 拉博斯（Jeffrey S. Lubbers）著；苏苗罕译 .— 北京：中国法制出版社，2022.1

书名原文：Administrative Law and Process in a Nutshell（6th Edition）

ISBN 978-7-5216-2386-4

Ⅰ . ①行… Ⅱ . ①罗… ②杰… ③苏… Ⅲ . ①行政程序法—研究—美国 Ⅳ . ① D971.221

中国版本图书馆 CIP 数据核字（2022）第 011540 号

著作权合同登记号　图字：01-2018-1267

责任编辑：侯　鹏　　　封面设计：李　宁

行政程序法精要

XINGZHENG CHENGXUFA JINGYAO

著者 /［美］罗纳德 · M. 莱文　［美］杰弗瑞 · S. 拉博斯

译者 / 苏苗罕

经销 / 新华书店

印刷 / 三河市国英印务有限公司

开本 / 710 毫米 ×1000 毫米　16 开　　　印张 / 26　字数 / 400 千

版次 / 2022 年 1 月第 1 版　　　2022 年 1 月第 1 次印刷

中国法制出版社出版

书号 ISBN 978-7-5216-2386-4　　　定价：109.00 元

北京市西城区西便门西里甲 16 号西便门办公区

邮政编码：100053　　　传真：010-63141600

网址：http://www.zgfzs.com　　　**编辑部电话：010-63141826**

市场营销部电话：010-63141612　　　**印务部电话：010-63141606**

（如有印装质量问题，请与本社印务部联系。）